列 宁 年 谱

第四卷

1917年3—10月

中共中央党史和文献研究院编译

人民出版社

目　　录

插　图

前　言

　　弗拉基米尔·伊里奇·列宁是伟大的无产阶级革命家和思想家,列宁主义创始人,苏联共产党和苏维埃社会主义国家的主要创建者。

　　列宁原姓乌里扬诺夫,1870年4月22日(俄历4月10日)出生于俄国伏尔加河畔的辛比尔斯克市(今乌里扬诺夫斯克市),当时恰逢俄国历史上最黑暗的时期。年少时,列宁目睹家乡的城市贫民和附近农民的困苦生活和悲惨遭遇,内心激起了对劳动群众的深切同情和对社会现状的强烈不满。他广泛阅读进步书籍,特别是俄国革命民主主义者别林斯基、车尔尼雪夫斯基等人的著作,深受革命民主主义思想的影响。中学时,列宁开始接触马克思主义著作,积极寻求社会变革的真理。在大学时代,他积极参加进步学生运动,深入工人群众,开展反对沙皇专制的宣传鼓动工作,因此受到反动当局的迫害,被捕流放。在艰苦卓绝的斗争中,他系统深入地学习和钻研马克思主义著作,积极投身革命运动,经过斗争实践的淬炼,逐步成长为坚定的马克思主义者和杰出的无产阶级革命家。

　　1895年12月,列宁领导成立了彼得堡工人阶级解放斗争协会,第一次在俄国实现了马克思主义同工人运动的结合;1903年筹备召开了俄国社会民主工党第二次代表大会,倡议并参与制定党纲草案,形成以列宁为首的布尔什维克派。列宁创造性地运用马克思主义基本原理,深刻阐明新型无产阶级政党的指导思想、根本宗旨、斗争策略和组织原则,批判孟什维克的机会主义,与第二国际修正主义等各种错误思潮作坚决斗争,捍卫马克思主义立场和原则,为俄国无产阶级革命指明方向。在列宁的领导下,布尔什维克党在思想上和组织上得到巩固和发展,成为领导俄国革命的核心力量。

1917年11月(俄历10月),列宁领导布尔什维克党举行武装起义,率领俄国人民取得十月革命的伟大胜利,创建了世界上第一个社会主义国家。这场伟大的革命实现了一次历史性飞跃,使科学社会主义从理论变成现实,不仅开创了俄国历史的新纪元,而且开创了世界历史的新纪元。

苏维埃政权建立后,列宁领导俄国人民浴血奋战,打败了外国武装干涉,平定了国内反革命武装叛乱,捍卫和巩固了年轻的苏维埃政权。列宁对社会主义建设道路进行了艰苦的、卓有成效的探索,制定并实施了新经济政策,发展商品经济,利用国家资本主义发展生产力,成功实现了向社会主义过渡。列宁晚年是在同疾病的顽强斗争中度过的。在备受病痛折磨的情况下,列宁从未停止过对经济社会发展相对落后的俄国如何建设社会主义的思考。他在病床上口授了一系列书信和文章,对执政党建设、苏维埃国家建设中的一系列重大问题发表了许多精辟见解。

列宁始终高度重视科学理论的指导作用。在领导俄国无产阶级革命和社会主义建设的实践中,他坚持把马克思主义的精髓与具体实际相结合,根据新的时代特征和斗争需要,提出新的战略思想和新的理论观点,丰富和发展了马克思主义,把马克思恩格斯创

立的科学理论体系推进到列宁主义阶段。列宁在理论上的一系列重大建树,构成了列宁主义的核心内容:

列宁创立了**关于帝国主义的理论**,他深刻地总结了马克思《资本论》问世以来世界资本主义的最新变化,考察了资本主义从自由竞争向垄断的历史性转变,阐明了帝国主义的本质和特征,揭示了帝国主义时代经济和政治发展不平衡的规律,指出帝国主义是无产阶级社会主义革命的前夜。

列宁提出了**建立新型无产阶级政党的理论**,系统科学地阐述了无产阶级政党建设的基本原则、根本宗旨、组织原则和奋斗目标。列宁强调无产阶级政党执政后,必须适应自己地位的变化,不断加强自身建设。要建立和健全党的监督制度,防止党员特别是党的领导干部产生官僚主义和脱离群众的倾向,始终保持党的先进性和纯洁性。

列宁丰富和发展了马克思恩格斯创立的**无产阶级革命理论**,首次提出"社会主义可能首先在少数甚至在单独一个资本主义国家内获得胜利"的科学论断;在领导俄国十月革命的伟大斗争中,他又进一步阐明了从民主革命向社会主义革命转变的理论和策略,不仅切实地推动了俄国革命的进程,而且极大地促进了世界各国人民的革命运动。

列宁捍卫和发展了**马克思主义国家学说和无产阶级专政理论**,在与第二国际机会主义者的斗争中全面系统地阐发了马克思主义国家学说,深刻揭示了国家的基本特征、主要职能及其产生和消亡的规律,阐明了无产阶级民主和资产阶级民主的根本区别,全面论述了无产阶级专政的实质和使命,以及共产主义两个阶段的学说。

　　列宁深入考察民族关系和殖民地人民的反抗斗争,形成了**关于民族和殖民地问题的理论**。他充分肯定被压迫民族解放运动的意义,强调这个运动是世界社会主义运动的组成部分,是改变世界格局的重要因素。他号召全世界无产者和被压迫民族联合起来,组成反对剥削阶级、反对帝国主义的联合战线,共同推进全人类的进步事业。

　　列宁对经济社会发展相对落后国家的社会主义发展道路进行深入探索,提出**关于社会主义建设的理论观点**。他对社会主义发展道路的特殊性和多样性问题作了深刻论述,指出各国在进行社会主义革命和建设时,既要遵循共同规律,又要注重把马克思主义同本国具体情况相结合。列宁强调,无产阶级夺取政权后要把主要力量转向经济建设,努力提高全社会的劳动生产率。他深刻论述了坚持工人阶级政党的领导和巩固的工农联盟对于建设社会主义事业的重大意义;阐明了思想文化建设对于巩固社会主义阵地的极端重要性;提出了加强国家政权建设和发展社会主义民主的具体措施;强调必须对经济基础和上层建筑的各个环节经常采取改革措施,以促进社会主义经济、政治、文化的全面发展。

　　"十月革命一声炮响,给我们送来了马克思列宁主义。"在中国人民和中华民族的伟大觉醒中,在马克思列宁主义同中国工人运动的紧密结合中,中国共产党应运而生,中国的历史发展揭开了崭新的一页。中国共产党自成立之日起,就坚持以马克思列宁主义为旗帜,坚持把马克思主义基本原理与中国具体实际相结合,同中华优秀传统文化相结合,团结带领中国人民经过艰苦卓绝的斗争,取得了中国革命、建设和改革的伟大成就。

　　中国共产党非常重视马克思列宁主义的传播。20世纪50年代至今相继出版了《列宁全集》中文第一版（39 卷）、中文第二版（60 卷）以及中文第二版增订版（60 卷），四卷本《列宁选集》第一版、第二版、第三版以及第三版修订版，五卷本《列宁专题文集》，《列宁文稿》（17 卷）以及列宁著作的各种选读本和单行本。列宁著作中文版的出版发行，对于我国广大干部群众学习研究马克思列宁主义理论起了极其重要的作用。

为深入推进列宁著作和思想的学习、研究与宣传，中共中央党史和文献研究院决定依据苏共中央马克思列宁主义研究院（简称为苏共中央马列主义研究院）编写、苏联国家政治书籍出版社1970—1985 年出版的《弗拉基米尔·伊里奇·列宁年谱》，编译出版中文版《列宁年谱》，共 13 卷（第 13 卷为索引卷），各卷涉及的时期和主要内容如下：

第 1 卷：1870 年 4 月 22 日（俄历 4 月 10 日）至 1905 年 1 月21 日（俄历 1 月 8 日），涵盖列宁的童年、中学、大学时代，早期的革命活动、在国外创办《火星报》以及为创建新型无产阶级革命政党而斗争的过程。

第 2 卷：1905 年 1 月 22 日（俄历 1 月 9 日）至 1912 年 5 月 5日（俄历 4 月 22 日），涵盖 1905 年俄国革命爆发到《真理报》面世期间列宁的生活和革命活动。在列宁领导下，布尔什维克党在思想上和组织上得到巩固和发展，成为领导俄国革命的核心力量。

第 3 卷：1912 年 5 月 5 日（俄历 4 月 22 日）至 1917 年 3 月 15日（俄历 3 月 2 日），涵盖列宁在国外为批判第二国际修正主义和机会主义、反对帝国主义战争、捍卫和发展马克思主义而进行的革命实践活动以及理论研究工作。

第 4 卷：1917 年 3 月 15 日（俄历 3 月 2 日）至 1917 年 11 月 7

日（俄历 10 月 25 日），是俄国二月革命后到十月革命胜利时期。详细记述了列宁从国外回到彼得格勒，领导俄国人民取得了十月革命胜利的全过程。

　　第 5 卷：1917 年 11 月 8 日（俄历 10 月 26 日）至 1918 年 7 月 29 日，记叙十月革命胜利后列宁领导布尔什维克党和俄国人民建立世界上第一个社会主义国家、为建设和巩固年轻的苏维埃政权而进行的斗争。

　　第 6 卷：1918 年 7 月 29 日至 1919 年 3 月 18 日，涵盖列宁领导党和人民应对国内战争、反对外国武装干涉、创建共产国际等重要活动。

　　第 7 卷：1919 年 3 月 18 日至 1919 年 11 月 6 日，涵盖俄共（布）第八次代表大会到十月革命两周年纪念日这一时期。记述列宁领导党和人民为彻底战胜国内外反革命力量、捍卫和巩固苏维埃政权进行的艰苦卓绝的斗争，列宁对国际共产主义运动的关注以及对俄国社会主义建设一系列重大理论问题和实践问题的探索。

　　第 8 卷：1919 年 11 月 7 日至 1920 年 6 月 9 日前后，列宁领导党和人民取得国内战争和反对外国武装干涉的决定性胜利，并从理论上、实践上引导和推进社会主义经济建设，同时对国际共产主义运动中的机会主义与"左"倾思潮进行了批判和斗争。

　　第 9 卷：1920 年 6 月 10 日至 1921 年 1 月 22 日，列宁领导党和人民取得国内战争和反对外国武装干涉的彻底胜利，并对俄国如何建设社会主义进行探索。

　　第 10 卷：1921 年 1 月 23 日至 1921 年 7 月 12 日，列宁从当时俄国的政治和经济的实际情况出发，果断地作出停止施行战时共

产主义政策、改行新经济政策的重大决策,开始从理论上和实践上
解决社会主义建设的许多复杂问题。

第11卷:1921年7月12日至1921年11月30日,列宁对实
行新经济政策半年多来的成就以及经验教训进行了总结,并对存
在的问题提出了进一步调整的措施。

第12卷:1921年12月1日至1924年1月31日,列宁晚年在
健康状况越来越恶化的情况下,仍在继续领导党和国家的工作,思
考党和国家机关改革,总结俄国社会主义革命和建设的经验,并探
索进一步发展的道路。

本年谱收录的列宁生平活动史实条目近39 000条,内容翔
实、史料丰富。不仅全面详细记录和反映了列宁的生平事业、理论
贡献、人格风范,重点记述了列宁创建和领导布尔什维克党从小到
大、从弱到强以及夺取政权、保卫政权,探索社会主义建设道路的
奋斗历程,而且详细记述了列宁撰写许多重要著作的背景和过程,
对于我们深入研究列宁的生平活动、深刻领会列宁提出的思想理
论观点及其历史地位、深刻感悟列宁的崇高风范,具有重要的启示
作用和史料价值。

年谱的记述按年代顺序编排。1918年2月14日以前俄国通
用俄历,年谱中采用俄历和公历两种历法标注日期时,括号内的日
期是公历。两种历法所标日期,1900年2月以前相差12天(如俄
历为1日,公历为13日),从1900年3月起相差13天。1918年2
月14日及以后,所标注的日期均为公历。个别资料来源中报刊出
版日期公历在前,俄历在后,编译时未作调整。

年谱对史实的叙述,首先记载有确切日期的具体事件,然后记
载一般的、综合性的事件。凡经历数天、数月或数年的事件,都按

这些事件开始的日期排列。一日之内的各项事件,按事件发生的时间顺序先后排列。有些事件时间跨度或具体日期无法确定,则采用某月某日以前、某月某日以后或某月某日和某月某日之间,或采用不早于、不晚于某月某日等表述形式。

正文条目和资料来源中的人名、地名、组织机构名称,原则上与《列宁全集》中文第二版增订版中的译名作了统一。《列宁全集》中文第二版增订版中没有的,则按通行的原则译出。正文条目中的列宁著作引文,均与《列宁全集》中文第二版增订版的最新译文作了统一。有些地名、组织机构在历史上发生过变化,编译时按原文译出,未作任何解释或改动。需要特别说明的是,部分国家名、城市名、街道名、图书馆名等标注的现名,系俄文版编辑出版时的名称。

年谱各卷均附有人名索引(部分卷次还附有列宁的笔名和党内化名索引)、地名索引、组织机构索引。人名索引、地名索引不含书名、文章标题、出版社、建筑物、工矿企业名称中出现的人名和地名。组织机构索引不含书名、文章标题中出现的组织和机构。

我们在编译年谱第1—4卷时,参考了生活·读书·新知三联书店1984年出版的中译本,特此致谢。

中共中央党史和文献研究院

2021年12月

弗·伊·列宁

（1917年）

1917 年

3 月

3 月 2 日（15 日）

被迫侨居苏黎世（瑞士）的列宁得知俄国革命胜利的消息，立即采取措施，争取尽快回国。"从二月革命的消息传来的那一刻起，伊里奇就急着要赶回俄国去。"娜·康·克鲁普斯卡娅回忆说。

《列宁全集》中文第 2 版增订版第 47 卷第 541—542 页；《回忆弗·伊·列宁》，第 1 卷，1968 年，第 449 页。

列宁写信给在克拉伦的伊·费·阿尔曼德，告诉她关于俄国二月革命胜利的消息："今天我们在苏黎世都很激动：3 月 15 日《苏黎世邮报》和《新苏黎世报》登载了一则电讯，说在俄国，经过 3 天的斗争，革命于 3 月 14 日在彼得格勒**获得了胜利**，说 12 名杜马代表掌握了政权，大臣们**全都被捕了**。

如果德国区人不胡说八道，那就是真的。

目前俄国已处在革命的**前夜**，这一点毫无疑义。

我不能到斯堪的纳维亚去，这真使**我受不了**！！我简直不能原谅自己，为什么不在 1915 年冒险动身到那里去！"列宁随信寄去瑞士齐美尔瓦尔德左派集团的一份小报《驳保卫祖国的谎言》。该小报是在列宁参与下起草和修改定稿的。

《列宁全集》中文第 2 版增订版第 47 卷第 541—542 页。

3 月 2 日或 3 日（15 日或 16 日）

列宁致电在伯尔尼的格·叶·季诺维也夫，告知俄国革命的消息，并请他立即来苏黎世（电报未找到）。

《列宁全集》俄文第 5 版第 31 卷第 491 页；《无产阶级革命》杂志，莫斯科—列宁格勒，1926 年，第 1 期，第 6—7 页。

3 月 2 日和 6 日（15 日和 19 日）之间

列宁把自己的照片和一封信（藏在书的硬封皮里）寄给在斯德哥尔摩的雅·斯·加涅茨基。加涅茨基在回忆录中复述了信的内容："再不能等了，想公开回国的希望全都落空了。不管怎样必须立即回国，而唯一可行的计划是：找一个外貌像我的瑞典人。但我不会说瑞典话，因此这位瑞典人必须是聋哑人。现将我的照片寄给您，以备不时之需。"

列宁致电在斯德哥尔摩的雅·斯·加涅茨基，告知已寄给他一封重要的信，请他收到信后复电确认（信和电报均未找到）。

《列宁全集》俄文第 5 版第 31 卷第 491 页；《回忆弗·伊·列宁》，第 1 卷，1968 年，第 450 页；第 2 卷，1969 年，第 377 页。

3 月，2 日（15 日）以后

列宁给在日内瓦的米·格·茨哈卡雅寄去明信片，告诉他二月革命的消息以及自己想立即回国的打算（明信片未找到）。

《列宁全集》俄文第 5 版第 31 卷第 491 页；《真理报》，莫斯科，1929 年 5 月 22 日，第 114 号。

3 月 3 日（16 日）

列宁写信给在克里斯蒂安尼亚的亚·米·柯伦泰，信中评价二月革命，指出其国际意义，确定布尔什维克在革命中的任务和策略:"我们的一切口号依然如故……　现在,主要的事情是办报刊,是把工人组织到**革命的**社会民主党里去……

无论如何不再采用第二国际的形式!**无论如何**不跟考茨基同流合污!一定要有**更革命的**纲领和策略……"列宁请她把这封信转给柳·尼·斯塔尔并告诉列宁:"哪些问题我们看法一致,哪些问题我们有分歧"。

《列宁全集》中文第 2 版增订版第 47 卷第 542—544 页。

3 月 4 日(17 日)

列宁写关于无产阶级及其政党在革命中的任务的《1917 年 3 月 4 日(17 日)的提纲草稿》,他称临时政府是十月党人和立宪民主党人的政府,强调指出这个政府不可能给各族人民以和平、面包和充分的自由,认为解决这些任务离不开工人政府的活动,因为这个政府"首先依靠绝大多数农民即农业工人和贫苦农民,其次依靠同各交战国革命工人结成的联盟。"列宁指出,必须成立苏维埃,把工人武装起来,在军队和农村中普遍建立无产阶级的组织。列宁告诫布尔什维克,不要同护国派以及正在动摇到护国主义立场上去的社会主义者订立同盟或协议,因为"这种协议……会削弱和损害无产阶级在使人民摆脱帝国主义战争……的事业中的领导作用"。

当天,提纲经斯德哥尔摩寄给在克里斯蒂安尼亚准备启程回国的布尔什维克。

《列宁全集》中文第 2 版增订版第 29 卷第 1—7 页,第 47 卷第545—546 页。

列宁写信给在克里斯蒂安尼亚的亚·米·柯伦泰,告知电报已收到(她在电报中要求列宁给准备从斯堪的纳维亚各国启程回国的布尔什维克发指令),告诉她正在草拟关于当前的主要任务和党的策略的提纲(《1917 年 3 月 4 日(17 日)的提纲草稿》),并答应马上寄给她。列宁阐明党的任务是,组织群众,以便"进行由**工人代表苏维埃**夺取政权的准备"。列宁写道:"把新的阶层发动起来!唤起新的主动精神,在一切阶层中成立新的组织,并向它们**证明**,只有武装的工人代表苏维埃掌握了政权,才能有**和平**。"

列宁在信中对从俄国传来的消息少得可怜而且还不定时表示遗憾。列宁说,他已经看了彼得格勒通讯社 3 月 4 日(17 日)的报道,其中有新政府的纲领。列宁请柯伦泰在启程以前务必商妥,如何把邮件从瑞士转寄回国并从国内转寄到瑞士。

《列宁全集》中文第 2 版增订版第 47 卷第 544—546 页。

3 月,4 日(17 日)以后

列宁收到亚·米·柯伦泰 3 月 4 日(17 日)从克里斯蒂安尼亚寄来的信,并在上面作批注。柯伦泰请求列宁对接下来的行动作指示。她汇报了自己的工作和为了同国内建立联系所采取的一些措施。她请求寄给她呼吁书或号召书,以便发回国内。

苏共中央马列主义研究院中央党务档案馆,第 2 号全宗,第 1
号目录,第 4456 号案卷;《新世界》杂志,莫斯科,1967 年,第 4
期,第 235—236 页。

列宁阅读《法兰克福报和商报》第 75 号晚上版,并从 3 月 3 日(16 日)发自斯德哥尔摩的一篇通讯报道中作摘录。这篇通讯报道以《国外俄国人的印象》为标题,刊登在"俄国革命"栏,报道了在斯德哥尔摩举行的俄国侨民大会的情况。

苏共中央马列主义研究院中央党务档案馆,第 2 号全宗,第 1
号目录,第 4455 号案卷,第 1 张;《法兰克福报和商报》,美因
河畔法兰克福,1917 年 3 月 17 日,第 75 号,晚上版。

3 月 5 日(18 日)

列宁早晨抵达绍德封,下午 2 时在工人俱乐部(位于三月一日街)用德语作专题报告《俄国革命会走巴黎公社的道路吗?》(报告稿未找到)。

列宁同当地的布尔什维克支部的成员交谈,向他们介绍俄国发生的事件,以及为回国所采取的一些措施。

《列宁全集》中文第 2 版增订版第 47 卷第 403 页;《列宁全集》俄文第 5 版第 31 卷第 492 页;《哨兵报》,拉绍德封,1917 年 3 月 16 日,第 63 号;3 月 22 日,第 68 号;《无产阶级革命》杂志,莫斯科,1930 年,第 1 期,第 73 — 77 页;《苏维埃拉脱维亚报》,里加,1967 年 4 月 16 日,第 90 号;《回忆弗·伊·列宁》,第 1 卷,1968 年,第 450 页。

列宁给在伯尔尼的未查明身份的收信人写信,请求核实《哨兵报》上关于俄国宣布成立民主共和国的消息是否属实(信未找到)。

《列宁全集》俄文第 5 版第 31 卷第 492 页;《无产阶级革命》杂志,莫斯科,1930 年,第 1 期,第 75 页。

列宁在从绍德封返回的途中写了一张明信片给在克拉伦的伊·费·阿尔曼德,告诉她说,他从报上获悉临时政府宣布赦免政治犯和宗教犯的消息。如果她启程回国的话,列宁请她"在英国悄悄地、确切地打听一下",自己能否过境。

《列宁全集》中文第 2 版增订版第 47 卷第 546—547 页。

3 月,5 日(18 日)以后

列宁阅读《法兰克福报和商报》第 76 号第一次上午版,就 3 月 4 日(17 日)发自日内瓦的一篇通讯稿作如下笔记:"米留可夫对《时报》记者发表谈话说:'我们的任务……最终胜利……'"。

列宁标明这篇谈话发表在《福斯报》第 140 号上。

苏共中央马列主义研究院中央党务档案馆,第 2 号全宗,第 1 号目录,第 4455 号案卷,第 1 张;《法兰克福报和商报》,美因河畔法兰克福,1917 年 3 月 18 日,第 76 号,第一次上午版;《福斯报》,柏林,1917 年 3 月 17 日,第 140 号,晚上版。

列宁阅读《法兰克福报和商报》第 76 号第二次上午版,从刊登在"俄国革命"栏的材料中作摘录(用俄文和德文)。

苏共中央马列主义研究院中央党务档案馆,第 2 号全宗,第 1 号目录,第 4455 号案卷,第 1 张—第 1 张背面;《法兰克福报和商报》,美因河畔法兰克福,1917 年 3 月 18 日,第 76 号,第二次上午版。

列宁阅读《福斯报》第 141 号上午版,记下 3 月 4 日(17 日)发自日内瓦的通讯稿《社会主义者的特殊地位》的内容:"'临时政府'最初由**克伦斯基**＋**齐赫泽**("社会主义者")也参加的杜马委员会组成。'在最终确定时却排除了社会主义者,另有说法称是他们自己拒绝了……'"

苏共中央马列主义研究院中央党务档案馆,第 2 号全宗,第 1 号目录,第 4455 号案卷,第 1 张背面;《福斯报》,柏林,1917 年 3 月 18 日,第 141 号,上午版。

列宁阅读《福斯报》第 140 号晚上版,记下(用俄文和德文)3 月 4 日(17 日)发自阿姆斯特丹的通讯稿《星期四的彼得堡》中关于 3 月 2 日(15 日)彼得格勒事件的内容。

苏共中央马列主义研究院中央党务档案馆,第 2 号全宗,第 1 号目录,第 4455 号案卷,第 1 张背面;《福斯报》,柏林,1917 年 3 月 17 日,第 140 号,晚上版。

列宁阅读《福斯报》第 139 号上午版,从 3 月 3 日(16 日)发自斯德哥尔摩的一篇通讯稿中作如下摘录:"英国海军武官**格伦费尔**公然去过塞瓦斯托波尔高尔察克海军上将处,同米留可夫和古契柯夫举行会谈。"列宁抄下 3 月 3 日(16 日)发自哥本哈根的通讯稿《会走公社的道路吗?》的标题,从 3 月 3 日(16 日)发自斯德哥尔摩的通讯稿《没有社会主义者的革命内阁》及 3 月 3 日(16 日)发自阿姆斯特丹的通讯稿《彼得堡的战斗》中作摘录(用俄文和德文）。

苏共中央马列主义研究院中央党务档案馆,第 2 号全宗,第 1 号目录,第 4455 号案卷,第 1 张背面;《福斯报》,柏林,1917 年 3 月 17 日,第 139 号,上午版。

列宁阅读《前进报》第 75 号,从 3 月 3 日(16 日)的通讯稿《俄国革命中的无产阶级和资产阶级》(原载于《泰晤士报》)中作摘录(用俄文和德文),通讯稿中称,《俄国社会民主工党告俄国全体公民的宣言》是"很有吸引力的号召书",把工兵代表苏维埃描述为"庞大的力量",如果临时政府与之发生冲突,"会很可怕"。

苏共中央马列主义研究院中央党务档案馆,第 2 号全宗,第 1 号目录,第 4455 号案卷,第 2 张;《前进报》,柏林,1917 年 3 月 17 日,第 75 号。

3 月 6 日(19 日)

列宁写(用法文)《给启程回俄国的布尔什维克的电报》(从斯德哥尔摩和克里斯蒂安尼亚启程),谈党在革命中的任务:"我们的策略是:完全不信任新政府,不给新政府任何支持;特别要怀疑克伦斯基;把无产阶级武装起来——这是唯一的保证;立即举行彼得格勒杜马的选举;决不同其他党派接近。请将此电告彼得格勒。"

电报发给了在斯德哥尔摩的瑞典社会民主党人伦德斯特隆姆。

《列宁全集》中文第 2 版增订版第 29 卷第 8 页。

列宁写信给在日内瓦的维·阿·卡尔宾斯基,谈他打算利用卡尔宾斯基的证件取道英国与荷兰秘密返回俄国的计划:"我可以戴上假发。**我**照相时就戴上假发……"如果同意的话,列宁请他周密考虑一切具体做法,立即开始准备实施这一计划。

《列宁全集》中文第 2 版增订版第 47 卷第 547—548 页。

列宁在同伊·费·阿尔曼德的电话通话中,以及在发往克拉伦给她的回信中,对她没有为取道英国返回俄国一事采取措施表示遗憾。列宁写道:"我确信,如果我用自己的真名走,英国就会逮捕或者干脆拘留我……"他建议设法让载有俄国革命者的列车获准经德国到哥本哈根。

《列宁全集》中文第 2 版增订版第 47 卷第 548—550 页。

3 月 6 日或 7 日(19 日或 20 日)

列宁获悉《真理报》在彼得格勒重新出版。

《列宁全集》中文第 2 版增订版第 29 卷第 9—21 页,第 47 卷第 551 页。

3 月,6 日(19 日)以后

列宁写信给在日内瓦的维·阿·卡尔宾斯基,信中表示同意尔·马尔托夫的计划。马尔托夫在 3 月 6 日(19 日)俄国各党中央的非正式会议上提出了一个计划:以遣返在俄国的德、奥被拘留人员作为交换条件,让政治流亡者取道德国回国。

《列宁全集》中文第 2 版增订版第 47 卷第 550—551 页;《回忆弗·伊·列宁》,第 1 卷,1968 年,第 450 页。

列宁阅读《泰晤士报》第 41430 号,从该报通讯员 3 月 2 日(15日)和 4 日(17 日)发自彼得格勒的报道中作摘录(用俄文和英文)。这些报道反映了英国资产阶级对俄国发生的革命的态度:对《给彼得格勒军区卫戍部队的第 1 号命令》持否定的看法,攻击工兵代表苏维埃的活动,对尼古拉二世迟迟不作出其退位的决定表示遗憾,劝告临时政府要"非常小心谨慎"。

苏共中央马列主义研究院中央党务档案馆,第 2 号全宗,第 1号目录,第 4455 号案卷,第 3—4 张;《泰晤士报》,伦敦,1917年 3 月 19 日,第 41430 号。

3 月 7 日(20 日)

列宁开始为《真理报》写一组文章,总标题是《远方来信》。列宁写《第一封信。第一次革命的第一阶段》,分析二月革命的动力及其迅速获胜的原因,以及正在进行的革命的阶级力量对比,确定了当时的主要任务是从革命的第一阶段向第二阶段过渡:"……工人们,你们在反对沙皇制度的国内战争中,显示了无产阶级的人民的英雄主义的奇迹,现在你们应该显示出无产阶级和全体人民组织的奇迹,以便为革命第二阶段的胜利作好准备。"

《列宁全集》中文第 2 版增订版第 29 卷第 9—21、32 页。

俄国社会民主工党(布)莫斯科区域局和莫斯科委员会在二月革命最初的日子里给在瑞士的列宁寄去的致敬信,刊登在布尔什维克报纸《社会民主党人报》(莫斯科)第 1 号上。致敬信中说:"您总是坚持不懈地捍卫工人阶级的利益,高举革命和国际社会主义旗帜。"

该报这一号上还刊登了"向导"工厂(莫斯科省图希诺)3 月 6 日(19 日)党务会议通过的给列宁的致敬信。

《社会民主党人报》,莫斯科,1917 年 3 月 7 日,第 1 号;《十月革命在莫斯科》,莫斯科,1967 年,第 24 页。

根据列宁的嘱咐,给在克里斯蒂安尼亚的格·列·皮达可夫发去复电,解释《给启程回俄国的布尔什维克的电报》的内容,指示在彼得格勒提出如下要求:以遣返在俄国的德、奥被拘留人员作为交换条件,让政治流亡者取道德国回国。

《列宁文集》俄文版第 13 卷第 254 页;苏共中央马列主义研究院中央党务档案馆,第 2 号全宗,第 1 号目录,第 4464 号案卷。

3月，8日（21日）以前

列宁阅读《泰晤士报》第41428号，利用报上的资料写《远方来信》第二封信。

> 《列宁全集》中文第2版增订版第29卷第22—28页；《泰晤士报》，伦敦，1917年3月16日，第41428号。

3月8日（21日）

列宁在答复维·阿·卡尔宾斯基邀请他到日内瓦作关于党在革命中的任务的专题报告时写道："无论是作专题报告，还是参加群众集会，我现在都不能去，因为我每天要给彼得格勒的《真理报》写东西。"列宁请求给他提供"消息和不同派别的言论"。

> 《列宁全集》中文第2版增订版第47卷第551页。

3月8日—9日（21日—22日）

列宁阅读《时报》第20345号，摘录（用法文）刊登在"俄国时事"栏里的"支持"新政府的《工兵代表苏维埃执行委员会的声明》。

列宁在第二封《远方来信》中批评了这份声明。

> 《列宁全集》中文第2版增订版第29卷第28—29、30—31页；苏共中央马列主义研究院中央党务档案馆，第2号全宗，第1号目录，第4455号案卷，第10—11张；《时报》，巴黎，1917年3月20日，第20345号。

列宁阅读《柏林每日小报和商业日报》第144号上午版，摘录刊登在"俄国革命"栏里的3月6日（19日）发自鹿特丹的通讯稿："克伦斯基说服齐赫泽否认《第1号命令》传单（工人代表苏维埃＋士兵），让士兵不要服从军官。这是坏人的挑拨离间！"

> 《列宁文集》俄文版第21卷第73页；苏共中央马列主义研究院中央党务档案馆，第2号全宗，第1号目录，第4455号案卷，第25张背面；《柏林每日小报和商业日报》，1917年3月20日，第144号，上午版。

列宁阅读《新苏黎世和瑞士商业报》第 498 号第一次晚上版，从刊登在"俄国革命"栏的 3 月 8 日（21 日）发自伦敦的通讯稿中作摘录："临时政府决定废黜尼古拉·尼古拉耶维奇，'被迫向革命情绪作出让步'……以'平息充满仇恨的宣传，并证明罗曼诺夫家族成员再也不可能做总司令了'。"

苏共中央马列主义研究院中央党务档案馆，第 2 号全宗，第 1 号目录，第 4455 号案卷，第 21 张；《新苏黎世和瑞士商业报》，1917 年 3 月 21 日，第 498 号，第一次晚上版。

列宁阅读《新苏黎世和瑞士商业报》第 495 号第一次下午版，从刊登在"俄国革命"栏的 3 月 7 日（20 日）发自巴黎的通讯稿中作摘录。该通讯稿报道说，立宪会议的选举可能在两个月后举行。

苏共中央马列主义研究院中央党务档案馆，第 2 号全宗，第 1 号目录，第 4455 号案卷，第 21 张；《新苏黎世和瑞士商业报》，1917 年 3 月 21 日，第 495 号，第一次下午版。

列宁用一张单页纸从刊登在《新苏黎世和瑞士商业报》第 495 号第一次下午版上的马·伊·斯柯别列夫 3 月 1 日（14 日）在国家杜马的演说中作摘录。

列宁在第二封《远方来信》中批评了这篇演说。

《列宁全集》中文第 2 版增订版第 29 卷第 28、30—31 页；《列宁文集》俄文版第 21 卷第 73—74 页；苏共中央马列主义研究院中央党务档案馆，第 2 号全宗，第 1 号目录，第 4455 号案卷，第 25 张—第 25 张背面；《新苏黎世和瑞士商业报》，1917 年 3 月 21 日，第 495 号，第一次下午版。

列宁阅读《新苏黎世和瑞士商业报》第 493 号第一次上午版，从刊登在"俄国革命"栏的 3 月 7 日（20 日）发自巴黎的通讯稿中作摘录（用俄文和德文）。通讯稿引用了《工兵代表苏维埃执行委员会的声明》的全文。列宁在摘录中在"一切民主派都应当'**支持**'新政府"这句话下面加了着重标记。列宁对必须成立一个对临时政府的活动实行监督的委员会这一条标上了"注意"。

列宁在第二封《远方来信》中对这一文件进行了批判。

《列宁全集》中文第 2 版增订版第 29 卷第 28—29 页；苏共中央马列主义研究院中央党务档案馆，第 2 号全宗，第 1 号目录，第 4455 号案卷，第 21 张；《新苏黎世和瑞士商业报》，1917 年 3 月 21 日，第 493 号，第一次上午版。

列宁从刊登在《新苏黎世和瑞士商业报》第 493 号第一次上午版上的 3 月 7 日（20 日）发自彼得格勒、引用了临时政府宣言的通讯稿中作摘录（用俄文和德文）。列宁在摘录中在临时政府打算遵守使俄国同其他国家联合起来的一切条约这句话下面加了着重标记，并抄下关于临时政府答应根据普遍选举权"尽速"召开立宪会议这一条。

列宁在第四封《远方来信》中利用了这些摘录。

《列宁全集》中文第 2 版增订版第 29 卷第 48—49 页；苏共中央马列主义研究院中央党务档案馆，第 2 号全宗，第 1 号目录，第 4455 号案卷，第 21 张背面；《新苏黎世和瑞士商业报》，1917 年 3 月 21 日，第 493 号，第一次上午版。

列宁写《远方来信。第二封信。新政府和无产阶级》，批评支持临时政府、赞同彼得格勒工兵代表苏维埃并同临时政府的协议妥协的策略："无产阶级不能够而且也不应当支持进行战争的政府，试图复辟的政府。为了同反动势力进行斗争，为了对罗曼诺夫家族及其拥护者恢复君主制和集结反革命军队的种种可能的尝试进行反击，需要做的决不是支持古契柯夫之流，而是**组织、扩充和巩固无产阶级**民兵，在工人的领导下把人民武装起来。"列宁在信中强调指出，革命的领导者是布尔什维克党领导的无产阶级，甚至连"最保守、最富有资产阶级性的"《泰晤士报》也不得不承认在二月革命中是布尔什维克党领导了工人阶级的发动这一事实。

《列宁全集》中文第 2 版增订版第 29 卷第 22—32 页。

3 月, 8 日 (21 日) 以后

列宁阅读《福斯报》第 146 号上午版, 从 3 月 7 日 (20 日) 发自斯德哥尔摩的题为《彼得格勒的先生们》的通讯稿中作摘录(用德文)。列宁在摘录中在无法从俄国发出有关国内情况的客观报道, 以及《泰晤士报》和《时报》的代表拥有发送帕·尼·米留可夫负责编辑的通讯稿的某种垄断权等字句下面加着重标记。列宁在手稿的页边上用蓝色铅笔写下:"**英法记者的垄断权**"。

苏共中央马列主义研究院中央党务档案馆, 第 2 号全宗, 第 1
号目录, 第 4455 号案卷, 第 12 张—第 12 张背面;《福斯报》,
柏林, 1917 年 3 月 21 日, 第 146 号, 上午版。

3 月 9 日 (22 日)

列宁收到亚·米·柯伦泰从克里斯蒂安尼亚发来的电报, 后者在电报中说:"我在此等候进一步的指示", 并报告说自己 3 月 14 日 (27 日) 晨将启程返回俄国。

《列宁文集》俄文版第 13 卷第 256 页;苏共中央马列主义研究
院中央党务档案馆, 第 2 号全宗, 第 1 号目录, 第 4467 号案
卷;第 17 号全宗, 第 1 号目录, 第 1931 号案卷, 第 28 张。

列宁致函(用德文)瑞典《社会民主党人报》编辑部, 代表中央委员会推荐亚·米·柯伦泰, 说她这个通讯员提供的关于俄国革命事件的情况完全可靠。

《列宁全集》中文第 2 版增订版第 47 卷第 553 页。

列宁致电在克里斯蒂安尼亚的亚·米·柯伦泰, 告知文章及信已寄出(指前两封《远方来信》和给瑞典《社会民主党人报》编辑

部的推荐信）。

《列宁文集》俄文版第 13 卷第 256—257 页；苏共中央马列主义研究院中央党务档案馆，第 2 号全宗，第 1 号目录，第 4467 号案卷。

列宁给在克里斯蒂安尼亚的雅·斯·加涅茨基寄去快信，请他查一查委托亚·米·柯伦泰转给《真理报》的两封信的情况（指前两封《远方来信》）。如果柯伦泰在离开克里斯蒂安尼亚之前未能收到这两封信，列宁请加涅茨基把它们寄给彼得格勒的弗·德·邦契–布鲁耶维奇，并回电告知这两封信已收到。列宁在信的结尾写道："非常恳切地请求您提供情况。"

《列宁全集》中文第 2 版增订版第 47 卷第 552 页。

列宁收到柳·尼·斯塔尔告知自己离开斯德哥尔摩去俄国的电报。

《列宁全集》中文第 2 版增订版第 47 卷第 561 页；苏共中央马列主义研究院中央党务档案馆，第 17 号全宗，第 1 号目录，第 1931 号案卷，第 28 张。

3 月，9 日（22 日）以后

列宁阅读《泰晤士报》第 41433 号，从题为《彼得格勒复工了》的报道中作摘录（用英文）。列宁从 3 月 6 日（19 日）的通讯稿中作摘录，并在关于数百名代表从各地奔赴彼得格勒，热切地希望参加工兵代表苏维埃工作的报道旁标上"注意"。

列宁从 3 月 7 日（20 日）的通讯稿中作如下摘录："社会民主党机关报《真理报》今天用大号字刊登一则通告：'复工了，但革命还在继续。'"列宁给"**两个政府**"即李沃夫政府和齐赫泽政府的有害学说["一个建立秩序，另一个制造混乱"]这段文字标上了"注意"，加了着重标记，并作笔记："彼得格勒街头的游行队伍：'**要土地，要自由'。'消灭暴君'……"

苏共中央马列主义研究院中央党务档案馆，第 2 号全宗，第 1 号目录，第 4455 号案卷，第 16 张；《泰晤士报》，伦敦，1917 年 3 月 22 日，第 41433 号。

3 月 10 日（23 日）

列宁写第三封《远方来信》的提纲。

《列宁全集》中文第 2 版增订版第 29 卷第 33—45 页；《列宁文集》俄文版第 21 卷第 75 页。

列宁就返回俄国的问题给在克里斯蒂安尼亚的雅·斯·加涅茨基回电报（用德文）。

《列宁全集》中文第 2 版增订版第 47 卷第 554 页；苏共中央马列主义研究院中央党务档案馆，第 2 号全宗，第 1 号目录，第 4470 号案卷，第 1 张背面；第 17 号全宗，第 1 号目录，第 1931 号案卷，第 28 张。

列宁阅读《法兰克福报和商报》第 80 号第二次上午版，就 3 月 8 日（21 日）发自斯德哥尔摩的通讯稿作笔记："摘自中央委员会宣言：'工人阶级和革命军队**组成**临时政府……　共和国，八小时工作制，没收土地，没收存粮。立即缔结和约：**同一切交战国的无产阶级举行谈判**'。"

列宁用一张单页纸抄录（用德文）《社会革命党人宣言》这篇通讯稿的全文，并注明："中央委员会宣言"。

列宁在第三封《远方来信》和《论俄国社会民主工党在俄国革命中的任务》（自拟简介）中引用了这篇通讯稿。

《列宁全集》中文第 2 版增订版第 29 卷第 33、66—67 页，第 47 卷第 555 页；苏共中央马列主义研究院中央党务档案馆，第 2 号全宗，第 1 号目录，第 4455 号案卷，第 4、14—15 张；《法兰克福报和商报》，美因河畔法兰克福，1917 年 3 月 22 日，第 80 号，第二次上午版。

列宁阅读《法兰克福报和商报》第 79 号晚上版，从 3 月 8 日

（21 日）发自斯德哥尔摩的通讯稿《社会主义和平宣言》中作摘录：
"俄国工人党中央委员会的宣言今天已送到，它号召各国无产者制
止战争，没收土地等等。"列宁记下（用德文和俄文）宣言的主要论
点，并标上"注意"和着重标记。

苏共中央马列主义研究院中央党务档案馆，第 2 号全宗，第 1
号目录，第 4455 号案卷，第 4 张；《法兰克福报和商报》，美因
河畔法兰克福，1917 年 3 月 21 日，第 79 号，晚上版。

列宁阅读《新苏黎世和瑞士商业报》第 507 号第一次上午版，
从刊登在"俄国革命"栏的 3 月 9 日（22 日）发自柏林的通讯稿中
作摘录（用俄文和德文）。通讯稿中引用了由尼·谢·齐赫泽和
阿·伊·契恒凯里签署的第四届国家杜马社会民主党孟什维克党
团 3 月 3 日（16 日）的宣言全文。

苏共中央马列主义研究院中央党务档案馆，第 2 号全宗，第 1
号目录，第 4455 号案卷，第 4 张背面；《新苏黎世和瑞士商业
报》，1917 年 3 月 23 日，第 507 号，第一次上午版。

列宁阅读《法兰克福报和商报》第 80 号晚上版，从 3 月 9 日
（22 日）发自巴塞尔的通讯稿《复工》中作摘录："3 月 21 日圣彼得
堡官方消息：'工人代表苏维埃决定复工……'"。

苏共中央马列主义研究院中央党务档案馆，第 2 号全宗，第 1
号目录，第 4455 号案卷，第 4 张背面；《法兰克福报和商报》，
美因河畔法兰克福，1917 年 3 月 22 日，第 80 号，晚上版。

列宁阅读《时报》第 20347 号，标明："社论（反对工人代表苏维
埃）"。列宁从简讯《工人委员会》中作摘录（用法文），给下面这段
话加着重标记并标上"注意"："工人党的领袖们，尤其是齐赫泽先
生，正在利用自己的全部影响来抑制工人阶级的愿望。"列宁在第
三封《远方来信》中引用了这段文字。

列宁从这号报上摘录（用俄文和法文）关于在《俄罗斯新闻》上

发表茹·盖得的信（他在信中声称："先争取胜利，后建立共和国"）的报道。

列宁在《论俄国社会民主工党在俄国革命中的任务》（自拟简介）中称盖得的这封信是可耻的信。

《列宁全集》中文第 2 版增订版第 29 卷第 34、69 页；苏共中央马列主义研究院中央党务档案馆，第 2 号全宗，第 1 号目录，第 4455 号案卷，第 4 张背面；《时报》，巴黎，1917 年 3 月 22 日，第 20347 号。

列宁阅读《柏林每日小报和商业日报》第 147 号晚上版，就 3 月 8 日（21 日）发自斯德哥尔摩的通讯稿《俄国社会党人争取和平》作笔记（用俄文和德文）。这篇通讯稿叙述了《俄国社会民主工党告俄国全体公民的宣言》中的基本要求。

苏共中央马列主义研究院中央党务档案馆，第 2 号全宗，第 1 号目录，第 4455 号案卷，第 5 张；《柏林每日小报和商业日报》，1917 年 3 月 21 日，第 147 号，晚上版。

列宁阅读《福斯报》第 148 号上午版，对 3 月 8 日（21 日）发自斯德哥尔摩的通讯稿《俄国社会民主党人的和平要求》作如下摘要（用俄文和德文）："社会民主党党团 3 月 16 日号召书的内容是该党团的纲领的内容，共有 11 项。

第 1 项——共和国……

第 3 项——'俄国工人阶级能有足够数量的代表参加政府'……

第 7 项——'立即开始和平谈判'反对帝国主义战争。

临时政府拒绝公布这些要求，于是这份号召书就发到外省去了……"

列宁在单页纸上抄录（用德文）通讯稿《俄国社会民主党人的和平要求》全文。

列宁在第三封《远方来信》中利用了这份摘录。

《列宁全集》中文第 2 版增订版第 29 卷第 33—34 页；苏共中央马列主义研究院中央党务档案馆，第 2 号全宗，第 1 号目录，第 4455 号案卷，第 5、18—19 张；《福斯报》，柏林，1917 年 3 月 22 日，第 148 号，上午版。

列宁阅读《福斯报》第 147 号晚上版，从 3 月 8 日（21 日）发自斯德哥尔摩的通讯稿《立即结束战争！》中摘录（用俄文和德文）关于 3 月 2 日（15 日）社会民主党杜马党团会议的内容。列宁用一张单页纸摘录（用德文）3 月 7 日（20 日）发自彼得格勒的通讯稿《波罗的海舰队参加革命》，这篇通讯稿报道了 3 月 3 日（16 日）在波罗的海舰队军舰上暴发的起义。列宁在摘录中在关于舰队某部对海军中将 А.И.涅佩宁不信任的文字下加了着重标记。

列宁在第三封《远方来信》中利用了这份摘录。

《列宁全集》中文第 2 版增订版第 29 卷第 33—34、39 页；苏共中央马列主义研究院中央党务档案馆，第 2 号全宗，第 1 号目录，第 4455 号案卷，第 5、13 张；《福斯报》，柏林，1917 年 3 月 21 日，第 147 号，晚上版。

列宁阅读《新苏黎世和瑞士商业报》第 509 号第一次下午版，就 3 月 9 日（22 日）发自伯尔尼的通讯稿作笔记："……瑞士通讯社确认，它是**直接从圣彼得堡**获得米留可夫的通令**文本**的。"（指帕·尼·米留可夫 3 月 5 日（18 日）发给俄国所有驻外使节的电报）

苏共中央马列主义研究院中央党务档案馆，第 2 号全宗，第 1 号目录，第 4455 号案卷，第 20 张；《新苏黎世和瑞士商业报》，1917 年 3 月 23 日，第 509 号，第一次下午版。

列宁从《新苏黎世和瑞士商业报》第 493 号第一次上午版上刊登的 3 月 7 日（20 日）发自彼得格勒的通讯稿《临时政府宣言》中作摘录（用德文）。列宁在摘录中把关于临时政府打算遵守以前签订的条约和把战争进行到最后胜利这段文字划出来并标上

"注意"。

《列宁全集》中文第 2 版增订版第 29 卷第 48—49 页；苏共中央马列主义研究院中央党务档案馆，第 2 号全宗，第 1 号目录，第 4455 号案卷，第 20 张；《新苏黎世和瑞士商业报》，1917 年 3 月 21 日，第 493 号，第一次上午版。

列宁阅读《新苏黎世和瑞士商业报》第 481 号第一次下午版，扼要地记下彼得格勒通讯社 3 月 5 日（18 日）通讯稿的内容："**临时政府**给其驻外代表发出**以下通令**：文本（'在八天之内获胜'，大吹大擂）。"

列宁从这篇通讯稿中摘录（用德文）关于临时政府在外交政策方面打算遵守被推翻的旧政权所承担的各项义务的报道，并在这段文字旁标上"注意"，划上着重线。

列宁阅读该报第 488 号第一次下午版，从"俄国革命"栏中作摘录。该栏援引了彼得格勒通讯社先前报道中没有的帕·尼·米留可夫 3 月 5 日（18 日）通令电的最后一部分。列宁在摘录中把关于俄国信守它同各盟国签定的条约及临时政府打算把战争进行到最后胜利这段文字划出来并标上"注意"。

列宁在《远方来信》、《俄国革命和各国工人的任务》、《论俄国社会民主工党在俄国革命中的任务》等文章中对米留可夫的电文作了批判。

《列宁全集》中文第 2 版增订版第 29 卷第 9、10—11、48—49、61、64 页；苏共中央马列主义研究院中央党务档案馆，第 2 号全宗，第 1 号目录，第 4455 号案卷，第 20 张背面；《新苏黎世和瑞士商业报》，1917 年 3 月 19 日，第 481 号，第一次下午版；3 月 20 日，第 488 号，第一次下午版。

列宁致电（用德文）在克里斯蒂安尼亚的雅·斯·加涅茨基，请他转达对《真理报》的祝贺，祝贺《俄国社会民主工党告俄国全体公民的宣言》发表。

《列宁全集》中文第 2 版增订版第 47 卷第 554—555 页。

列宁写信给在克拉伦的伊·费·阿尔曼德，对《俄国社会民主工党宣言》给予好评，告知取道英国返回俄国根本不行。列宁随信寄去前两封《远方来信》的抄件，请她马上就看，看后传给格·亚·乌西耶维奇，然后再寄到日内瓦给卡尔宾斯基夫妇。

《列宁全集》中文第 2 版增订版第 47 卷第 555—556 页。

俄国社会民主工党(布)中央委员会俄国局(中央局)寄给列宁 500 卢布，作为从瑞士返回俄国的路费。

В.В.阿尼克耶夫：《俄国社会民主工党(布)中央委员会 1917
年的活动(大事记)》，1969 年，第 29 页。

俄国社会民主工党(布)中央局派信使 М.И.斯捷茨克维奇去斯德哥尔摩送信件和报纸给列宁。

《列宁文集》俄文版第 2 卷第 449 页；苏共中央马列主义研究
院中央党务档案馆，第 12 号全宗，第 2 号目录，第 55 号案卷，
第 32 张；《政治报》，斯德哥尔摩，1917 年 4 月 13 日，第 85 号；
雅·斯·加涅茨基：《关于列宁(回忆录片断)》，1933 年，第
57—58 页。

列宁给启程回俄国的布尔什维克的电报刊登在瑞典社会民主党左派机关报《政治报》第 68 号上(电文中有些地方译得不准确)。

《列宁全集》中文第 2 版增订版第 29 卷第 8 页；《政治报》，斯
德哥尔摩，1917 年 3 月 23 日，第 68 号。

3 月 10 日—11 日(23 日—24 日)

列宁写《远方来信。第三封信。论无产阶级民兵》。在信的开头，列宁分析《俄国社会民主工党告俄国全体公民的宣言》，指出："在这个文件中一个字也没有提到支持或者推翻古契柯夫政府；宣言号召工人和士兵组织在工人代表苏维埃的周围，选举代表参加

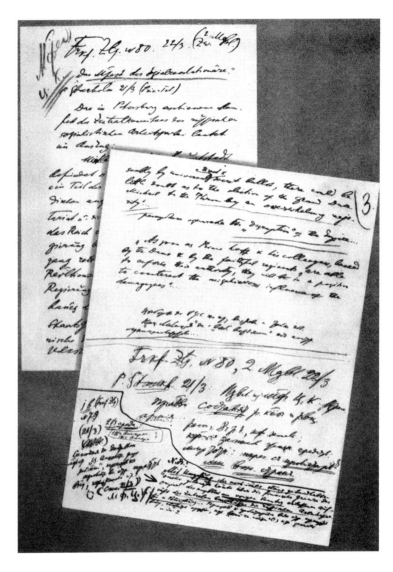

列宁从刊载于《法兰克福报和商报》第80号的
《俄国社会民主工党告俄国全体公民的宣言》一文中作的摘录

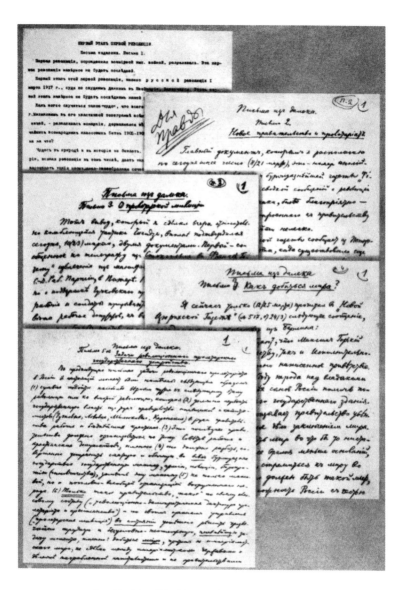

1917年3月列宁写的总标题为《远方来信》的一组文章

苏维埃,以便为反对沙皇制度,为争取共和国、争取八小时工作制、没收地主的土地和存粮,而主要是为停止掠夺性战争而进行斗争。在这里,特别重要和特别具有现实意义的是我们中央委员会的这样一个完全正确的思想:为了争取和平,必须同**一切交战国的无产者**建立联系。"在信中列宁论述建立无产阶级国家的必要性,阐明对国家问题的无政府主义观点是错误的,批判右倾机会主义者和考茨基分子对卡·马克思和弗·恩格斯的无产阶级专政学说的歪曲。列宁强调指出,无产阶级"如果想要保卫这次革命的成果和继续前进,想要争得和平、面包和自由,那就应当'**打碎**'(马克思用语)这个'现成的'国家机器,代之以新的国家机器"。列宁提出建立无产阶级民兵的任务,因为这种民兵"将**真正**表现出绝大多数人民的理智和意志、力量和权力"。

《列宁全集》中文第 2 版增订版第 29 卷第 33—45 页。

3 月,10 日(23)日以后

列宁阅读《泰晤士报》第 41434 号,从 3 月 8 日(21 日)发自彼得格勒的通讯稿中作摘录(用俄文和英文)。列宁在摘录中给下面这些报道加上着重标记:彼得格勒成立市食品分配委员会,普梯洛夫工厂生产军用装备的工作已安排就绪,工人要求立即实行八小时工作制。

苏共中央马列主义研究院中央党务档案馆,第 2 号全宗,第 1 号目录,第 4455 号案卷,第 5 张背面;《泰晤士报》,伦敦,1917 年 3 月 23 日,第 41434 号。

3 月 11 日(24 日)

列宁写信给在日内瓦的维·阿·卡尔宾斯基,告知已经给他寄去(通过伊·费·阿尔曼德)第一封和第二封《远方来信》的抄件,列宁写道:"供参阅,以便统一我们的看法"。列宁要求在星期一前退给他。列宁警告不要同开端派(以俄国孟什维克—托洛茨基分子的报纸《开端报》为中心形成的一个集团的拥护者)结成联盟,并说明布尔什维克对其他党派的方针:"……我们反对同其他党派接近…… 我们**拥护**国内的中央委员会,**拥护**《真理报》,**拥护**自己的党……"。

《列宁全集》中文第 2 版增订版第 47 卷第 556—557 页。

俄国社会民主工党(布)莫斯科区域局及莫斯科委员会给列宁的致敬信,用拉脱维亚文刊登在拉脱维亚边疆区社会民主党中央委员会机关报《社会民主党人报》(莫斯科)第 3 号上,并附有一段文字,其中指出:"我们同意这封致敬信,并希望列宁同志不久就会同我们在一起……"。

《社会民主党人报》,莫斯科,1917 年 3 月 11 日(24 日),第 3
号;《1917 年十月革命中的拉脱维亚共产党(文件和资料)》,
里加,1963 年,第 19—20 页。

3 月,12 日(25 日)以前

列宁给阿·瓦·卢那察尔斯基复信,拒绝他提出的关于布尔什维克同前进派举行会议的建议。列宁强调必须保持布尔什维克党在思想上和组织上的独立性。列宁写道:"保持我们党的独立性和特殊性,**决不同其他党派接近**——我认为这是绝对不能改变的。不这样就不能帮助无产阶级通过**民主**变革到达**公社**,而我决不会为其他的目的服务。

只有同意这一基本问题的人们和团体,我本人才**赞成**同他们进行协商。"

《列宁全集》中文第 2 版增订版第 47 卷第 557—558 页。

3 月，不晚于 12 日（25 日）

列宁写《俄国革命和各国工人的任务》一文的提纲。

《列宁全集》中文第 2 版增订版第 29 卷第 497—498 页。

3 月 12 日（25 日）

列宁致信在日内瓦的维·阿·卡尔宾斯基，请他寄还前两封《远方来信》的抄件。列宁谈到 3 月 14 日（27 日）他要在苏黎世作专题报告，答应报告后把第三封《远方来信》的抄件寄给他，希望这封信能有助于制定统一的策略。列宁向他谈了就同前进派进行协商一事与阿·瓦·卢那察尔斯基通信的情况，并告诫说，在同前进派联合的问题上匆忙行事是危险的。列宁援引（用法文）《给启程回俄国的布尔什维克的电报》。列宁对 3 月 9 日（22 日）在日内瓦举行的俄国和瑞士国际主义者大会的决议作了评价，并告诉卡尔宾斯基，他已把大会的决议连同自己的一篇文章寄给《真理报》。列宁强调说，《真理报》需要文章，因此"至少我是要写的，**并劝所有朋友们也写**"。列宁对《俄国社会民主工党告俄国全体公民的宣言》给予肯定的评价。列宁问能不能把《社会民主党在 1905—1907 年俄国第一次革命中的土地纲领》手稿打印出来，以便到彼得格勒后立即把它出版。

《列宁全集》中文第 2 版增订版第 47 卷第 558—561 页。

列宁阅读《新苏黎世和瑞士商业报》第 517 号第一次下午版，对 3 月 10 日（23 日）的通讯稿《德国报刊摘要》作摘录。

列宁在第四封《远方来信》中利用了这份摘录。

《列宁全集》中文第 2 版增订版第 29 卷第 46—47、49 页；苏共
中央马列主义研究院中央党务档案馆，第 2 号全宗，第 1 号目
录，第 4455 号案卷，第 22 张—第 22 张背面；《新苏黎世和瑞
士商业报》，1917 年 3 月 24 日，第 517 号，第一次下午版。

列宁写第四封《远方来信》的提纲。

《列宁全集》中文第 2 版增订版第 29 卷第 495—496 页。

列宁写《远方来信。第四封信。如何实现和平？》。列宁在信中阐述了公正的、民主的和平纲领（如果俄国政权归全俄工兵农代表苏维埃，那么苏维埃在国际无产阶级的支援下是能够实现这个纲领的）的内容：拒绝承认沙皇政府签订的条约，公布这些条约；建议一切交战国马上缔结停战协定；公布工人农民的媾和条件——解放一切殖民地，解放一切从属的民族、被压迫的民族和没有充分权利的民族，拒绝偿还资产阶级政府为了进行帝国主义战争所借的债款。

信中引用了《新苏黎世和瑞士商业报》第 517 号上的一篇通讯稿，该通讯稿报道说，马·高尔基呼吁苏维埃执委会及临时政府缔结公道的和约。列宁高度评价这位作家的创作活动："毫无疑问，高尔基是一个很大的艺术天才，他给全世界无产阶级运动作出了而且还将作出很多贡献"，同时也批评他的和平主义的错误认识。列宁指出，向资产阶级政府呼吁和平，这实际上是在欺骗人民。列宁全面地论述资产阶级临时政府不可能给俄国各族人民以公正的、民主的和平这一论断。

《列宁全集》中文第 2 版增订版第 29 卷第 46—52 页。

列宁写《俄国革命和各国工人的任务》一文。该文原定是布尔什维克党中央告国际无产阶级书（文章未写完）。

《列宁全集》中文第 2 版增订版第 29 卷第 58—62 页。

3 月 12 日和 18 日（25 日和 31 日）之间

列宁致信在克拉伦的伊·费·阿尔曼德，信中指出她对俄国正在进行的革命的看法有错误，提出必须把革命的第一阶段和第二阶段加以区别。列宁表示希望能把国外报纸所发表的关于俄国革命的一切材料收集起来。列宁在信的结尾写道："我们大概**不能回国**!! 英国**不让过境**。取道德国又办不到。"

《列宁全集》中文第 2 版增订版第 47 卷第 561—562 页。

3 月·12 日（25 日）以后

列宁阅读《法兰克福报和商报》第 83 号第二次上午版，从刊登在"俄国革命"栏的 3 月 11 日（24 日）发自斯德哥尔摩的通讯稿《恢复秩序》中作摘录（用德文）。

列宁阅读《法兰克福报和商报》第 82 号晚上版，从刊登在"俄国革命"栏的 3 月 10 日（23 日）发自斯德哥尔摩的通讯稿中作摘录（用德文）："由起义士兵在最初的日子里选出的**营委员会在工人参加下讨论了关于立即实现士兵自己选举军官的权利**。"

苏共中央马列主义研究院中央党务档案馆，第 2 号全宗，第 1 号目录，第 4455 号案卷，第 16 张背面—第 17 张；《法兰克福报和商报》，美因河畔法兰克福，1917 年 3 月 24 日，第 82 号，晚上版；3 月 25 日，第 83 号，第二次上午版。

3 月 13 日（26 日）

列宁写信给格·亚·乌西耶维奇（信未找到）。

《列宁全集》中文第 2 版增订版第 47 卷第 564 页。

列宁致信在日内瓦的维·阿·卡尔宾斯基，告知 3 月 12 日（25 日）给他寄去了一封长信。列宁请他火速寄来两本小册子：《关于俄国社会民主工党统一代表大会的报告（给彼得堡工人的信）》和《立宪民主党人的胜利和工人政党的任务》（两本小册子是列宁写的，1906 年出版）。

《列宁全集》中文第 2 版增订版第 47 卷第 563 页。

列宁给启程回俄国的布尔什维克的电报在俄国社会民主工党（布）中央局会议和俄国社会民主工党（布）彼得堡委员会执行委员

会扩大会议上宣读。

《列宁全集》中文第 2 版增订版第 29 卷第 8 页；《专制制度被推翻后的俄国革命运动》，1957 年，第 65 页；《1917 年第一个合法的布尔什维克彼得堡委员会（资料和记录汇编）》，1927 年，第 41 页。

关于列宁 3 月 14 日（27 日）将在苏黎世民众文化馆大厅作题为《俄国革命及其意义和任务》的专题报告的公告刊登在《民权报》第 72 号上。

《民权报》，苏黎世，1917 年 3 月 26 日，第 72 号。

3 月，13 日（26 日）以后

列宁在 1917 年 3 月 26 日《自由青年》杂志第 7 期封面上写上："乌里扬诺夫"。

《克里姆林宫的弗·伊·列宁藏书》，1961 年，第 624 页。

列宁阅读《时报》第 20351 号，从刊登在"俄国时事"栏的各篇通讯稿中作摘录（用法文和俄文）。

苏共中央马列主义研究院中央党务档案馆，第 2 号全宗，第 1 号目录，第 4455 号案卷，第 6 张；《时报》，巴黎，1917 年 3 月 26 日，第 20351 号。

列宁阅读《晚间信使报》第 85 号，从刊登在"俄国时事"栏的 3 月 12 日（25 日）发自彼得格勒的关于工人要求在彼得格勒实行八小时工作制的通讯稿中作摘录（用意大利文）。

苏共中央马列主义研究院中央党务档案馆，第 2 号全宗，第 1 号目录，第 4455 号案卷，第 17 张背面；《晚间信使报》，米兰，1917 年 3 月 26 日，第 85 号。

列宁阅读《柏林每日小报和商业日报》第 152 号上午版，作如下笔记："哥本哈根。3 月 23 日。**路易斯**的电报被搞错了（圣彼得堡杜马被篡改为立宪会议）。"

笔记中记的是关于一篇通讯稿歪曲地引用列宁 3 月 6 日（19日）给启程回俄国的布尔什维克的电报这件事。

苏共中央马列主义研究院中央党务档案馆，第 2 号全宗，第 1 号目录，第 4455 号案卷，第 17 张背面；《柏林每日小报和商业日报》，1917 年 3 月 24 日，第 152 号，上午版。

列宁阅读《柏林每日小报和商业日报》第 154 号上午版，从 3 月 11 日（24 日）发自鹿特丹的通讯稿中作摘录（用德文）。列宁给下面这段文字标上"注意"并划出来："新政府应防止农民再次骚动，无论如何也不能容许抢劫私有者。"

苏共中央马列主义研究院中央党务档案馆，第 2 号全宗，第 1 号目录，第 4455 号案卷，第 17 张背面；《柏林每日小报和商业日报》，1917 年 3 月 25 日，第 154 号，上午版。

列宁阅读《人道报》第 4726 号，从简讯《昆塔尔派一伙》中作摘录。

《列宁文集》俄文版第 21 卷第 74 页；苏共中央马列主义研究院中央党务档案馆，第 2 号全宗，第 1 号目录，第 4455 号案卷，第 27 张；《人道报》，巴黎，1917 年 3 月 26 日，第 4726 号。

3 月 13 日和 16 日（26 日和 29 日）之间

由于德国各报歪曲报道列宁《给启程回俄国的布尔什维克的电报》，列宁写（用德文）《给〈民权报〉的声明》，其中抄录了电报原文。

《列宁全集》中文第 2 版增订版第 29 卷第 8 页；《民权报》，苏黎世，1917 年 3 月 29 日，第 75 号。

3 月，不晚于 14 日（27 日）

列宁写《俄国革命及其意义和任务》专题报告的提纲和要点。

《列宁全集》中文第 2 版增订版第 29 卷第 499—501、502 页。

列宁根据从外国报纸上的摘录作如下笔记：

"＋　和　一

齐　赫　泽：

＋	一
＋(1)咒骂《泰晤士报》	(最初称赞)
	一
(2)咒骂《时报》	(称赞《时报》)
(3)3 月 16 日的宣言	——3 月 14 日斯柯别列
	夫的演说

骗局！和平谈判的
整个社会主义纲领

(5)关于逮捕沙皇的电报	(5)**第3条**列入行动纲领
(哈帕兰达)……	(有足够数量的工人
	参加政府)
	一
(4)(齐赫泽)拒绝参加临	(4)(参加**杜马委员会**)
时政府	(齐赫泽)
	(6)斯柯别列夫＋图利亚
	科夫代表**临时政府**的
	旅行"。

列宁在《论俄国社会民主工党在俄国革命中的任务》(自拟简
介)中引用了上述事实。

《列宁全集》中文第 2 版增订版第 29 卷第 67 页,第 47 卷第
559—560 页;苏共中央马列主义研究院中央党务档案馆,第
2 号全宗,第 1 号目录,第 4455 号案卷,第 2 张背面。

俄国社会民主工党(布)国外组织苏黎世支部散发关于列宁将
于 3 月 14 日(27 日)作《俄国革命及其意义和任务》专题报告的公

列宁从外国报纸作的摘录笔记

Цюрихская секція З.О. Р.С.-Д.Р.П.

Во вторникъ 27го марта 5½ ч. веч. въ большомъ залѣ

Volkshaus'а состоится Рефератъ

Н. Ленина   на тему:

Русская Революція, ея значеніе и ея задачи

Рефератъ предполагается изъ 2хъ частей:

Первая объ основныхъ передвигающихъ силахъ и условіяхъ Революціи, вторая о ея задачахъ.

Первая часть должна показать, въ силу какихъ обстоятельствъ возможно было такъ "чудо" паденіе царской монархіи въ 8 дней.

Вторая обрисовать почему пролетаріатъ Россіи долженъ идти к коммунизму, каковы должны быть первые шаги его по этому пути я при какихъ условіяхъ обезпечена ему побѣда.

Послѣ Реферата, если того пожелаетъ публика, состоится дискуссія.

Плата за входъ:

2 fr. = 1 fr.

для эмигрантовъ и рабочихъ 50 кр.

50% чистаго сбора поступитъ въ пользу политическихъ эмигрантовъ военныхъ пострадавшихъ.

1917年3月14日(27日)列宁在苏黎世作
《俄国革命及其意义和任务》专题报告的公告

告。公告中附有列宁写的报告提纲。

《列宁全集》中文第 2 版增订版第 29 卷第 502 页和第 503 页之间。

3 月 14 日（27 日）

列宁写信给在克拉伦的伊·费·阿尔曼德,告知维·阿·卡尔宾斯基寄回的第一封《远方来信》已收到,问第二封信在哪里。列宁写道,给《真理报》的第三封和第四封《远方来信》明天寄出,请她阅后给格·亚·乌西耶维奇看,然后寄给卡尔宾斯基夫妇。

《列宁全集》中文第 2 版增订版第 47 卷第 564 页。

列宁在苏黎世民众文化馆(瑞士广场 4 号)举行的俄国政治侨民会议上作《俄国革命及其意义和任务》专题报告。列宁在报告中分析二月革命迅速获胜的原因,批判古契柯夫—米留可夫政府不能给人民以和平、面包或完全自由的政策,确定无产阶级在当前从革命的第一阶段向第二阶段过渡时刻的任务。

《列宁全集》中文第 2 版增订版第 29 卷第 64—70 页,第 47 卷第 564 页;《民权报》,苏黎世,1917 年 3 月 31 日,第 77 号;4 月 2 日,第 78 号;《无产阶级革命》杂志,莫斯科—列宁格勒,1929 年,第 10 期,第 114—115 页;《历史文献》杂志,莫斯科,1955 年,第 2 期,第 16—17 页;A.C.库德里亚夫采夫等:《列宁在伯尔尼和苏黎世(纪念地)》,1972 年,第 252 页。

列宁收到维·阿·卡尔宾斯基发自日内瓦的复信,复信同意打印《社会民主党在 1905—1907 年俄国第一次革命中的土地纲领》的手稿,并告知已给列宁寄去小册子《立宪民主党人的胜利和工人政党的任务》及《关于俄国社会民主工党统一代表大会的报告(给彼得堡工人的信)》,对迟迟未寄去第二封《远方来信》表示歉意。

《列宁全集》中文第 2 版增订版第 47 卷第 563、564、565 页;苏

共中央马列主义研究院中央党务档案馆,第2号全宗,第1号
目录,第4487号案卷。

列宁写信给在日内瓦的索·瑙·拉维奇,谈打印《社会民主党
在1905—1907年俄国第一次革命中的土地纲领》一书手稿的条
件,并请她打印《远方来信》。列宁赞同她用取得瑞士国籍的办法
减少去俄国的障碍这一计划。

《列宁全集》中文第2版增订版第47卷第565页。

《真理报》报道说,收到了列宁的贺信。

《真理报》,彼得格勒,1917年3月14日,第8号。

3月,不早于14日(27日)

列宁在其1906年出版的小册子《关于俄国社会民主工党统一代
表大会的报告(给彼得堡工人的信)》(附有代表大会的材料,其中包括
列宁写的《前“布尔什维克”派出席统一代表大会的代表告全党书》)的
正文中写上旁注。在小册子第12页上,列宁给脚注中关于没收地主
土地的口号这段文字加上着重标记;在第16—17页上,列宁在关于
俄国革命胜利后保证防止复辟的论点旁标上“注意”;在第103页
上,列宁划出来关于俄国人民起义彻底胜利的意义这一论题。

《列宁全集》中文第2版增订版第12卷第360页,第13卷第
10、14、15页,第47卷第563页;苏共中央马列主义研究院中
央党务档案馆,第2号全宗,第1号目录,第3360号案卷;《克
里姆林宫的弗·伊·列宁藏书》,1961年,第72页。

列宁作如下笔记:

“报告第16—17页

92—93:关于工人代表苏维埃

和临时政府”。

在小册子《关于俄国社会民主工党统一代表大会的报告（给彼得堡工人的信）》的上述两页（92—93 页）上，附印了列宁为统一代表大会起草的关于临时革命政府和革命政权的地方机关的决议草案。

《列宁全集》中文第 2 版增订版第 12 卷第 205—207 页，第 29 卷第 496 页；弗·伊·列宁：《关于俄国社会民主工党统一代表大会的报告（给彼得堡工人的信）》，莫斯科—圣彼得堡，"事业"印刷所，1906 年，第 92—93 页。标题前署名：尼·列宁。

列宁阅读《法兰克福报和商报》第 85 号第一次上午版，从刊登在"俄国革命"栏的通讯稿中作摘录（用俄文和德文）。通讯稿报道说，英国和法国打发"（社会）**爱国主义者**去俄国，但不让和平的拥护者去……"；报道亚·费·克伦斯基 2 月 28 日（3 月 13 日）在杜马发表的演说；报道在巴黎俄国教堂举行的有俄国驻法大使亚·彼·伊兹沃尔斯基参加的祈祷。列宁根据这一报道作笔记："伊兹沃尔斯基之流不是在为沙皇……祈祷，而是在'为国家，为临时政府，为军队和基督教徒'祈祷……"。

苏共中央马列主义研究院中央党务档案馆，第 2 号全宗，第 1 号目录，第 4455 号案卷，第 6 张背面；《法兰克福报和商报》，美因河畔法兰克福，1917 年 3 月 27 日，第 85 号，第一次上午版。

列宁阅读《曼彻斯特卫报》第 22035 号，从 3 月 8 日（21 日）发自伦敦的通讯稿《一位英国社会主义者给俄国的信函》中作摘录（用英文）。通讯稿叙述菲·斯诺登——英国独立工党主席、该党右翼首领——的信函内容。

苏共中央马列主义研究院中央党务档案馆，第 2 号全宗，第 1 号目录，第 4455 号案卷，第 7 张；《曼彻斯特卫报》，1917 年 3 月 22 日，第 22035 号。

列宁阅读《福斯报》第 155 号，从 3 月 12 日（25 日）发自斯德哥尔摩的通讯稿《俄罗斯帝国濒临崩溃的危险》中作关于如下内容的摘录:关于在拉脱维亚、乌克兰、土耳其斯坦和高加索出现分立主义倾向;关于军队的情绪:**李沃夫**承认("在北方战线上发生多次冲突性事件")。**布鲁西洛夫**:我们**处死**了一些士兵……";关于拥有1 200名成员,其中一半是士兵一半是工人的"庞大的苏维埃"。

苏共中央马列主义研究院中央党务档案馆,第2号全宗,第1号目录,第4455号案卷,第7张背面;《福斯报》,柏林,1917年3月26日,第155号,星期一版。

列宁阅读《新苏黎世和瑞士商业报》第537号第一次下午版,从3月13日(26日)发自柏林的通讯稿中作摘录(用德文)。

苏共中央马列主义研究院中央党务档案馆,第2号全宗,第1号目录,第4455号案卷,第8张;《新苏黎世和瑞士商业报》,1917年3月27日,第537号,第一次下午版。

列宁阅读《新自由报》第18889号晚上版,从3月11日(24日)发自斯德哥尔摩的关于马·伊·斯柯别列夫在临时政府与波罗的海舰队革命水兵之间进行调解的通讯稿中作摘录(用俄文和德文)。

苏共中央马列主义研究院中央党务档案馆,第2号全宗,第1号目录,第4455号案卷,第8张;《新自由报》,维也纳,1917年3月24日,第18889号,晚上版。

列宁阅读《前进报》第84号,从《俄国社会民主党的媾和条件》一文中作摘录(用俄文和德文),该文原载于瑞典《社会民主党人报》。

苏共中央马列主义研究院中央党务档案馆,第2号全宗,第1号目录,第4455号案卷,第8张;《前进报》,柏林,1917年3月26日,第84号。

列宁阅读《新苏黎世和瑞士商业报》第535号第一次上午版,从刊登在"俄国革命"栏的两篇通讯稿中作摘录——从3月13日

（26 日）发自巴黎的通讯稿中所作的摘录是："……**古契柯夫**大叫大嚷，**用德国人的进攻（里加附近）来威胁**"；从 3 月 12 日（25 日）发自柏林的通讯稿中所作的摘录是："俄国的'帝国主义的自由派'要战争，在俄国……将出现'社会主义共和国'，这对他们是一种威胁"。

苏共中央马列主义研究院中央党务档案馆，第 2 号全宗，第 1 号目录，第 4455 号案卷，第 8 张；《新苏黎世和瑞士商业报》，1917 年 3 月 27 日，第 535 号，第一次上午版。

列宁阅读《法兰克福报和商报》第 85 号晚上版，从刊登在"俄国革命"栏的各通讯稿中作摘录（用德文）。

苏共中央马列主义研究院中央党务档案馆，第 2 号全宗，第 1 号目录，第 4455 号案卷，第 8 张背面；《法兰克福报和商报》，美因河畔法兰克福，1917 年 3 月 27 日，第 85 号，晚上版。

列宁阅读《福斯报》第 157 号上午版，从 3 月 13 日（26 日）发自斯德哥尔摩的通讯稿《前线的社会主义宣传》中作摘录（用德文）。

苏共中央马列主义研究院中央党务档案馆，第 2 号全宗，第 1 号目录，第 4455 号案卷，第 9 张；《福斯报》，柏林，1917 年 3 月 27 日，第 157 号，上午版。

列宁阅读《福斯报》第 156 号晚上版，从 3 月 13 日（26 日）发自斯德哥尔摩的关于星期三在彼得格勒举行的人数众多的海军军官、水兵、海军陆战队官兵大会的通讯稿中作摘录（用德文和俄文）。列宁记道："据说军官拥护共和国，但主张**任命**军官；而士兵和水兵则主张军官由**选举**产生。市办工厂的工人们威胁说，如果不实行**选举**军官，他们就要罢工……"

苏共中央马列主义研究院中央党务档案馆，第 2 号全宗，第 1 号目录，第 4455 号案卷，第 9 张；《福斯报》，柏林，1917 年 3 月 26 日，第 156 号，晚上版。

3 月 15 日(28 日)

列宁收到雅·斯·加涅茨基从克里斯蒂安尼亚发来(用德文)的电报,告知他将返回斯德哥尔摩,列宁的几封信他已收到,亚·米·柯伦泰定于 3 月 16 日(29 日)启程回俄国。

> 苏共中央马列主义研究院中央党务档案馆,第 2 号全宗,第 5 号目录,第 736 号案卷;第 17 号全宗,第 1 号目录,第 1931 号案卷,第 28 张。

列宁收到亚·米·柯伦泰从阿尔内发来(用法文)的电报:"两篇文章及信均已收到,您的思想令人钦佩。"

> 《新世界》杂志,莫斯科,1967 年,第 4 期,第 241 页。

列宁电告(用德文)在斯德哥尔摩的雅·斯·加涅茨基关于政治流亡者回俄国的计划:"或者瑞士政府得到去哥本哈根的一节车厢,或者俄国政府商妥用被拘留的德国人交换一切侨民。"

> 《列宁全集》中文第 2 版增订版第 47 卷第 566 页。

3 月中

列宁写《告被俘同志书》,解释在俄国已取得胜利的资产阶级民主革命的性质和特点,说明临时政府的政策和工兵代表苏维埃的政策。列宁号召被俘人员一旦返回祖国,要站到人民一边,而不要站到资本家政府一边。列宁保证说:"一有可能,我们就要赶回俄国,投入我们的工人和士兵兄弟们的斗争。但是就在那里我们也决不会忘掉你们。"(传单署名:"《社会民主党人报》编辑部"。)

> 《列宁全集》中文第 2 版增订版第 29 卷第 77—83 页;弗·伊·列宁:《告被俘同志书》,〔传单,未注明出版地点,〕《社会民主党人报》出版社,1917 年〕,2 页,(俄国社会民主工党),未注明作者;《回忆弗·伊·列宁》,第 1 卷,1968 年,第 453 页。

列宁写《给瑞士工人的告别信》,其中谈道:"当我们,由中央委员会统一的俄国社会民主工党(有别于由组织委员会统一的同一名

1917年列宁《给瑞士工人的告别信》手稿第1页

称的**另一个党**)的党员们,将要离开瑞士返回俄国,到我们的祖国去继续进行革命的国际主义工作的时候,我们谨向你们致以同志的敬礼,并对于你们对待外侨的同志态度表示深切的同志的谢意。"列宁在信中向欧洲各国的工人们解释俄国革命的任务及其前途,指出帝国主义战争所造成的客观条件使全人类面临这样的抉择:或者再让千百万人丧生,或者在一切文明国家里实现社会主义革命。

《列宁全集》中文第 2 版增订版第 29 卷第 84—93 页。

3 月 16 日(29 日)

列宁在讨论他的专题报告《俄国革命及其意义和任务》时扼要地记下亚·马尔丁诺夫、谢·谢姆柯夫斯基等人的发言。

列宁写《论俄国社会民主工党在俄国革命中的任务》(自拟简介)草稿(在自拟简介中叙述了《俄国革命及其意义和任务》这一专题报告中的基本论点)。

苏共中央马列主义研究院中央党务档案馆,第 2 号全宗,第 1 号目录,第 4489 号案卷。

列宁写的《给〈民权报〉的声明》以《确证》为题发表在该报第 75 号上。

《列宁全集》中文第 2 版增订版第 29 卷第 63 页;《民权报》,苏黎世,1917 年 3 月 29 日,第 75 号。

3 月 16 日或 17 日(29 日或 30 日)

列宁写《论俄国社会民主工党在俄国革命中的任务》(自拟简介),把它交给美·亨·勃朗斯基,请他译成德文并在《民权报》上发表。

《列宁全集》中文第 2 版增订版第 29 卷第 64—70 页;《民权报》,苏黎世,1917 年 3 月 31 日,第 77 号;4 月 2 日,第 78 号;《无产阶级革命》杂志,莫斯科—列宁格勒,1929 年,第 10 期,第 114—120 页。

3 月，17 日（30 日）以前

列宁写信给雅·斯·加涅茨基，阐述政治流亡者从瑞士取道英国回俄国的过境条件。作为实现这些条件的保证，英国政府需先同意把这些条件在报刊上公布。

《列宁全集》中文第 2 版增订版第 47 卷第 547、566—567 页；《回忆弗·伊·列宁》，第 2 卷，1969 年，第 374 页。

3 月 17 日（30 日）

列宁阅读《新苏黎世和瑞士商业报》第 557 号第一次上午版。

在《共和派沙文主义者的诡计》一文中，列宁引用了刊登在这一号报上的一篇 3 月 16 日（29 日）发自米兰的通讯稿。

《列宁全集》中文第 2 版增订版第 29 卷第 71 页；《新苏黎世和瑞士商业报》，1917 年 3 月 30 日，第 557 号，第一次上午版。

列宁写《共和派沙文主义者的诡计》一文，揭露资产阶级和社会沙文主义者的报纸刊登的诽谤性消息，"古契柯夫—米留可夫及其同伙的政府是怎样的背信弃义，其斗争手法是怎样的卑鄙下流。他们想诽谤我们党"。

《列宁全集》中文第 2 版增订版第 29 卷第 71—74 页，第 47 卷第 572 页。

列宁给启程回俄国的布尔什维克的电报以《列宁的意见》为题刊载在《前进报》第 89 号上（无署名）。

《列宁全集》中文第 2 版增订版第 29 卷第 8 页；《前进报》，米兰，1917 年 3 月 30 日，第 89 号。

列宁收到雅·斯·加涅茨基从斯德哥尔摩发来的急电。加涅茨基在急电中转达了俄国社会民主工党（布）中央局要列宁立即回国的意见。电文中说，每错过一小时都会带来很大的危险。

苏共中央马列主义研究院中央党务档案馆，第 2 号全宗，第 1

号目录,第 4493 号案卷;第 17 号全宗,第 1 号目录,第 1931 号案卷,第 28 张。

列宁给在斯德哥尔摩的雅·斯·加涅茨基发电报(用德文),告知取道英国的计划不能接受:"英国决不会让我过境,多半会拘留我。米留可夫肯定骗人。唯一的希望是派人去彼得格勒,设法通过工人代表苏维埃用被拘留的德国人交换"。

《列宁全集》中文第 2 版增订版第 47 卷第 567—568 页。

列宁写信给在斯德哥尔摩的雅·斯·加涅茨基,描述俄国的政治形势,说明党在革命中的任务和策略。列宁坚持要求在彼得格勒再版《社会民主党人报》、小册子《社会主义与战争》、《共产党人》杂志和《〈社会民主党人报〉文集》,"即使用'沙皇制度末期史料选辑'这样的名称也好"。他认为首先应当重新发表登载在《社会民主党人报》第 47 号上的纲领性文章《几个要点》。列宁写道:"这些要点直接、明确地指出了在俄国革命时期我们应当怎么办,并且是在革命前一年半指出的。

这些要点被革命绝妙地、一字不差地证实了。"

列宁问加涅茨基是否已收到前四封《远方来信》,并请他把这些材料送到彼得格勒,交给《真理报》。

对于加涅茨基就回国计划所提的建议,列宁回复说:"对我们来说,回国去的唯一希望(的的确确是唯一的希望),就是尽快派一个可靠的人回国,通过'工人代表苏维埃'施加压力,**迫使**政府同意以被拘留的德国人**交换**所有在瑞士的俄国侨民。"

《列宁全集》中文第 2 版增订版第 27 卷第 53—56 页,第 47 卷第 568—573 页。

列宁给雅·斯·加涅茨基寄去自己的文章《共和派沙文主义者的诡计》。

《列宁全集》中文第 2 版增订版第 29 卷第 71—74 页,第 47 卷
第 572 页。

3 月 17 日(30 日)以后

列宁阅读刊登在《新时代》杂志第 26 期上的卡·考茨基《冰
屋》一文,并作摘录。

《列宁文集》俄文版第 21 卷第 76—78 页;《新时代》杂志,斯图
加特,1917 年,第 35 年卷,第 1 册,第 26 期,3 月 30 日,第
609—613 页。

3 月 18 日(31 日)

列宁把他的文章《共和派沙文主义者的诡计》寄给《民权报》和
《前进报》编辑部。

《列宁全集》中文第 2 版增订版第 29 卷第 74 页。

列宁起草《俄国社会民主工党中央国外委员会的决定》草案,
其内容是接受国际社会党委员会主席罗·格里姆关于政治流亡者
取道德国返回俄国的建议。该草案被国外委员会通过。这项决定
发表在传单《由中央委员会统一的俄国社会民主工党党员会议记
录(1917 年 4 月 8 日)》上。

《列宁全集》中文第 2 版增订版第 29 卷第 75—76 页;《由中央
委员会统一的俄国社会民主工党党员会议记录(1917 年 4 月
8 日)》,〔传单〕,未注明出版地点,未注明年份,第 1 页;《苏共
在两个政权并存时期为社会主义革命胜利而斗争(文件集)》,
1957 年,第 45—46 页。

列宁签署给在伯尔尼的罗·格里姆的电报(用德文),电报中
告知,布尔什维克完全接受关于俄国政治流亡者取道德国回国的
建议,请他就这一问题立即同德国驻瑞士公使商妥,并将决定通知
列宁。

列宁在电文抄件上写道:"3 月 31 日(星期六)晚发出,格里姆

4 月 1 日晨收到。"

《列宁全集》中文第 2 版增订版第 47 卷第 573—574、713 页。

3 月 18 日和 20 日(3 月 31 日和 4 月 2 日)

列宁的《论俄国社会民主工党在俄国革命中的任务》(自拟简介)发表在《民权报》第 77 号和第 78 号上。

《列宁全集》中文第 2 版增订版第 29 卷第 64—70 页;《民权报》,苏黎世,1917 年 3 月 31 日,第 77 号;4 月 2 日,第 78 号。

3 月 19 日(4 月 1 日)

列宁上午 10 时发电报(用德文)给在斯德哥尔摩的雅·斯·加涅茨基,请他拨出 2 000—3 000 克朗作为组织一批政治流亡者从瑞士回俄国的费用。列宁告诉他,至少有 10 人打算 3 月 22 日(4 月 4 日)星期三动身回国。

《列宁全集》中文第 2 版增订版第 47 卷第 575 页;《列宁文集》俄文版第 13 卷第 265 页。

列宁同罗·格里姆通电话。后者在收到列宁 3 月 18 日(31 日)的电报后告知列宁,在未得到俄国临时政府批准前,他拒绝继续进行有关政治流亡者取道德国返回俄国的谈判。

《列宁文集》俄文版第 2 卷第 388—389 页。

列宁签署中央委员会国外委员会的决定,决定要求格·李·什克洛夫斯基立即把欠款归还党的会计处。列宁在决定上作批注:"寄出"。

《列宁文集》俄文版第 2 卷第 379 页。

雅·斯·加涅茨基从斯德哥尔摩发电报(用德文)给列宁,询问他 3 月 17 日(30 日)要列宁赶快启程回俄国的加急电报有没有收到。

苏共中央马列主义研究院中央党务档案馆,第2号全宗,第5号目录,第739号案卷;P.A.叶尔莫拉耶娃、A.Я.马努谢维奇:《列宁与波兰工人运动》,莫斯科,1971年,第399页。

3月20日(4月2日)

　　列宁写信给在日内瓦的维·阿·卡尔宾斯基,告知有一批政治流亡者预定于3月22日(4月4日)星期三启程回俄国;现给他寄去钱和俄国社会民主工党(布)中央委员会的委托书,以便处理通信工作和管理各种事务;委托他把一些请他转寄的书籍、文件和东西寄到彼得格勒;列宁想用德文、法文和意大利文印发《给瑞士工人的告别信》;列宁请他把前两封《远方来信》打印几份,以便在瑞士传阅和寄到巴黎去。

《列宁全集》中文第2版增订版第47卷第576—577页。

　　列宁从苏黎世州银行取出保证金余款100法郎,这是他在1916年12月15日(28日)为把在苏黎世的居住期延长到1917年而交付的。列宁交付1917年第一季度的税。

苏共中央马列主义研究院中央党务档案馆,第4号全宗,第1号目录,第110号案卷;A.C.库德里亚夫采夫等:《列宁在伯尔尼和苏黎世(纪念地)》,1972年,第245—247页。

　　列宁参加在"和睦"工人俱乐部举行的中派各党的代表会议,讨论俄国政治流亡者回国的问题。列宁就取道德国返回俄国的计划作说明。这次会议的参加者阿·瓦·卢那察尔斯基后来回忆,有些到会者表示担心取道德国会损害政治流亡者的名誉,对此,弗拉基米尔·伊里奇回答说:"你们想使我相信,工人们不会理解我所讲的只要能返回俄国参加革命,无论走哪一条路都可以的道理。你们想使我相信,某些诽谤者会把工人的思想搞乱,使他们以为我们这些久经锻炼的老革命家在讨好德国帝国主义。这真是可笑到了极点。"

会议期间，列宁同代表前进派到苏黎世来同他交换意见的阿·瓦·卢那察尔斯基谈话。

《列宁全集》俄文第 5 版第 31 卷第 492 页；《列宁文集》俄文版第 2 卷第 390 页；《列宁研究院集刊》，第 2 辑，1927 年，第 145 页；《文学遗产》，第 80 卷，1971 年，第 638—644 页。

列宁参加同瑞士左派社会民主党人举行的会议，讨论政治流亡者回俄国的问题。会议在"和睦"工人俱乐部管理委员会举行。

与会者得出结论，认为罗·格里姆故意阻碍关于政治流亡者回国的谈判，因此决定不再让他做中间人。

《国外同时代人回忆列宁》，第 2 版，1966 年，第 156、158—159 页。

列宁同弗·普拉滕从苏黎世前往伯尔尼，向在那里就一批政治流亡者从瑞士取道德国返回俄国一事同德国公使进行谈判的罗·格里姆说明会议的决定。

《国外同时代人回忆列宁》，第 2 版，1966 年，第 158—159 页。

列宁在伯尔尼民众文化馆（军库巷 9 号）同罗·格里姆谈政治流亡者取道德国回俄国一事，瑞士社会民主党书记弗·普拉滕也在座。鉴于罗·格里姆立场暧昧，列宁谢绝他再做中间人，并同普拉滕商妥，由普拉滕继续这一谈判。

《列宁文集》俄文版第 2 卷第 389 页；《国外同时代人回忆列宁》，第 2 版，1966 年，第 158—159 页；A.C.库德里亚夫采夫等：《列宁在伯尔尼和苏黎世（纪念地）》，1972 年，第 251 页。

雅·斯·加涅茨基从斯德哥尔摩发电报（用德文）给列宁，告知路费已经凑足，并问这些钱是否要电汇。

苏共中央马列主义研究院中央党务档案馆，第 2 号全宗，第 5 号目录，第 741 号案卷；P.A.叶尔莫拉耶娃、A.Я.马努谢维奇：《列宁与波兰工人运动》，莫斯科，1971 年，第 401 页。

3 月 20 日或 21 日（4 月 2 日或 3 日）

列宁在《致布尔什维克苏黎世支部》一信中告知，随信寄去 3 月 18 日（31 日）关于立即从瑞士动身的《俄国社会民主工党中央国外委员会的决定》，请求将这一决定转给在日内瓦的卡尔宾斯基夫妇，并把决定的内容告知洛桑的米·李·戈别尔曼。列宁激烈地批评孟什维克"破坏这次共同行动"，指责他们决定等待临时政府批准取道德国。列宁就启程回国的筹备工作作一系列指示。

> 《列宁全集》中文第 2 版增订版第 29 卷第 75—76 页，第 47 卷第 578—579 页。

3 月，20 日（4 月 2 日）以后

列宁与娜·康·克鲁普斯卡娅迁入卡梅雷尔夫妇租的新居，地址是库尔曼街 10 号。他们在这里一直住到 3 月 24 日（4 月 6 日）动身去伯尔尼。

> 《回忆弗·伊·列宁》，第 1 卷，1968 年，第 455 页；《苏共历史问题》杂志，莫斯科，1969 年，第 7 期，第 119—120 页。

3 月 21 日（4 月 3 日）

列宁在俄国社会民主工党（布）中央 1914 年 9 月至 1917 年 3 月收支项目报表上注明："党的现金账　1917 年 3 月 1 日"。

> 苏共中央马列主义研究院中央党务档案馆，第 2 号全宗，第 1 号目录，第 4435 号案卷；《列宁在 1917 年（生平事业年表）》，1957 年，第 15 页。

受列宁的委托，弗·普拉滕就俄国政治流亡者取道德国回国一事同德国公使继续进行被罗·格里姆打断的谈判。

> 《列宁文集》俄文版第 2 卷第 389 页；《苏共在两个政权并存时期为社会主义革命胜利而斗争（文件集）》，1957 年，第 47 页。

3 月 21 日和 22 日（4 月 3 日和 4 日）

列宁的《远方来信。第一封信。第一次革命的第一阶段》在

《真理报》第 14 号和第 15 号上发表(非全文)。

《列宁全集》中文第 2 版增订版第 29 卷第 9—21 页;《真理报》,彼得格勒,1917 年 3 月 21 日,第 14 号;3 月 22 日,第 15 号。

3 月,不早于 21 日(4 月 3 日)

列宁在从报上剪下的文章《革命者对德国阴谋的回答》上作批注,并注明:"《时报》1917 年 4 月 3 日"。

苏共中央马列主义研究院中央党务档案馆,第 2 号全宗,第 1 号目录,第 4501 号案卷;《时报》,巴黎,1917 年 4 月 3 日,第 20359 号;《克里姆林宫的弗·伊·列宁藏书》,1961 年,第 664 页。

3 月,22 日(4 月 4 日)以前

列宁写信给在克拉伦的伊·费·阿尔曼德,告知拟于 3 月 22 日(4 月 4 日)星期三启程回俄国,斯德哥尔摩寄来的路费已收到。

《列宁全集》中文第 2 版增订版第 47 卷第 579—580 页。

由于即将动身回国,列宁整理党的文件和自己的私人文档,把材料分门别类,放进文件夹和文件袋里,并在上面分别作了注明。

《列宁文集》俄文版第 21 卷第 78—79 页。

列宁在一个文件袋上注明:"1917 年革命前的旧材料。关于齐美尔瓦尔德运动的过程。(专门经由斯德哥尔摩寄往彼得格勒)"。

苏共中央马列主义研究院中央党务档案馆,第 2 号全宗,第 1 号目录,第 4504 号案卷。

列宁在一些文件袋上注明:"图书札记(给卡尔宾斯基保存)((和著作札记))"等。

苏共中央马列主义研究院中央党务档案馆,第 2 号全宗,第 1 号目录,第 4507、4508 号案卷。

3 月 22 日(4 月 4 日)

弗·普拉滕把列宁拟定的关于一批俄国政治流亡者取道德国

回国的过境条件转告德国公使。

《列宁全集》中文第 2 版增订版第 47 卷第 566 — 567、580 —
581 页；《列宁全集》俄文第 5 版第 31 卷第 498 页；《列宁文集》
俄文版第 2 卷第 382 — 383 页；《无产阶级革命》杂志，莫斯
科——列宁格勒，1926 年，第 1 期，第 10 页；弗·普拉滕：《列宁
从侨居地返回俄国（1917 年 3 月）》，莫斯科，1925 年，第 36 —
37 页。

列宁写信给在日内瓦的维·阿·卡尔宾斯基和索·瑙·拉维
奇，告知弗·普拉滕已同意担负组织启程的工作，现给他们寄去过
境条件抄件，并告诉他们必须写一份关于取道德国回国事宜的详
细议定书，争取弗·普拉滕和保·莱维（哈特施坦）在议定书上签
字。列宁请他们同昂·吉尔波谈谈这个问题，并了解一下罗·罗
兰能不能参加签字。列宁在信中谈到《小巴黎人报》的一则简讯，
该简讯报道说，帕·尼·米留可夫扬言要把取道德国回国的人统
统送交法庭审判。列宁在信末附笔说，他收到从流放中获释的一
批布尔什维克从彼尔姆拍来的致敬电。

《列宁全集》中文第 2 版增订版第 47 卷第 580 — 581 页。

3 月，22 日（4 月 4 日）以后

列宁阅读《慕尼黑时事新闻和商报，登山和运动报，戏剧和艺
术纪事》第 170 号上午版，从 3 月 21 日（4 月 3 日）发自斯德哥尔
摩的通讯稿中作摘录（用德文）。该通讯稿援引了 3 月 4 日（17
日）俄国社会民主工党（布）中央委员会俄国局决议的一部分："现
在的临时政府实质上是反革命的，因为它由大资产阶级和贵族的
代表组成，所以同他不能达成任何协议。革命民主派的任务是建
立民主性质的临时革命政府，换言之，就是建立无产阶级和农民的
专政。"列宁在《伯尔尼哨兵报》和《柏林每日小报和商业日报》上标
出转载的这篇通讯稿。

列宁同时还作如下笔记：

"工人代表苏维埃要求

（1）宣布战争的目的

最高目标‖（2）'不是将战争进行到胜利'，而是'为了自由而进行战争'。

齐赫泽：反对威廉。"

苏共中央马列主义研究院中央党务档案馆，第 2 号全宗，第 1 号目录，第 4455 号案卷，第 23—24 张；《慕尼黑时事新闻和商报，登山和运动报，戏剧和艺术纪事》，1917 年 4 月 4 日，第 170 号，上午版；《真理报》，彼得格勒，1917 年 3 月 9 日，第 4 号。

3 月 23 日（4 月 5 日）

列宁给在斯德哥尔摩的雅·斯·加涅茨基发电报（用德文），告诉他动身回俄国一事被耽搁，请他派一名布尔什维克去彼得格勒同彼得格勒苏维埃商谈。

《列宁全集》中文第 2 版增订版第 47 卷第 581 页。

列宁的《共和派沙文主义者的诡计》一文在《民权报》第 81 号上发表。

《列宁全集》中文第 2 版增订版第 29 卷第 71—74 页；《民权报》，苏黎世，1917 年 4 月 5 日，第 81 号。

在斯德哥尔摩的列宁收到玛·伊·乌里扬诺娃从彼得格勒发来的电报："盼望您归来，但要避免风险。"电报中告知《远方来信》已收到并已发表，完全赞同信中论述的观点。

苏共中央马列主义研究院中央党务档案馆，第 2 号全宗，第 5 号目录，第 746 号案卷。

俄国社会民主工党（布）中央委员会俄国局从彼得格勒给在斯德哥尔摩的雅·斯·加涅茨基发电报（用法文），希望列宁火速回国。

《列宁文集》俄文版第 2 卷第 449 页；苏共中央马列主义研究院中央党务档案馆，第 17 号全宗，第 1 号目录，第 1938 号案卷；《回忆弗·伊·列宁》，第 1 卷，1968 年，第 452 页；《无产阶级革命》杂志，莫斯科—列宁格勒，1924 年，第 1 期，第 104 页。

　　维·阿·卡尔宾斯基从日内瓦寄信给列宁，告诉他侨民组织 3 月 22 日（4 月 4 日）在日内瓦召开会议的情况（会上讨论了关于政治流亡者从瑞士返回俄国的 3 月 18 日（31 日）《俄国社会民主工党中央国外委员会的决定》）。卡尔宾斯基说，《小巴黎人报》没有弄到。他告诉列宁在芬兰边境上搜查和盘问很严，建议在瑞士报纸上发表一组关于政治流亡者无法返回俄国的文章。他在信中还告知，在洛桑即将举行各市党组织代表会议以讨论启程回国的问题。

苏共中央马列主义研究院中央党务档案馆，第 2 号全宗，第 5 号目录，第 747 号案卷。

3 月 23 日、24 日和 27 日（4 月 5 日、6 日和 9 日）

　　列宁的《远方来信。第一封信。第一次革命的第一阶段》一文用爱沙尼亚文转载于《光线报》（塔林）第 3、4 和 5 号（非全文）。

《列宁全集》中文第 2 版增订版第 29 卷第 9—21 页；《光线报》，塔林，1917 年 3 月 23 日（4 月 5 日），第 3 号；3 月 24 日（4 月 6 日），第 4 号；3 月 27 日（4 月 9 日），第 5 号。

3 月 24 日（4 月 6 日）

　　列宁接到弗·普拉滕关于德国政府同意按布尔什维克提出的条件让政治流亡者取道德国去俄国的通知。

《列宁文集》俄文版第 2 卷第 390 页；《无产阶级革命》杂志，莫斯科—列宁格勒，1926 年，第 1 期，第 10 页；弗·普拉滕：《列宁从侨居地返回俄国（1917 年 3 月）》，莫斯科，1925 年，第 41 页。

列宁在从瑞士动身去俄国前开列个人物件清单,并写在一张明信片上,明信片上系有装日常用品的柳条箱的钥匙。

《列宁文集》俄文版第 37 卷第 56 页。

列宁和娜·康·克鲁普斯卡娅前往伯尔尼。

《回忆弗·伊·列宁》,第 1 卷,1968 年,第 455 页。

列宁从伯尔尼给在日内瓦的昂·吉尔波发电报(用法文),告知政治流亡者将于 3 月 25 日(4 月 7 日)中午启程回俄国,请他同罗·罗兰、沙·奈恩或厄·格拉贝一起来伯尔尼签署过境文件。

《列宁全集》中文第 2 版增订版第 47 卷第 582 页。

列宁从伯尔尼给在日内瓦的维·阿·卡尔宾斯基发电报(用法文),告诉他一批政治流亡者定于 3 月 25 日(4 月 7 日)中午启程回俄国,并告知将会支付米·格·茨哈卡雅的路费。

《列宁全集》中文第 2 版增订版第 47 卷第 582—583 页。

列宁从伯尔尼给在日内瓦的维·阿·卡尔宾斯基发电报(用法文),对前一封电报作说明。

《列宁全集》中文第 2 版增订版第 47 卷第 583 页。

列宁从伯尔尼给在苏黎世的美·亨·勃朗斯基和卡·伯·拉狄克发电报(用德文),请他们立即译好与过境有关的一切文件,把它们寄给昂·吉尔波,抄件寄到伯尔尼。列宁在电报抄件的反面写上吉尔波的地址。

《列宁全集》中文第 2 版增订版第 47 卷第 585 页;苏共中央马列主义研究院中央党务档案馆,第 2 号全宗,第 1 号目录,第 4525 号案卷。

列宁从伯尔尼给在日内瓦的维·阿·卡尔宾斯基发电报(用

德文），告知动身去俄国一事不能耽搁。

《列宁全集》中文第 2 版增订版第 47 卷第 583—584 页。

列宁给在日内瓦的维·阿·卡尔宾斯基发电报（用德文）："明天上午 10 时 45 分我们离开伯尔尼。请立即前来。"

《列宁全集》中文第 2 版增订版第 47 卷第 584 页。

俄国社会民主工党（布）中央委员会俄国局再次派信使 М.И.斯捷茨克维奇同列宁直接联系，指示列宁可以利用任何一种途径回国，只要人身安全有保障。在托尔尼奥，斯捷茨克维奇随身带给列宁的所有信件和报纸全部被扣留。

《列宁文集》俄文版第 2 卷第 450 页。

雅·斯·加涅茨基和瓦·瓦·沃罗夫斯基从斯德哥尔摩给在伯尔尼的列宁发电报，告知接到中央局 3 月 23 日（4 月 5 日）的电报，要列宁尽快回国。

《列宁文集》俄文版第 13 卷第 269—270 页。

根据列宁的请求，昂·吉尔波向罗·罗兰介绍关于一批政治流亡者从瑞士取道德国返回俄国的计划。罗兰在他当天的日记中记载了这件事，日记末尾写道："……他们知道，从踏上俄国土地的最初时刻起他们就可能遭逮捕，被投入监牢，被枪杀……　他们中为首的是列宁，他被认为是整个革命运动的首脑。"

《列宁全集》中文第 2 版增订版第 47 卷第 582 页；《新闻工作者》杂志，莫斯科，1967 年，第 4 期，第 2 页。

列宁的照片（1916 年）首次刊登在瑞典左派社会民主党人的《政治报》第 80 号上。在这一号报上还刊载了瓦·瓦·沃罗夫斯基写的社论《列宁——俄国激进社会党人的领袖》。在社论里，列宁被描述为俄国革命的社会民主党领袖，他的整个一生、他的思想

和活动同工人阶级的命运紧密地联系着。社论结尾写道:"列宁很
快就要返回解放了的俄国,那里的同志们正急切地盼望着他们敬
爱的领袖的到来。"

《政治报》,斯德哥尔摩,1917 年 4 月 6 日,第 80 号;B.B.沃罗
夫斯基:《对外政策问题文章和资料集》,莫斯科,1959 年,第
131—132 页;《回忆弗·伊·列宁》,第 2 卷,1969 年,第
377—378 页。

　　《社会民主党人报》(莫斯科)第 16 号上登载关于出售二月底
遭到没收的浪涛出版社出版的文集第 1 辑(《在老的旗帜下》文集
的第 2 分册)的公告。文集中刊有列宁的文章《打着别人的旗帜》,
署名恩·康斯坦丁诺夫。

《列宁全集》中文第 2 版增订版第 26 卷第 134—155 页;《文
集。第 1 辑(恩·康斯坦丁诺夫等人的文章)》,莫斯科,浪涛
出版社,1917 年,128 页,附表格;《社会民主党人报》,莫斯科,
1917 年 3 月 24 日,第 16 号;《星》杂志,列宁格勒,1970 年,第
1 期,第 185 页。

3 月 24 日或 25 日(4 月 6 日或 7 日)

　　列宁写信给莫·马·哈里东诺夫,请他寻找苏黎世小组成员
工人阿·林杰,以便帮助林杰与第一批政治流亡者一道回俄国(信
未找到)。

《列宁全集》俄文第 5 版第 31 卷第 493 页;《列宁研究院集
刊》,第 2 辑,1927 年,第 145 页。

　　列宁结识法国社会党人斐·洛里欧,并同他交谈。后者是同
其他国际主义者社会党人一道来伯尔尼签署关于俄国政治流亡者
取道德国返回俄国的议定书的。

昂·吉尔波:《弗·伊·列宁(列宁生活记述)》,第 3 版,〔1924
年〕,第 135—136 页。

3 月 24 日和 28 日(4 月 6 日和 10 日)

　　列宁的《远方来信。第一封信。第一次革命的第一阶段》转载

于《社会民主党人报》(莫斯科)第 16 号和第 18 号(非全文)。

《列宁全集》中文第 2 版增订版第 29 卷第 9—21 页;《社会民主党人报》,莫斯科,1917 年 3 月 24 日,第 16 号;3 月 28 日,第 18 号。

3 月 25 日(4 月 7 日)

列宁编写应列入关于政治流亡者取道德国返回俄国的议定书中的文件目录:

"(1)中央的决议

(2)孟什维克的决议

(3)格里姆的信

(4)条件……"

《列宁全集》俄文第 5 版第 31 卷第 643 页;苏共中央马列主义研究院中央党务档案馆,第 2 号全宗,第 1 号目录,第 4519、4520 号案卷。

列宁在伯尔尼民众文化馆同法国、德国、瑞士和波兰的左派社会民主党人代表举行启程回俄国前的最后一次会议,向他们通报俄国政治流亡者取道德国回国的原因。

开会时,弗·普拉滕、保·莱维(哈特施坦)、斐·洛里欧、昂·吉尔波、美·亨·勃朗斯基了解了由列宁领导拟订的过境议定书。他们起草并签署《声明》,《声明》中指出:"我们这些在下面签名的法国、瑞士、波兰及德国的国际主义者认为,我们的俄国同志不仅有权利而且应该利用提供给他们的返回俄国的机会。"

《列宁全集》中文第 2 版增订版第 29 卷第 510 页;《专制制度被推翻后的俄国革命运动》,1957 年,第 129 页;弗·普拉滕:《列宁从侨居地返回俄国(1917 年 3 月)》,莫斯科,1925 年,第 92 页。

列宁从伯尔尼给在斯德哥尔摩的雅·斯·加涅茨基发电报(用德文),告诉他定于 3 月 26 日(4 月 8 日)启程回俄国,提出要在特雷勒堡(瑞典)会见瑞典国际主义者代表卡·林德哈根和弗·斯特勒姆。列宁要求在政治流亡者抵达芬兰时俄国社会民主工党(布)中央委员会俄国局的代表们也去那里。

《列宁全集》中文第 2 版增订版第 47 卷第 586 页。

列宁从伯尔尼给在斯德哥尔摩的雅·斯·加涅茨基发电报(用德文),告诉他最后确定的启程回俄国的日期是星期一,3 月 27 日(4 月 9 日)。列宁再次要求卡·林德哈根和弗·斯特勒姆务必去特雷勒堡。

《列宁全集》中文第 2 版增订版第 47 卷第 586—587 页。

列宁从伯尔尼给在苏黎世的莫·马·哈里东诺夫发电报(用德文):"普拉滕应设法获准随身携带食品……"。

《列宁全集》中文第 2 版增订版第 47 卷第 587 页。

《我们的言论报》原编辑 И.米林戈夫和 M.米林戈夫寄快信给在伯尔尼(民众文化馆)的列宁,告知他们决定同第一批政治流亡者一道回俄国,请求借给他们 200 法郎,到斯德哥尔摩后归还(И.米林戈夫和 M.米林戈夫与第一批政治流亡者一道回国)。

《列宁文集》俄文版第 2 卷第 406 页;苏共中央马列主义研究院中央党务档案馆,第 2 号全宗,第 5 号目录,第 749 号案卷。

雅·斯·加涅茨基从斯德哥尔摩致电(用德文)在伯尔尼(民众文化馆)的列宁,要求及时发电报告知抵达特雷勒堡的时间,因为加涅茨基等人将在那里迎接他们(电报纸上注明电报未送到)。

苏共中央马列主义研究院中央党务档案馆,第 2 号全宗,第 5 号目录,第 750 号案卷。

3 月 25 日、28 日和 30 日(4 月 7 日、10 日和 12 日)

列宁的《远方来信。第一封信。第一次革命的第一阶段》转载于《社会民主党人呼声报》(基辅)第 6、7 和 8 号(非全文)。

《列宁全集》中文第 2 版增订版第 29 卷第 9—21 页;《社会民主党人呼声报》,基辅,1917 年 3 月 25 日,第 6 号;3 月 28 日,第 7 号;3 月 30 日,第 8 号。

3 月,26 日(4 月 8 日)以前

列宁写《第五封〈远方来信〉的要点》,就修改党纲和更改党的名称拟定 10 个要点。列宁在要点的末尾补写上必须立即开始修改最低纲领实践部分。

《列宁全集》中文第 2 版增订版第 29 卷第 56—57 页。

3 月 26 日(4 月 8 日)

列宁在伯尔尼写《远方来信。第五封信。革命的无产阶级国家制度的任务》,信中概括前四封信中叙述的关于过渡到第二次革命的纲领:这次革命应当把国家政权从地主资本家政府手中夺过来交给按照苏维埃的式样组织起来的工人和贫苦农民的政府。列宁指出,这个纲领是根据对俄国和全世界革命的阶级力量的估计以及 1871 年和 1905 年革命的经验拟定的。列宁在信中表示,想"对这整个纲领作一总的考察,顺便谈一谈卡·考茨基是怎样看待这个问题的。他是……在各国出现的……'中派'、'泥潭派'的最著名代表……"(信未写完)。

《列宁全集》中文第 2 版增订版第 29 卷第 53—55 页;《回忆弗·伊·列宁》,第 1 卷,1968 年,第 450—451 页;《无产阶级革命》杂志,莫斯科—列宁格勒,1926 年,第 1 期,第 13—14 页。

列宁在伯尔尼主持召开布尔什维克侨民会议,讨论即将启程回俄国的有关问题。会上宣读并一致通过列宁写的《给瑞士工人的告别信》。列宁受与会者的委托签署这封信。这次会上还宣读并一致批准《由中央委员会统一的俄国社会民主工党党员会议记录(1917 年 4

月 8 日)》,这一记录附有反映第一批政治流亡者回俄国的组织工作情况及过境条件的文件。列宁同其他一些人在记录上签字。

> 《列宁全集》中文第 2 版增订版第 29 卷第 84—93 页;《列宁全集》俄文第 5 版第 31 卷第 498—499 页;《列宁文集》俄文版第 2 卷第 385—393 页;苏共中央马列主义研究院中央党务档案馆,第 2 号全宗,第 1 号目录,第 4520 号案卷,第 5、24 张;《专制制度被推翻后的俄国革命运动》,1957 年,第 124—129 页;《无产阶级革命》杂志,莫斯科—列宁格勒,1926 年,第 1 期,第 11—12 页。

3 月,27 日(4 月 9 日)以前

列宁把自己在 1916 年 9 月就废除武装问题写(用德文)的一篇文章交给《青年国际》杂志编辑部,该文后来以《无产阶级革命的军事纲领》为题发表。

> 《列宁全集》中文第 2 版增订版第 28 卷第 86—97、424 页;《青年国际》杂志,苏黎世,1917 年 9 月 1 日,第 9 号;10 月 1 日,第 10 号;《国外同时代人回忆列宁》,第 2 版,1966 年,第 156 页。

3 月 27 日(4 月 9 日)

列宁在娜·康·克鲁普斯卡娅 3 月 25—27 日(4 月 7—9 日)给在达沃斯的弗·米·卡斯帕罗夫的信末写上附笔,表示希望很快在彼得格勒见面。

> 《列宁全集》中文第 2 版增订版第 47 卷第 588—589 页;《列宁文集》俄文版第 13 卷第 271—272 页。

列宁从伯尔尼写信给在日内瓦的维·阿·卡尔宾斯基,告知随信寄上一封给他和昂·吉尔波两人的信。列宁告诉他,《给瑞士工人的告别信》的俄文本可向托·几·阿克雪里罗得索取。

> 《列宁全集》中文第 2 版增订版第 47 卷第 588 页。

列宁与娜·康·克鲁普斯卡娅离开伯尔尼去苏黎世。

在苏黎世,他们到自己的住所去,向房主人季·卡梅雷尔告

别,把东西送到车站(一部分东西留在卡梅雷尔处)。

《无产阶级革命》杂志,莫斯科—列宁格勒,1929 年,第 8 — 9 期合刊,第 102 页;А.С.库德里亚夫采夫等:《列宁在伯尔尼和苏黎世(纪念地)》,1972 年,第 239—240、243 页。

列宁在苏黎世同一批准备启程回俄国的人举行筹备会议。

列宁第一个在取道德国回俄国的人员的义务书上签名(用俄文和德文),义务书规定这项措施的全部政治责任由每个人自己承担。

列宁出席在"采林戈夫"餐厅举行的告别午宴。

《列宁全集》俄文第 5 版第 49 卷第 458 页;《回忆弗·伊·列宁》,第 2 卷,1969 年,第 365 页;《国外同时代人回忆列宁》,第 2 版,1966 年,第 160 — 161 页;《列宁研究院集刊》,第 2 辑,1927 年,第 145 页;А.С.库德里亚夫采夫等:《列宁在伯尔尼和苏黎世(纪念地)》,1972 年,第 243—245 页。

列宁缴纳 4 月份党费。布尔什维克苏黎世支部负责财务的 Р.Б.哈里东诺娃在回忆这件事时写道:"弗拉基米尔·伊里奇在留居苏黎世的最后一天把自己的存折交给我,存折上尚余存款五法郎五生丁。他要求把这笔存款'变现',作为他与娜捷施达·康斯坦丁诺夫娜 4 月份的党费。"

《回忆弗·伊·列宁》,第 2 卷,1969 年,第 365 — 367 页;《回忆弗·伊·列宁》,1963 年,第 157 页。

列宁和娜·康·克鲁普斯卡娅于 15 时 10 分同一批政治流亡者离开苏黎世回俄国。到车站送行的有俄国政治侨民、瑞士社会民主党人、工人和聚集在《自由青年》杂志周围的青年。列车在《国际歌》声中离开了苏黎世车站。

政治流亡者乘坐的列车从苏黎世开出后,在瑞士境内经过沙夫豪森和塔英根。

《列宁全集》中文第 2 版增订版第 29 卷第 509—510 页;《苦役与流放》杂志,莫斯科,1927 年,第 1 期,第 185、192—193 页;《苏维埃拉脱维亚报》,里加,1967 年 4 月 16 日,第 90 号;《回忆弗·伊·列宁》,第 1 卷,1968 年,第 455 页;C.Ю.巴戈茨基:《在波兰和瑞士同列宁的几次见面》,第 2 版,莫斯科,1971 年,第 65 页;《伟大的十月革命史册(1917 年 4—10 月)》,莫斯科,1958 年,第 10—12 页。

3 月 27 日和 30 日(4 月 9 日和 12 日)之间

列宁同一批政治流亡者在德国境内经过哥特马金根—斯图加特—美因河畔法兰克福—柏林—施特拉尔松—萨斯尼茨。

《回忆弗·伊·列宁》,第 1 卷,1968 年,第 456 页;弗·普拉滕:《列宁从侨居地返回俄国(1917 年 3 月)》,莫斯科,1925 年,第 45、46、47、49 页。

列宁研究有关无产阶级在俄国发生的革命中的任务的文件。

《真理报》,莫斯科,1937 年 4 月 16 日,第 105 号;《无产阶级革命》杂志,莫斯科—列宁格勒,1927 年,第 4 期,第 157 页;1929 年,第 8—9 期合刊,第 103 页;《国外同时代人回忆列宁》,第 2 版,1966 年,第 160—161 页;《外高加索共产党员回忆弗·伊·列宁》,埃里温,1970 年,第 164 页;《历史问题》杂志,莫斯科,1967 年,第 4 期,第 3—16 页。

3 月 28 日(4 月 10 日)

列宁的《共和派沙文主义者的诡计》一文在《前进报》第 99 号上发表(简要叙述),题为:《声名狼藉的切尔诺马佐夫的功勋》。

《列宁全集》中文第 2 版增订版第 29 卷第 71—74 页;《前进报》,米兰,1917 年 4 月 10 日,第 99 号。

3 月 28 日和 29 日(4 月 10 日和 11 日)

列宁的《远方来信。第一封信。第一次革命的第一阶段》转载于《真理呼声报》(喀琅施塔得)第 11 号和第 12 号(非全文)。

《列宁全集》中文第 2 版增订版第 29 卷第 9—21 页;《真理呼声报》,喀琅施塔得,1917 年 3 月 28 日,第 11 号;3 月 29 日,第 12 号。

3月30日（4月12日）

列宁及同他一道回俄国的政治流亡者抵达波罗的海沿岸的德国港口城市萨斯尼茨,当天,他们乘坐瑞典"维多利亚女王"号客渡轮去特雷勒堡。

> 《回忆弗·伊·列宁》,第2卷,1969年,第379—380页;第5卷,1969年,第100页;弗·普拉滕《列宁从侨居地返回俄国（1917年3月）》,莫斯科,1925年,第49页。

列宁与弗·普拉滕在从萨斯尼茨去特雷勒堡的途中,从轮船上发电报给在斯德哥尔摩的雅·斯·加涅茨基,告知一批政治流亡者将于晚上6时抵达特雷勒堡（加涅茨基次日才收到这封电报）。

> 《列宁全集》中文第2版增订版第47卷第589页;《回忆弗·伊·列宁》,第2卷,1969年,第379—380页。

列宁在轮船上同与他一道回国的政治流亡者商讨轮船主管人员提出的要他们填写登记表的问题（登记表未找到）。

> 《列宁全集》俄文第5版第31卷第493页;《回忆弗·伊·列宁》,第2卷,1969年,第380页;《真理报》,莫斯科,1927年4月16日,第86号。

列宁在轮船上接到雅·斯·加涅茨基发给船长询问船上有没有乌里扬诺夫这个人的无线电报。

列宁20分钟后回电向加涅茨基致意,并请他给全体回国的政治流亡者准备好去斯德哥尔摩的车票（电报未找到）。

> 《列宁全集》俄文第5版第31卷第493页;《回忆弗·伊·列宁》,第2卷,1969年,第379—380页。

列宁和同行的政治流亡者抵达特雷勒堡港,在那里他们受到雅·斯·加涅茨基及瑞典社会民主党左派奥·格里姆隆德的欢迎。

《列宁全集》中文第 2 版增订版第 29 卷第 510 页；《回忆弗·伊·列宁》，第 2 卷，1969 年，第 380 页；第 5 卷，1969 年，第 100 页。

列宁晚上 8 时 41 分从特雷勒堡到达马尔默（瑞典）。

《回忆弗·伊·列宁》，第 2 卷，1969 年，第 380 页；第 5 卷，1969 年，第 100 页；《国外同时代人回忆列宁》，第 2 版，1966 年，第 163—164 页。

列宁在马尔默"萨瓦"饭店咖啡馆里举行的欢迎俄国政治流亡者到来的晚宴上参加同瑞典社会民主党左派的谈话。列宁乘夜车去斯德哥尔摩。

《回忆弗·伊·列宁》，第 2 卷，1969 年，第 380 页；第 5 卷，1969 年，第 100 页。

雅·斯·加涅茨基在从马尔默发往彼得格勒的电报中告知，一批政治流亡者将于 3 月 31 日（4 月 13 日）晚离开斯德哥尔摩，要求托尔尼奥方面保证提供列车，并采取措施排除一切可能出现的阻碍。

《列宁文集》俄文版第 2 卷第 450 页；《消息报》，莫斯科，1937 年 4 月 16 日，第 91 号。

3 月 30 日和 4 月 1 日（4 月 12 日和 14 日）

列宁的《远方来信。第一封信。第一次革命的第一阶段》转载于《无产者报》（哈尔科夫）第 10 号和第 11 号（非全文）。

《列宁全集》中文第 2 版增订版第 29 卷第 9—21 页；《无产者报》，哈尔科夫，1917 年 3 月 30 日，第 10 号；4 月 1 日，第 11 号。

3 月 30 日（4 月 12 日）夜至 31 日（4 月 13 日）凌晨

列宁在从马尔默去斯德哥尔摩的途中，在车厢里同雅·斯·加涅茨基及其他同志谈论俄国的形势、革命的前途和在斯德哥尔摩设立俄国社会民主工党（布）中央委员会国外代表处等问题。

《回忆弗·伊·列宁》,第 2 卷,1969 年,第 380—381 页。

列宁在从马尔默去斯德哥尔摩的途中同奥·格里姆隆德谈论工人运动及瑞典社会民主党的活动,回答格里姆隆德提出的关于布尔什维克在革命中的策略的问题。

《回忆弗·伊·列宁》,第 5 卷,1969 年,第 100—101 页。

3 月 31 日(4 月 13 日)

列宁在南泰利耶车站拒绝会见进入车厢内的斯德哥尔摩各报记者。根据他的吩咐,记者们被告知公报将在斯德哥尔摩交给报界。

《回忆弗·伊·列宁》,第 2 卷,1969 年,第 380—381 页。

列宁上午 10 时到达斯德哥尔摩中央车站,在车站上迎接他的有包括斯德哥尔摩市长卡·林德哈根和瑞典议会议员弗·斯特勒姆在内的瑞典社会民主党左派代表、侨居在斯德哥尔摩的俄国布尔什维克、新闻记者和摄影记者。

《政治报》,斯德哥尔摩,1917 年 4 月 13 日,第 85 号;《回忆弗·伊·列宁》,第 2 卷,1969 年,第 381,384 页;第 5 卷,1969 年,第 106 页;《新世界》杂志,莫斯科,1957 年,第 4 期,第 125 页。

在斯德哥尔摩车站,列宁在同《政治报》记者的谈话中说道:"最重要的是我们能够**尽快**回到俄国,每一天都很宝贵……"。在回答关于在途中有没有会见德国社会民主党人这一问题时,列宁说:"没有。来自柏林的威廉·扬松打算在靠近瑞士边界的林根见我们。但普拉滕拒绝了他,并友好地向他暗示:这是想避免会见扬松带来不愉快。"

列宁抵达斯德哥尔摩和前往"雷吉纳"旅馆途中的情景被拍成纪录片。

1917年3月31日(4月13日)列宁在回国途中抵达斯德哥尔摩

《列宁全集》中文第 2 版增订版第 29 卷第 94 页；苏共中央马列主义研究院中央党务档案馆，第 12 号全宗，第 2 号目录，第 55 号案卷，第 31—32 张；《政治报》，斯德哥尔摩，1917 年 4 月 13 日，第 85 号。

列宁把关于这次旅行的正式公报交给《政治报》发表，该公报就在当天以《俄国革命者取道德国回国。集体公报》为题刊登在报纸头版。这份文件揭露了英国政府的伪善政策，指出它不让反对战争的俄国革命者回到祖国。文件叙述了以列宁为首的一批政治流亡者返回俄国的条件和情况。

《列宁全集》中文第 2 版增订版第 29 卷第 509—510 页；《政治报》，斯德哥尔摩，1917 年 4 月 13 日，第 85 号。

列宁上午在"雷吉纳"旅馆同弗·斯特勒姆谈论俄国革命的前途。列宁请他申请去监狱探望瑞典社会民主党左派、国际主义者卡·霍格伦。列宁请求弗·斯特勒姆在瑞典工人组织中间为返回俄国的政治流亡者募集买火车票的钱（弗·斯特勒姆在瑞典议会议员中间组织了募款工作）。

《回忆弗·伊·列宁》，第 5 卷，1969 年，第 107—111 页。

列宁在"雷吉纳"旅馆参加到达斯德哥尔摩的政治流亡者与瑞典社会民主党左派领导人的联席会议，报告了途经德国的情况。瑞典社会民主党人对俄国革命者表示欢迎，并在有法国、德国、波兰和瑞士等国的国际主义者社会党人署名的《声明》上签名，该《声明》说，俄国政治流亡者取道德国回国的做法绝对正确。在《声明》上签名的有：阿·汉森（挪威）、卡·林德哈根、弗·斯特勒姆、卡·卡尔松、卡·基尔布姆、图·涅尔曼（瑞典）。列宁致答词，对热情的接待表示感谢，并谈到不久将召开俄国社会民主工党（布）代表大会，它"将提出一项国际性的建议"。

列宁拒绝会见德国社会沙文主义者亚·李·帕尔乌斯,建议雅·斯·加涅茨基、瓦·瓦·沃罗夫斯基和卡·伯·拉狄克记录下这件事实。

列宁在回答弗·斯特勒姆提出的能否让《社会民主党人报》的代表出席会议这一问题时,表示不信任亚·布兰亭(该报编辑),并声明:"如果**你们**信任他,你们可以邀请他的代表。"

《列宁全集》中文第 2 版增订版第 29 卷第 95、96 页,第 30 卷第 405 页;《列宁文集》俄文版第 2 卷第 392—393 页;《政治报》,斯德哥尔摩,1917 年 4 月 14 日,第 86 号;《回忆弗·伊·列宁》,第 2 卷,1969 年,第 381 页;第 5 卷,1969 年,第 110—111 页;《国外同时代人回忆列宁》,第 2 版,1966 年,第 162 页;弗·普拉滕:《列宁从侨居地返回俄国(1917 年 3 月)》,莫斯科,1925 年,第 130 页。

列宁下午阅读许多党内文件,召集留在斯德哥尔摩的布尔什维克开会。会上成立了俄国社会民主工党(布)中央委员会国外代表处(国外局),设在斯德哥尔摩,成员有瓦·瓦·沃罗夫斯基、雅·斯·加涅茨基、卡·伯·拉狄克,任务是向国外的工人报道俄国革命的情况和建立布尔什维克党同欧美各国左派社会党人之间的联系。列宁对刚成立的代表处的工作作了详细的指示。

《回忆弗·伊·列宁》,第 2 卷,1969 年,第 381 页;第 5 卷,1969 年,第 111—112 页;Ю.И.沃罗布佐娃:《俄国社会民主工党(布)中央委员会国外代表处(驻斯德哥尔摩)的活动(1917 年 4—11 月)》,莫斯科,1968 年,第 13—17 页。

列宁致电彼得格勒工兵代表苏维埃,要求保证从斯德哥尔摩出发的一批政治流亡者不受任何阻碍地通过俄国边界(电报未找到)。

《列宁全集》俄文第 5 版第 31 卷第 493—494 页;《回忆弗·伊·列宁》,第 2 卷,1969 年,第 384 页;《外高加索共产党员回忆弗·伊·列宁》,埃里温,1970 年,第 163 页。

列宁和弗·斯特勒姆代表俄国和瑞典两国的社会民主党人给在狱中的卡·霍格伦发去致敬电:"我们祝您早日恢复自由,投入战斗!"

第二天,电文在《政治报》第 86 号上发表。

《列宁全集》中文第 2 版增订版第 47 卷第 622 页;《政治报》,斯德哥尔摩,1917 年 4 月 14 日,第 86 号;《回忆弗·伊·列宁》,第 5 卷,1969 年,第 109、111 页。

列宁在斯德哥尔摩领到俄国驻瑞典总领事馆发的第 109 号入境证。

《列宁(1870—1924 年)。纪念册》,莫斯科,1970 年,第 132 页和第 133 页之间。

列宁启程回俄国前在"雷吉纳"旅馆出席瑞典社会民主党左派为欢送俄国政治流亡者举行的午宴。

《政治报》,斯德哥尔摩,1917 年 4 月 14 日,第 86 号。

列宁 18 时 37 分与一批政治流亡者离开斯德哥尔摩去彼得格勒。给他们送行的有侨居在斯德哥尔摩的俄国人和瑞典各界代表,共计约 100 人。在开车前数分钟,一位送行者致词赞扬列宁是国际主义思想的捍卫者。列车在《国际歌》声中和瑞典社会民主党左派祝俄国革命胜利的欢呼声中离开车站。

《政治报》,斯德哥尔摩,1917 年 4 月 14 日,第 86 号;《回忆弗·伊·列宁》,第 5 卷,1969 年,第 104、112 页。

列宁的答《政治报》记者问、他的照片以及关于在斯德哥尔摩欢迎一批俄国政治流亡者的消息刊登在《政治报》第 85 号头版上,总标题是:《著名的革命家们——列宁及其他 30 位同志——途经斯德哥尔摩》。

《列宁全集》中文第 2 版增订版第 29 卷第 94 页;苏共中央马列主义研究院中央党务档案馆,第 12 号全宗,第 2 号目录,第

55号案卷,第32张;《政治报》,斯德哥尔摩,1917年4月13日,第85号。

　　列宁向彼得格勒工兵代表苏维埃提出的采取措施使政治流亡者尽快回国的要求,由维·巴·诺根转达给3月29日(4月11日)在彼得格勒举行的全俄工兵代表苏维埃会议。诺根在发言中说道:"我们接到列宁同志的信……　原来竟是由于一项秘密条约致使我们的同志们至今回不来,而我们这里非常需要他们。他们不能离开那里,因为这项秘密条约尚未废除,根据这项条约,我们的同志作为旧政府的敌人,处于无权从一国到另一国去的状态……　我们这里有一封列宁同志的信,他要求工人代表苏维埃采取一切措施使他们尽早回来。"

《全俄工兵代表苏维埃会议(速记记录)》,1927年,第138页。

4　月

4 月 1 日（14 日）

列宁在从斯德哥尔摩去哈帕兰达的途中从梅兰塞尔车站发电报（用德文）给在日内瓦的维·阿·卡尔宾斯基,告诉他德国当局遵守了关于俄国政治流亡者取道德国的条件,请他发表《给瑞士工人的告别信》。

《列宁全集》中文第 2 版增订版第 47 卷第 590 页;苏共中央马列主义研究院中央党务档案馆,第 2 号全宗,第 1 号目录,第 4527 号案卷。

列宁在从斯德哥尔摩去哈帕兰达的途中在列车上召开回俄国的政治流亡者会议,会上讨论下列问题:在俄国边境上应如何行动,到彼得格勒后如果临时政府的委员们要查问应如何对付,以及弗·普拉滕过境去俄国的问题。会上通过决定,在边境上的全部谈判由列宁和米·格·茨哈卡雅负责进行,关于此行政治方面的问题将由列宁参加的委员会加以说明。

苏共中央马列主义研究院中央党务档案馆,第 17 号全宗,第 1 号目录,第 1931 号案卷,第 14—15 张;Π.И.克鲁季科娃:《急剧的转折关头》,莫斯科,1965 年,第 84—87 页。

列宁 1917 年 3 月 31 日（4 月 13 日）在与瑞典社会民主党左派举行的会议上的讲话以及他答瑞典社会民主党左派代表弗·斯特勒姆问在《政治报》第 86 号上发表。

《列宁全集》中文第 2 版增订版第 29 卷第 95、96 页;《政治报》,斯德哥尔摩,1917 年 4 月 14 日,第 86 号。

列宁的《论俄国社会民主工党在俄国革命中的任务》(自拟简介)以《列宁论俄国革命。在各国人民之间而不是在政府之间的直接和平谈判》为题在《政治报》第86号上发表(非全文)。文章前加了编者按:"我们党的同志、革命者的领袖列宁在回国途中于星期五路过斯德哥尔摩,由于他对《政治报》的信任,本报有机会发表……他数天前在苏黎世作的关于俄国革命的报告。"

> 《列宁全集》中文第2版增订版第29卷第64—70页;《政治报》,斯德哥尔摩,1917年4月14日,第86号。

德国、法国、波兰、瑞士、瑞典和挪威的国际主义者社会党人赞成俄国革命者取道德国回国的《声明》以《俄国革命者取道德国回国。国际主义者社会党人的声明》为题在《政治报》第86号上发表(略有修改)。

> 《列宁文集》俄文版第2卷第392—393页;《政治报》,斯德哥尔摩,1917年4月14日,第86号。

列宁1916年的照片刊登在瑞典社会民主主义青年团机关报《警钟报》第15号上。

> 《警钟报》,斯德哥尔摩,1917年4月14日,第15号。

列宁3月17日(30日)给在斯德哥尔摩的雅·斯·加涅茨基的信中关于政治流亡者——国际主义者不可能取道英国返回俄国和要求工兵代表苏维埃争取用被拘留在俄国的德国人交换他们的这一部分,由维·巴·诺根在全俄工兵代表苏维埃会议上宣读。诺根提出一项决议案,要求临时政府采取最坚决、最紧急的措施"保证争取解放的先进战士返回俄国"。

> 《列宁全集》中文第2版增订版第47卷第568—569页;《全俄工兵代表苏维埃会议(速记记录)》,1927年,第185—186页。

4 月 2 日（15 日）

列宁从哈帕兰达写信给在日内瓦的维·阿·卡尔宾斯基,信中询问关于德国忠实地遵守了过境条件的电报收到没有,该电报是否已寄往苏黎世《民权报》发表,《给瑞士工人的告别信》是否已送去发排。列宁把自己亲人的地址告诉他:"彼得格勒　宽街 48/9 号 24 室　玛丽亚·伊里尼奇娜·乌里扬诺娃(转弗·伊·乌·)。"列宁请卡尔宾斯基按这个地址写信告诉他《给瑞士工人的告别信》有没有发表和有没有寄往斯德哥尔摩。

《列宁全集》中文第 2 版增订版第 47 卷第 590—591 页。

列宁从哈帕兰达写信给在斯德哥尔摩的雅·斯·加涅茨基,要他务必注意寄出的信件的情况(信未找到)。

《列宁全集》俄文第 5 版第 31 卷第 494 页;苏共中央马列主义研究院中央党务档案馆,第 2 号全宗,第 5 号目录,第 754 号案卷。

列宁从俄国驻哈帕兰达领事馆领取一批回俄国的政治流亡者的补助 300 瑞典克朗。

《列宁全集》中文第 2 版增订版第 47 卷第 592 页。

列宁在驻哈帕兰达领事馆代馆长关于发给俄国国民到彼得格勒去的 32 张三等火车票的公函信封正反两面记下旅途开支。

《列宁文集》俄文版第 21 卷第 79—80 页。

列宁一行从瑞典边界乘芬兰式马车从冰上通过托尔尼奥河前往俄国边界。

《回忆弗·伊·列宁》,第 1 卷,1968 年,第 456 页;《外高加索共产党员回忆弗·伊·列宁》,埃里温,1970 年,第 165 页。

列宁遭到监督瑞典和俄国边境的英国军官的搜查。

《回忆弗·伊·列宁》,第2卷,1969年,第384页。

列宁18时32分从托尔尼奥发电报给彼得格勒俄国社会民主工党(布)中央委员会俄国局,告知瑞士社会党人弗·普拉滕在哈帕兰达被阻拦,并要求赶快为他领取进入俄国的通行证(电文未找到)。

《列宁全集》俄文第5版第31卷494页;《列宁文集》俄文版第2卷第451页。

列宁在托尔尼奥阅读俄国报纸。他在同一些布尔什维克的谈话中对个别几号《真理报》提出批评意见。

《无产阶级革命》杂志,莫斯科—列宁格勒,1929年,第8—9期合刊,第103页;《苏维埃拉脱维亚报》,里加,1967年4月16日,第90号;《外高加索共产党员回忆弗·伊·列宁》,埃里温,1970年,第164页。

列宁填写《经托尔尼奥边境站入境的俄国旅客调查表》。列宁在表的各栏填写上姓、名、父称,出生时间和地点、职业(新闻记者)。在出国原因这一栏中,列宁写道:“政治流亡者。秘密出国。”

苏共中央马列主义研究院中央党务档案馆,第2号全宗,第1号目录,第4528号案卷;《列宁(1870—1924年)。纪念册》,莫斯科,1970年,第132页和第133页之间。

列宁20时08分从托尔尼奥发电报给在彼得格勒的玛·伊·乌里扬诺娃和安·伊·叶利扎罗娃-乌里扬诺娃:“星期一夜11时到达,请通知《真理报》。”

《列宁全集》中文第2版增订版第47卷第591页;苏共中央马列主义研究院中央党务档案馆,第2号全宗,第5号目录,第4529号案卷。

列宁晚上离开托尔尼奥去彼得格勒。

《回忆弗·伊·列宁》,第2卷,1969年,第384页;第5卷,1969年,第95—96页。

1917年4月2日(15日)列宁从托尔尼奥给在彼得格勒的
玛·伊·乌里扬诺娃和安·伊·叶利扎罗娃－乌里扬诺娃发的电报

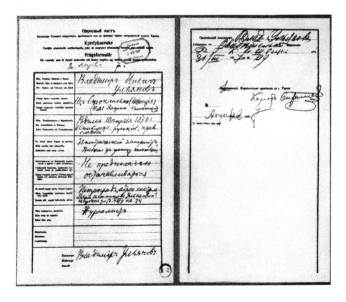

1917年4月2日(15日)列宁填写的
《经托尔尼奥边境站入境的俄国旅客调查表》

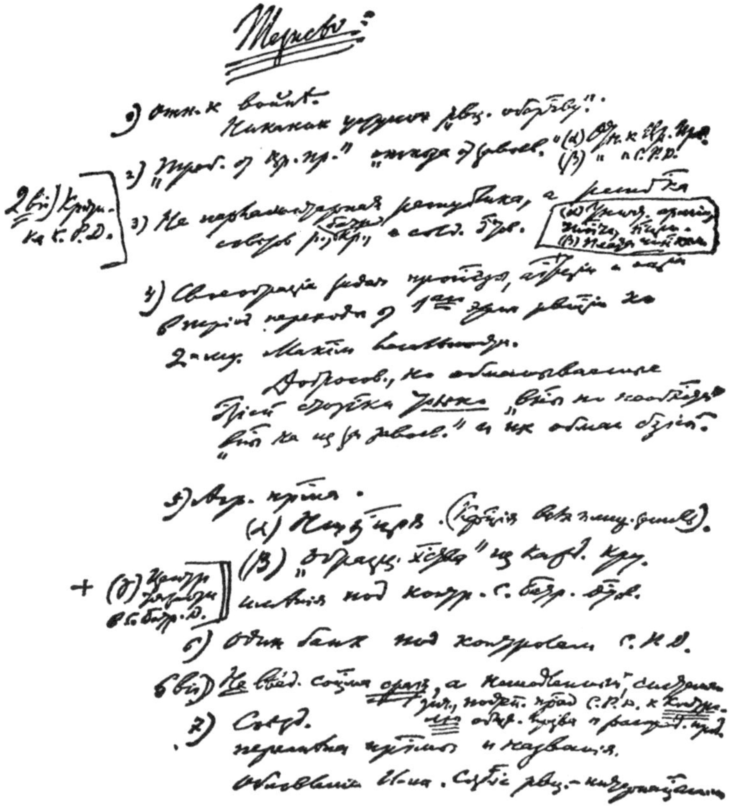

1917年4月3日(16日)列宁《四月提纲初稿》手稿

列宁的《远方来信。第一封信。第一次革命的第一阶段》转载于《工人报》(喀山)第 2 号(非全文)。

《列宁全集》中文第 2 版增订版第 29 卷第 9—21 页;《工人报》,喀山,1917 年 4 月 2 日,第 2 号。

《法兰克福报和商报》第 103 号第二次上午版略加删节后转载了《俄国革命者取道德国回国。集体公报》。

《列宁全集》中文第 2 版增订版第 29 卷第 509—510 页;《法兰克福报和商报》,美因河畔法兰克福,1917 年 4 月 15 日,第 103 号,第二次上午版。

4 月 2 日和 3 日(15 日和 16 日)

列宁在途经芬兰时多次发表演说,答谢芬兰工人的欢迎。

《回忆弗·伊·列宁》,1963 年,第 215 页。

4 月 3 日(16 日)

列宁写《四月提纲初稿》。

《列宁全集》中文第 2 版增订版第 29 卷第 98—101 页;《历史问题》杂志,莫斯科,1967 年,第 4 期,第 3—20 页。

列宁从托尔尼奥去彼得格勒的途中,在车厢里同士兵们交谈,留心听取他们对继续进行战争的政策的反对意见。列宁同一个持护国主义立场的中尉交谈,说明他的观点的错误之处。娜·康·克鲁普斯卡娅在回忆这次谈话时写道:"那个中尉是个护国分子,伊里奇维护自己的观点……士兵们逐渐聚集到车厢里,很快就挤满了车厢。有些士兵还站在长凳上,以便更清楚地听一听和看一看是谁把反对掠夺战争的道理讲得这么透彻。士兵们的注意力愈来愈集中,脸色愈来愈凝重。"

《回忆弗·伊·列宁》,第 1 卷,1968 年,第 456 页。

俄国社会民主工党（布）中央委员会、彼得堡委员会及布尔什维克军事组织上午接到列宁即将到达的消息后，采取紧急措施将这一消息通知各区、各企业及首都、喀琅施塔得和郊区的各个部队。

在当时维堡区、莫斯科区、纳尔瓦区、瓦西里耶夫岛区、彼得格勒区和立陶宛（民族）区正在举行的布尔什维克大会上，宣布了列宁即将到达的消息。维堡区的布尔什维克举着"列宁今天到达！"的横幅走遍了维堡区各条街道。在纳尔瓦区，关于列宁即将到达的消息传遍了工人住宅。在瓦西里耶夫岛，贴出了关于整队去芬兰车站的集合时间和地点的传单。莫斯科区的布尔什维克组织了欢迎列宁的群众大会。

《列宁文集》俄文版第 2 卷第 451—452 页；《彼得格勒工兵代表苏维埃消息报》，1917 年 4 月 5 日，第 32 号；《1917 年的彼得格勒各区苏维埃（记录、决议和决定汇编）》，第 1 卷，1964 年，第 89 页；《回忆弗·伊·列宁》，第 1 卷，1968 年，第 171 页；《历史文献》杂志，莫斯科，1956 年，第 6 期，第 113 页；《1917 年彼得格勒的布尔什维克（彼得格勒革命大事记）》，第 2 版，1957 年，第 93—96 页。

在俄国社会民主工党（布）莫斯科市代表会议上，莫斯科委员会军事局代表 B.H.瓦西里耶夫斯基发表议程以外的关于列宁即将到达彼得格勒的声明。

代表会议委托主席团起草给列宁的致敬电，并通过电文："俄国社会民主工党莫斯科市代表会议一致向列宁同志——俄国革命社会民主党的光荣领袖致以愉快的敬礼。要是在莫斯科能见到列宁，同志们将感到非常幸福。"

《真理报》，彼得格勒，1917 年 4 月 8 日，第 27 号；《十月革命在莫斯科》，莫斯科，1967 年，第 50—51 页。

关于列宁即将到达彼得格勒的消息由维·伊·佐夫和柳·尼·斯塔尔通知谢斯特罗列茨克区党委。区党委积极分子正式宣布,谢斯特罗列茨克的工人将乘专列去别洛奥斯特罗夫车站迎接弗拉基米尔·伊里奇。一批同志受委托将陪同列宁到芬兰车站。

《列宁在1917年(回忆录)》,1967年,第11—12页;《我们同弗·伊·列宁见面》,列宁格勒,1967年,第11—14页。

以俄国社会民主工党(布)中央委员会俄国局和彼得堡委员会成员为首的彼得格勒工人代表团及《真理报》编辑部的代表于晚上9时在别洛奥斯特罗夫车站迎接列宁。前往迎接的人当中有玛·伊·乌里扬诺娃、亚·米·柯伦泰、约·维·斯大林、亚·加·施略普尼柯夫。

随同大约400名工人组成的谢斯特罗列茨克代表团前往迎接列宁的有谢斯特罗列茨克党组织书记维·伊·佐夫、尼·亚·叶梅利亚诺夫和柳·尼·斯塔尔。列宁同欢迎的人们进入车站大楼。在那里,列宁在为欢迎他回国而举行的群众大会上发表简短致辞,谈俄国革命对国际无产阶级的意义。

晚上列宁在从别洛奥斯特罗夫车站前往彼得格勒的途中,同中央委员会俄国局及彼得堡委员会的代表们谈论党内的状况,就列·波·加米涅夫在《真理报》上发表的一些文章对他提出批评意见,在这些文章中,加米涅夫坚持有条件地支持资产阶级临时政府的政策,而在对战争的看法上又滑到护国主义立场上去了。

苏共中央马列主义研究院中央党务档案馆,第134号全宗,第1号目录,第265号案卷,第98—99张;《真理报》,彼得格勒,1917年4月5日,第24号;《回忆弗·伊·列宁》,第1卷,1968年,第171,457页;《回忆弗·伊·列宁》,1963年,第215页;《列宁在1917年(回忆录)》,1967年,第11—12页;《和列

宁在一起(回忆录和文件)》,第 2 版,彼得罗扎沃茨克,1970
年,第 82—83 页;《伟大十月革命时期的彼得格勒——革命
事件参加者回忆录》,1967 年,第 65—67 页。

晚上,俄国社会民主工党(布)彼得堡委员会代表团举着旗帜
来到芬兰车站广场欢迎列宁。前往欢迎列宁的还有来自各党组
织、彼得格勒苏维埃、《真理报》编辑部的许多代表团。车站广场及
附近的街道上挤满了工人、士兵和水兵。在车站月台上排列着配
有乐队的仪仗队。

《真理报》,彼得格勒,1917 年 4 月 5 日,第 24 号;《彼得格勒工
兵代表苏维埃消息报》,1917 年 4 月 5 日,第 32 号;《俄国社会
民主工党(布)第六次代表大会记录》,1958 年,第 61 页;《伟
大十月革命时期的彼得格勒——革命事件参加者回忆录》,
1967 年,第 70—71 页;《列宁——十月革命的领袖(彼得格勒
工人回忆录)》,1957 年,第 15—51 页。

列宁于 23 时 10 分到达彼得格勒。

在关于芬兰车站上举行欢迎仪式的新闻报道中写道:“11 时
10 分列车进入车站。列宁走出车厢,受到朋友们和党内老战友的
欢迎。他沿着车站前行,周围党旗招展,军队举枪致敬⋯⋯　尼·
列宁从排列在车站上持枪致敬的军人队列旁继续往前走,走过工
人民兵的行列,到处受到热情洋溢的欢迎。”

列宁在月台上多次发表简短致辞,号召争取社会主义革命的
胜利。

《真理报》,彼得格勒,1917 年 4 月 5 日,第 24 号;《彼得格勒工
兵代表苏维埃消息报》,1917 年 4 月 5 日,第 32 号;《列宁在十
月(回忆录)》,1957 年,第 63、67—68 页。

在车站月台上,伊·德·丘古林把维堡地区布尔什维克组织
第 600 号党证交给列宁。

《高尔基真理报》,1957 年 4 月 22 日,第 96 号;《弗·伊·列宁
传》,第 5 版,1972 年,第 323—324 页。

列宁进入车站大楼。这里聚集了中央委员会委员、彼得堡委员会委员、布尔什维克各区组织的领导人、彼得格勒苏维埃代表团。尼·谢·齐赫泽代表彼得格勒苏维埃向列宁表示欢迎。列宁发表讲话,向彼得格勒的布尔什维克、工厂和军队的代表致敬。

列宁走到芬兰车站①广场上,向数千名欢迎群众发表演说,列宁在结束演说时高呼:"社会主义革命万岁!"各工人代表团热情洋溢地欢迎自己的领袖。列宁登上装甲车。

《真理报》记者写道:"……列宁同志站在装甲车上,向不仅使俄国摆脱了沙皇专制制度,而且在国际范围内开创了社会革命的俄国革命无产阶级和俄国革命军队致敬,他指出,全世界无产阶级正满怀希望注视着俄国无产阶级的英勇的步伐。"

《列宁全集》中文第 2 版增订版第 29 卷第 97 页;《列宁文集》俄文版第 2 卷第 453 页;《真理报》,彼得格勒,1917 年 4 月 5 日,第 24 号;《彼得格勒工兵代表苏维埃消息报》,1917 年 4 月 5 日,第 32 号;《回忆弗·伊·列宁》,第 1 卷,1968 年,第 172、457 页;第 2 卷,1969 年,第 388—389 页;《列宁在 1917 年(回忆录)》,1967 年,第 15—16 页;《在革命战斗的烈焰中(1917 年两次革命中的彼得格勒各区。回忆录集)》,1967 年,第 33—34、418—419 页;《布尔什维克-真理派——回忆康·斯·叶列梅耶夫》,1965 年,第 198 页。

列宁乘坐的装甲车在探照灯照耀下,在数千工人、士兵和水兵队伍的护送下离开芬兰车站向彼得格勒区开去,开往原克舍辛斯卡娅公馆(克龙韦尔克大街(现马克西姆·高尔基大街 1/2 号)),

---

① 芬兰车站的旧大楼墙壁上设有一块纪念牌,上面写着:"1917 年 4 月 3 日(16 日)彼得格勒的工人、士兵和水兵们在这个广场上热情洋溢地欢迎侨居归来的弗·伊·列宁。

弗拉基米尔·伊里奇在装甲车上祝贺革命无产阶级和革命军队战胜了沙皇制度,并号召他们为社会主义革命而斗争。"——俄文编者注俄国社会民主工党(布)中央委员会和彼得堡委员会设在这里。车子沿途经过芬兰巷、下诺夫哥罗德街(现列别杰夫街)、波特金街、大萨姆普桑大街(现卡尔·马克思大街)、芬兰大街、萨姆普桑桥、贵族大街(现古比雪夫街)。

一路上列宁多次发表简短讲话,向欢迎的群众致敬,号召为争取社会主义革命的胜利而斗争。

列宁到达党中央委员会和彼得堡委员会大楼,在那里为他准备了隆重的欢迎会。列宁在大楼①阳台上几次向一批又一批前来的工人、士兵和水兵代表团发表演讲。

在列宁的一次演讲结束后,波兰社会民主党彼得格勒小组代表团致欢迎词,正如《彼得格勒工兵代表苏维埃消息报》报道,该代表团把"自己的旗帜"加入到"革命的社会民主党旗帜的行列中"。

《真理报》,彼得格勒,1917年4月5日,第24号;《彼得格勒工兵代表苏维埃消息报》,1917年4月5日,第32号;《回忆弗·伊·列宁》,第1卷,1968年,第172、457页;《列宁在1917年(回忆录)》,1967年,第16页;安·安·安德列耶夫:《关于弗·伊·列宁》,第3版,1970年,第7页。

4月3日(16日)夜至4日(17日)凌晨

列宁参加在原克舍辛斯卡娅公馆白色大理石大厅②内为欢迎

---

① 大楼里设有一块纪念牌,上面写着:"1917年4月3日(16日)夜至4日(17日)凌晨、4月16日(29日)和7月4日(17日)弗拉基米尔·伊里奇·列宁在这个阳台上向革命的工人、士兵和水兵发表演讲。"——俄文编者注

② 大厅内设有一块纪念牌,上面写着:"1917年4月3日夜至4日凌晨,弗·伊·列宁在本大厅内会见俄国社会民主工党(布)中央委员会、彼得堡委员会和军事局的成员及彼得格勒、喀琅施塔得和郊区的党组织的积极工作者。

在谈话时,弗·伊·列宁讲述了自己对今后革命发展的任务的看法。"——俄文编者注

他回国而举行的盛大欢迎会。参加欢迎会的有列宁的战友,中央委员会和彼得堡委员会委员,彼得格勒、喀琅施塔得和郊区的党组织的积极工作者。

列宁在会议开始前草拟了一个简短的报告提纲。

当听完一位到会者的欢迎词后,列宁说道:"同志们,我认为我们相互祝贺革命胜利的话已经说得够多了。"列宁随即发表长达一个半小时的关于党在目前时期的任务和策略的演说。

参加欢迎会的安·安·安德列耶夫回忆:"列宁用马克思主义的论据和事件的进程令人信服地论述了布尔什维克的任务,他还把他在来彼得格勒途中同工人和农民谈话的印象和结论引用来证明他所讲的论点的正确性…… 列宁……阐述了从资产阶级民主革命过渡到社会主义革命(它在几个月后就取得了胜利)的实际纲领……"

在列宁演说结束后,与会者进行了广泛交谈,谈话一直持续到次日清晨。在谈话过程中,列宁作了扼要的记录,以便发言时用。

欢迎会结束时列宁提议唱《国际歌》。

《列宁文集》俄文版第 2 卷第 453—454 页,第 21 卷第 33 页;《回忆弗·伊·列宁》,第 1 卷,1968 年,第 172、457 页;第 2 卷,1969 年,第 408 页;安·安·安德列耶夫:《关于弗·伊·列宁》,第 3 版,1970 年,第 6—11 页。

4 月 4 日(17 日)

列宁同娜·康·克鲁普斯卡娅清晨前往马·季·叶利扎罗夫

和安·伊·叶利扎罗娃夫妇家(宽街 48/9 号(现列宁街 52/9 号)
24 室)①。列宁同克鲁普斯卡娅在这里一直住到 7 月 5 日(18
日)。

《回忆弗·伊·列宁》,第 1 卷,1968 年,第 457—458 页;弗·
德·邦契-布鲁耶维奇:《回忆列宁》,第 2 版,1969 年,第 75
页;《列宁在彼得堡》,第 3 版,1957 年,第 130 页。

列宁上午去沃尔科沃墓地为母亲玛丽亚·亚历山德罗夫娜和
妹妹奥丽珈·伊里尼奇娜扫墓。

列宁在弗·德·邦契-布鲁耶维奇家(赫尔松街 5 号 9 室)召
开布尔什维克党领导人会议。列宁请邦契-布鲁耶维奇把二月革
命后出版的各种报纸收集成套。

《列宁在十月(回忆录)》,1957 年,第 64 页;弗·德·邦契-布
鲁耶维奇:《回忆弗·伊·列宁》,第 2 版,1969 年,第 66、77
页;《列宁在彼得堡》,第 3 版,1957 年,第 130 页。

列宁中午 12 时左右到塔夫利达宫(什帕列尔街(现沃伊诺夫
街)47 号)参加出席全俄工兵代表苏维埃会议的布尔什维克代表
的会议。列宁会见原第四届国家杜马代表、布尔什维克费·尼·
萨莫伊洛夫,同他谈话,问他是怎样度过流放生活的。列宁还会见
了莫斯科工人 И.В.普里夏金。

《回忆弗·伊·列宁》,第 1 卷,1968 年,第 366—367、458 页;
第 2 卷,1969 年,第 389 页;弗·德·邦契-布鲁耶维奇:《回

---

① 现在这里是弗·伊·列宁纪念馆。楼房墙壁上设有一块纪念牌,上面写着:
"1917 年 4 月 4 日(17 日)至 7 月 5 日(18 日)国际无产阶级的领袖、布尔什维克党和世
界上第一个苏维埃社会主义国家的创始人弗拉基米尔·伊里奇·列宁居住在这幢楼
房里。"

列宁街 1 号住宅墙壁上设有一块纪念牌,上面写着:"1917 年 4 月 4 日(17 日)至
7 月 5 日(18 日)布尔什维克党的创始人、伟大的十月革命的领袖、世界上第一个社会
主义国家的缔造者弗拉基米尔·伊里奇·列宁在这条街 52/9 号居住和工作。"——
俄文编者注

1917年4—7月初列宁住过的马·季·叶利扎罗夫和
安·伊·叶利扎罗娃夫妇家所在的楼房(彼得格勒宽街)

忆列宁》,第 2 版,1969 年,第 77 页;《列宁在彼得堡》,第 3 版,1957 年,第 132—134 页。

列宁在出席全俄工兵代表苏维埃会议的布尔什维克代表的会议(会议在塔夫利达宫第 13 号房间内举行)[①]上作关于革命无产阶级的任务的报告。列宁在报告中宣读并说明他的提纲,这一提纲作为《四月提纲》载入了史册。列宁说道:"我已经拟了一个提纲,现在准备再作一些说明。由于时间不够,我不能作详细的系统的报告。"

列宁在《四月提纲》中叙述了从资产阶级民主革命向社会主义革命过渡的具体步骤,说明了布尔什维克党的政治纲领和经济纲领,阐述了宣传鼓动工作、党的建设、坚决同社会沙文主义划清界线、建立共产国际等方面的任务,论述了革命和平发展的观点。

列宁在结束报告时指出:"听说俄国有联合的趋势,即与护国派联合。这是对社会主义的背叛。"

列宁作完报告后就把《四月提纲》交给《真理报》编辑部,坚决要求在第二天予以发表。

"提　　纲

1. 这次战争从俄国方面来说,在李沃夫之流的新政府的条件

---

①　塔夫利达宫前厅设有一块纪念牌,上面写着:"1917 年 4 月 4 日(17 日)侨居多年归来的弗·伊·列宁在塔夫利达宫这里举行的全俄苏维埃会议布尔什维克代表和布尔什维克党的积极工作者会议上宣读了自己的论无产阶级在这次革命中的任务的提纲(《四月提纲》),提纲中提出了争取资产阶级民主革命转变为社会主义革命、政权转归苏维埃的具体步骤。1917 年 5 月 31 日(6 月 13 日)弗·伊·列宁在这里举行的彼得格勒工厂委员会第一次代表会议上发表关于工人监督生产的讲话……"——俄文编者注

下，无疑仍然是掠夺性的帝国主义战争，因为这个政府是资本主义性质的；在我们对这次战争的态度上，决不允许对'革命护国主义'作丝毫让步。

觉悟的无产阶级只有在下列条件下，才能同意进行真正能够证明革命护国主义是正确的革命战争：（1）政权转到无产阶级以及跟随无产阶级的贫苦农民手中；（2）不是口头上而是在实际上放弃一切兼并；（3）真正同资本的一切利益完全断绝关系。

拥护革命护国主义的广大阶层的群众无疑是真心诚意的，他们认为只是由于不得已才进行战争，而不是为了侵略去进行战争；他们是受了资产阶级的欺骗。因此，我们必须特别细致地、坚持不懈地、耐心地向他们说明他们的错误，说明资本与帝国主义战争的不可分割的联系，反复证明，要缔结真正民主的非强制的和约来结束战争，就非推翻资本**不可**。

要在作战部队中广泛宣传这种观点。

举行联欢。

2. 俄国当前形势的特点是从革命的第一阶段**向**革命的**第二阶段过渡**，第一阶段由于无产阶级的觉悟和组织程度不够，政权落到了资产阶级手中，第二阶段则应当使政权转到无产阶级和贫苦农民手中。

这个过渡的特点是：一方面有最大限度的合法性（**目前**在世界各交战国中，俄国是最自由的国家），另一方面没有用暴力压迫群众的现象，而且群众对这个资本家政府，对这个和平与社会主义的死敌，抱着不觉悟的轻信态度。

这种特点要求我们，在刚刚觉醒过来参加政治生活的极广大的无产阶级群众中进行党的工作时必须善于适应这种**特殊**条件。

3.不给临时政府任何支持;指出它的任何诺言,特别是关于放弃兼并的诺言,完全是谎话。要进行揭露,而不是'要求'**这个**政府即资本家政府**不再是**帝国主义政府,这种要求是散布幻想,是不能容许的。

4.必须承认这样的事实:在大多数工人代表苏维埃中我们党处于少数地位,比起受资产阶级影响并把这种影响带给无产阶级的**一切**小资产阶级机会主义分子的**联盟**——从人民社会党人、社会革命党人起直到组织委员会(齐赫泽、策列铁里等)、斯切克洛夫等等止——暂时还处于较弱的少数地位。

要向群众说明:工人代表苏维埃是革命政府**唯一可能的**形式,因此,当**这个**政府还受资产阶级影响时,我们的任务只能是耐心地、系统地、坚持不懈地、特别要根据群众的实际需要来**说明**他们的策略的错误。

只要我们还是少数,我们就要进行批评,揭发错误,同时宣传全部国家政权归工人代表苏维埃的必要性,使群众从实际经验中纠正自己的错误。

5.不要议会制共和国(从工人代表苏维埃回到议会制共和国是倒退了一步),而要从下到上遍及全国的工人、雇农和农民代表苏维埃的共和国。

废除警察、军队和官吏。[①]

一切官吏应由选举产生,并且可以随时撤换,他们的薪金不得超过熟练工人的平均工资。

6.在土地纲领上,应把重点移到雇农代表苏维埃。

————————

① 即以普遍的人民武装代替常备军。——列宁注

没收地主的全部土地。

把国内**一切**土地收归国有，由当地雇农和农民代表苏维埃支配。单独组织贫苦农民代表苏维埃。把各个大田庄（其面积约100 俄亩至 300 俄亩，根据当地条件和其他条件由地方机关决定）建成示范农场，由雇农代表进行监督，由公家出资经营。

7. 立刻把全国所有银行合并成一个全国性的银行，由工人代表苏维埃进行监督。

8. 我们的**直接**任务并不是'实施'社会主义，而只是立刻过渡到由工人代表苏维埃**监督**社会的产品生产和分配。

9. 党的任务：

　　　　（1）立刻召开党代表大会；

　　　　（2）修改党纲，主要是：

　　　　　　（a）关于帝国主义和帝国主义战争；

　　　　　　（b）对国家的态度以及**我们**关于'公社国家'①的要求；

　　　　　　（c）修改已经陈旧的最低纲领；

　　　　（3）更改党的名称②。

10. 革新国际。

发起建立革命的国际，同**社会沙文主义者**和'中派'③相对立

---

①　即由巴黎公社提供了原型的那种国家。——列宁注

②　社会民主党的正式领袖在世界**各地**都背叛社会主义，投奔资产阶级了（如'护国派'和动摇的'考茨基派'），所以我们不应再叫"社会民主党"，而应改称**共产党**。——列宁注

③　所谓'中派'就是国际社会民主党中摇摆于沙文主义者（＝'护国派'）和国际主义者之间的那个派别，即德国的考茨基之流，法国的龙格之流，俄国的齐赫泽之流，意大利的屠拉梯之流，英国的麦克唐纳之流等等。——列宁注

的国际。"

《列宁全集》中文第 2 版增订版第 29 卷第 102—112、113—118 页；苏共中央马列主义研究院中央党务档案馆，第 134 号全宗，第 1 号目录，第 272 号案卷，第 62 张；《回忆弗·伊·列宁》，第 1 卷，1968 年，第 458 页；《真理报》，莫斯科，1927 年 4 月 17 日，第 87 号；《列宁在十月（回忆录）》，1957 年，第 69—72 页；《列宁在彼得堡》，第 3 版，1957 年，第 132—134 页。

列宁同意在出席全俄工兵代表苏维埃会议的布尔什维克代表和孟什维克代表的联席会议上再次阐述自己的纲领。

列宁在出席全俄工兵代表苏维埃会议的布尔什维克代表和孟什维克代表的联席会议（会议在塔夫利达宫半圆形大厅举行）上再次作关于革命无产阶级的任务的报告，宣读并说明《四月提纲》。报告结束后列宁把《四月提纲》文本交给伊·格·策列铁里。

在讨论过程中列宁记下孟什维克发言人反对《四月提纲》的讲话。由于孟什维克试图把一个统一代表大会的计划强加给布尔什维克，布尔什维克根据列宁的倡议退出会场。

《列宁全集》中文第 2 版增订版第 29 卷第 135、218 页；《列宁文集》俄文版第 7 卷第 307—308 页；《彼得格勒工兵代表苏维埃消息报》，1917 年 4 月 9 日，第 36 号；《回忆弗·伊·列宁》，第 1 卷，1968 年，第 458、459 页；《回忆弗·伊·列宁》，1963 年，第 215—218 页；《列宁在十月（回忆录）》，1957 年，第 72—74 页；《列宁在彼得堡》，第 3 版，1957 年，第 134 页。

列宁主持会议讨论出席彼得格勒苏维埃执行委员会会议（会议要讨论在瑞士的俄国侨民的状况）是否合适。会上决定去参加会议，促使执委会通过关于同意用拘留在俄国的德、奥国民交换政治流亡者的决议，并争取在《彼得格勒工兵代表苏维埃消息报》上发表关于第一批政治流亡者取道德国回国的情况的文章或报道。

《列宁在十月革命时期和在苏维埃政权初期》，1970 年，第 10—11 页。

列宁代表取道德国回国的政治流亡者给彼得格勒苏维埃执行委员会写报告《我们是怎样回来的》。

> 《列宁全集》中文第 2 版增订版第 29 卷第 119—121 页；《真理报》，彼得格勒，1917 年 4 月 5 日，第 24 号。

列宁晚上 8 时前来到塔夫利达宫出席彼得格勒苏维埃执委会会议，参加讨论俄国政治流亡者取道德国回国的问题。列宁支持通过关于赞成用拘留在俄国的德、奥国民交换政治流亡者的决议的提案。列宁发言捍卫该决议。

苏维埃执委会通过决定：要求临时政府采取措施使所有侨民迅速回到俄国，不管他们的政治见解怎样；在报刊上登载列宁关于取道德国回国的情况的报告。

列宁当选为彼得格勒工兵代表苏维埃执委会委员。

> 《列宁全集》中文第 2 版增订版第 29 卷第 119—121、122、125—126、266 页；《彼得格勒工兵代表苏维埃(记录)》，1925 年，第 72—74 页；《真理报》，彼得格勒，1917 年 4 月 5 日，第 24 号；《彼得格勒工兵代表苏维埃消息报》，1917 年 4 月 5 日，第 32 号；《回忆弗·伊·列宁》，1963 年，第 244 页；《列宁在十月革命时期和在苏维埃政权初期》，1970 年，第 11—15 页。

列宁得到塔夫利达宫出入证，彼得格勒工兵代表苏维埃执行委员会就设在这里。

> 伊·伊·明茨：《伟大的十月革命史》，第 2 卷，1968 年，第 74 页。

俄国社会民主工党(布)彼得格勒维堡区全体党员大会通过给列宁的致敬信，祝贺他返回俄国。致敬信中写道："我们确信，列宁同志具有的坚定性，他对国际革命社会主义事业的忠诚，现在，当他来到我们中间之后，一定会有助于完成我们党在把俄国革命进行到底的过程中和建立第三国际的事业中所担负的最艰巨、最伟大的任务。"

> 《真理报》，彼得格勒，1917 年 4 月 5 日，第 24 号。

布尔什维克党中央委员会和彼得堡委员会所在地彼得格勒克舍辛斯卡娅
公馆,列宁多次在这里发表演说。

1917年4月列宁在彼得格勒塔夫利达宫作报告

彼得格勒塔夫利达宫

"西门子—哈耳斯克"工厂(彼得格勒)工人在悼念 1912 年勒拿惨案遇难者大会上给列宁发去致敬信,祝贺他返回俄国。

《真理报》,彼得格勒,1917 年 4 月 13 日,第 31 号。

4 月 4 日和 5 日(17 日和 18 日)

列宁准备发表《四月提纲》,给提纲加注释。

《列宁全集》中文第 2 版增订版第 29 卷第 113—118 页。

赞成以列宁为首的一批俄国政治流亡者取道德国回国的国际主义者社会党人的《声明》文本由维·阿·卡尔宾斯基分别寄给瑞士、英国、法国、美国及其他一些国家的布尔什维克支部。

苏共中央马列主义研究院中央党务档案馆,第 584 号全宗,第 5439 号归档文书。

4 月 4 日或 5 日(17 日或 18 日)

列宁就任布尔什维克党中央机关报——《真理报》编辑职务。

列宁在《真理报》编辑部(莫伊卡河沿岸街 32/2 号)[1]每天工作数小时,夜间也常常工作。这里是他工作的地方,他在这里写文章,审定稿件,同工人通讯员、各省和前线的来访者谈话。《真理报》的长期撰稿人有:阿·叶·巴达耶夫、杰米扬·别德内依、维·米·韦利奇金娜、康·斯·叶列梅耶夫、米·伊·加里宁、Π.Φ.库杰利、马·康·穆拉诺夫、米·斯·奥里明斯基、格·伊·彼得罗夫斯基、费·尼·萨莫伊洛夫、约·维·斯大林、玛·伊·乌里扬诺娃。

列宁领导的《真理报》成了布尔什维克党对工人、士兵和农民

---

① 楼房墙壁上设有一块纪念牌,上面写着:"1917 年 3 月 5 日(18 日)至 7 月 5 日(18 日)《真理报》编辑部设在本大楼里。

1917 年 4 月弗·伊·列宁到彼得格勒后,直接领导了《真理报》的工作,弗·伊·列宁在这里会见过布尔什维克党的活动家、工人、士兵、《真理报》的通讯员。"——俄文编者注

群众进行思想和组织领导的强大工具。俄国社会民主工党(布)中央曾经在 1917 年 6 月指出,《真理报》的路线"是唯一正确的路线,因为它有伊里奇的无比正确的领导……"。

《真理报》,彼得格勒,1917 年 4 月 6 日,第 25 号;《列宁在〈真理报〉(回忆录)》,1970 年,第 218、219、222 页;《沿着列宁的道路前进——老布尔什维克回忆录》,1972 年,第 121 页;《弗·伊·列宁传》,第 5 版,1972 年,第 325、342 页;《伟大的十月革命(文集)》,莫斯科,1958 年,第 92—93 页。

4 月 4 日和 12 日(17 日和 25 日)之间

列宁写《为论证四月提纲写的要点》。列宁在剖析布尔什维克同孟什维克意见分歧的实质时强调指出:"用甜言蜜语扼杀革命的先生们(齐赫泽、策列铁里、斯切克洛夫)把革命拉向后退,**从工人代表苏维埃退到**资产阶级'单一政权',退到通常的资产阶级议会制共和国。

我们应当巧妙地、谨慎地、循循善诱地引导无产阶级和贫苦农民**前进**,从'两个政权'**进到**工人代表苏维埃掌握**全部政权**,这就是马克思所说的公社,1871 年试验过的公社。"

《列宁全集》中文第 2 版增订版第 29 卷第 123—124 页。

4 月,4 日(17 日)以后

列宁举行一系列有俄国社会民主工党(布)中央委员会和彼得堡委员会的委员们参加的会议和座谈会,阐明《四月提纲》的基本论点。召开过会议的地方有:俄国社会民主工党(布)中央委员会和彼得堡委员会所在地,马·季·叶利扎罗夫和安·伊·叶利扎罗娃夫妇家(宽街 48/9 号(现列宁街 52/9 号)24 室),亚·米·柯伦泰居住的 T.Л.舍普金娜-库珀尔尼克家(新教教堂街 12 号 5 室),《真理报》编辑部(莫伊卡河沿岸街 32/2

号）。

《回忆往事（未公布资料集）》，第 1 辑，第 2 版，1972 年，第 157、173 页；亚·加·施略普尼柯夫：《一九一七年》，第 3 卷，莫斯科—列宁格勒，1927 年，第 264 页。

列宁写小册子《俄国的政党和无产阶级的任务》，用问答形式说明各主要党派的政治立场和政治纲领，这些党派是：（1）比立宪民主党更右的党派和集团，代表农奴主-地主和资产阶级中最落后的阶层的利益；（2）立宪民主党，代表资本家阶级和资产阶级化的地主的利益；（3）孟什维克和社会革命党，代表小业主、中小农民、小资产阶级的利益；（4）布尔什维克，代表觉悟的无产者、雇佣工人以及跟随他们的贫苦农民（半无产者）的利益。

《列宁全集》中文第 2 版增订版第 29 卷第 189—204 页；弗·德·邦契-布鲁耶维奇：《回忆列宁》，第 2 版，1969 年，第 95—96 页。

列宁在《真理报》编辑部会见杰米扬·别德内依，并同他谈话。

И.Д.布拉祖利：《杰米扬·别德内依》，莫斯科，1967 年，第 143—144 页。

列宁在《地址簿》上记下党的工作人员、社会团体、编辑部、出版社等的地址和电话号码。

《列宁文集》俄文版第 21 卷第 83—87 页。

出席全俄苏维埃会议并听过列宁 4 月 4 日（17 日）报告的代表向伊万诺沃-沃兹涅先斯克、科斯特罗马、索尔莫沃、基辅的党组织介绍《四月提纲》。

《列宁全集》中文第 2 版增订版第 29 卷第 102—112 页；《伟大十月社会主义革命的胜利（回忆录集）》，1958 年，第 269 页；《苏共伊万诺沃组织简史》，第 1 册，伊万诺沃，1963 年，第 412 页；《苏共科斯特罗马组织简史》，雅罗斯拉夫尔，1967 年，第 103—104 页；В.П.法捷耶夫等：《苏共高尔基组织历史概要》，第 1 册，高尔基，1961 年，第 362 页。

4月5日（18日）

列宁在出席全俄工兵代表苏维埃会议的布尔什维克代表讨论四月提纲的会议（会议在塔夫利达宫第 13 号房间举行）上发言，听取各地党的工作者对当地情况的汇报，向他们提问，或简短插话。列宁特别重视顿巴斯矿工 Н.И.杜博沃伊的发言。杜博沃伊在发言中热烈拥护《四月提纲》，并介绍了工人们在没有矿主的情况下怎样组织煤的开采和保护矿井。列宁在俄国社会民主工党（布）第七次全国代表会议（四月代表会议）上关于目前形势的报告中说："最后，我要谈谈给我留下了极深刻印象的一次讲话。一个煤矿工人作了一次出色的讲话，他没有用一个书本上的字眼，讲了他们怎样进行革命。他们谈的问题不是要不要有个总统，他所关心的倒是这样一个问题：在他们占据矿井以后，必须保存好钢绳，以防生产中断。后来出现粮食问题，他们没有粮食，于是又商量好取得粮食的办法。这才是真正的革命纲领，而不是从书本上搬来的东西。这才是地方上的真正的夺取政权。"

会议休息时，列宁同俄国社会民主工党（布）莫斯科普列斯尼亚区委员会书记玛·米·科斯捷洛夫斯卡娅谈话。

《列宁全集》中文第 2 版增订版第 29 卷第 356 页；苏共中央马列主义研究院中央党务档案馆，第 4 号全宗，第 2 号目录，第 756 号案卷，第 1—3 张；《真理报》，莫斯科，1927 年 4 月 17 日，第 87 号；《公社战士报》，图拉，1924 年 2 月 7 日，第 31 号；《伟大十月社会主义革命（回忆录集）》，1957 年，第 42 页；《苏共历史问题》杂志，莫斯科，1972 年，第 8 期，第 115—117 页。

列宁写《两个世界》一文，揭露资产阶级报刊在一批政治流亡者取道德国返回俄国的问题上对布尔什维克党"含沙射影无耻诽谤"。

《列宁全集》中文第 2 版增订版第 29 卷第 125—126 页；《真理报》，彼得格勒，1917 年 4 月 6 日，第 25 号；《彼得格勒工兵代表苏维埃消息报》，1917 年 4 月 5 日，第 32 号。

列宁写信给彼得格勒苏维埃执委会委员亚·加·施略普尼柯夫，要求用流放者和侨民救济委员会的经费支付一批政治流亡者从瑞士返回俄国的旅费。

《列宁全集》中文第 2 版增订版第 47 卷第 592 页。

列宁编辑《真理报》第 25 号。

《列宁全集》俄文第 5 版第 31 卷第 496 页；《真理报》，彼得格勒，1917 年 4 月 6 日，第 25 号。

列宁的报告《我们是怎样回来的》和他 4 月 3 日（16 日）在芬兰车站广场上向工人、士兵和水兵发表的演说（报道）在《真理报》第 24 号上发表。

《列宁全集》中文第 2 版增订版第 29 卷第 97、119—121 页；《真理报》，彼得格勒，1917 年 4 月 5 日，第 24 号。

列宁的报告《我们是怎样回来的》和他 4 月 3 日（16 日）在芬兰车站广场上向工人、士兵和水兵发表的演说（报道）在《彼得格勒工兵代表苏维埃消息报》第 32 号上发表。

《列宁全集》中文第 2 版增订版第 29 卷第 97、119—121 页；《彼得格勒工兵代表苏维埃消息报》，1917 年 4 月 5 日，第 32 号。

列宁 3 月 31 日（4 月 13 日）交给《政治报》编辑部的公报《俄国革命者取道德国回国》转载于资产阶级报纸《言语报》（彼得格勒）第 78 号和《新时报》（彼得格勒）第 14743 号，但缺少最后一段，即关于许多国家的国际主义者社会党人赞同以列宁为首的一批政治流亡者取道德国回国的计划这一段。

《列宁全集》中文第 2 版增订版第 29 卷第 509—510 页；《言语

报》,彼得格勒,1917 年 4 月 5 日(18 日),第 78 号;《新时报》,
彼得格勒,1917 年 4 月 5 日(18 日),第 14743 号。

4 月,5 日(18 日)以后

俄国社会民主工党(布)中央委员会和彼得堡委员会印发传单
《告公民书》,揭露资产阶级报刊对列宁和《真理报》的诽谤。

《苏共在两个政权并存时期为社会主义革命胜利而斗争(文件
集)》,1957 年,第 52—53 页;《彼得格勒布尔什维克的传单》,
第 3 卷,1957 年,第 21 页。

4 月 6 日(19 日)

列宁参加俄国社会民主工党(布)中央委员会讨论《四月提纲》
的会议。列宁在报告中批判列·波·加米涅夫和亚·加·施略普
尼柯夫在俄国革命的性质和前途、党的任务的问题上的机会主义
立场。中央决定对这些问题展开公开讨论。

《列宁全集》中文第 2 版增订版第 29 卷第 135—136、148—149
页;《1917 年 4 月的俄国革命运动——四月危机》,1958 年,第
15—16 页;《苏共党史》,第 3 卷,第 1 册,1967 年,第 58 页。

列宁编辑《真理报》第 26 号。

《列宁全集》俄文第 5 版第 31 卷第 496 页;《真理报》,彼得格
勒,1917 年 4 月 7 日,第 26 号。

列宁的《两个世界》一文在《真理报》第 25 号上发表。

《列宁全集》中文第 2 版增订版第 29 卷第 125—126 页;《真理
报》,彼得格勒,1917 年 4 月 6 日,第 25 号。

公报《俄国革命者取道德国回国》转载于《民权报》第 91 号。

《列宁全集》中文第 2 版增订版第 29 卷第 509—510 页;《民权
报》,苏黎世,1917 年 4 月 19 日,第 91 号。

《真理报》第 25 号上刊登的一则通告说,由于机器发生故障,列宁
的《四月提纲》未能在这一号上刊载,将于 4 月 7 日(20 日)刊载。

《真理报》,彼得格勒,1917 年 4 月 6 日,第 25 号。

俄国社会民主工党(布)基辅委员会致电列宁,祝贺他返回俄国。

《真理报》,彼得格勒,1917 年 4 月 13 日,第 31 号;《沿着列宁的道路前进(文集)》,基辅,1960 年,第 127 页。

俄国社会民主工党(布)叶卡捷琳诺斯拉夫全体党员大会向列宁——"俄国工人的思想领袖、同工人运动中的机会主义不懈斗争的战士、神圣地高举革命旗帜争取最后胜利的旗手"致敬。

《明星报》,叶卡捷琳诺斯拉夫,1917 年 4 月 11 日,第 2 号。

拉脱维亚报纸《社会民主党人报》(莫斯科)第 13 号发表祝贺列宁回国的贺词:"我们也向老革命家、俄国革命不知疲倦的战士列宁致敬。在最黑暗的反动年代,是他坚持高举斗争的旗帜,始终勇敢、明确地宣传革命的社会民主主义思想。"

《社会民主党人报》,莫斯科,1917 年 4 月 6 日(19 日),第 13 号;《拉脱维亚革命者回忆列宁》,里加,1969 年,第 239 页。

4 月 6 日或 7 日(19 日或 20 日)

列宁写《路易·勃朗主义》一文,揭露小资产阶级政党的领袖们像 1848 年革命时期法国社会主义者路易·勃朗一样,"在当代政治生活的一切重大问题上"采取了资产阶级立场。列宁在文章结尾指出:"目前的任务就是要同路易·勃朗分子,即同齐赫泽、策列铁里、斯切克洛夫们,同组织委员会的党以及社会革命党等等坚决划清界限。要向群众说明,如果群众看不清这种小资产阶级空想的危害,不同觉悟的工人联合起来,采取谨慎稳妥而又坚决果断的走向社会主义的步骤,路易·勃朗主义就一定会断送下一步革命的成果,甚至会断送自由的成果。

没有社会主义,就**不能**使人类摆脱战争和饥饿,就**免不了**还会有千千万万人的死亡。"

《列宁全集》中文第 2 版增订版第 29 卷第 127—130 页;《真理报》,彼得格勒,1917 年 4 月 8 日,第 27 号;《统一报》,彼得格勒,1917 年 4 月 5 日,第 5 号。

4 月 7 日(20 日)

列宁编辑《真理报》第 27 号。

《列宁全集》俄文第 5 版第 31 卷第 496 页;《真理报》,彼得格勒,1917 年 4 月 8 日,第 27 号。

列宁的《四月提纲》以《论无产阶级在这次革命中的任务》为题在《真理报》第 26 号上发表。

《列宁全集》中文第 2 版增订版第 29 卷第 113—118 页;《真理报》,彼得格勒,1917 年 4 月 7 日,第 26 号。

列宁 1917 年 4 月 3 日(16 日)在芬兰车站广场上向工人、士兵和水兵发表的演说(报道)和他的报告《我们是怎样回来的》转载于《社会民主党人报》(莫斯科)第 26 号。

《列宁全集》中文第 2 版增订版第 29 卷第 97、119—121 页;《社会民主党人报》,莫斯科,1917 年 4 月 7 日,第 26 号。

彼得格勒工人两千人大会祝贺列宁——"人民运动久经锻炼的老兵、不屈不挠的社会主义战士"侨居归来。

《真理报》,彼得格勒,1917 年 5 月 5 日(4 月 22 日),第 38 号。

俄国社会民主工党(布)哈尔科夫委员会和《无产者报》编辑部在给列宁的致敬信中写道:"我们坚信,您回到我们这个紧密团结的队伍中来,定能促使革命的社会民主党的口号尽快实现。"

《无产者报》,哈尔科夫,1917 年 4 月 7 日,第 14 号。

纳雷姆边疆区从前的政治流亡者尼·尼·雅柯夫列夫、亚·瓦·绍特曼、В.Д.韦格曼写信给列宁和娜·康·克鲁普斯卡娅,祝贺他们回到俄国。

《托木斯克省劳动者致列宁》,托木斯克,1966 年,第 5 页。

4 月 7 日和 17 日（20 日和 30 日）之间

布尔什维克向在明斯克举行的西方面军军队和后方的军人、工人第一次代表大会的代表们介绍《四月提纲》。

《白俄罗斯共产党历史大事记》，第 1 册，明斯克，1962 年，第 231—232 页；《白俄罗斯共产党简史》，第 2 版，第 1 册，明斯克，1968 年，第 298—300 页。

4 月 8 日（21 日）

列宁给在日内瓦的维·阿·卡尔宾斯基发电报，告知彼得格勒工兵代表苏维埃同意一批政治流亡者取道德国回国并答应妥善解决一切愿意归国的政治流亡者的回国问题，其办法是用被拘留在俄国的德、奥国民交换。

苏共中央马列主义研究院中央党务档案馆，第 584 号全宗，第 5439 号归档文书；《列宁研究院集刊》，第 2 辑，1927 年，第 111 页。

列宁写《论两个政权》一文，在关于无产阶级专政的国家形式的问题上发展了《四月提纲》。列宁指出："一切革命的根本问题是国家政权问题。不弄清这个问题，便谈不上自觉地参加革命，更不用说领导革命。"列宁提出俄国革命的特点是革命造成了两个政权（即临时政府与彼得格勒工兵代表苏维埃）并存的局面，并强调指出苏维埃"和 1871 年的巴黎公社是**同一类型的**"政权，"比工人、雇农、农民和士兵代表苏维埃更高更好类型的政府，人类还没有创造出来，我们至今还没有见过"。

列宁指出，出现两个政权并存的原因在于无产者和农民的组织程度和觉悟不够，而小资产阶级政党的领袖们又不去打破他们对临时政府的幻想和信任，反而诱发这种幻想，不使群众摆脱资产阶级的影响，反而加强这种影响。列宁写道："觉悟的工人要取得政权，必须把大多数群众争取过来，因为**在**没有对群众使用暴力的**时候**，没有别的方法可以取得政权。我们不是布朗基主义者，我们不主张由少数人夺取政权。我们是马克思主义者，我们主张用无产阶级的阶级斗争来反对小资产阶级的狂热，反对沙文主义——护国主义，反对空谈，反对依赖资产阶级。"

> 《列宁全集》中文第 2 版增订版第 29 卷第 131—134 页；《真理报》，彼得格勒，1917 年 4 月 8 日，第 27 号；4 月 9 日，第 28 号①。

列宁编辑《真理报》第 28 号。

> 《列宁全集》俄文第 5 版第 31 卷第 496 页；《真理报》，彼得格勒，1917 年 4 月 9 日，第 28 号②。

列宁的《路易·勃朗主义》一文在《真理报》第 27 号上发表。

> 《列宁全集》中文第 2 版增订版第 29 卷第 127—130 页；《真理报》，彼得格勒，1917 年 4 月 8 日，第 27 号。

弗·伊·列宁的出生证和娜·康·克鲁普斯卡娅的身份证由马·季·叶利扎罗夫送到户籍管理处（宽街 48/9 号（现列宁街 52/9 号））登记。

> 中央弗·伊·列宁纪念馆列宁格勒分馆，回忆录全宗，第 169 号案卷，第 1 张背面。

列宁的《四月提纲》在俄国社会民主工党（布）彼得堡委员会会议上进行了讨论。随后又在各区和即将召开的全市党代表会议上进行了讨论。

> 《1917 年第一个合法的布尔什维克彼得堡委员会（资料和记录汇编）》，1927 年，第 83—92 页；《苏共党史》，第 3 卷，第 1 册，1967 年，第 59—60 页。

---

① 报上是：第 58 号。——俄文编者注
② 报上是：第 58 号。——俄文编者注

在布特尔民众文化馆举行的俄国社会民主工党(布)莫斯科铁路区全体党员大会决定发电报向列宁——为争取社会主义胜利而斗争的工人阶级的先进战士——致敬。

《社会民主党人报》,莫斯科,1917 年 4 月 15 日,第 31 号。

莫斯科裁缝工会理事会给列宁的致敬信在《真理报》第 27 号和《社会民主党人报》(莫斯科)第 27 号上发表。致敬信说:"理事会……得知您返回俄国,特向您——被沙皇政府驱逐到遥远异邦的俄国最优秀的儿子致敬,同时也向在黑暗年代里高举革命旗帜的我们的思想领袖,俄国及正在诞生的共产国际的整个革命无产阶级的领袖致敬。"

《真理报》,彼得格勒,1917 年 4 月 8 日,第 27 号;《社会民主党人报》,莫斯科,1917 年 4 月 8 日,第 27 号。

列宁生平简介在《新生活报》(托木斯克)第 5 号上发表。简介从彼得堡工人阶级解放斗争协会开始,叙述列宁的革命道路,指出他的著作所具有的重大意义。

《新生活报》,托木斯克,1917 年 4 月 8 日,第 5 号。

列宁生平简介刊登在《警钟报》第 16 号上。

《警钟报》,斯德哥尔摩,1917 年 4 月 21 日,第 16 号。

国际主义者社会党人关于赞成以列宁为首的一批俄国政治流亡者取道德国回国的《声明》转载于《哨兵报》第 92 号。

《列宁全集》俄文第 5 版第 31 卷第 524 页;《哨兵报》,拉绍德封,1917 年 4 月 21 日,第 92 号。

4 月 8 日、9 日和 11 日(21 日、22 日和 24 日)

列宁的《远方来信。第一封信。第一次革命的第一阶段》转载于《浪潮报》(赫尔辛福斯)第 8、9 和 10 号(非全文)。

《列宁全集》中文第 2 版增订版第 29 卷第 9—21 页；《浪潮报》，赫尔辛福斯，1917 年 4 月 8 日，第 8 号；4 月 9 日，第 9 号；4 月 11 日，第 10 号。

4 月 8 日和 13 日（21 日和 26 日）之间

列宁写小册子《论策略书。第一封信》，严厉批评列·波·加米涅夫维护关于俄国资产阶级民主革命还没有完成这一论题的半孟什维克观点。列宁还揭露托洛茨基反马克思主义的"不断革命论"，强调指出，他的口号"不要沙皇，而要工人政府"是一种夺取政权的儿戏，是使无产阶级遭受失败的冒险行动。列宁指出："马克思主义要求我们对每个历史关头的阶级对比关系和具体特点作出经得起客观检验的最确切的分析。我们布尔什维克总是努力按照这个要求去做，因为要对政策作科学的论证，这个要求是绝对必需的。"列宁正是从这一立场出发，在小册子中估计了目前的形势，论证了在向社会主义革命过渡条件下党的任务。

《列宁全集》中文第 2 版增订版第 29 卷第 135—149 页，第 47 卷第 598 页；《真理报》，彼得格勒，1917 年 4 月 8 日，第 27 号；4 月 14 日，第 32 号。

4 月 9 日（22 日）

列宁的《论两个政权》一文在《真理报》第 28 号上发表。

《列宁全集》中文第 2 版增订版第 29 卷第 131—134 页；《真理报》，彼得格勒，1917 年 4 月 9 日，第 28 号①。

列宁的《四月提纲》转载于拉脱维亚布尔什维克报纸《斗争报》（彼得格勒）第 25 号上。

《列宁全集》中文第 2 版增订版第 29 卷第 113—118 页；《斗争报》，彼得格勒，1917 年 4 月 9 日（22 日），第 25 号。

---

① 报上是：第 58 号。——俄文编者注

马克耶夫卡布尔什维克大会讨论并赞同列宁的《四月提纲》。

> 《顿河布尔什维克组织简史(1898—1920 年)》,顿河畔罗斯托夫,1965 年,第 292—293 页。

彼得格勒波罗霍夫卡区布尔什维克大会听取了柳·尼·斯塔尔的报告《目前时局和列宁的提纲》后,表示赞同《四月提纲》,并指示出席全市代表会议的代表投票拥护列宁的提纲。

> 《真理报》,彼得格勒,1917 年 4 月 16 日,第 34 号。

莫斯科普列斯尼亚区布尔什维克大会讨论并赞同列宁的《四月提纲》。

> 《伟大十月社会主义革命(回忆录集)》,1957 年,第 344 页;《苏共莫斯科组织简史(1883—1965 年)》,莫斯科,1966 年,第 226—227 页。

莫斯科布特尔区党员大会给列宁发来致敬电。电文中说,布尔什维克"向革命的社会民主党队伍中光荣、坚强、正直的战士亲爱的列宁同志致以热烈的敬礼"。

> 《社会民主党人报》,莫斯科,1917 年 4 月 12 日,第 28 号;《真理报》,彼得格勒,1917 年 4 月 13 日,第 31 号。

克拉斯诺亚尔斯克党组织大会通过决议,坚决抗议社会革命党的地方报纸《我们的呼声报》散布的对列宁的诽谤。

> 《克拉斯诺亚尔斯克工人报》,1917 年 4 月 12 日,第 23 号。

4 月 9 日和 10 日(22 日和 23 日)

列宁编辑《真理报》第 29 号。

> 《列宁全集》俄文第 5 版第 31 卷第 496 页;《真理报》,彼得格勒,1917 年 4 月 11 日,第 29 号。

4 月 9 日或 16 日(22 日或 29 日)

列宁在女子医学院(阿尔希耶雷斯卡亚街(现列夫·托尔斯泰

街)6 号)举行的布尔什维克大会上作关于目前形势和《真理报》编辑部工作方针的报告。

苏共中央马列主义研究院中央党务档案馆,第 4 号全宗,第 2 号目录,第 116 号案卷,第 1—3 张。

4 月,不晚于 10 日(23 日)

列宁草拟提纲并写小册子《无产阶级在我国革命中的任务(无产阶级政党的行动纲领草案)》。列宁对《革命护国主义和它的阶级意义》这一节写了两种增补方案。小册子于 4 月 10 日(23 日)写成。列宁在小册子中详细阐释并发展了《四月提纲》,科学论述了有关俄国从资产阶级民主革命向社会主义革命过渡的全部国内和国际问题。列宁根据对新时代进行的分析作出如下结论:"资本主义转变为帝国主义,在客观上就必然产生帝国主义战争。战争使全人类**濒临深渊**,使全部文化濒于毁灭,并且不知还会使多少百万人走向粗野和死亡。

除无产阶级革命外,**没有**别的出路。"之后在《后记》中列宁指出:"小册子是作为一个行动纲领**草案**来写的,准备在我党……全国代表会议**召开以前**,用来宣传我的一些观点。"

《列宁全集》中文第 2 版增订版第 29 卷第 150—182、183 页;《列宁文集》俄文版第 7 卷第 310—311 页。

4 月 10 日(23 日)

列宁出席俄国社会民主工党(布)中央委员会会议,会上讨论《真理报》编辑部问题、党内争论等问题。列宁反驳列·波·加米涅夫的观点,捍卫《四月提纲》的基本论点。

《1917 年 4 月的俄国革命运动——四月危机》,1958 年,第 36 页;《无产阶级革命》杂志,莫斯科,1924 年,第 3 期,第 181—182 页。

列宁在由俄国社会民主工党(布)彼得堡委员会组织的伊兹迈洛夫团和第二近卫军炮兵旅士兵大会上(大会在第一连街(现第一红军连街)13 号①举行)发表讲话。驻扎在伊兹迈洛夫团兵营内的彼得格勒后备团的士兵和一批来自赫尔辛福斯的水兵也参加了大会。列宁的讲话主要是谈革命的国家制度问题。他说,资本家为了保存资本政权,主张议会制共和国,无产阶级的政党则赞成苏维埃共和国,因为只有它才能为劳动群众的利益去解决最重要的土地问题及和平问题。列宁强调指出:"工人和贫苦农民不愿维护资本的利润和掠夺弱小民族,他们一定能够真正实现资本家只在口头上承诺的东西,即缔结足以保障一切民族获得自由的可靠的和约来结束战争。"

大会结束后列宁同参加大会的人们谈话,还向水兵 Л.П.丘布诺夫询问波罗的海水兵的情绪。

《列宁全集》中文第 2 版增订版第 29 卷第 186—188 页;苏共列宁格勒州委党史研究院党务档案馆,第 4000 号全宗,第 5 号目录,第 3397 号案卷,第 1—2 张;《真理报》,彼得格勒,1917 年 4 月 11 日,第 29 号;《列宁在十月(回忆录)》,1957 年,第 111—117 页。

彼得格勒瓦西里耶夫岛区全体布尔什维克大会讨论并赞同列宁的《四月提纲》。大会责成其代表在俄国社会民主工党(布)彼得格勒第一次全市代表会议上捍卫列宁的提纲。

《真理报》,彼得格勒,1917 年 4 月 16 日,第 34 号。

国际主义者社会党人关于赞成以列宁为首的一批政治流亡者取道德国回国的《声明》转载于《民权报》第 94 号和《伯尔尼哨兵

---

① 此处楼房墙壁上设有一块纪念牌,上面写着:"1917 年 4 月 10 日(23 日)弗拉基米尔·伊里奇·列宁在伊兹迈洛夫团兵营发表讲话,揭露临时政府的帝国主义政策。"——俄文编者注

报》第 94 号。

《列宁全集》俄文第 5 版第 31 卷第 524 页;《民权报》,苏黎世,1917 年 4 月 23 日,第 94 号;《伯尔尼哨兵报》,1917 年 4 月 23 日,第 94 号,附刊。

4 月,不早于 10 日(23 日)

列宁在《[奔萨省农民]就解决土地问题的临时措施问题召开的代表大会所通过的决议》上写批语,作旁注和加着重标记。他在俄国社会民主工党(布)第七次全国代表会议(四月代表会议)上关于对工兵代表苏维埃的态度的讲话和关于土地问题的报告和决议中引用了这份文件。

《列宁全集》中文第 2 版增订版第 29 卷第 374、413、415、420 页;苏共中央马列主义研究院中央党务档案馆,第 2 号全宗,第 1 号目录,第 4541 号案卷。

4 月 11 日(24 日)

列宁为在《真理报》上发表他 4 月 10 日(23 日)在伊兹迈洛夫团士兵大会上的讲话作准备,抄录讲话稿。

《列宁全集》中文第 2 版增订版第 29 卷第 186—188 页。

列宁写《资本家的无耻谎言》一文,驳斥交通部长尼·维·涅克拉索夫诬蔑布尔什维克鼓吹暴力的讲话。文章阐述了布尔什维克党的革命和平发展方针的实质:"争取在无产阶级群众中间扩大影响,争取在工兵代表苏维埃内部扩大影响……这就是我们全体真理派、我们全党在目前,**在你们这些操纵着军队指挥人员的资本家先生还没有开始使用暴力**以前所实行的策略。"

《列宁全集》中文第 2 版增订版第 29 卷第 205—206 页;《真理报》,彼得格勒,1917 年 4 月 12 日,第 30 号;《言语报》,彼得格勒,1917 年 4 月 11 日(24 日),第 83 号。

列宁起草彼得格勒工兵代表苏维埃布尔什维克党团关于第四次"自由公债"的决议草案,准备提交苏维埃全体会议讨论。

《列宁全集》中文第 2 版增订版第 29 卷第 207—208 页。

列宁出席彼得格勒工兵代表苏维埃布尔什维克党团会议,讨论对待第四次"自由公债"的态度问题。列宁提出决议草案,该决议草案同以亚·米·柯伦泰为首的委员会提出的决议草案合并后被一致通过。

《列宁全集》中文第 2 版增订版第 29 卷第 207—208 页;《真理报》,彼得格勒,1917 年 4 月 13 日,第 31 号;《弗·伊·列宁在十月革命时期和在苏维埃政权初期》,1970 年,第 15—16 页。

列宁编辑《真理报》第 30 号。

《列宁全集》俄文第 5 版第 31 卷第 496 页;《真理报》,彼得格勒,1917 年 4 月 12 日,第 30 号。

列宁的报告《我们是怎样回来的》转载于《光线报》(塔林,爱沙尼亚文报纸)第 14 号(非全文)和《无产者报》(哈尔科夫)第 16 号。

《列宁全集》中文第 2 版增订版第 29 卷第 119—121 页;《光线报》,塔林,1917 年 4 月 11 日(24 日),第 14 号;《无产者报》,哈尔科夫,1917 年 4 月 11 日,第 16 号。

俄国社会民主工党(布)彼得格勒市彼得格勒区全体党员大会讨论并赞同列宁的《四月提纲》。会议"责成自己的代表在全市代表会议上捍卫该提纲"。

《1917 年 4 月的俄国革命运动——四月危机》,1958 年,第 60 页;《红色史料》杂志,列宁格勒,1932 年,第 4 期,第 95—96 页。

雅库特社会民主党组织和莫斯科省图希诺"向导"工厂工人、士兵和农民两千人大会祝贺列宁返回俄国的两封电报刊登在《真理报》第 29 号上。

《真理报》,彼得格勒,1917 年 4 月 11 日,第 29 号。

俄国社会民主工党（布）奥列霍沃-祖耶沃组织全体大会委托该组织委员会向"国际革命大军的先进战士"列宁发致敬信。

苏共莫斯科省委员会和莫斯科委员会党史研究院党务档案馆，第 1673 号全宗，第 1 号目录，第 1 号案卷，第 1 张；《真理报》，彼得格勒，1917 年 4 月 13 日，第 31 号。

4 月 11 日或 12 日（24 日或 25 日）

列宁写《战争和临时政府》一文。文章通过对帕·尼·米留可夫在立宪民主党莫斯科党员大会上的演说的分析，说明临时政府事实上仍旧忠实于原沙皇签订的条约。列宁还揭露了彼得格勒苏维埃中的社会革命党和孟什维克的领袖们用"好心的监督"政策帮助资产阶级政党欺骗群众的行为。

列宁号召工人和士兵们："你们要声明，你们不愿意为沙皇尼古拉二世所签订的、仍被米留可夫奉为神圣的秘密协约（条约）去送命！"

《列宁全集》中文第 2 版增订版第 29 卷第 212—214 页；《真理报》，彼得格勒，1917 年 4 月 13 日，第 31 号；《言语报》，彼得格勒，1917 年 4 月 11 日（24 日），第 83 号。

列宁写《踩着〈俄罗斯意志报〉的脚印走》一文，答复格·瓦·普列汉诺夫在《统一报》上发表的反对《四月提纲》的言论。列宁在文章中指出，普列汉诺夫在论战方法上已堕落到采用资产阶级报纸《俄罗斯意志报》的手法。

《列宁全集》中文第 2 版增订版第 29 卷第 215—217 页；《真理报》，彼得格勒，1917 年 4 月 13 日，第 31 号；《统一报》，彼得格勒，1917 年 4 月 9 日，第 9 号；4 月 11 日，第 10 号；4 月 12 日，第 11 号。

4 月 11 日和 14 日（24 日和 27 日）之间

由于资产阶级报纸对一批政治流亡者取道德国返回俄国一事

进行造谣和诬蔑,列宁写《告士兵和水兵书》。文章当时未发表,列宁的《反对大暴行制造者(告彼得格勒工人、士兵和全体居民书)》是以该文为基础写的。

《列宁全集》中文第 2 版增订版第 29 卷第 209—211、225—228 页。

4 月,11 日(24 日)以后

列宁多次访问与俄国社会民主工党(布)中央设在同一幢大楼内的彼得格勒工会总工会,同总工会的领导人、男女工人交谈,谈到工厂里工人的情绪、工会工作及组织工厂委员会等问题。

《沿着列宁的道路前进——老布尔什维克回忆录》,1972 年,第 121—122 页;《在革命战斗的烈焰中(1917 年两次革命中的彼得格勒各区。回忆录集)》,1967 年,第 470—471 页。

4 月,12 日(25 日)以前

俄国社会民主工党(布)罗戈日-巴斯曼区党员大会以及在圣母进堂民众文化馆(莫斯科)举行的工人和士兵大会写信祝贺列宁返回俄国。

《真理报》,彼得格勒,1917 年 4 月 12 日,第 30 号;《社会民主党人报》,莫斯科,1917 年 4 月 12 日,第 28 号。

4 月,不晚于 12 日(25 日)

列宁收到俄国社会民主工党(布)中央委员会国外代表处代表雅·斯·加涅茨基从斯德哥尔摩发来的两份电报。电报中说,列宁和俄国社会民主工党(布)中央的文献已打包寄往俄国。

《列宁全集》中文第 2 版增订版第 47 卷第 594、598 页;苏共中央马列主义研究院中央党务档案馆,第 2 号全宗,第 5 号目录,第 754 号案卷,第 1 张。

4 月 12 日(25 日)

列宁致信在日内瓦的维·阿·卡尔宾斯基,信中说:"我们被放入境,在这里遭到了疯狂的攻击,可是到现在为止还没有收到任何书籍、手稿和信件。显然,战时书报检查机关工作得太好了,甚至过分卖力了……"列宁问《给瑞士工人的告别信》是否已经出版,用哪几种文字出版的,销路怎样。列宁请他停下《社会民主党在1905—1907年俄国第一次革命中的土地纲领》一书手稿的打字工作,因为已经找到了一份铅印本,但其中缺少结尾。列宁请求务必把缺少部分打出来,并寄到彼得格勒给他本人。列宁对国内政治局势作了如下描述:"这里的气氛是:资产阶级对我们进行疯狂的攻击,工人和**士兵**则同情我们。"列宁还告知将要召开俄国社会民主工党(布)全国代表会议。

《列宁全集》中文第2版增订版第47卷第592—594页。

列宁致信俄国社会民主工党(布)中央委员会国外代表处(斯德哥尔摩)代表,信中对国内的局势作了如下描述:"资产阶级(＋普列汉诺夫)对我们取道德国一事疯狂攻击。他们企图以此来煽动士兵。这暂时不会得逞,因为我们有可靠的拥护者。在社会革命党人和社会民主党人中间,沙文主义闹得乌烟瘴气,他们打着'革命护国主义'旗号……他们疯狂攻击我们,说我们反对'统一',而群众则主张一切社会民主党人联合起来。我们是反对的。"列宁请他们为《真理报》写些有关对外政策、德国革命运动和左派社会党人刊物的文章。列宁在信的结尾写道:"情况非常复杂、非常有意思。我们将出版一些论策略问题的小册子。苏维埃要召开国际社会党**统一**代表大会。我们**只**主张召开左派代表大会,反对社会沙文主义者和'中派'参加。"列宁在信中还告知,寄上两套《真理报》和两套各种报纸的剪报给中央委员会国外代表处和维·阿·卡尔宾斯基。

《列宁全集》中文第 2 版增订版第 47 卷第 594—596 页。

列宁编辑《真理报》第 31 号。

《列宁全集》俄文第 5 版第 31 卷第 496 页;《真理报》,彼得格勒,1917 年 4 月 13 日,第 31 号。

列宁 4 月 10 日(23 日)在伊兹迈洛夫团的大会上对士兵的讲话和他的《资本家的无耻谎言》一文在《真理报》第 30 号上发表。

《列宁全集》中文第 2 版增订版第 29 卷第 186—188,205—206 页;《真理报》,彼得格勒,1917 年 4 月 12 日,第 30 号。

列宁的《四月提纲》转载于《社会民主党人报》(莫斯科)第 28 号。[①]

《列宁全集》中文第 2 版增订版第 29 卷第 113—118 页;《社会民主党人报》,莫斯科,1917 年 4 月 12 日,第 28 号。

莫斯科戈罗德区全体布尔什维克大会通过给列宁的电报。电报中写道,大会"向社会民主党的(已经在伟大的俄国革命中得到光辉验证的)革命策略的制定者,亲爱的、与无产阶级心心相印的列宁同志致以热烈的敬礼"。

《社会民主党人报》,莫斯科,1917 年 4 月 15 日,第 31 号;4 月 16 日,第 32 号。

俄国社会民主工党(布)雷瓦尔党员大会通过给列宁的致敬信:"大会向我党最刚毅、最坚定的党员致敬。在那风雨如磐的黑暗日子里,他始终坚持无产阶级革命和国际主义的立场;在那腥风血雨的反动年代,他用自己的模范榜样激励党内同志们的勇气,使他们坚定顽强。

现在他同我们在一起。解决最重大的任务……对我们来说已

---

①　莫斯科的布尔什维克未能早一点发表列宁的《四月提纲》,这是由于 4 月 9—11 日(22—24 日)期间《社会民主党人报》因缺纸而停刊。——俄文编者注

不再过于艰难和力不胜任了。"

《光线报》,塔林,1917 年 4 月 17 日(30 日),第 19 号;《真理
报》,彼得格勒,1917 年 5 月 3 日(4 月 20 日),第 36 号;《伟大
十月社会主义革命在爱沙尼亚(文件和资料集)》,塔林,1958
年,第 75—76 页。

列宁生平简介转载于《克拉斯诺亚尔斯克工人报》第 23 号(登
在"党的报刊。欢迎尼·列宁归来"栏内)。

《克拉斯诺亚尔斯克工人报》,1917 年 4 月 12 日,第 23 号。

4 月 12 日和 13 日(25 日和 26 日)

报上刊登关于 4 月 14 日(27 日)召开俄国社会民主工党(布)
彼得格勒全市代表会议的通告及会议议程。第一项议程是:"目前
形势(尼·列宁的提纲)"。

《真理报》,彼得格勒,1917 年 4 月 12 日,第 30 号;4 月 13 日,
第 31 号。

4 月 13 日(26 日)

由于资产阶级和小资产阶级报纸加紧诽谤布尔什维克,列宁在
城市联合会统计处所在地(涅瓦大街 3 号)①召开俄国社会民主工党
(布)彼得堡委员会军事组织负责人、俄国社会民主工党(布)中央委
员的会议。列宁听取关于卫戍部队情况的报告,指示与会者在广大
士兵中开展工作的方法。康·亚·梅霍诺申回忆说:"我们的会议
没有超过一小时。但是在这段时间里,弗拉基米尔·伊里奇不仅完
全掌握了士兵的情绪和卫戍部队的情况,而且还给我们所有人作了
指示,确保我们在兵营中的每一次鼓动必然成功。"

---

① 此处楼房墙壁上设有一块纪念牌,上面写着:"1917 年 4 月 13 日弗·伊·列宁
在本楼内召开的俄国社会民主工党(布)彼得格勒委员会军事组织和中央委员的会议上
就在士兵中进行宣传工作的内容和方法发表了讲话。"——俄文编者注

《列宁文集》俄文版第 21 卷第 86 页;《俄国社会民主工党(布)第七次全国代表会议(四月代表会议)。俄国社会民主工党(布)彼得格勒全市代表会议。记录》,1958 年,第 23 页;《回忆弗·伊·列宁》,1963 年,第 243—244 页;《列宁在彼得堡》,第 3 版,1957 年,第 143 页。

列宁写《说谎同盟》一文,尖锐批评《言语报》及资产阶级和小资产阶级的其他报刊歪曲布尔什维克关于政权问题的观点。列宁阐明,布尔什维克不否认必须有国家,不否认必须有政权组织,不否认有服从政权的义务。列宁强调指出:"只有说谎同盟才会否认这一点或者看不到这一点。

问题在于我们向人民推荐的是什么样的'政权组织'。

不是旧政权组织,不是警察、官吏、常备军,而是新政权组织,即**工兵农等等代表苏维埃**。"

《列宁全集》中文第 2 版增订版第 29 卷第 218—221 页;《真理报》,彼得格勒,1917 年 4 月 14 日,第 32 号。

由于《人民事业报》报道说,临时政府给各盟国的关于俄国放弃兼并和赔款的照会尚未发出,列宁写《重要的揭露》一文,指出临时政府的政策是兼并政策。

《列宁全集》中文第 2 版增订版第 29 卷第 222—223 页;《真理报》,彼得格勒,1917 年 4 月 14 日,第 32 号。

列宁写《银行和部长》一文,揭露政府机关同银行之间的关系:"今天是部长,明天是银行家;今天是银行家,明天是部长。不论今天或明天,他们都主张'把战争进行到底'。

这种情形不仅在俄国,而且在资本统治着的一切地方都有。"列宁在文章中建议银行的职员尽快组织自己的工会,收集关于临时政府的部长加入了多少家银行(当经理、股东、实际上的老板)的材料,并在工人报刊上发表出来。

《列宁全集》中文第 2 版增订版第 29 卷第 224 页；《真理报》,
彼得格勒,1917 年 4 月 14 日,第 32 号。

列宁编辑《真理报》第 32 号。

《列宁全集》俄文第 5 版第 31 卷第 496 页；《真理报》,彼得格
勒,1917 年 4 月 14 日,第 32 号。

列宁 4 月 3 日(16 日)在芬兰车站大楼向工人、士兵、水兵发
表的演说(报道)在《工人和军人代表苏维埃消息报》(科斯特罗马)
第 24 号上发表。

《工人和军人代表苏维埃消息报》,科斯特罗马,1917 年 4 月
13 日,第 24 号。

列宁的《战争和临时政府》和《踩着〈俄罗斯意志报〉的脚印走》
两篇文章在《真理报》第 31 号上发表。

《列宁全集》中文第 2 版增订版第 29 卷第 212—214、215—
217 页；《真理报》,彼得格勒,1917 年 4 月 13 日,第 31 号。

列宁的《四月提纲》转载于《无产者报》(哈尔科夫)第 18 号。

《列宁全集》中文第 2 版增订版第 29 卷第 113—118 页；《无产
者报》,哈尔科夫,1917 年 4 月 13 日,第 18 号。

列宁的报告《我们是怎样回来的》转载于《工人报》(喀山)第
5 号。

《列宁全集》中文第 2 版增订版第 29 卷第 119—121 页；《工人
报》,喀山,1917 年 4 月 13 日,第 5 号。

列宁的《资本家的无耻谎言》一文转载于《真理呼声报》(喀琅
施塔得)第 24 号。

《列宁全集》中文第 2 版增订版第 29 卷第 205—206 页；《真理
呼声报》,喀琅施塔得,1917 年 4 月 13 日,第 24 号。

俄国社会民主工党(布)罗斯托夫-纳希切万组织大会讨论并
赞同列宁的《四月提纲》。

刊载列宁《四月提纲》(以《论无产阶级在这次革命中的任务》为题)的
一些布尔什维克报纸

Россійская Соціалъ-Демократическая Рабочая Партія.

Пролетаріи всѣхъ странъ,

соединяйтесь!

Н. ЛЕНИНЪ.

Письма
о
тактикѣ.

Письмо 1-е.

Цѣна 15 коп.

ПЕТРОГРАДЪ
1917 г.

列宁《论策略书。第一封信》小册子封面

《顿河布尔什维克组织简史(1898—1920 年)》,顿河畔罗斯托夫,1965 年,第 293 页。

俄国社会民主工党(布)基辅委员会祝贺列宁返回俄国的贺信在《真理报》第 31 号上发表。

《真理报》,彼得格勒,1917 年 4 月 13 日,第 31 号。

4 月 13 日或 14 日(26 日或 27 日)

列宁写《反对大暴行制造者(告彼得格勒工人、士兵和全体居民书)》,揭露《俄罗斯意志报》、《言语报》、《统一报》在鼓吹大暴行,剖析资产阶级和小资产阶级的报刊攻击布尔什维克的阶级根源,阐明赞成政治流亡者回国的彼得格勒苏维埃的立场。文章指出:"如果将来使用了某种暴力手段,那我们认为,这要由……《俄罗斯意志报》、《言语报》、《统一报》等的编辑和撰稿人负责。"

《列宁全集》中文第 2 版增订版第 29 卷第 225—228 页;《真理报》,彼得格勒,1917 年 4 月 15 日,第 33 号;《俄国社会民主工党(布)第七次全国代表会议(四月代表会议)。俄国社会民主工党(布)彼得格勒全市代表会议。记录》,1958 年,第 23—26 页。

4 月 13 日和 15 日(26 日和 28 日)

列宁的《论"废除武装"的口号》一文以《论废除武装》为题转载于拉脱维亚社会民主党报《工人报》(美国波士顿)第 47 号和第 48 号(非全文)。

《列宁全集》中文第 2 版增订版第 28 卷第 171—181 页;《工人报》,波士顿,1917 年 4 月 26 日,第 47 号;4 月 28 日,第 48 号。

4 月 13 日(26 日)以后

列宁的小册子《论策略书。第一封信》(内附《四月提纲》)在彼得格勒出版。

《列宁全集》中文第 2 版增订版第 29 卷第 113—118、135—149 页;弗·伊·列宁:《论策略书。第一封信》,彼得格勒,波

涛出版社,1917年,20页,(俄国社会民主工党),标题前署名:
尼·列宁;弗·伊·列宁:《论策略书。第一封信》,第2版,彼
得格勒,波涛出版社,1917年,20页,(俄国社会民主工党),标
题前署名:尼·列宁;弗·伊·列宁:《论策略书。第一封信》,
第3版,彼得堡,波涛出版社,1917年,16页,(俄国社会民主
党。第7号),标题前署名:尼·列宁;《真理报》,彼得格勒,
1917年4月14日,第32号;4月15日,第33号。

4月,不晚于14日(27日)

列宁筹备俄国社会民主工党(布)彼得格勒第一次全市代表会
议,起草关于对临时政府的态度和关于战争的决议草案。

列宁在《关于对临时政府的态度的决议》草案中指出,临时政
府是同英法帝国主义有密切联系的地主和资本家的统治机关,它
在对外政策和对内政策上的每个步骤都会使它在工人和贫苦农民
面前逐渐现出原形。列宁号召进行长期工作来启发无产阶级的阶
级意识,团结城乡无产者,以便"在革命的社会民主党的旗帜下掀
起革命运动的新浪潮"。

列宁在《关于战争的决议草案》中分析了第一次世界大战——
非正义的、帝国主义的战争的起因,剖析了"革命护国主义"的阶级
根源,要求把受资本家欺骗的广大群众真诚的护国主义和完全维
护资产阶级利益的小资产阶级政党的护国主义区别开来,指出摆
脱战争的办法。

列宁指出,任何一国的士兵单方面拒绝继续作战是不能结束
战争的,只有把政权交给能够结束资本压榨和一切帝国主义战争
的工人阶级,才能结束这场战争。"只有这个阶级才能**真正**放弃兼
并,挣脱金融资本即银行资本的罗网,在一定条件下,不是口头上
而是**实际上**把掠夺性的战争变成无产阶级革命的战争,变成不是
为了扼杀弱小民族而是为了使**全世界**工农摆脱资本枷锁的战争。"

《列宁全集》中文第 2 版增订版第 29 卷第 249—250、258—263 页;《俄国社会民主工党(布)第七次全国代表会议(四月代表会议)。俄国社会民主工党(布)彼得格勒全市代表会议。记录》,1958 年,第 34—37 页。

彼得格勒第二戈罗德区布尔什维克大会讨论并赞同列宁的《四月提纲》。大会指示其代表在俄国社会民主工党(布)彼得格勒第一次全市代表会议上捍卫列宁的路线。

《1917 年 4 月的俄国革命运动——四月危机》,1958 年,第 60 页。

4 月 14 日—22 日(4 月 27 日—5 月 5 日)

列宁领导俄国社会民主工党(布)彼得格勒第一次全市代表会议。这次会议总结了彼得格勒党组织对《四月提纲》的讨论,把《四月提纲》作为会议决议的基础。列宁作主要报告,提出决议草案。

《列宁全集》中文第 2 版增订版第 29 卷第 235—263 页;《俄国社会民主工党(布)第七次全国代表会议(四月代表会议)。俄国社会民主工党(布)彼得格勒全市代表会议。记录》,1958 年,第 5—60 页。

4 月 14 日(27 日)

列宁出席在布尔什维克中央委员会和彼得堡委员会大楼①内举行的俄国社会民主工党(布)彼得格勒第一次全市代表会议第 1 次会议,被选为代表会议的名誉主席。列宁作关于目前形势和对临时政府的态度的报告,他在报告中分析革命的动力和前途,揭示两个政权并存的阶级实质,批评列·波·加米涅夫否认资产阶级

---

① 大楼礼堂里设有一块纪念牌,上面写着:"1917 年 4 月在弗·伊·列宁的领导下,在本礼堂举行了布尔什维克彼得格勒全市代表会议第 1 次会议和俄国社会民主工党(布)第七次全国代表会议(四月代表会议)的闭幕会议。

1917 年 6 月弗·伊·列宁在这里领导了俄国社会民主工党(布)前线和后方军队党组织全国代表会议。"——俄文编者注

民主革命已经完成、否认必须争取社会主义革命胜利的半孟什维克的观点。列宁指出："俄国资产阶级革命已经完成，因为政权已落入资产阶级手中。　……生活使无产阶级和农民的专政同资产阶级专政交织在一起。下一阶段将是无产阶级专政，但是无产阶级还没有充分组织起来，还没有充分觉悟，应当启发他们觉悟。"

在讨论报告时，列宁记下发言人的讲话。

在柳·尼·斯塔尔发言后，列宁写了一张字条给她。据她回忆，字条的内容是："柳德米拉同志，发言别这么激烈，别这样责怪工人。如果他们还不理解，应当进行解释和开导。最近发生的事件会使他们明白自己的错误的。我们应当做说服工作，应该争取工人的大多数。"（列宁的字条未保存下来。）

列宁草拟总结发言提纲，作总结发言。他在总结发言中对巩固工人阶级同贫苦农民的联盟以争取社会主义革命的胜利给予很大的关注。列宁坚决谴责托洛茨基之流企图把工人的利益同贫苦农民的利益对立起来，指出："托洛茨基主义是'不要沙皇，而要工人政府'。这是不对的。小资产阶级是存在的，决不能把它一笔勾销。但它有两部分。它的贫苦部分是跟工人阶级走的。"

列宁建议选举一个委员会来拟定决议草案，建议委员会由五人组成。

列宁被选进关于对临时政府的态度和关于战争的决议的起草委员会，把自己起草的决议草案提交委员会。

在讨论议程以外的"关于对《真理报》的攻击"问题时，代表会议通过列宁写的《反对大暴行制造者（告彼得格勒工人、士兵和全体居民书）》。

《列宁全集》中文第 2 版增订版第 29 卷第 225—228、235—242、243—246、249—250、258—263 页;《列宁全集》俄文第 5 版第 31 卷第 494 页;《列宁文集》俄文版第 21 卷第 36—39 页;《俄国社会民主工党(布)第七次全国代表会议(四月代表会议)。俄国社会民主工党(布)彼得格勒全市代表会议。记录》,1958 年,第 8—26 页;《列宁在十月(回忆录)》,1957 年,第 55—56 页。

列宁在俄国社会民主工党(布)中央委员会和彼得堡委员会所在地同瑙·马·安采洛维奇——俄国社会民主工党(布)彼得堡委员会军事组织宣传员谈话,听取他关于在装甲部队士兵中进行政治宣传的结果的报告,表示同意在装甲营驻地米哈伊洛夫练马场举行的大会上向士兵发表演说。列宁详细询问这次大会的组织者是谁,会议的目的是什么,有布尔什维克倾向的士兵中谁能够发表演说,过去有没有开过大会和谁在会上发表过演说。

《伟大十月社会主义革命(回忆录集)》,1957 年,第 32—33 页。

列宁在俄国社会民主工党(布)彼得堡委员会鼓动部召开喀琅施塔得水兵宣传员会议,听取在士兵中开展工作的情况汇报。列宁提议在最近的一个星期日,即 4 月 16 日(29 日)与彼得格勒卫戍部队第 180 预备步兵团及其他团共同组织一次抗议资产阶级诽谤布尔什维克和《真理报》的示威游行。

《俄国社会民主工党(布)第六次代表大会记录》,1958 年,第 61 页;《为争取十月革命胜利而斗争的水兵》,莫斯科,1958 年,第 353—354 页;《文学同时代人》杂志,列宁格勒,1937 年,第 5 期,第 164 页。

列宁写《诽谤者大合唱中的正直呼声》一文,回答《小报》上登载的一群士兵告全体士兵同志书,建议调查俄国政治流亡者取道德国回国的情况。

列宁指出:"这是从造谣诬蔑、肮脏诽谤、鼓吹大暴行的逆流中冲出来的正直呼声。的确，每一个公民都有权利**而且有义务**要求调查任何一件有社会意义的事实。

这是正直的人们(不是大暴行制造者)所采取的正当的办法。"

《列宁全集》中文第 2 版增订版第 29 卷第 233—234 页;《真理报》,彼得格勒,1917 年 4 月 15 日,第 33 号;《小报》,彼得格勒,1917 年 4 月 14 日(27 日),第 85 号。

列宁写《公民们! 应当懂得各国资本家采取的手法是什么!》一文,揭露《言语报》所说的真理派破坏革命俄国团结的谎言:"**一切**国家的资本家大肆造谣,尽情诽谤、辱骂和斥责像德国的卡尔·李卜克内西和俄国的真理派那样的社会党人,说他们是叛徒,因为他们**破坏了**工人同**本国的**资本家、同本国的普列汉诺夫之流、同本国的'中派'分子的'内部团结',**使各国工人**为了停止掠夺性的帝国主义强盗战争,为了使全人类摆脱资本的枷锁而**团结起来**。"

《列宁全集》中文第 2 版增订版第 29 卷第 229—231 页;《真理报》,彼得格勒,1917 年 4 月 15 日,第 33 号;《言语报》,彼得格勒,1917 年 4 月 14 日(27 日),第 86 号。

列宁写《是地主和农民的"自愿协议"吗?》一文,说明临时政府把土地问题推迟到立宪会议召开时解决是一项反农民的土地政策。列宁指出:"一个地主有 2 000 俄亩土地,而**300 个农户也只有 2 000 俄亩**土地。俄国的情况大体上就是这样。300 个农民必须等待**一个地主的'自愿'同意!!**

士兵同志们,这对吗?"

《列宁全集》中文第 2 版增订版第 29 卷第 232 页;《真理报》,彼得格勒,1917 年 4 月 15 日,第 33 号;《日报》,彼得格勒,1917 年 4 月 14 日,第 33 号。

列宁编辑《真理报》第 33 号。

《列宁全集》俄文第 5 版第 31 卷第 496 页;《真理报》,彼得格勒,1917 年 4 月 15 日,第 33 号。

列宁的《说谎同盟》、《重要的揭露》和《银行和部长》三篇文章在《真理报》第 32 号上发表。

《列宁全集》中文第 2 版增订版第 29 卷第 218—221、222—223、224 页;《真理报》,彼得格勒,1917 年 4 月 14 日,第 32 号。

列宁 4 月 10 日(23 日)在伊兹迈洛夫团的大会上对士兵的讲话(非全文)转载于《赫尔辛福斯市斯维亚堡港的赫尔辛福斯陆军、海军和工人代表苏维埃消息报》第 25 号和《斗争报》(彼得格勒)第 29 号。

《列宁全集》中文第 2 版增订版第 29 卷第 186—188 页;《赫尔辛福斯市斯维亚堡港的赫尔辛福斯陆军、海军和工人代表苏维埃消息报》,1917 年 4 月 14 日,第 25 号;《斗争报》,彼得格勒,1917 年 4 月 14 日(27 日),第 29 号。

列宁的《战争和临时政府》一文转载于《真理呼声报》(喀琅施塔得)第 25 号。

《列宁全集》中文第 2 版增订版第 29 卷第 212—214 页;《真理呼声报》,喀琅施塔得,1917 年 4 月 14 日,第 25 号。

列宁的报告《我们是怎样回来的》转载于《西伯利亚呼声报》(新尼古拉耶夫斯克)第 77 号。

《列宁全集》中文第 2 版增订版第 29 卷第 119—121 页;《西伯利亚呼声报》,新尼古拉耶夫斯克,1917 年 4 月 14 日,第 77 号。

俄国社会民主工党(布)伊万诺沃-沃兹涅先斯克代表会议向列宁发致敬信,他的《四月提纲》被作为该代表会议决议的基础。

《真理报》,彼得格勒,1917 年 5 月 6 日(4 月 23 日),第 39 号;5 月 16 日(3 日),第 47 号;《苏共伊万诺沃组织简史》,第 1 册,伊万诺沃,1963 年,第 412—414 页。

俄国社会民主工党(布)乌拉尔区域第一次代表会议向"革命

的俄国社会民主党的思想领袖"列宁发致敬信。

《真理报》,彼得格勒,1917 年 5 月 3 日(4 月 20 日),第 36 号;
《乌拉尔真理报》,叶卡捷琳堡,1917 年 4 月 22 日,第 1 号。

鄂木斯克布尔什维克和兰奇胡季布尔什维克小组祝贺列宁返回俄国的贺信刊登在《真理报》第 32 号上。

《真理报》,彼得格勒,1917 年 4 月 14 日,第 32 号。

第 180 预备步兵团(彼得格勒)士兵大会通过决议,向列宁致敬并抗议资产阶级报纸诽谤攻击布尔什维克。

《士兵真理报》,彼得格勒,1917 年 4 月 18 日(5 月 1 日),第 2
号;《俄国社会民主工党(布)中央书记处与地方党组织的通信
集》,第 1 卷,1957 年,第 425—426 页。

《社会民主党人报》(莫斯科)把列宁列入该报撰稿人名单中。

《社会民主党人报》,莫斯科,1917 年 4 月 14 日,第 30 号。

4 月 14 日和 20 日(4 月 27 日和 5 月 3 日)之间

列宁就卡纳维诺的一篇关于该地区各工厂建立由厂方付给报酬的工人民兵的通讯写《论无产阶级民兵》一文,说明建立工人民兵具有重大意义:"如果这一措施不成为普遍的措施,不贯彻到底,不在全国范围内实行,那么革命就得不到保障,革命的成果就保不住,革命的进一步发展就**不可能**。"

《列宁全集》中文第 2 版增订版第 29 卷第 285—288 页;《真理
报》,彼得格勒,1917 年 4 月 14 日,第 32 号;5 月 3 日(4 月 20
日),第 36 号。

4 月 14 日和 22 日(4 月 27 日和 5 月 5 日)之间

列宁写《盛加略夫的建议或命令和一个地方工兵代表苏维埃的建议》一文,赞同阿克尔曼工兵代表苏维埃提出的关于把地主的闲置土地交给农民耕种的建议,指出阿克尔曼苏维埃了解当地情况,了解租价昂贵,因而从实际出发,认为播种面积无论如何要尽量扩大。文章反驳了临时政府部长安·伊·盛加略夫劝告农民同地主达成自愿协议和等待立宪会议召开时解决土地问题的声明。列宁写道:"盛加略夫坐在彼得格勒说三道四,感到很自在。他以资本家政府的名义'保护'地主,感到很自在。

　　但是各地农民的处境怎样呢? 阿克尔曼工兵代表苏维埃说'不可能达成自愿协议',它对情况的估计不是更正确吗?"

> 《列宁全集》中文第 2 版增订版第 29 卷第 317—318 页;《真理报》,彼得格勒,1917 年 5 月 5 日(4 月 22 日),第 38 号;《戈比报》,彼得格勒,1917 年 4 月 14 日(27 日)①,第 3131 号。

4 月,15 日(28 日)以前

　　列宁写《士兵和土地》一文,向士兵通俗地讲述布尔什维克的土地纲领,号召他们帮助农民团结在工人周围,帮助农民按照城市工兵代表苏维埃的式样普遍建立农民和雇农代表苏维埃。列宁指出:"农民、士兵和工人在全国占绝大多数。这个多数**希望**立刻把全部土地转交给农民代表苏维埃。只要他们很好地组织起来(团结起来,联合起来),只要他们有觉悟,只要他们武装起来,那么谁也阻挡不住他们。"

> 《列宁全集》中文第 2 版增订版第 29 卷第 264—265 页;《士兵真理报》,彼得格勒,1917 年 4 月 15 日,第 1 号。

4 月 15 日(28 日)

　　列宁出席在女子医学院(阿尔希耶雷斯卡亚街(现列夫·托尔斯泰街)6 号)大楼内举行的俄国社会民主工党(布)彼得格勒第一次全市代表会议第 2 次会议,两次发言捍卫自己起草的关于对临时政府的态度的决议草案。针对列·波·加米涅夫对决议草案提

---

　　①　报上是:4 月 14 日(26 日)。——俄文编者注

出的修正案,列宁指出,由于建议对临时政府实行监督,"加米涅夫……转到齐赫泽和斯切克洛夫的政策上去了……　不掌握政权就无法进行监督。用决议等等来监督,完全是胡说"。

代表会议通过列宁的《关于对临时政府的态度的决议》草案。

> 《列宁全集》中文第 2 版增订版第 29 卷第 247—248、249—250 页;《俄国社会民主工党(布)第七次全国代表会议(四月代表会议)。俄国社会民主工党(布)彼得格勒全市代表会议。记录》,1958 年,第 34—37 页;《列宁在彼得堡》,第 3 版,1957 年,第 143—144 页。

列宁在米哈伊洛夫练马场(练马场广场 6 号)[①]举行的装甲营士兵大会上发表演说,讲述取道德国返回俄国的情况,揭露临时政府的帝国主义政策,详细解释了战争的原因和目的、工兵代表苏维埃的作用和意义。列宁说:"必须给予支持和帮助的不是临时政府,而是唯一合法的政府——工兵代表苏维埃,因为只有这个政府才代表人民的利益。"

列宁结束演说后回答了问题。

> 《列宁全集》中文第 2 版增订版第 29 卷第 266—267 页;苏共中央马列主义研究院中央党务档案馆,第 4 号全宗,第 2 号目录,第 599 号案卷,第 4—9 张;《伟大十月社会主义革命(回忆录集)》,1957 年,第 32—35 页;《列宁在彼得堡》,第 3 版,1957 年,第 146 页。

列宁写《农民代表大会》一文,谈刚开始举行的各农民组织和农民代表苏维埃的代表会议。列宁在解释布尔什维克关于土地问题的纲领时指出,仅仅把土地交给农民还解决不了农民群众的福利问题:"……必须**考虑**如何向公共经营的大农场过渡,

---

①　此处楼房墙壁上设有一块纪念牌,上面写着:"1917 年 4 月 15 日弗拉基米尔·伊里奇·列宁在这里即原练马场举行的装甲营士兵大会上发表演说……"——俄文编者注

必须立刻着手来实行这种过渡,教导群众**并向群众学习**用些什么切实可行的办法来实现这种过渡。"文章阐明了关于国家制度的问题:不让官吏的无限权力恢复,不让警察恢复,用普遍的人民武装、有妇女参加的全民的民兵代替军队,教导人民学会管理国家的艺术。

《列宁全集》中文第 2 版增订版第 29 卷第 268—271 页;《真理报》,彼得格勒,1917 年 4 月 16 日,第 34 号;《人民事业报》,彼得格勒,1917 年 4 月 15 日,第 25 号。

由于各报登载了由帕·波·阿克雪里罗得、安·伊·巴拉巴诺娃、费·雅·柯恩、阿·瓦·卢那察尔斯基、尔·马尔托夫、马·安·纳坦松等署名的两份电报,电报说,取道英国回俄国是绝对不可能的,并提出用"拘留在俄国的**德国**非军事人员"交换政治流亡者的建议,列宁写《关于侨民回国》一文。

《列宁全集》中文第 2 版增订版第 29 卷第 272 页;《真理报》,彼得格勒,1917 年 4 月 16 日,第 34 号;《工人报》,彼得格勒,1917 年 4 月 15 日,第 32 号。

列宁作为工人读物出版公司的创办人之一同公司其他成员一起签署一份委托彼·伊·斯图契卡管理公司全部事务的委托书。

苏共中央马列主义研究院中央党务档案馆,第 2 号全宗,第 1 号目录,第 4547 号案卷,第 1 张—第 1 张背面;《真理报》,莫斯科,1937 年 5 月 5 日,第 122 号。

列宁以俄国社会民主工党(布)中央委员的身份为叶·德·斯塔索娃签署证明她是党员的证明书。

苏共中央马列主义研究院中央党务档案馆,第 4 号全宗,第 3 号目录,第 41 号案卷,第 76 张。

列宁编辑《真理报》第 34 号。

《列宁全集》俄文第 5 版第 31 卷第 496 页;《真理报》,彼得格勒,1917 年 4 月 16 日,第 34 号。

列宁的文章《公民们！应当懂得各国资本家采取的手法是什么!》、《是地主和农民的"自愿协议"吗?》、《诽谤者大合唱中的正直呼声》和《反对大暴行制造者(告彼得格勒工人、士兵和全体居民书)》(署名俄国社会民主工党(布)中央委员会和彼得堡委员会)在《真理报》第 33 号上发表。

> 《列宁全集》中文第 2 版增订版第 29 卷第 225—228、229—231、232、233—234 页;《真理报》,彼得格勒,1917 年 4 月 15 日,第 33 号。

列宁的《士兵和土地》一文在《士兵真理报》(彼得格勒)第 1 号上发表。

> 《列宁全集》中文第 2 版增订版第 29 卷第 264—265 页;《士兵真理报》,彼得格勒,1917 年 4 月 15 日,第 1 号。

列宁 4 月 10 日(23 日)在伊兹迈洛夫团的大会上对士兵的讲话转载于《士兵真理报》(彼得格勒)第 1 号。

> 《列宁全集》中文第 2 版增订版第 29 卷第 186—188 页;《士兵真理报》,彼得格勒,1917 年 4 月 15 日,第 1 号。

列宁的报告《我们是怎样回来的》转载于《浪潮报》(赫尔辛福斯)第 14 号和《克拉斯诺亚尔斯克工人报》第 26 号。

> 《列宁全集》中文第 2 版增订版第 29 卷第 119—121 页;《浪潮报》,赫尔辛福斯,1917 年 4 月 15 日,第 14 号;《克拉斯诺亚尔斯克工人报》,1917 年 4 月 15 日,第 26 号。

列宁的《论两个政权》一文转载于《光线报》(塔林,爱沙尼亚文报纸)第 18 号和《无产者报》(哈尔科夫)第 20 号。《无产者报》编辑部在文章前加了如下按语:"鉴于列宁同志所谈的问题极其重要,极其复杂,编辑部认为有必要把刊登在《真理报》上的革命的社会民主党领袖的文章予以转载。我们认为今后有必要再刊载列宁同志的一些文章,以便使工人同志尽可能广泛地了解他的论点、思想和观点,而不去听信资产阶级报刊对他的攻击诬蔑。"

《列宁全集》中文第 2 版增订版第 29 卷第 131—134 页;《无产者报》,哈尔科夫,1917 年 4 月 15 日,第 20 号;《光线报》,塔林,1917 年 4 月 15 日(28 日),第 18 号。

俄国社会民主工党(布)基辅组织全体大会讨论列宁的《四月提纲》。大会否决了基辅委员会 4 月 14 日(27 日)的同列宁的提纲背道而驰的决议,决定在《社会民主党人呼声报》上发表提纲并在近期召开专门会议详细讨论提纲。

《伟大十月社会主义革命准备和进行时期的乌克兰布尔什维克组织(文件和资料集)》,基辅,1957 年,第 249 页;《乌克兰共产党简史》(第 3 版),基辅,1972 年,第 171 页;《苏共党史》,第 3 卷,第 1 册,1967 年,第 62 页。

俄国社会民主工党(布)莫斯科第二次全市代表会议发致敬电给列宁。代表会议表示希望在莫斯科见到列宁,同他一起商讨当前斗争的问题。

《社会民主党人报》,莫斯科,1917 年 4 月 20 日(5 月 3 日),第 35 号;《十月革命在莫斯科的准备和胜利(文件和资料)》,1957 年,第 77 页。

4 月 15 日—17 日(28 日—30 日)

俄国社会民主工党(布)西南边疆区专区会议听取马·亚·萨韦利耶夫关于列宁《四月提纲》的报告。

《伟大十月社会主义革命在乌克兰的准备(文件和资料集)》,基辅,1955 年,第 185—186、818 页;《乌克兰共产党简史》(第 3 版),基辅,1972 年,第 171—172 页。

不早于 4 月 15 日(28 日)—不晚于 4 月 28 日(5 月 11 日)

列宁阅读《交易所新闻》上刊登的针对他的《银行和部长》一文的文章《博学者和伪善者》。列宁写《惊慌不安》一文,指出《交易所新闻》对要求监督银行感到极度惊慌不安,强调人民有权利知道,究竟谁是银行这类决定国家全部经济生活、决定战争与和平问题的强大机构的主要老板。

> 《列宁全集》中文第2版增订版第29卷第224、466—467页；《真理报》，彼得格勒，1917年5月12日（4月29日），第44号；《交易所新闻》，彼得格勒，1917年4月15日（28日），第16184号，上午版。

4月，15日（28日）以后

列宁起草并经俄国社会民主工党（布）彼得格勒第一次全市代表会议通过的《反对大暴行制造者（告彼得格勒工人、士兵和全体居民书）》印成传单，署名俄国社会民主工党（布）中央委员会和彼得堡委员会。

> 《列宁全集》中文第2版增订版第29卷第225—228页；弗·伊·列宁：《反对大暴行制造者！（告彼得格勒工人、士兵和全体居民书）》〔传单〕，未注明出版地点，〔1917年〕，1页，（俄国社会民主工党），未注明作者；《苏共在两个政权并存时期为社会主义革命胜利而斗争（文件集）》，1957年，第55—57页。

4月中

俄国社会民主工党基涅什马委员会会议讨论列宁的《四月提纲》，委员会多数人赞同提纲，并向列宁发致敬信。

> 《苏共科斯特罗马组织简史》，雅罗斯拉夫尔，1967年，第104页。

4月16日（29日）

列宁在克舍辛斯卡娅公馆阳台上向参加俄国社会民主工党（布）彼得堡委员会组织的抗议资产阶级报纸攻击布尔什维克的游行示威的工人、士兵和水兵发表演说。

> 《伟大十月社会主义革命准备和进行过程中的波罗的海水兵》，1957年，第57页；《在革命战斗的烈焰中（1917年两次革命中的彼得格勒各区。回忆录集）》，1967年，第79页；《为争取十月革命胜利而斗争的水兵》，莫斯科，1958年，第353—354页。

ПРОЕКТЪ РЕЗОЛЮЦІИ о войнѣ, предложенный +

I.

Современная война со стороны обѣихъ группъ воюющихъ державъ есть
война имперіалистическая, т.е. ведущаяся капиталистами изъ за раздѣ-
ла міра, изъ за дѣлежа добычи капиталистовъ, изъ за выгодныхъ
рынковъ финансоваго банковаго капитала, изъ за удушенія слабыхъ народ-
ностей.

Переходъ государственной власти въ Россіи от Николая II къ прави-
тельству Гучкова, Львова и др. къ правительству помѣщиковъ и капитали-
стовъ не измѣнилъ и не могъ измѣнить такого классоваго характера и зна-
ченія войны со стороны Россіи.

Особенно наглядно обнаружился тотъ фактъ, что новое правительство
ведетъ ту же такую же имперіалистическую, т.е. захватную, разбойничью
войну въ слѣдующемъ обстоятельствѣ: новое правительство не только не
опубликовало тайныхъ договоровъ, заключенныхъ бывшимъ царемъ, Николаемъ
II, съ капиталистическими правительствами Англіи, Франціи и т.д., но и
формально подтвердило эти договоры. Сдѣлано это было безъ опроса воли
народа и съ явной цѣлью обмануть его, ибо общеизвѣстно, что эти тайные
договоры бывшаго царя насквозь разбойничьи договоры обѣщающіе русскимъ
капиталистамъ ограбленіе Китая, Персіи, Турціи, Австріи и т.д.

Поэтому пролетарская партія, не разрывая совершенно съ интернаціона-
лизмомъ, т.е. съ братской солидарностью рабочихъ всѣхъ странъ въ борьбѣ
противъ ига капитала, никакъ не можетъ поддерживать ни теперешней войны
ни теперешняго правительства, ни его займовъ, какими бы пышными словами
эти займы ни назывались.

Никакого довѣрія не заслуживаютъ обѣщанія нынѣшняго правитель-
ства отказаться отъ аннексій т.е. отъ завоеванія чужихъ странъ или отъ
насильственнаго удержанія въ предѣлахъ Россіи какихъ либо народностей.
Ибо, во 1-ыхъ, капиталисты, переплетенные тысячами нитей банковаго капи-
тала русскаго и англо-французскаго, отстаивающіе интересы капитала, не
могутъ отказаться отъ аннексій въ данной войнѣ, не переставая быть ка-
питалистами, не отказавшись отъ прибыли на милліарды, вложенные въ зай-
мы, въ концессіи, въ военныя предпріятія и т.д. Во 2-ыхъ, новое правитель-
ство, отказавшись отъ аннексій для обмана народа, заявило устами Милюко-
ва 9 апр. 1917 года въ Москвѣ, что оно отъ аннексій не отказывается. Въ
3-хъ, какъ разоблачило "Дѣло Народа", газета, въ коей участвуетъ министръ
Керенскій, Милюковъ даже не переслалъ за границу своего заявленія объ
отказѣ отъ аннексій.

Предостерегая народъ противъ пустыхъ посуловъ капиталистовъ, конфе-
ренція заявляетъ поэтому, что надо строго отличать отказъ отъ аннексій
на словахъ отказъ отъ аннексій на дѣлѣ, т.е. немедленное опубликованіе
всѣхъ тайныхъ, грабительскихъ договоровъ, всѣхъ актовъ внѣшней политики
и немедленный приступъ къ самому полному освобожденію всѣхъ народностей
которыя угнетаетъ или насильно привязываетъ къ Россіи или держитъ въ не-
полноправномъ положеніи классъ капиталистовъ, продолжая позорящую нашъ

1917年4月16日（29日）列宁修改的《关于战争的决议草案》第1页

列宁修改《关于战争的决议草案》,并把它提交俄国社会民主工党(布)彼得格勒第一次全市代表会议选出的委员会讨论。

《列宁全集》中文第 2 版增订版第 29 卷第 257、258—263 页、第 260 页和第 261 页之间;苏共中央马列主义研究院中央党务档案馆,第 2 号全宗,第 1 号目录,第 4548 号案卷,第 1—4 张。

列宁在俄国社会民主工党(布)中央委员会所在地同彼得格勒苏维埃成员、布尔什维克 B.B.特扎斯科夫斯基谈关于立宪民主党在奇尼泽利马戏院组织的群众大会和残疾人游行示威的问题。

《回忆弗·伊·列宁》,1963 年,第 271—272 页。

列宁的《农民代表大会》和《关于侨民回国》两篇文章在《真理报》第 34 号上发表。

《列宁全集》中文第 2 版增订版第 29 卷第 268—271、272 页;《真理报》,彼得格勒,1917 年 4 月 16 日,第 34 号。

列宁的《四月提纲》转载于《克拉斯诺亚尔斯克工人报》第 27 号。

《列宁全集》中文第 2 版增订版第 29 卷第 113—118 页;《克拉斯诺亚尔斯克工人报》,1917 年 4 月 16 日,第 27 号。

列宁 4 月 10 日(23 日)在伊兹迈洛夫团的大会上对士兵的讲话转载于《浪潮报》(赫尔辛福斯)第 15 号。

《列宁全集》中文第 2 版增订版第 29 卷第 186—188 页;《浪潮报》,赫尔辛福斯,1917 年 4 月 16 日,第 15 号。

列宁写的《反对大暴行制造者(告彼得格勒工人、士兵和全体居民书)》转载于《真理呼声报》(喀琅施塔得)第 27 号。

《列宁全集》中文第 2 版增订版第 29 卷第 225—228 页;《真理呼声报》,喀琅施塔得,1917 年 4 月 16 日,第 27 号。

列宁的《两个世界》和《路易·勃朗主义》两篇文章转载于《工人报》(喀山)第 6 号。

《列宁全集》中文第 2 版增订版第 29 卷第 125—126、127—130 页;《工人报》,喀山,1917 年 4 月 16 日,第 6 号。

俄国社会民主工党(布)彼得格勒市彼得格勒区委员会会议通过决议,坚决抗议资产阶级报刊攻击列宁。决议号召工人宣布抵制一切资产阶级报刊和《俄罗斯意志报》印刷所印刷的刊物。

苏共列宁格勒州委党史研究院党务档案馆,第 6 号全宗,第 1 号目录,第 1 号案卷,第 7—8 张;《红色史料》杂志,列宁格勒,1932 年,第 5—6 期合刊,第 217 页。

俄国社会民主工党(布)彼得格勒第二戈罗德区委员会会议通过决议,抗议对列宁和《真理报》的诽谤攻击。

《1917 年彼得格勒的布尔什维克(彼得格勒革命大事记)》,第 2 版,1957 年,第 133 页。

在塔夫利达宫旁举行的喀琅施塔得卫戍部队、第 180 预备步兵团、装甲车修配厂的水兵和士兵代表和制管厂工人代表举行的四千人大会通过决议,抗议资产阶级报刊对列宁的无耻攻击。与会者声明,攻击"列宁同志就是对我们誓死保卫的自由的一种侵犯"。

《士兵真理报》,彼得格勒,1917 年 4 月 20 日,第 3 号。

彼得格勒邮政总局职工三千人大会通过决议,表示向列宁致敬,并抗议资产阶级报刊对他的攻击。

《真理报》,彼得格勒,1917 年 5 月 4 日(4 月 21 日),第 37 号。

北方面军第六后方汽车修配厂士兵大会通过给列宁、《真理报》和《士兵真理报》的致敬信,士兵们决定抵制资产阶级的《言语报》、《俄罗斯意志报》等报。

《士兵真理报》,彼得格勒,1917 年 5 月 4 日(4 月 21 日),第 4 号。

莫斯科戈罗德区全体布尔什维克大会、俄国社会民主工党(布)莫斯科河南岸区代表会议及糖果糕点业工会理事会给列宁的致敬信在《社会民主党人报》(莫斯科)第 32 号上发表。

《社会民主党人报》,莫斯科,1917 年 4 月 16 日,第 32 号;《真理报》,彼得格勒,1917 年 5 月 3 日(4 月 20 日),第 36 号。

4 月 16 日和 17 日(29 日和 30 日)

列宁编辑《真理报》第 35 号。

《列宁全集》俄文第 5 版第 31 卷第 496 页;《真理报》,彼得格勒,1917 年 4 月 16 日,第 34 号;5 月 1 日(4 月 18 日),第 35 号。

在雷瓦尔举行的俄国社会民主工党(布)北方—波罗的海沿岸区域第一次代表会议讨论并赞同列宁的《四月提纲》。其通过的决议中写道:"代表会议……讨论了列宁同志的《四月提纲》,认为该提纲完全以科学社会主义为根据,并且向已公开踏上社会革命道路的俄国革命无产阶级先进战士列宁同志致敬。"代表会议决定发致敬电给列宁。

《真理报》,彼得格勒,1917 年 5 月 6 日(4 月 23 日),第 39 号;《士兵真理报》,彼得格勒,1917 年 5 月 19 日(6 日),第 16 号;《苏共在两个政权并存时期为社会主义革命胜利而斗争(文件集)》,1957 年,第 227 页;《爱沙尼亚共产党简史》,第 1 册,塔林,1961 年,第 241—242 页。

不早于 4 月 16 日(29 日)—不晚于 4 月 20 日(5 月 3 日)

列宁针对社会革命党领袖维·米·切尔诺夫的所谓以列宁为首的一批政治流亡者取道英国较之取道德国更恰当这一谬论,写《维·切尔诺夫公民的逻辑》一文,证明取道英国是绝对不可能的,尔·马尔托夫、马·安·纳坦松及其他侨民在给彼得格勒苏维埃的电报中也承认了这一点。

列宁写道:"二者必居其一:或者维·切尔诺夫是一个用空话否认**事实**的怪人,或者他被市侩沙文主义的谣言和诽谤吓得昏头昏脑了。"

《列宁全集》中文第 2 版增订版第 29 卷第 305—306 页;《真理报》,彼得格勒,1917 年 5 月 4 日(4 月 21 日),第 37 号;《人民事业报》,彼得格勒,1917 年 4 月 16 日,第 26 号。

4 月 17 日(30 日)

列宁写《我们的观点。答士兵代表苏维埃执行委员会的决议》一文,回答所谓布尔什维克的宣传"同来自右面的任何反革命宣传一样有害"这种说法。文章指出,来自右面的反革命宣传的目的是想恢复君主制,赞成临时政府的宣传就是主张建立资本家专制的宣传,而布尔什维克的宣传的目的则是"使大多数人民相信,政权只应当归工兵等等代表苏维埃"。列宁阐述了布尔什维克对俄国社会生活中最重要的三个问题即土地问题、政权问题、战争问题的观点。

《列宁全集》中文第 2 版增订版第 29 卷第 273、277—281 页;《真理报》,彼得格勒,1917 年 5 月 1 日(4 月 18 日),第 35 号。

列宁出席在塔夫利达宫举行的彼得格勒工兵代表苏维埃士兵部会议,获准作议程以外的发言。列宁在发言中批判地分析了士兵部执行委员会通过的严重歪曲布尔什维克党在土地问题、国家制度问题和战争问题上的观点的决议。

列宁的发言被会议主席打断。出席会议的士兵们要求列宁继续发言。主席被迫把问题付诸表决。多数人赞成给列宁延长发言时间。于是他在暴风雨般的掌声中结束了自己的发言。列宁发言后在塔夫利达宫的一个房间里回答了士兵们提出的许多问题。

《列宁全集》中文第 2 版增订版第 29 卷第 273—276 页;《士兵真理报》,彼得格勒,1917 年 5 月 6 日(4 月 23 日),第 5 号;《列宁在十月(回忆录)》,1957 年,第 99—101 页。

列宁同芬兰社会民主党领导人之一、议会议员卡·维克谈话。列宁说芬兰争取独立的运动由于临时政府的对抗而日益高涨,问在芬兰社会民主党内机会主义者是否拥有多数,能不能经过托尔尼奥建立通讯。列宁请卡·维克在动身去斯德哥尔摩参加齐美尔瓦尔德第三次代表会议之前到彼得格勒来一趟。维克次日在赫尔辛福斯"五一"群众大会上的讲话中谈到了这次同列宁的会见。

苏共中央马列主义研究院中央党务档案馆,第 4 号全宗,第 1 号目录,第 113 号案卷,第 30 张;Ю. Ф. 达什科夫:《列宁在斯堪的纳维亚到过的地方。记者寻访》,莫斯科,1971 年,第 172 页。

列宁的《战争和临时政府》一文用爱沙尼亚文转载于《光线报》(塔林)第 19 号。

《列宁全集》中文第 2 版增订版第 29 卷第 212—214 页;《光线报》,塔林,1917 年 4 月 17 日(30 日),第 19 号。

列宁的报告《我们是怎样回来的》(以《他们是怎样回来的》为题)转载于《西伯利亚真理报》(克拉斯诺亚尔斯克)第 2 号。

《列宁全集》中文第 2 版增订版第 29 卷第 119—121 页;《西伯利亚真理报》,克拉斯诺亚尔斯克,1917 年 4 月 17 日,第 2 号。

俄国社会民主工党(布)莫斯科郊区第一次代表会议通过给列宁的致敬信。

《社会民主党人报》,莫斯科,1917 年 4 月 18 日(5 月 1 日),第 34 号;5 月 10 日(4 月 27 日),第 41 号。

莫斯科印刷工会理事会会议通过给列宁的致敬信,并抗议资产阶级报刊对他的攻击。

《社会民主党人报》,莫斯科,1917 年 5 月 5 日(4 月 22 日),第 37 号。

在彼得格勒加列拉岛举行的工人、士兵和水兵一千五百人大会一致通过决议,表示完全信任列宁,并坚决抗议资产阶级报刊对他的攻击。

《真理报》,彼得格勒,1917 年 5 月 3 日(4 月 20 日),第 36 号。

不早于 4 月 17 日(30 日)—不晚于 4 月 19 日(5 月 2 日)

列宁就《金融报》的一篇对小资产阶级政党在"自由公债"问题上动摇不定表示不满的社论写《他们是怎样听任资本家摆布的》一文。列宁强调指出:"银行巨头是些讲实际的人。他们对政治有着清醒的看法:既然你答应支持资本家政府(它正在进行帝国主义战争),那你就得认购公债。

不错! 社会革命党和孟什维克把自己的手脚束缚了起来,乖乖地投降了资本家。"

《列宁全集》中文第 2 版增订版第 29 卷第 282—284 页;《真理报》,彼得格勒,1917 年 5 月 3 日(4 月 20 日),第 36 号;《金融报》,彼得格勒,1917 年 4 月 17 日(30 日),第 457 号,晚上版。

4 月 18 日(5 月 1 日)

列宁参加"五一"国际劳动节庆祝活动。

上午,列宁走在维堡区工人"五一"游行队伍最前列。

下午,列宁代表布尔什维克党中央在马尔斯校场和皇宫广场向游行群众发表讲话,说明"五一"节的意义和俄国革命的任务。

晚上,列宁在奥赫塔火药厂(火药厂,野营旷地)的"五一"集会上向工人发表演说,参加集会的还有士兵和水兵。

《士兵真理报》,彼得格勒,1917 年 4 月 20 日,第 3 号;《交易所新闻》,彼得格勒,1917 年 4 月 19 日(5 月 2 日),第 16191 号,晚上版;《回忆弗·伊·列宁》,第 1 卷,1968 年,第 461—462 页;《我们同弗·伊·列宁见面》,列宁格勒,1967 年,第 27—

29 页;《列宁——十月革命的领袖(彼得格勒工人回忆录)》,1957 年,第 93—94 页;《列宁在彼得堡》,第 3 版,1957 年,第 147 页。

列宁的《我们的观点。答士兵代表苏维埃执行委员会的决议》一文和列宁起草并经俄国社会民主工党(布)彼得格勒第一次全市代表会议通过的《关于对临时政府的态度的决议》在《真理报》第 35 号上发表。

《列宁全集》中文第 2 版增订版第 29 卷第 249—250、277—281 页;《真理报》,彼得格勒,1917 年 5 月 1 日(4 月 18 日),第 35 号;《俄国社会民主工党(布)第七次全国代表会议(四月代表会议)。俄国社会民主工党(布)彼得格勒全市代表会议。记录》,1958 年,第 27、36—37 页。

列宁 4 月 15 日(28 日)在米哈伊洛夫练马场举行的装甲营士兵大会上发表的演说(报道)在《士兵真理报》(彼得格勒)第 2 号上发表。

《列宁全集》中文第 2 版增订版第 29 卷第 266—267 页;《士兵真理报》,彼得格勒,1917 年 4 月 18 日(5 月 1 日),第 2 号。

列宁 4 月 17 日(30 日)在彼得格勒工兵代表苏维埃士兵部会议上关于士兵代表苏维埃执行委员会的决议的发言(报道)和对问题的回答在《统一报》(彼得格勒)第 17 号上发表。

《列宁全集》中文第 2 版增订版第 29 卷第 273—276 页;《统一报》,彼得格勒,1917 年 4 月 18 日,第 17 号。

列宁写的《给瑞士工人的告别信》发表在《青年国际》杂志第 8 号上。

《列宁全集》中文第 2 版增订版第 29 卷第 84—93 页;《青年国际》杂志,苏黎世,1917 年 5 月 1 日,第 8 号。

列宁写的《给瑞士工人的告别信》以传单形式在瑞士各城市参加"五一"游行的群众中散发。

《列宁全集》中文第 2 版增订版第 29 卷第 84—93 页；苏共中央马列主义研究院中央党务档案馆，第 584 号全宗，第 5439 号归档文书；《共青团真理报》，莫斯科，1970 年 1 月 16 日，第 12 号。

列宁的《四月提纲》转载于《工人报》(喀山)第 7 号。

《列宁全集》中文第 2 版增订版第 29 卷第 113—118 页；《工人报》，喀山，1917 年 5 月 1 日(4 月 18 日)，第 7 号。

列宁的《四月提纲》和《银行和部长》一文以及 4 月 10 日(23 日)在伊兹迈洛夫团的大会上对士兵的讲话用爱沙尼亚文转载于《光线报》(塔林)第 20 号。

《列宁全集》中文第 2 版增订版第 29 卷第 113—118、186—188、224 页；《光线报》，塔林，1917 年 4 月 18 日(5 月 1 日)，第 20 号。

列宁的报告《我们是怎样回来的》转载于《明星报》(叶卡捷琳诺斯拉夫)第 3 号。

《列宁全集》中文第 2 版增订版第 29 卷第 119—121 页；《明星报》，叶卡捷琳诺斯拉夫，1917 年 4 月 18 日(5 月 1 日)，第 3 号。

列宁写的《反对大暴行制造者(告彼得格勒工人、士兵和全体居民书)》转载于《士兵真理报》(彼得格勒)第 2 号和《浪潮报》(赫尔辛福斯)第 16 号。

《列宁全集》中文第 2 版增订版第 29 卷第 225—228 页；《士兵真理报》，彼得格勒，1917 年 4 月 18 日(5 月 1 日)，第 2 号；《浪潮报》，赫尔辛福斯，1917 年 4 月 18 日，第 16 号。

在马尔斯校场举行的"五一"游行结束后，缝纫工会(彼得格勒)的会员前往克舍辛斯卡娅公馆向列宁致敬。

《真理报》，彼得格勒，1917 年 5 月 3 日(4 月 20 日)，第 36 号。

俄国社会民主工党(布)伊万诺沃-沃兹涅先斯克代表会议给列宁的致敬信刊登在《社会民主党人报》(莫斯科)第 34 号上。

《社会民主党人报》,莫斯科,1917 年 4 月 18 日(5 月 1 日),第 34 号。

莫斯科"列诺梅"糖果糕点厂工人给列宁的致敬信刊登在《社会民主党人报》(莫斯科)第 34 号上。

《社会民主党人报》,莫斯科,1917 年 4 月 18 日(5 月 1 日),第 34 号。

在民众文化馆举行的梅季希(莫斯科省)工人"五一"集会发电报向列宁致敬。

《真理报》,彼得格勒,1917 年 5 月 5 日(4 月 22 日),第 38 号;《社会民主党人报》,莫斯科,1917 年 5 月 3 日(4 月 20 日),第 35 号。

《真理呼声报》(喀琅施塔得)编辑部给列宁的致敬信刊登在《士兵真理报》(彼得格勒)第 2 号上。

《士兵真理报》,彼得格勒,1917 年 4 月 18 日(5 月 1 日),第 2 号。

莫斯科列福尔托沃区劳动者"五一"集会参加者向列宁发致敬信。集会通过的决议中说:"让我们对您的致敬成为对您的反对者的抗议!"

《社会民主党人报》,莫斯科,1917 年 5 月 3 日(4 月 20 日),第 35 号;《十月革命在莫斯科的准备和胜利(文件和资料)》,1957 年,第 78 页。

基辅铁路修配总厂工人"五一"集会通过决议,对资产阶级报刊攻击列宁深表愤怒。

《社会民主党人呼声报》,基辅,1917 年 5 月 11 日,第 23 号。

4 月 18 日和 19 日(5 月 1 日和 2 日)

列宁编辑《真理报》第 36 号。

《列宁全集》俄文第 5 版第 31 卷第 496 页;《真理报》,彼得格勒,1917 年 5 月 1 日(4 月 18 日),第 35 号;5 月 3 日(4 月 20 日),第 36 号。

4月19日（5月2日）

列宁出席俄国社会民主工党（布）中央委员会会议，会议听取芬兰社会民主党请求在其反对临时政府、争取芬兰自治的斗争中给予援助的呼吁书。在讨论这个问题时，列宁三次发言，建议通过关于广泛援助和支持芬兰社会民主党人的决议，主张在报刊上阐明这个问题。

> 《1917年4月的俄国革命运动——四月危机》，1958年，第107—109页。

列宁就临时政府4月18日（5月1日）致各盟国的照会（米留可夫的照会）写《破产了吧?》一文，说明社会革命党和孟什维克联盟的妥协政策已经破产，文章中说："在照会中临时政府直接声明俄国将作战到底，俄国将仍然忠实地履行对盟国的义务。

这份照会像一颗炸弹那样爆炸了。

执行委员会的多数，齐赫泽、策列铁里等人完全不知所措了。整个谋求'协议'的政策显然破产了，比我们所预料的要快得多。"

> 《列宁全集》中文第2版增订版第29卷第289页；《真理报》，彼得格勒，1917年5月3日（4月20日），第36号；《俄国社会民主工党（布）第七次全国代表会议（四月代表会议）。俄国社会民主工党（布）彼得格勒全市代表会议。记录》，1958年，第41—44页。

俄国社会民主工党（布）莫斯科区域第一次代表会议向列宁发致敬信。

> 《社会民主党人报》，莫斯科，1917年5月13日（4月30日），第44号；《无产阶级革命》杂志，莫斯科—列宁格勒，1929年，第10期，第142—143页。

彼得格勒总工会通过决议，抗议资产阶级报纸诽谤中伤列宁，并号召全体工会会员抵制下列资产阶级报纸:《俄罗斯意志报》、《晚间报》、《言语报》、《小报》等。

> 《彼得格勒工会理事会 1917 年的会议记录》,1927 年,第 14—15 页;《在革命战斗的烈焰中(1917 年两次革命中的彼得格勒各区。回忆录集)》,1967 年,第 472 页。

预备电工营第 3 爆破连士兵集会通过决议,向列宁、《真理报》和《士兵真理报》致以热烈的敬礼。决议中说,资本家攻击列宁,"又想以此扰乱我们的钢铁队伍,但是,吸血鬼们,要知道你们的企图是不会得逞的"。

> 《士兵真理报》,彼得格勒,1917 年 5 月 4 日(4 月 21 日),第 4 号。

4 月 19 日—20 日(5 月 2 日—3 日)

列宁写《普列汉诺夫先生的未能得逞的脱身计》一文,揭露格·瓦·普列汉诺夫进行系统的反布尔什维克、反《真理报》的制造大暴行的宣传。列宁写道:"有过一个时期普列汉诺夫先生是社会党人,现在他已经堕落到《俄罗斯意志报》的水平了。"

> 《列宁全集》中文第 2 版增订版第 29 卷第 307—308 页;《真理报》,彼得格勒,1917 年 5 月 1 日(4 月 18 日),第 35 号;5 月 4 日(4 月 21 日),第 37 号。

4 月 19 日—22 日(5 月 2 日—5 日)

拉脱维亚边疆区社会民主党和俄国社会民主工党(布)拉脱维亚小组第十三次代表会议(莫斯科)把列宁的《四月提纲》作为代表会议的决议的基础。代表会议向列宁发致敬信。

> 《真理报》,彼得格勒,1917 年 5 月 12 日(4 月 29 日),第 44 号;《1917 年十月革命中的拉脱维亚共产党(文件和资料)》,里加,1963 年,第 66—78、89 页;《拉脱维亚共产党简史》,第 1 册,里加,1962 年,第 333—334、336 页。

4 月 20 日（5 月 3 日）

列宁上午起草俄国社会民主工党（布）中央委员会关于临时政府 4 月 18 日（5 月 1 日）的照会引起的危机的决议草案，说明临时政府是"一个手脚被英、法、俄三国资本束缚住的彻头彻尾的帝国主义政府"。列宁强调指出，这个政府的成员变动并不能改变它的阶级实质："革命无产阶级和革命士兵一起，通过工兵代表苏维埃，在人民大多数的支持下把全部国家政权拿到自己手里，才能建立一个为各国工人信任的、能用真正民主的和约来迅速结束战争的政府。"

《列宁全集》中文第 2 版增订版第 29 卷第 290—291 页；《真理报》，彼得格勒，1917 年 5 月 4 日（4 月 21 日），第 37 号；《士兵真理报》，彼得格勒，1917 年 5 月 4 日（4 月 21 日），第 4 号。

列宁写《告各交战国士兵书》，揭露资产阶级政府进行的战争的非正义性和掠夺性，阐明米留可夫照会的帝国主义性质，号召各交战国士兵把和平事业掌握在自己手里。告士兵书是用来散发给前线的俄、德两国士兵的。

《列宁全集》中文第 2 版增订版第 29 卷第 292—294 页；《真理报》，彼得格勒，1917 年 5 月 4 日（4 月 21 日），第 37 号；《士兵真理报》，彼得格勒，1917 年 5 月 4 日（4 月 21 日），第 4 号。

列宁上午参加俄国社会民主工党（布）中央紧急会议，讨论临时政府 4 月 18 日（5 月 1 日）的照会引起的政治危机。中央委员会通过列宁写的《1917 年 4 月 20 日（5 月 3 日）俄国社会民主工党（布）中央委员会关于临时政府 1917 年 4 月 18 日（5 月 1 日）的照会引起的危机的决议》和《告各交战国士兵书》。

《列宁全集》中文第 2 版增订版第 29 卷第 290—291、292—294 页；《真理报》，彼得格勒，1917 年 5 月 4 日（4 月 21 日），第 37 号。

列宁出席在海军学校(尼古拉耶夫沿岸街(现施米特中尉沿岸街)17 号)大厅举行的彼得格勒工兵代表苏维埃紧急会议,专门讨论临时政府 4 月 18 日(5 月 1 日)的照会。针对尼·谢·齐赫泽提出的停止讨论的建议,布尔什维克坚决主张继续开会,并提议选举弗·伊·列宁为会议主席。

《真理报》,彼得格勒,1917 年 5 月 3 日(4 月 20 日),第 36 号;《人民事业报》,彼得格勒,1917 年 4 月 21 日,第 29 号;《弗·伊·列宁在十月革命时期和在苏维埃政权初期》,1970 年,第 20 页。

列宁写《临时政府的照会》一文,戳穿古契柯夫—米留可夫政府对外政策的帝国主义实质;阐明彼得格勒工兵代表苏维埃的社会革命党和孟什维克多数对临时政府表示信任的政策已经破产;指出现实生活已证明俄国社会民主工党(布)彼得格勒第一次全市代表会议 4 月 15 日(28 日)通过的关于对临时政府的态度的决议是正确的。文章最后号召:"工人们,士兵们,现在你们应当大声疾呼:我们要求我国只有一个政权——工兵代表苏维埃。临时政府,一小撮资本家的政府,必须让位给工兵代表苏维埃。"

《列宁全集》中文第 2 版增订版第 29 卷第 295—297 页;《真理报》,彼得格勒,1917 年 5 月 4 日(4 月 21 日),第 37 号;《临时政府通报》,彼得格勒,1917 年 4 月 20 日(5 月 3 日),第 35 号。

列宁写《一个根本问题(转到资产阶级方面去的社会党人是怎样谈论的)》一文,批判格·瓦·普列汉诺夫致"社会主义大学生联合会"的信,信中鼓吹俄国还不存在社会主义革命取得胜利的客观条件。列宁评价说,普列汉诺夫的这种言论,是转到"本国"资产阶级方面去的过时的社会党人最典型的议论。列宁描述了一些实际措施,只要实行这些措施,俄国"**必然会**"向社会主义过渡,"而且这一过渡**一定会实现**"。

> 《列宁全集》中文第 2 版增订版第 29 卷第 298—302 页;《真理报》,彼得格勒,1917 年 5 月 4 日(4 月 21 日),第 37 号。

列宁写《用圣像对付大炮,用空谈对付资本》一文,批评社会革命党人和孟什维克对临时政府 4 月 18 日(5 月 1 日)的照会所采取的政策。

> 《列宁全集》中文第 2 版增订版第 29 卷第 303—304 页;《真理报》,彼得格勒,1917 年 5 月 4 日(4 月 21 日),第 37 号;《人民事业报》,彼得格勒,1917 年 4 月 20 日,第 28 号;《新生活报》,彼得格勒,1917 年 4 月 20 日(5 月 3 日),第 2 号;《工人报》,彼得格勒,1917 年 4 月 20 日,第 35 号。

列宁写信给在莫斯科的伊·费·阿尔曼德,告诉她彼得格勒的情况及资产阶级报刊对布尔什维克的攻击。

> 《列宁全集》中文第 2 版增订版第 47 卷第 596—597 页。

列宁编辑《真理报》第 37 号。

> 《列宁全集》俄文第 5 版第 31 卷第 496 页;《真理报》,彼得格勒,1917 年 5 月 4 日(4 月 21 日),第 37 号。

列宁的《他们是怎样听任资本家摆布的》、《论无产阶级民兵》和《破产了吧?》三篇文章在《真理报》第 36 号上发表。

> 《列宁全集》中文第 2 版增订版第 29 卷第 282—284、285—288、289 页;《真理报》,彼得格勒,1917 年 5 月 3 日(4 月 20 日),第 36 号。

列宁的《四月提纲》转载于《前进报》(乌法)第 22 号。

> 《列宁全集》中文第 2 版增订版第 29 卷第 113—118 页;《前进报》,乌法,1917 年 4 月 20 日,第 22 号。

列宁的《说谎同盟》一文转载于《无产者报》(哈尔科夫)第 22 号和《真理呼声报》(喀琅施塔得)第 29 号。

《列宁全集》中文第 2 版增订版第 29 卷第 218—221 页;《无产者报》,哈尔科夫,1917 年 4 月 20 日,第 22 号;《真理呼声报》,喀琅施塔得,1917 年 5 月 3 日(4 月 20 日),第 29 号。

列宁的报告《我们是怎样回来的》转载于《外贝加尔工人报》(赤塔)第 26 号。

《列宁全集》中文第 2 版增订版第 29 卷第 119—121 页;《外贝加尔工人报》,赤塔,1917 年 4 月 20 日,第 26 号。

俄国社会民主工党(布)莫斯科委员会会议讨论列宁的《四月提纲》。

《苏共党史》,第 3 卷,第 1 册,1967 年,第 61 页;《苏共莫斯科组织简史(1883—1965 年)》,莫斯科,1966 年,第 225—226 页。

俄国社会民主工党(布)莫斯科普列斯尼亚区党员大会讨论并一致赞同列宁的《四月提纲》。

《十月革命在莫斯科》,莫斯科,1967 年,第 68、75—76 页。

俄国社会民主工党(布)喀琅施塔得组织全体大会按列宁《四月提纲》的精神通过决议,并责成其出席第七次全国代表会议的代表支持列宁的提纲。

《真理呼声报》,喀琅施塔得,1917 年 5 月 5 日(4 月 22 日),第 31 号;П.З.西夫科夫:《喀琅施塔得——革命历史的篇章》,1972 年,第 142 页。

察里津党组织大会讨论列宁的《四月提纲》,会上多数人赞同该提纲。

《伏尔加格勒党组织简史》,第 1 册,伏尔加格勒,1966 年,第 120 页。

彼得格勒纳尔瓦区第四分区工兵代表苏维埃通过决议,抗议资产阶级报刊攻击列宁和他的拥护者。

《1917 年 4 月的俄国革命运动——四月危机》,1958 年,第 246 页。

4 月 20 日（5 月 3 日）以后

列宁在彼得格勒出版的小册子《俄国社会民主工党党纲。俄国社会民主工党党章。社会民主党统一派的决议。格·瓦·普列汉诺夫〈我们的策略〉》的封面写上："弗·乌里扬诺夫　1903 年伦敦代表大会"。

苏共中央马列主义研究院中央党务档案馆，第 2 号全宗，第 1 号目录，第 25247 号案卷；《俄国社会民主工党党纲。俄国社会民主工党党章。社会民主党统一派的决议。格·瓦·普列汉诺夫〈我们的策略〉》，〔彼得格勒〕，玛·马蕾赫出版社，〔1917 年〕，16 页；《莫斯科晚报》，1961 年 10 月 16 日，第 245 号。

4 月 21 日（5 月 4 日）

列宁上午为即将举行的俄国社会民主工党（布）中央委员会会议起草关于在临时政府公布照会后引起工人和士兵群众性革命发动而造成政治危机时布尔什维克党的任务的决议草案。决议中提出：加强对群众的宣传鼓动工作，就对待临时政府照会的态度问题举行全民投票，说明彼得格勒苏维埃的领袖们对资本家政府表示信任的政策是错误的，号召工人和士兵"改选自己的工兵代表苏维埃代表，只把那些会坚持符合大多数人真正意志的明确主张的人选进工兵代表苏维埃"。

《列宁全集》中文第 2 版增订版第 29 卷第 309—311 页；《士兵真理报》，彼得格勒，1917 年 5 月 4 日（4 月 21 日），第 4 号。

列宁上午参加俄国社会民主工党（布）中央委员会会议，讨论由于临时政府公布照会而出现的政治形势。列宁提出关于党在临时政府发生危机时的任务的决议草案。俄国社会民主工党（布）中央委员会通过列宁提出的草案。

1917年4月21日(5月4日)彼得格勒卫戍部队的革命士兵举行游行示威

从喀琅施塔得来的水兵鼓动员和彼得格勒各区委员会鼓动委员会的工作人员(他们是到工厂和部队去号召群众举行和平游行示威和集会的)学习布尔什维克党中央的决议。

《列宁全集》中文第 2 版增订版第 29 卷第 309—311、320 页;《真理报》,彼得格勒,1917 年 5 月 5 日(4 月 22 日),第 38 号;《士兵真理报》,彼得格勒,1917 年 5 月 4 日(4 月 21 日),第 4 号;《苏共列宁格勒组织简史》,第 1 册,1962 年,第 480—481 页。

列宁写《是资本家不理智还是社会民主党欠聪明?》一文,文章指出,孟什维克的《工人报》和普列汉诺夫的《统一报》号召同临时政府达成协议,它们"实际上忘记了阶级斗争,用小资产阶级的空话和高调代替了阶级斗争"。

《列宁全集》中文第 2 版增订版第 29 卷第 312—313 页;《真理报》,彼得格勒,1917 年 5 月 5 日(4 月 22 日),第 38 号;《统一报》,彼得格勒,1917 年 4 月 21 日,第 19 号;《工人报》,彼得格勒,1917 年 4 月 21 日,第 36 号。

列宁写《真诚的护国主义的内容表露出来了》一文,阐明彼得格勒苏维埃领袖们的护国主义与政治上不成熟的群众的护国主义之间的原则区别,揭示了四月政治危机的实质,指出出路就是把政权交给革命无产阶级。

《列宁全集》中文第 2 版增订版第 29 卷第 314—316 页;《真理报》,彼得格勒,1917 年 5 月 5 日(4 月 22 日),第 38 号;《统一报》,彼得格勒,1917 年 4 月 21 日,第 19 号。

列宁收到雅·斯·加涅茨基从斯德哥尔摩寄来的来信第 1 号,信中告知,已收到列宁从哈帕兰达寄去的信(这封信未找到),谈到有必要通过联络员建立牢固联系,并要求多寄些布尔什维克的报纸去。

《列宁全集》中文第 2 版增订版第 47 卷第 597—598 页;《列宁全集》俄文第 5 版第 31 卷第 494 页;苏共中央马列主义研究

院中央党务档案馆,第2号全宗,第5号目录,第754号案卷,第1—2张。

　　列宁写信给在斯德哥尔摩的雅·斯·加涅茨基,告知来信第1号已收到。列宁告诉他布尔什维克报纸在莫斯科、赫尔辛福斯、喀琅施塔得、哈尔科夫、基辅、克拉斯诺亚尔斯克、萨马拉、萨拉托夫等城市的出版情况和俄国社会民主工党(布)第七次全国代表会议即将召开的消息。列宁在信中对政治形势作了如下评述:"彼得格勒闹翻了天。针对政府的照会,从昨天起就不断地举行群众集会和游行示威。在这种形势下,组织工作极其难做。大家都忙极了……　今天十分繁忙,不可能详详细细地写信,也不可能草拟代表会议决议等等。整个情况您将从我们寄上的《真理报》中了解到。"

《列宁全集》中文第2版增订版第47卷第597—598页。

　　列宁去 Б.Г.丹斯基家(涅瓦大街3号6室)拜访。

《回忆弗·伊·列宁》,第1卷,1968年,第462页;玛·伊·
乌里扬诺娃:《关于列宁》,第4版,莫斯科,1971年,第66页;
《列宁在彼得堡》,第3版,1957年,第147页。

　　列宁编辑《真理报》第38号。

《列宁全集》俄文第5版第31卷第496页;《真理报》,彼得格
勒,1917年5月5日(4月22日),第38号。

　　列宁写的《临时政府的照会》、《一个根本问题(转到资产阶级方面去的社会党人是怎样谈论的)》、《用圣像对付大炮,用空谈对付资本》、《维·切尔诺夫公民的逻辑》、《普列汉诺夫先生的未能得逞的脱身计》五篇文章,以及《1917年4月20日(5月3日)俄国社会民主工党(布)中央委员会关于临时政府1917年4月18日(5月1日)的照会引起的危机的决议》和《告各交战国士兵书》(署名俄国社会民主工党(布)中央委员会、俄国社会民主工党(布)彼得堡委员会和《真理报》编辑部)在《真理报》第 37 号上发表。

《列宁全集》中文第 2 版增订版第 29 卷第 290—291、292—294、295—297、298—302、303—304、305—306、307—308 页;《真理报》,彼得格勒,1917 年 5 月 4 日(4 月 21 日),第 37 号。

列宁起草的《1917 年 4 月 20 日(5 月 3 日)俄国社会民主工党(布)中央委员会关于临时政府 1917 年 4 月 18 日(5 月 1 日)的照会引起的危机的决议》和《俄国社会民主工党(布)中央委员会 1917 年 4 月 21 日(5 月 4 日)通过的决议》,以及《告各交战国士兵书》(署名俄国社会民主工党(布)中央委员会、俄国社会民主工党(布)彼得堡委员会、俄国社会民主工党(布)彼得堡委员会军事组织、《真理报》编辑部和《士兵真理报》编辑部)在《士兵真理报》(彼得格勒)第 4 号上发表。

《列宁全集》中文第 2 版增订版第 29 卷第 290—291、292—294、309—311 页;《士兵真理报》,彼得格勒,1917 年 5 月 4 日(4 月 21 日),第 4 号。

列宁 1917 年 4 月 10 日(23 日)在伊兹迈洛夫团的大会上对士兵的讲话和他的《银行和部长》一文转载于《无产者报》(哈尔科夫)第 23 号。

《列宁全集》中文第 2 版增订版第 29 卷第 186—188、224 页;《无产者报》,哈尔科夫,1917 年 4 月 21 日,第 23 号。

列宁起草的《俄国社会民主工党(布)中央委员会 1917 年 4 月 21 日(5 月 4 日)通过的决议》,由亚·米·柯伦泰提交彼得格勒工兵代表苏维埃全体会议讨论。

《列宁全集》中文第 2 版增订版第 29 卷第 309—311 页;《言语报》,彼得格勒,1917 年 4 月 22 日(5 月 5 日),第 93 号;《弗·伊·列宁在十月革命时期和在苏维埃政权初期》,1970 年,第 21—22 页。

苏恰瓦卫戍部队(罗马尼亚战线)执行委员会给社会主义的忠诚战士列宁的致敬电在《真理报》第 37 号上发表。

《真理报》,彼得格勒,1917 年 5 月 4 日(4 月 21 日),第 37 号。

纳尔瓦的布尔什维克祝贺列宁返回俄国的贺电在《真理报》第 37 号上发表。电文中说道:"勇敢地捍卫劳动阶级的利益吧! 革命的社会民主党人永远跟您走。"

《真理报》,彼得格勒,1917 年 5 月 4 日(4 月 21 日),第 37 号。

第 2 机枪团第 11 连士兵在其发表在《真理报》第 37 号上的决议中,对资产阶级报刊攻击列宁和《真理报》表示抗议。

《真理报》,彼得格勒,1917 年 5 月 4 日(4 月 21 日),第 37 号。

斯维亚堡要塞报务连全体士兵大会要求临时政府立即制止资产阶级报刊对列宁的挑衅性攻击。

《浪潮报》,赫尔辛福斯,1917 年 5 月 19 日(6 日),第 30 号。

在圣母进堂民众文化馆(莫斯科)举行的士兵和工人三千人大会通过给列宁的致敬信,信中表示坚决抗议资产阶级政党对他进行诽谤攻击。

《社会民主党人报》,莫斯科,1917 年 5 月 8 日(4 月 25 日),第 39 号。

《士兵真理报》宣布列宁为该报固定撰稿人。

《士兵真理报》,彼得格勒,1917 年 5 月 4 日(4 月 21 日),第 4 号。

4 月,不早于 21 日(5 月 4 日)

列宁写的《告各交战国士兵书》(署名俄国社会民主工党(布)中央委员会,俄国社会民主工党(布)彼得堡委员会,俄国社会民主工党(布)彼得堡委员会军事组织,《真理报》编辑部和《士兵真理报》编辑部）用俄文和德文印成传单。

《列宁全集》中文第 2 版增订版第 29 卷第 292—294 页；弗·伊·列宁：《告各交战国士兵书》〔传单，彼得格勒，1917 年〕，1 页，未注明作者；弗·伊·列宁：《告各交战国士兵书》〔传单〕，未注明出版地点，〔1917 年〕，2 页，（俄国社会民主工党），俄文和德文，未注明作者；《彼得格勒布尔什维克的传单》，第 3 卷，1957 年，第 25—27 页。

4 月，22 日（5 月 5 日）以前

列宁起草《关于对社会革命党、社会民主党（孟什维克）、一批所谓"无派别"社会民主党人以及诸如此类的政治流派的态度的决议草案》，以提交俄国社会民主工党（布）彼得格勒第一次全市代表会议。在决议草案中他描述了这些政党的政治面貌，认为它们是资产阶级影响在无产阶级中的传播者。列宁强调说，必须认为同它们实行联合是绝对不可能的，但又指出："个别的地方工人团体，虽然同孟什维克等等接近，但是愿意坚持国际主义立场，反对'革命护国主义'，反对投票赞成公债等等，对于这样的工人和团体，我们党的政策应该是支持他们，同他们接近，在他们彻底放弃背叛社会主义的小资产阶级立场的基础上同他们联合。"

《列宁全集》中文第 2 版增订版第 29 卷第 255—256 页；《俄国社会民主工党（布）第七次全国代表会议（四月代表会议）。俄国社会民主工党（布）彼得格勒全市代表会议。记录》，1958 年，第 50—51、53 页。

列宁起草《关于市政选举的决议》草案，以提交俄国社会民主工党（布）彼得格勒第一次全市代表会议。他在草案中叙述了布尔什维克在彼得格勒市杜马及各区杜马选举运动中的任务。列宁把选举纲领中的主要问题与争取社会主义革命胜利的斗争联系起来。列宁注意到必须提出关于布尔什维克的市政纲领的具体建

议，"特别是在由资本家付给报酬的无产阶级民兵问题上"。

《列宁全集》中文第 2 版增订版第 29 卷第 253—254 页；《俄国社会民主工党(布)第七次全国代表会议(四月代表会议)。俄国社会民主工党(布)彼得格勒全市代表会议。记录》,1958年,第 45—49 页。

列宁在《真理报》编辑部会见巴库党组织派来请求帮助筹办地方报纸的代表 A.Π.舍洛莫维奇,并与他商谈该组织需要些什么。

《巴库工人报》,1917 年 4 月 22 日,第 1 号；《为阿塞拜疆社会主义革命胜利而斗争的布尔什维克(文件和资料)》,巴库,1957 年,第 30 页；《老布尔什维克》文集,第 5 辑,莫斯科,1933 年,第 209—210 页。

4 月 22 日(5 月 5 日)

列宁上午起草俄国社会民主工党(布)中央委员会关于四月政治危机的结局的决议草案。列宁在草案中揭示了危机的阶级实质,坚决谴责"打倒临时政府!"这一冒险性口号,规定布尔什维克党在争取革命和平发展的斗争中的下一步任务,指出当前的口号是:说明无产阶级的路线和无产阶级结束战争的途径、批评信任资本家政府的孟什维克和社会革命党人与之妥协的政策、加强宣传鼓动工作(特别要在最落后的群众中加强这项工作)。列宁指出:"……在每个工厂、每个区、每个街区中组织无产阶级,**组织、组织、再组织**。"最告,决议草案号召工人和士兵仔细讨论危机的结局,并把那些不能够表达多数人意志的苏维埃代表改选掉。

《列宁全集》中文第 2 版增订版第 29 卷第 319—323 页。

列宁上午参加俄国社会民主工党(布)中央委员会会议,把关于四月政治危机的结局的决议草案提交会议讨论。中央委员会通过列宁的决议草案。

《列宁全集》中文第 2 版增订版第 29 卷第 319—323 页；苏共

中央马列主义研究院中央党务档案馆，第 72 号全宗，第 3 号
目录，第 705 号案卷，第 2—4 张。

列宁出席在高等女子学校（铁匠巷 9/27 号）①举行的俄国社
会民主工党（布）彼得格勒第一次全市代表会议第四次（闭幕）会
议，会议讨论了市政选举和布尔什维克党对小资产阶级政党的态
度问题。

在讨论市政选举问题时，列宁两次发言，指出在市自治机关
的选举中同社会沙文主义者的小资产阶级政党结成联盟是不容
许的，并强调说，"重要的是有报酬的民兵问题、粮食问题和税收
问题"。

代表会议通过列宁起草的关于市政选举的决议草案。

在对小资产阶级政党的态度问题进行广泛的讨论之后，代表
会议一致通过列宁起草的《关于对社会革命党、社会民主党（孟什
维克）、一批所谓"无派别"社会民主党人以及诸如此类的政治流派
的态度的决议草案》。

会议期间，彼得格勒工兵代表苏维埃布尔什维克党团的特派
代表前来找列宁，他们声明，绝大多数参加 4 月 20 日和 21 日示威
游行并举着"打倒临时政府!"标语的工人，都把这个口号仅仅理解
为全部政权应当归苏维埃，理解为工人只有在工兵代表苏维埃中
争得多数以后才想取得政权。

列宁当着彼得格勒苏维埃布尔什维克党团特派代表的面写了
短评《请同志们注意!》。列宁在短评中重述他们的声明，并在附加

---

① 此处楼房墙壁上设有一块纪念牌，上面写着："1917 年 4 月 22 日（5 月 5 日）在
弗·伊·列宁的领导下在本大楼内举行了俄国社会民主工党（布）彼得格勒第一次全
市代表会议的闭幕会。"——俄文编者注

的《编辑部的话》中强调指出，"如果对上述口号作这样的理解，那就排除了任何轻举妄动或进行冒险的念头"。列宁答应把短评《请同志们注意！》与《俄国社会民主工党(布)中央委员会 1917 年 4 月 22 日(5 月 5 日)上午通过的决议》同时在《真理报》上刊登出来。

在彼得格勒全市代表会议的这次会议快结束时，列宁在提出关于战争的决议时发言，提出由他拟定的并在委员会中讨论过的决议草案，该草案被作为提交俄国社会民主工党(布)全国代表会议的决议的基础。

> 《列宁全集》中文第 2 版增订版第 29 卷第 251—252、253—254、255—256、257、258—263、324 页；苏共中央马列主义研究院中央党务档案馆，第 72 号全宗，第 3 号目录，第 705 号案卷，第 2—4 张；《真理报》，彼得格勒，1917 年 5 月 6 日(4 月 23 日)，第 39 号；《俄国社会民主工党(布)第七次全国代表会议(四月代表会议)。俄国社会民主工党(布)彼得格勒全市代表会议。记录》，1958 年，第 45、47—49、54—58 页；B.E.穆什图科夫、Ⅱ.E.尼基京：《列宁曾在这里生活和工作》，第 5 版，1970 年，第 204 页。

列宁会见从乌拉尔和拉脱维亚前来参加俄国社会民主工党(布)第七次全国代表会议(四月代表会议)的代表小组，并和他们谈话。他详细询问地方党组织的情况。列宁关切地问起 P.艾赫和爱·兹维尔布利斯在哪里，列宁是 1914 年在拉脱维亚边疆区社会民主党第四次代表大会上认识他们两人的。

> 《拉脱维亚革命者回忆列宁》，里加，1969 年，第 97—99 页；卡尔利斯·考林斯(克劳克利蒂斯)：《传记随笔和同时代人回忆录》，里加，1973 年，第 26—27 页。

列宁写《清楚的问题是怎样弄糊涂的？》一文，阐述布尔什维克用和平手段在苏维埃中争取多数的政策，再次强调《俄国社会民主工党(布)中央委员会 1917 年 4 月 22 日(5 月 5 日)上午通过的决议》中的这段话："只有在工兵代表苏维埃赞成我们的政策并且愿意掌握政权的时候，我们才会主张使政权转归无产者和半无产者。"

《列宁全集》中文第 2 版增订版第 29 卷第 319—323、333—335 页；《真理报》，彼得格勒，1917 年 5 月 6 日(4 月 23 日)，第 39 号；《日报》，彼得格勒，1917 年 4 月 22 日，第 40 号。

列宁写《资本家怎样理解"耻辱"和无产者怎样理解"耻辱"》一文，回答《统一报》上刊载的格·瓦·普列汉诺夫、列·格·捷依奇和维·伊·查苏利奇署名、号召把战争继续到胜利的一篇宣言。文章说，《统一报》的政治家们的看法和资本家的看法一样，把不遵守资本家之间的条约看做耻辱，而国际主义的工人则认为，工人之间互相残杀才是耻辱和犯罪，他们主张推翻资本家政府，"**主张由各国革命工人**缔结真正能够保证'每一个'民族都享有自由的**普遍的和约**"。

《列宁全集》中文第 2 版增订版第 29 卷第 329—330 页；《真理报》，彼得格勒，1917 年 5 月 6 日(4 月 23 日)，第 39 号；《统一报》，彼得格勒，1917 年 4 月 22 日，第 20 号。

列宁写《部长的报纸鼓吹大暴行》一文，揭露《言语报》的谎言和对布尔什维克党及《真理报》的诽谤攻击。

《列宁全集》中文第 2 版增订版第 29 卷第 331—332 页；《真理报》，彼得格勒，1917 年 5 月 6 日(4 月 23 日)，第 39 号；《言语报》，彼得格勒，1917 年 4 月 22 日(5 月 5 日)，第 93 号。

列宁写《危机的教训》一文，总结了四月政治危机，提出研究这次危机的教训的任务，指出"危机会接连到来"，因此要特别注意教育群众，向群众解释布尔什维克党的政策，要特别注意把工人阶级团结和组织起来。列宁在文章中号召工人："**不要被那些**跟着资本家跑的小资产阶级'妥协分子'，护国派，政府的'支持'派所蒙蔽，也不要被那些蓄意冒进、在人民大多数还没有紧密团

结起来的时候就单枪匹马地呼喊'打倒临时政府!'的人所
蒙蔽。"

《列宁全集》中文第 2 版增订版第 29 卷第 325—328 页；《真理
报》，彼得格勒，1917 年 5 月 6 日(4 月 23 日)，第 39 号。

列宁编辑《真理报》第 39 号。

《列宁全集》俄文第 5 版第 31 卷第 496 页；《真理报》，彼得格
勒，1917 年 5 月 6 日(4 月 23 日)，第 39 号。

列宁起草的《俄国社会民主工党(布)中央委员会 1917 年 4 月
21 日(5 月 4 日)通过的决议》和他的《是资本家不理智还是社会民
主党欠聪明?》、《真诚的护国主义的内容表露出来了》、《盛加略夫
的建议或命令和一个地方工兵代表苏维埃的建议》等文章在《真理
报》第 38 号上发表。

《列宁全集》中文第 2 版增订版第 29 卷第 309—311、312—
313、314—316、317—318 页；《真理报》，彼得格勒，1917 年 5
月 5 日(4 月 22 日)，第 38 号。

列宁的《四月提纲》转载于《巴库工人报》第 1 号。编辑部文章
号召广泛学习该提纲，揭露资产阶级报刊对列宁的诽谤攻击。

《列宁全集》中文第 2 版增订版第 29 卷第 113—118 页；《巴库
工人报》，1917 年 4 月 22 日，第 1 号。

列宁的《四月提纲》和他 4 月 10 日(23 日)在伊兹迈洛夫团大
会上对士兵的讲话(对这两个文件的转述)，由列宁起草并经俄国
社会民主工党(布)彼得格勒第一次全市代表会议通过的《关于对
临时政府的态度的决议》和列宁起草的《1917 年 4 月 20 日(5 月 3
日)俄国社会民主工党(布)中央委员会关于临时政府 1917 年 4 月
18 日(5 月 1 日)的照会引起的危机的决议》用立陶宛文转载于《真
理报》(彼得格勒)第 3 号。

《列宁全集》中文第 2 版增订版第 29 卷第 113—118、186—

188、249—250、290—291 页；《真理报》,彼得格勒,1917 年 4
月 22 日,第 3 号。

列宁起草的《1917 年 4 月 20 日(5 月 3 日)俄国社会民主工党
(布)中央委员会关于临时政府 1917 年 4 月 18 日(5 月 1 日)的照
会引起的危机的决议》、《告各交战国士兵书》以及《临时政府的照
会》和《用圣像对付大炮,用空谈对付资本》两篇文章转载于《真理
呼声报》(喀琅施塔得)第 31 号。

> 《列宁全集》中文第 2 版增订版第 29 卷第 290—291、292—
> 294、295—297、303—304 页;《真理呼声报》,喀琅施塔得,
> 1917 年 5 月 5 日(4 月 22 日),第 31 号。

列宁 4 月 17 日(30 日)在彼得格勒工兵代表苏维埃士兵部会
议上关于士兵代表苏维埃执行委员会决议的讲话刊登在《士兵和
水兵自由言论报》(雷瓦尔)第 21 号上。

> 《列宁全集》中文第 2 版增订版第 29 卷第 273—276 页;《士兵
> 和水兵自由言论报》,雷瓦尔,1917 年 4 月 22 日(5 月 5 日),
> 第 21 号。

列宁的《论两个政权》一文转载于《高加索工人报》(梯弗利斯)
第 32 号。

> 《列宁全集》中文第 2 版增订版第 29 卷第 131—134 页;《高加
> 索工人报》,梯弗利斯,1917 年 4 月 22 日,第 32 号。

在圣母进堂民众文化馆(莫斯科)举行的工人和士兵三千人大
会通过决议向列宁致敬。决议中写道:“我们将粉碎对尼·列宁同
志的一切谋害和攻击,就像粉碎暴君尼古拉的腐朽宝座一样。”

> 《社会民主党人报》,莫斯科,1917 年 5 月 12 日(4 月 29 日),
> 第 43 号。

加契纳卫戍部队士兵(2 000 多人)大会通过决议,抗议对列宁
的攻击。加契纳军事航空学校技术连也通过了同样的决议。

《彼得格勒省布尔什维克建立和巩固苏维埃政权的斗争(论文
和文件)》,1972 年,第 257—258 页。

沃罗涅日党组织全体大会讨论了列宁的《四月提纲》,多数人
表示赞同该提纲。大会通过决议,向"革命策略的缔造者"列宁致
敬,同时抗议资产阶级报纸对他的攻击。

《真理报》,彼得格勒,1917 年 5 月 8 日(4 月 25 日),第 40 号;
《给伊里奇的书信集(1917—1924 年)》,沃罗涅日,1969 年,第
15—16 页;《苏共沃罗涅日组织简史》,沃罗涅日,1967 年,第
90—91 页。

4 月 22 日、25 日、26 日(5 月 5 日、8 日、9 日)

列宁的文章《远方来信。第一封信。第一次革命的第一阶段》
转载于《维堡士兵通报》第 34、36 和 37 号(非全文)。

《列宁全集》中文第 2 版增订版第 29 卷第 9—21 页;《维堡士
兵通报》,1917 年 4 月 22 日,第 34 号;4 月 25 日,第 36 号;4
月 26 日,第 37 号。

4 月,23 日(5 月 6 日)以前

列宁代表俄国社会民主工党(布)中央委员会签署给瑞典左派
社会民主党人、国际主义者卡·霍格伦的贺电,祝贺他获释出狱。

《列宁全集》中文第 2 版增订版第 47 卷第 622—623 页;《真
理报》,彼得格勒,1917 年 5 月 6 日(4 月 23 日),第 39 号;
《士兵真理报》,彼得格勒,1917 年 5 月 6 日(4 月 23 日),第
5 号。

俄国社会民主工党(布)特维尔组织讨论并赞同列宁的《四月
提纲》。

《回忆弗·伊·列宁》,1963 年,第 246 页;《苏共加里宁组织
简史》,莫斯科,1971 年,第 159 页。

4 月 23 日(5 月 6 日)

列宁出席在俄国社会民主工党(布)中央委员会和彼得堡委员
会所在地举行的俄国社会民主工党(布)第七次全国代表会议(四

月代表会议)代表预备会议,发表关于四月危机的讲话。

《俄国社会民主工党(布)第七次全国代表会议(四月代表会议)。俄国社会民主工党(布)彼得格勒全市代表会议。记录》,1958 年,第 315、316 页。

列宁在《真理报》编辑部(莫伊卡河沿岸街 32/2 号)接受芬兰社会民主党《工人日报》记者爱·托尔尼艾年采访,发表关于对苏维埃的态度,关于召开立宪会议,关于能确保签订真正民主的和约的条件的谈话。

《列宁全集》中文第 2 版增订版第 29 卷第 336、562 页。

列宁起草的《俄国社会民主工党(布)中央委员会 1917 年 4 月 22 日(5 月 5 日)上午通过的决议》和他的《请同志们注意!》、《危机的教训》、《资本家怎样理解"耻辱"和无产者怎样理解"耻辱"》、《部长的报纸鼓吹大暴行》和《清楚的问题是怎样弄糊涂的?》等文章在《真理报》第 39 号上发表。

《列宁全集》中文第 2 版增订版第 29 卷第 319—323、324、325—328、329—330、331—332、333—335 页;《真理报》,彼得格勒,1917 年 5 月 6 日(4 月 23 日),第 39 号。

列宁起草的《俄国社会民主工党(布)中央委员会 1917 年 4 月 22 日(5 月 5 日)上午通过的决议》在《士兵真理报》(彼得格勒)第 5 号和《新生活报》(彼得格勒)第 5 号上发表。

《列宁全集》中文第 2 版增订版第 29 卷第 319—323 页;《士兵真理报》,彼得格勒,1917 年 5 月 6 日(4 月 23 日),第 5 号;《新生活报》,彼得格勒,1917 年 4 月 23 日(5 月 6 日),第 5 号。

列宁起草的《1917 年 4 月 20 日(5 月 3 日)俄国社会民主工党(布)中央委员会关于临时政府 1917 年 4 月 18 日(5 月 1 日)的照会引起的危机的决议》转载于《社会民主党人报》(莫斯科)第

38 号。

> 《列宁全集》中文第 2 版增订版第 29 卷第 290—291 页;《社会
> 民主党人报》,莫斯科,1917 年 5 月 6 日(4 月 23 日),第
> 38 号。

列宁起草的《俄国社会民主工党(布)中央委员会 1917 年 4 月 21 日(5 月 4 日)通过的决议》和《是资本家不理智还是社会民主党欠聪明?》一文转载于《真理呼声报》(喀琅施塔得)第 32 号。

> 《列宁全集》中文第 2 版增订版第 29 卷第 309—311、312—
> 313 页;《真理呼声报》,喀琅施塔得,1917 年 5 月 6 日(4 月 23
> 日),第 32 号。

列宁起草的《俄国社会民主工党(布)中央委员会 1917 年 4 月 21 日(5 月 4 日)通过的决议》用拉脱维亚文转载于《斗争报》(彼得格勒)第 36 号。

> 《列宁全集》中文第 2 版增订版第 29 卷第 309—311 页;《斗争
> 报》,彼得格勒,1917 年 4 月 23 日(5 月 6 日),第 36 号。

列宁的《论两个政权》一文转载于《工人报》(喀山)第 8 号。

> 《列宁全集》中文第 2 版增订版第 29 卷第 131—134 页;《工人
> 报》,喀山,1917 年 5 月 6 日(4 月 23 日),第 8 号。

列宁的《重要的揭露》一文转载于《克拉斯诺亚尔斯克工兵代表苏维埃消息报》第 26 号。

> 《列宁全集》中文第 2 版增订版第 29 卷第 222—223 页;《克拉
> 斯诺亚尔斯克工兵代表苏维埃消息报》,1917 年 4 月 23 日,
> 第 26 号。

上沃洛乔克党组织大会表示拥护列宁的《四月提纲》。

> 《真理报》,彼得格勒,1917 年 5 月 19 日(6 日),第 50 号;《苏
> 共加里宁组织简史》,莫斯科,1971 年,第 159 页。

《士兵真理报》(彼得格勒)第 5 号发表一批喀琅施塔得水兵写的《致编辑部的信》,信中写道,他们"时刻准备为捍卫列宁同志的

信念和原则献出自己的生命"。

《士兵真理报》,彼得格勒,1917 年 5 月 6 日(4 月 23 日),第 5 号。

莫斯科五金工会(代表 20 000 多名莫斯科工人)全体代表大会要求莫斯科工人代表苏维埃采取强有力的措施制止资产阶级报纸对列宁的攻击。大会向列宁发致敬信。

《社会民主党人报》,莫斯科,1917 年 5 月 11 日(4 月 28 日),第 42 号。

罗斯托夫-纳希切万布尔什维克组织全体大会(顿河畔罗斯托夫)通过给反战战士和无产阶级领袖列宁的致敬信,信中抗议资产阶级和小资产阶级的政党对他的攻击。

Я.Н.拉延科:《顿河、库班和黑海地区历史大事记》,第 1 辑,顿河畔罗斯托夫,1939 年,第 25 页。

俄国社会民主工党(布)哈尔科夫戈罗德区全体党员出席的戈罗德区党组织成立大会通过给列宁的致敬信。信中写道:"俄国社会民主工党(布)戈罗德区党组织成立大会向您,国际主义者、为社会主义而奋斗的百折不回的老战士、亲爱的列宁同志致以热烈的敬礼,抗议资产阶级及其走狗卑鄙无耻的攻击。"

《无产者报》,哈尔科夫,1917 年 5 月 8 日(4 月 25 日),第 26 号。

4 月 23 日或 24 日(5 月 6 日或 7 日)

列宁写《愚蠢的幸灾乐祸》一文,回答《工人报》就巴格达季耶夫在四月危机期间背离党中央路线一事而进行的攻击。文章中指出布尔什维克有团结一致的组织,提出进一步巩固自己队伍的任务,特别强调要加强中央与地方组织的联系:"在每一个区、每一个街区、每一个工厂、每一个连队里,都应当有坚强的、同心协力的、能够像一个人那样行动的组织。每个这样的组织都应当同它的中心即中央委员会有直接的联系,这些联系应当是牢固的,是敌人一下子破坏不了的;这些联系应当始终保持,而且要时时刻刻加以巩固并进行检查,**以防敌人对我们突然袭击**。"列宁在文章的结尾号召工人:"我们绝不因敌人幸灾乐祸而感到不安,我们绝不害怕出现个别的错误和缺点。我们一定会克服这些错误和缺点。未来是属于我们的。"

《列宁全集》中文第 2 版增订版第 29 卷第 337—338 页;《真理报》,彼得格勒,1917 年 5 月 8 日(4 月 25 日),第 40 号;《工人报》,彼得格勒,1917 年 4 月 23 日,第 38 号。

4 月 23 日和 24 日(5 月 6 日和 7 日)

列宁编辑《真理报》第 40 号。

《列宁全集》俄文第 5 版第 31 卷第 496 页;《真理报》,彼得格勒,1917 年 5 月 8 日(4 月 25 日),第 40 号。

4 月 23 日、26 日、27 日(5 月 6 日、9 日、10 日)

列宁的著作《俄国的政党和无产阶级的任务》在《浪潮报》(赫尔辛福斯)第 20、22 和 23 号上发表。

《列宁全集》中文第 2 版增订版第 29 卷第 189—204 页;《浪潮报》,赫尔辛福斯,1917 年 5 月 6 日(4 月 23 日),第 20 号;5 月 9 日(4 月 26 日),第 22 号;5 月 10 日(4 月 27 日),第 23 号。

4 月、24 日(5 月 7 日)以前

列宁筹备俄国社会民主工党(布)第七次全国代表会议(四月代表会议),起草《关于目前形势的决议》草案、《关于土地问题的决议》草案、《俄国社会民主工党党纲修改草案初稿》。

在《关于目前形势的决议》草案中,列宁指出,俄国已经具备社会主义革命的客观前提,提出俄国无产阶级不能把立即实行社会主义改造作为目的,为了向社会主义过渡,必须实施一系列过渡性

措施,诸如:土地国有化、对所有的银行实行国家监督,把它们联合成一个统一的中央银行,对保险机关和最大的辛迪加(煤业公司、五金公司等等)也实行国家监督,普遍劳动义务制。列宁强调指出,"工人群众的有觉悟的先锋队正是应当把注意力和精力放在这一方面,因为工人群众有责任帮助农民群众找到一条摆脱业已造成的经济破坏的出路"。

在《关于土地问题的决议》草案中,列宁表述了布尔什维克党的土地纲领的基本要求,即:全国所有土地国有化,没收地主的土地(以及教会、皇室等的土地)并立即把这些土地交给农民代表苏维埃,建立独立的农业无产阶级组织(其形式或者是单独的苏维埃,或者是在一般的农民代表苏维埃中成立单独的小组),支持农民委员会的创举——建立采用科学方法经营农业的示范农场。

列宁指出:"俄国革命的命运和结局将以如下情况为转移:或者是城市无产阶级能够率领农村无产阶级前进并使农村半无产者群众与之联合,或者是这些群众跟着……农村资产阶级走。"

在《俄国社会民主工党党纲修改草案初稿》中,列宁表述了他在《四月提纲》中拟定的修改党纲的基本论点,即在总纲的末尾对作为社会主义革命新时代的帝国主义和帝国主义战争作了评述;修改并补充最低纲领,其中有:关于未来的国家制度(公社国家的要求),关于民族问题、土地问题,等等。

《列宁全集》中文第 2 版增订版第 29 卷第 353、418—420、441—444、472、503—508 页;《列宁全集》俄文第 5 版第 54 卷第 488 页;《列宁文集》俄文版第 21 卷第 39—46 页;《俄国社会民主工党(布)第七次全国代表会议(四月代表会议)。俄国社会民主工党(布)彼得格勒全市代表会议。记录》,1958 年,第 261—265 页。

乌克兰的哈尔科夫、叶卡捷琳诺斯拉夫、卢甘斯克、戈尔洛夫卡、谢尔比诺夫卡、科诺托普等地党组织开会讨论并赞同《四月提纲》。

《乌克兰共产党简史》(第 3 版),基辅,1972 年,第 171 页。

4月24日—29日(5月7日—12日)

列宁领导俄国社会民主工党(布)第七次全国代表会议(四月代表会议)的工作,会议在女子医学院(阿尔希耶雷斯卡亚街(现列夫·托尔斯泰街)6 号)大楼①内举行。参加代表会议工作的有 151 名代表,他们代表近八万党员。代表会议总结了全党对列宁《四月提纲》的讨论,把提纲作为代表会议决议的基础。

列宁被选为代表会议名誉主席。列宁就代表会议日程的主要问题作报告和讲话,准备几乎全部决议草案(它们被印成单行本发给代表),积极参加代表会议各委员会及各组的工作,在两条战线上进行斗争:既反对列·波·加米涅夫的右倾机会主义观点,又反对谢·雅·巴格达季耶夫的左倾错误。

会议代表们收到了用打字机打的列宁的小册子《无产阶级在我国革命中的任务(无产阶级政党的行动纲领草案)》。列宁后来在小册子的《后记》中指出,用打字机打的"小册子……也总算起了它的一部分作用",细心的读者不难看出,"小册子有不少地方成了"俄国社会民主工党(布)第七次全国代表会议(四月代表会议)决议的"初稿"。每当会间休息时,列宁就到代表中间去,同他们谈话,回答他们提出的问题。

---

① 　楼房墙壁上设有一块纪念牌,上面写着:"1917 年 5 月 7 日至 12 日(4 月 24 日至 29 日)在弗拉基米尔·伊里奇·列宁的领导下,在本楼内举行了俄国社会民主工党(布尔什维克)第七次全国代表会议(四月代表会议),会议为党指明把资产阶级民主革命转变为社会主义革命的斗争方向。"——俄文编者注

俄国社会民主工党(布)第七次全国代表会议(四月代表会议)会址
（彼得格勒阿尔希耶雷斯卡亚街）

列宁会见来自赫尔辛福斯的水兵 B.M.马鲁谢夫和 Φ.M.德米特里耶夫,同他们谈海军的党的工作情况。列宁在同俄国社会民主工党(布)基辅委员会代表叶·波·博什的谈话中说服她相信对社会生产和社会分配实行工人监督这一口号是正确的。列宁同彼得格勒组织代表 C.И.彼得里科夫斯基谈话。

《列宁全集》中文第 2 版增订版第 29 卷第 183、339—446 页;
《俄国社会民主工党(布)第七次全国代表会议(四月代表会议)。俄国社会民主工党(布)彼得格勒全市代表会议。记录》,1958 年,第 61—260 页;《无产阶级革命》杂志,莫斯科,1924 年,第 3 期,第 163—164 页;《俄国工人和农民谈列宁(回忆录)》,1958 年,第 20—22 页;《我们见过列宁,听过他的讲话(回忆录)》,第 2 版,辛菲罗波尔,1970 年,第 50—51 页;《苏共党史》,第 3 卷,第 1 册,1967 年,第 69—70 页;《列宁在彼得堡》,第 3 版,1957 年,第 143、144 页。

4 月 24 日(5 月 7 日)

上午 10 时,列宁致简短开幕词,宣布俄国社会民主工党(布)第七次全国代表会议(四月代表会议)(女子医学院大礼堂①,阿尔希耶雷斯卡亚街(现列夫·托尔斯泰街)6 号)开幕。列宁在开幕词中指出:"现在,开始革命的巨大光荣落到了俄国无产阶级的头上,但它不应当忘记,俄国无产阶级的运动和革命仅仅是世界无产阶级革命运动的一部分,而这个运动——例如在德国——正一天天地壮大起来。只有从这个角度来看问题,我们才能确定自己的任务。"

列宁被选入代表会议主席团。

会议日程确定后,列宁作关于目前形势的报告。列宁在报告

---

①　礼堂内设有一块纪念牌,上面写着:"1917 年 5 月 7 日(4 月 24 日)世界无产阶级的领袖弗拉基米尔·伊里奇·列宁在本礼堂内举行的俄国社会民主工党(布尔什维克)第七次全国代表会议(四月代表会议)上作关于目前形势的报告。"——俄文编者注

中阐述了下列最重要的问题:对俄国政治形势及国际工人运动状况的估计,对临时政府、对目前两个政权并存局面的态度,对战争的态度。

列宁提出已获得俄国社会民主工党(布)彼得格勒第一次全市代表会议赞同的关于对临时政府的态度的决议草案和关于战争的决议草案。

会议休息时,列宁同俄国社会民主工党(布)库列巴基组织的代表 B.A.斯列波夫谈话,详细询问库列巴基党组织成立的时间和活动情况,以及工人代表苏维埃的情况,回答他提出的关于布尔什维克在立宪会议选举中的策略的问题。

《列宁全集》中文第 2 版增订版第 29 卷第 339—340、341—358 页;《真理报》,彼得格勒,1917 年 5 月 8 日(4 月 25 日),第 40 号;《社会民主党人报》,莫斯科,1917 年 5 月 12 日(4 月 29 日),第 43 号;《俄国社会民主工党(布)第七次全国代表会议(四月代表会议)。俄国社会民主工党(布)彼得格勒全市代表会议。记录》,1958 年,第 63、64—78、330 页;《列宁在十月(回忆录)》,1957 年,第 130—131、132—133 页。

列宁出席俄国社会民主工党(布)第七次全国代表会议(四月代表会议)第 2 次(下午)会议,作关于目前形势的报告的总结发言。列宁在总结发言中尖锐地批评了俄国社会民主工党(布)彼得堡委员会的巴格达季耶夫集团的左倾冒险主义路线(他们在四月政治危机时提出了立即推翻临时政府的口号)。列宁指出:"我们认为这是极大的犯罪行为,是瓦解组织的行为。"列宁特别严厉地批评了列·波·加米涅夫、阿·伊·李可夫等人的机会主义立场,他们断言,俄国进行社会主义革命的时机还不成熟,社会主义应当从其他国家产生。列宁强调指出:"不能说谁来开始和谁来结束。这不是马克思主义,而是对马克思主义的拙劣的模仿。"列宁同时还揭露了托洛茨基的口号"不要沙皇,而要工人政府"。

列宁被选入代表会议决议起草委员会。

> 《列宁全集》中文第 2 版增订版第 29 卷第 359—361 页;《俄国
> 社会民主工党(布)第七次全国代表会议(四月代表会议)。俄
> 国社会民主工党(布)彼得格勒全市代表会议。记录》,1958
> 年,第 110—112 页。

列宁的《论无产阶级民兵》一文用爱沙尼亚文转载于《光线报》
(塔林)第 24 号。

> 《列宁全集》中文第 2 版增订版第 29 卷第 285—288 页;《光线
> 报》,塔林,1917 年 4 月 24 日(5 月 7 日),第 24 号。

萨韦利耶夫工厂(莫斯科)工人大会根据工厂委员会的提议通
过一项符合《四月提纲》精神的决议,并向"为自由而孜孜不倦斗争
的战士列宁同志致敬"。

> 《社会民主党人报》,莫斯科,1917 年 5 月 9 日(4 月 26 日),第
> 40 号。

4 月 25 日(5 月 8 日)

列宁出席俄国社会民主工党(布)第七次全国代表会议(四月
代表会议)第 3 次(上午)会议,作关于召开国际社会党代表会议的
方案的讲话。列宁在讲话中揭露弗·伯格比尔是德国帝国主义的
代理人,提请代表们批准宣言草案,建议把草案文本送交彼得格勒
苏维埃执委会,译成各国文字,并在《真理报》上发表。

列宁两次发言,提议选举宣言起草委员会和结束辩论(提议被
通过)。

列宁被选入宣言起草委员会,参加委员会工作(代表会议的材
料中未保存宣言草案文本,看来它被包含在关于伯格比尔的建议
的决议中)。

《关于伯格比尔的建议的决议》草案以布尔什维克党的名义提

醒工人们不要相信计划在斯德哥尔摩召开的交战国和中立国社会党代表会议,因为它将是一出掩盖外交家的幕后勾结的滑稽剧。列宁指出:"俄国无产阶级政党只同那些在本国进行革命斗争、争取全部国家政权转到无产阶级手中的各国工人政党举行会谈和结成兄弟联盟。"

列宁起草的《关于伯格比尔的建议的决议》草案被委员会一致通过,随后被代表会议批准。

> 《列宁全集》中文第 2 版增订版第 29 卷第 362—368、369—371 页;《真理报》,彼得格勒,1917 年 5 月 9 日(4 月 26 日),第 41 号;《俄国社会民主工党(布)第七次全国代表会议(四月代表会议)。俄国社会民主工党(布)彼得格勒全市代表会议。记录》,1958 年,第 116—118、122、128 页。

列宁参加俄国社会民主工党(布)第七次全国代表会议(四月代表会议)第 4 次(下午)会议的工作。在讨论对工兵代表苏维埃的态度的问题时,列宁记下各地的报告,建议发言的同志把注意力集中到下列问题上:民兵、工作日、工资、生产的增加和缩减、解除资产阶级的武装、粮食等。

在莫斯科代表彼·格·斯米多维奇和玛·米·科斯捷洛夫斯卡娅发言时,列宁插话支持他们:"完全正确。""对。"

列宁作关于对工兵代表苏维埃的态度的讲话,指出革命在地方上向前推进得比在首都要快。列宁说:"新的革命在发展。事变的进程,经济生活的破坏,饥荒——正是这些因素在推动着革命。由此产生了同资产阶级的支持者的斗争。事态正朝着资产阶级无法应付的破产的方向发展。我们在准备一支新的有千百万人参加的大军,它能够在苏维埃和立宪会议中显示自己的力量,——如何来显示,我们还不知道。在我们这里,在中央,力量不足。在外省占有绝对优势。正在迎头赶上和发展着的地方上的革命进程有利于我们。"

列宁表示赞成选举一个起草关于苏维埃的决议的特别委员会,他被选入决议起草委员会。

《列宁全集》中文第 2 版增订版第 29 卷第 372、373—377 页;
《列宁文集》俄文版第 21 卷第 46—48 页;《俄国社会民主工党
(布)第七次全国代表会议(四月代表会议)。俄国社会民主工
党(布)彼得格勒全市代表会议。记录》,1958 年,第 129、137、
142、143、145—147、148 页。

列宁前往参加"星火"工人政治俱乐部(原罗德别墅花园和饭店①——大涅瓦河新农村沿岸街(现滨海大街)1/2 号)开幕式,在花园里同工人们谈话。列宁在小礼堂(冬季礼堂)致贺词,指出彼得格勒工人在夺取二月革命的胜利中起了决定作用。列宁指出:"革命没有停止,它现在刚刚开始……兵工代表苏维埃将取得政权,并摆脱战争,摆脱资本的统治!"列宁在讲话后回答工人们的问题,检查自己讲话的记录,在记录末尾补写上口号,签上名字和日期。

《列宁全集》中文第 2 版增订版第 29 卷第 451 页;《彼得格勒
工兵代表苏维埃消息报》,1917 年 4 月 22 日,第 47 号;《彼得
格勒真理报》,1924 年 1 月 27 日,第 22 号;《列宁——十月革
命的领袖(彼得格勒工人回忆录)》,1957 年,第 76—77、78—
79 页;《辅助历史教程》,第 3 卷,1970 年,第 16—23 页;《列宁
在彼得堡》,第 3 版,1957 年,第 149 页。

列宁编辑《真理报》第 41 号。

《列宁全集》俄文第 5 版第 31 卷第 496 页;《真理报》,彼得格
勒,1917 年 5 月 9 日(4 月 26 日),第 41 号。

列宁的《愚蠢的幸灾乐祸》一文,他在俄国社会民主工党(布)彼得格勒第一次全市代表会议上作的关于目前形势和对临时政府

---

① 1954 年饭店楼房被烧毁。——俄文编者注

的态度的报告以及在俄国社会民主工党(布)第七次全国代表会议
(四月代表会议)上作的关于目前形势的报告(报道)在《真理报》第
40号上发表。

> 《列宁全集》中文第2版增订版第29卷第241—242、337—
> 338、356—358页;《真理报》,彼得格勒,1917年5月8日(4
> 月25日),第40号。

列宁4月23日(5月6日)同记者爱·托尔尼艾年的谈话用
芬兰文在《工人日报》(赫尔辛福斯)第122号上发表。

> 《列宁全集》中文第2版增订版第29卷第336页;《工人日
> 报》,赫尔辛福斯,1917年5月8日,第122号。

列宁的《四月提纲》转载于《高加索工人报》(梯弗利斯)第
34号。

> 《列宁全集》中文第2版增订版第29卷第113—118页;《高加
> 索工人报》,梯弗利斯,1917年4月25日,第34号。

列宁的《我们的观点。答士兵代表苏维埃执行委员会的决
议》、《论无产阶级民兵》、《临时政府的照会》和《告各交战国士兵
书》等文章转载于《浪潮报》(赫尔辛福斯)第21号。

> 《列宁全集》中文第2版增订版第29卷第277—281、285—
> 288、292—294、295—297页;《浪潮报》,赫尔辛福斯,1917年
> 5月8日(4月25日),第21号。

列宁写的《告各交战国士兵书》转载于《社会民主党人报》(莫
斯科)第39号。

> 《列宁全集》中文第2版增订版第29卷第292—294页;《社会
> 民主党人报》,莫斯科,1917年5月8日(4月25日),第
> 39号。

列宁起草的《俄国社会民主工党(布)中央委员会1917年4月
22日(5月5日)上午通过的决议》和他的《真诚的护国主义的内容
表露出来了》及《危机的教训》两篇文章转载于《真理呼声报》(喀琅

施塔得）第 33 号。

《列宁全集》中文第 2 版增订版第 29 卷第 314 — 316、319 — 323、325 — 328 页;《真理呼声报》,喀琅施塔得,1917 年 5 月 8 日(4 月 25 日),第 33 号。

列宁起草的《俄国社会民主工党（布）中央委员会 1917 年 4 月 21 日(5 月 4 日)通过的决议》用爱沙尼亚文转载于《光线报》(塔林)第 25 号。

《列宁全集》中文第 2 版增订版第 29 卷第 309—311 页;《光线报》,塔林,1917 年 4 月 25 日(5 月 8 日),第 25 号。

列宁起草的《1917 年 4 月 20 日(5 月 3 日)俄国社会民主工党（布）中央委员会关于临时政府 1917 年 4 月 18 日(5 月 1 日)的照会引起的危机的决议》、《告各交战国士兵书》、《关于对临时政府的态度的决议》(俄国社会民主工党（布）彼得格勒第一次全市代表会议通过)和《我们的观点。答士兵代表苏维埃执行委员会的决议》一文转载于《无产者报》(哈尔科夫)第 26 号。

《列宁全集》中文第 2 版增订版第 29 卷第 249 — 250、277 — 281、290—291、292—294 页;《无产者报》,哈尔科夫,1917 年 5 月 8 日(4 月 25 日),第 26 号。

列宁的文章《农民代表大会》和他起草的《1917 年 4 月 20 日(5 月 3 日)俄国社会民主工党（布）中央委员会关于临时政府 1917 年 4 月 18 日(5 月 1 日)的照会引起的危机的决议》转载于《工人报》(喀山)第 9 号。

《列宁全集》中文第 2 版增订版第 29 卷第 268—271、290—291 页;《工人报》,喀山,1917 年 5 月 8 日(4 月 25 日),第 9 号。

叶·米·雅罗斯拉夫斯基写的列宁传略以《列宁(弗拉基·伊林,克·土林)——弗拉基米尔·伊里奇·乌里扬诺夫》为题在《社会民主党人报》(雅库茨克)第 4 号上发表。

《社会民主党人报》,雅库茨克,1917 年 5 月 8 日(4 月 25 日),
第 4 号。

《真理报》第 40 号以社论形式发表《答诽谤者》一文,文中转引了《伯尔尼哨兵报》上刊登的西欧多国国际主义者社会党人关于赞同以列宁为首的一批政治流亡者取道德国返回俄国的《声明》(后来布尔什维克的许多地方报纸转载了这篇文章)。

《真理报》,彼得格勒,1917 年 5 月 8 日(4 月 25 日),第 40 号;
《伯尔尼哨兵报》,1917 年 4 月 23 日,第 94 号,附刊;《乌拉尔真理报》,叶卡捷琳堡,1917 年 5 月 7 日,第 3 号。

俄国社会民主工党(布)彼得格勒涅瓦区党员大会通过给列宁的致敬信,表示决心"为贯彻他的真正的革命提纲而斗争"。

《真理报》,彼得格勒,1917 年 5 月 16 日(3 日),第 47 号;《苏共列宁格勒组织简史》,第 1 册,1962 年,第 476—477 页。

4 月 25 日—26 日(5 月 8 日—9 日)

列宁写《关于苏维埃的决议的提纲草稿》,起草《关于工兵代表苏维埃的决议》草案的最终稿。列宁在决议草案中指出,在许多省的中心城市革命向前推进得比彼得格勒快:消灭了旧政权,建立起无产阶级和农民的民兵,实行八小时工作制,实行工人对生产的监督,这是在全俄国范围内为革命的第二阶段准备力量的保证。在彼得格勒和某些其他城市,同资产阶级妥协的政策表现得更为明显,这往往妨碍群众的革命创举。列宁指出,无产阶级政党的任务,就是要全面支持各地革命的发展,同时在苏维埃内部不断地(通过宣传和改选)进行斗争,用全副精力"把无产阶级路线和小资产阶级路线、国际主义路线和护国主义路线、革命路线和机会主义路线区分开来,组织和武装工人,使他们准备力量迎接下一阶段的革命"。

《列宁全集》中文第 2 版增订版第 29 卷第 378—381、422—423 页;《俄国社会民主工党(布)第七次全国代表会议(四月代表会议)。俄国社会民主工党(布)彼得格勒全市代表会议。记录》,1958 年,第 129、148 页。

不早于 4 月 25 日(5 月 8 日)—不晚于 4 月 27 日(5 月 10 日)

列宁收到俄国社会民主工党(布)中央委员会国外代表处 4 月 25 日(5 月 8 日)发自斯德哥尔摩的电报:"哈阿兹和龙格参加代表会议。'斯巴达克'已拒绝。"(指计划 5 月召开的社会沙文主义者的国际代表会议。)

《列宁全集》中文第 2 版增订版第 29 卷第 459 页;苏共中央马列主义研究院中央党务档案馆,第 2 号全宗,第 5 号目录,第 757 号案卷,第 1 张。

4 月 25 日和 29 日(5 月 8 日和 12 日)之间

列宁根据从斯德哥尔摩发来的电报中所说的中派同意参加社会沙文主义者的国际代表会议、而由卡·李卜克内西和罗·卢森堡领导的斯巴达克派则拒绝参加的情况,写《社会沙文主义者和国际主义者》一文。列宁指出:"我们的策略和卡·李卜克内西派的策略相吻合不是偶然的,这是向就要诞生的第三国际迈进了一步。"

《列宁全集》中文第 2 版增订版第 29 卷第 459—460 页;苏共中央马列主义研究院中央党务档案馆,第 2 号全宗,第 5 号目录,第 757 号案卷,第 1 张;《真理报》,彼得格勒,1917 年 5 月 12 日(4 月 29 日),第 44 号。

4 月,26 日(5 月 9 日)以前

列宁为出版他 1914—1917 年间在国外刊物上发表的论文集作准备(1917 年该论文集未出版)。

《列宁全集》中文第 2 版增订版第 27 卷第 324 页。

4月26日(5月9日)

列宁出席在高等女子学校(铁匠巷 9/27 号)举行的俄国社会民主工党(布)第七次全国代表会议(四月代表会议)第 5 次(上午)会议,听取各地代表的报告并扼要地作记录。

在讨论怎样更好地拟定决议草案这个问题时,列宁表示赞成把代表分成小组,并给各小组较多的自由。提案被通过。

列宁支持弗·巴·米柳亭关于立即开始小组工作的建议,指出关于对联合政府的态度的决议起草委员会的工作被拖延了。列宁建议作出决定:马上分成小组,立即在小组内开展工作。

列宁反对给各小组工作限定期限的提案,因为"使各小组好好地工作一段时间是必要的"。

《列宁文集》俄文版第 21 卷第 46—48 页;《俄国社会民主工党(布)第七次全国代表会议(四月代表会议)。俄国社会民主工党(布)彼得格勒全市代表会议。记录》,1958 年,第 163、164页;《列宁在彼得堡》,第 3 版,1957 年,第 148 页。

列宁写《帝国主义是资本主义的最高阶段(通俗的论述)》一书的《序言》。列宁指出:"我写这本小册子的时候,是考虑到沙皇政府的书报检查的。因此,我不但要极严格地限制自己只作理论上的、特别是经济上的分析,而且在表述关于政治方面的几点必要的意见时,不得不极其谨慎,不得不用暗示的方法……在谈到帝国主义是社会主义革命的前夜……我不得不用一种'奴隶的'语言…… 我希望我这本小册子能有助于理解帝国主义的经济实质这个基本经济问题,不研究这个问题,就根本不会懂得如何去认识现在的战争和现在的政治。"

《列宁全集》中文第 2 版增订版第 27 卷第 323—324 页。

列宁编辑《真理报》第 42 号。

《列宁全集》俄文第 5 版第 31 卷第 496 页;《真理报》,彼得格勒,1917 年 5 月 10 日(4 月 27 日),第 42 号。

列宁在俄国社会民主工党(布)第七次全国代表会议(四月代表会议)上关于召开国际社会党代表会议的方案的讲话(报道)和他起草并由代表会议通过的《关于伯格比尔的建议的决议》在《真理报》第 41 号上发表。

《列宁全集》中文第 2 版增订版第 29 卷第 369—371、368 页;《真理报》,彼得格勒,1917 年 5 月 9 日(4 月 26 日),第 41 号。

列宁起草的《俄国社会民主工党(布)中央委员会 1917 年 4 月 21 日(5 月 4 日)通过的决议》和《俄国社会民主工党(布)中央委员会 1917 年 4 月 22 日(5 月 5 日)上午通过的决议》转载于《社会民主党人报》(莫斯科)第 40 号。

《列宁全集》中文第 2 版增订版第 29 卷第 309—311、319—323 页;《社会民主党人报》,莫斯科,1917 年 5 月 9 日(4 月 26 日),第 40 号。

列宁的《真诚的护国主义的内容表露出来了》一文转载于《无产者报》(哈尔科夫)第 27 号。

《列宁全集》中文第 2 版增订版第 29 卷第 314—316 页;《无产者报》,哈尔科夫,1917 年 5 月 9 日(4 月 26 日),第 27 号。

列宁起草的《俄国社会民主工党(布)中央委员会 1917 年 4 月 22 日(5 月 5 日)上午通过的决议》用爱沙尼亚文转载于《光线报》(塔林)第 26 号。

《列宁全集》中文第 2 版增订版第 29 卷第 319—323 页;《光线报》,塔林,1917 年 4 月 26 日(5 月 9 日),第 26 号。

列宁的《愚蠢的幸灾乐祸》一文和他在俄国社会民主工党(布)第七次全国代表会议(四月代表会议)上关于目前形势的报告(报道)转载于《真理呼声报》(喀琅施塔得)第 34 号。

《列宁全集》中文第 2 版增订版第 29 卷第 337－338、356－358 页；《真理呼声报》,喀琅施塔得,1917 年 5 月 9 日(4 月 26 日),第 34 号。

列宁的《农民代表大会》一文转载于《克拉斯诺亚尔斯克工兵代表苏维埃消息报》第 28 号。

《列宁全集》中文第 2 版增订版第 29 卷第 268—271 页；《克拉斯诺亚尔斯克工兵代表苏维埃消息报》,1917 年 4 月 26 日,第 28 号。

俄国社会民主工党(布)叶卡捷琳诺达尔委员会给国际革命社会民主主义运动最彻底、最坚强的领袖之一,为建立国际而孜孜不倦斗争的战士列宁的致敬电在《真理报》第 41 号上发表。

《真理报》,彼得格勒,1917 年 5 月 9 日(4 月 26 日),第 41 号。

4 月 26 日或 27 日(5 月 9 日或 10 日)

列宁写《联欢的意义》一文,说明联欢是一种通往和平的途径,是被压迫阶级的革命创举、智慧、良心和勇气的表现,是走向社会主义革命的步骤之一,因为它"能发展、巩固和加强各国工人的兄弟般的信任"。列宁严厉批评格·瓦·普列汉诺夫对联欢的评价。列宁在文章的结尾强调指出,联欢会导致"各国革命工人之间的普遍和平,**反对资本家**,进而打碎他们的枷锁"。

《列宁全集》中文第 2 版增订版第 29 卷第 452—454 页；《真理报》,彼得格勒,1917 年 5 月 11 日(4 月 28 日),第 43 号；《统一报》,彼得格勒,1917 年 4 月 26 日,第 23 号。

4 月 26 日—27 日(5 月 9 日—10 日)

列宁参加俄国社会民主工党(布)第七次全国代表会议(四月代表会议)决议起草委员会的工作,修改《关于战争的决议》草案。

《列宁全集》中文第 2 版增订版第 29 卷第 382、389－390、397—400 页；《俄国社会民主工党(布)第七次全国代表会议(四月代表会议)。俄国社会民主工党(布)彼得格勒全市代表会议。记录》,1958 年,第 112、148、205 页。

4 月,27 日（5 月 10 日）以前

列宁起草《关于联合国际主义者反对小资产阶级护国主义联盟的决议》草案,确定布尔什维克党对社会革命党、孟什维克等小资产阶级政党的策略。

《列宁全集》中文第 2 版增订版第 29 卷第 421 页。

列宁起草《关于民族问题的决议》草案,阐述布尔什维克党关于民族问题的纲领性要求:构成俄国的各民族都有自决权乃至分离和成立独立国家的权利,实行广泛的区域自治,宣布任何一个民族的特权和对于少数民族权利的侵犯都是没有法律效力的,无产阶级国际主义。列宁强调指出:"工人阶级的利益要求俄国各族工人在统一的无产阶级组织,如政治组织、工会组织、合作-教育组织等等中打成一片。只有各族工人在这种统一的组织中打成一片,无产阶级才有可能进行反对国际资本、反对资产阶级民族主义的胜利斗争。"

《列宁全集》中文第 2 版增订版第 29 卷第 431—432 页。

4 月 27 日（5 月 10 日）

列宁出席俄国社会民主工党（布）第七次全国代表会议（四月代表会议）第 6 次（下午）会议。会议听取决议起草委员会的汇报。

列宁代表决议起草委员会发表维护关于战争的决议的讲话,说明决议的基本论点,强调指出:"革命阶级掌握政权后,首先要摧毁资本家的统治,然后向各国人民提出确切的媾和条件……"

列宁就提出的各修正案作了三次发言。

会议以多数票通过《关于战争的决议》。

代表会议以压倒多数票通过列宁起草的《关于对临时政府的态度的决议》草案。

《列宁全集》中文第 2 版增订版第 29 卷第 382—394、395—396、397—400、401—402 页;《俄国社会民主工党(布)第七次全国代表会议(四月代表会议)。俄国社会民主工党(布)彼得格勒全市代表会议。记录》,1958 年,第 165—176、177、185 页。

由于孟什维克的《工人报》发表言论,歪曲列宁对计划在斯德哥尔摩召开的社会沙文主义者代表会议所持的立场,列宁写《十分拙劣的谎言》一文。

《列宁全集》中文第 2 版增订版第 29 卷第 458 页;《真理报》,彼得格勒,1917 年 5 月 11 日(4 月 28 日),第 43 号;《工人报》,彼得格勒,1917 年 4 月 27 日,第 41 号。

列宁编辑《真理报》第 43 号。

《列宁全集》俄文第 5 版第 31 卷第 496 页;《真理报》,彼得格勒,1917 年 5 月 11 日(4 月 28 日),第 43 号。

列宁在俄国社会民主工党(布)第七次全国代表会议(四月代表会议)上关于对工兵代表苏维埃的态度的讲话(报道)和由他起草并经代表会议决议起草委员会一致通过的《关于对临时政府的态度的决议》在《真理报》第 42 号上发表。

《列宁全集》中文第 2 版增订版第 29 卷第 376—377、401—402 页;《真理报》,彼得格勒,1917 年 5 月 10 日(4 月 27 日),第 42 号。

由列宁起草并经俄国社会民主工党(布)第七次全国代表会议(四月代表会议)通过的《关于伯格比尔的建议的决议》转载于《真理呼声报》(喀琅施塔得)第 35 号。

《列宁全集》中文第 2 版增订版第 29 卷第 369—371 页;《真理呼声报》,喀琅施塔得,1917 年 5 月 10 日(4 月 27 日),第 35 号。

列宁写的《告各交战国士兵书》转载于《伏尔加河沿岸真理报》(萨马拉)第 9 号。

《列宁全集》中文第 2 版增订版第 29 卷第 292—294 页;《伏尔加河沿岸真理报》,萨马拉,1917 年 4 月 27 日,第 9 号。

列宁的《一个根本问题(转到资产阶级方面去的社会党人是怎样谈论的)》一文和他起草的《俄国社会民主工党(布)中央委员会1917 年 4 月 21 日(5 月 4 日)通过的决议》转载于《无产者报》(哈尔科夫)第 28 号。

《列宁全集》中文第 2 版增订版第 29 卷第 298—302、309—311 页;《无产者报》,哈尔科夫,1917 年 5 月 10 日(4 月 27日),第 28 号。

"列利公司"工厂(顿河畔罗斯托夫)工人大会在其决议中向列宁致敬。工人们写道:"我们……　知道社会民主党人列宁是社会民主党的老领袖,现在我们完全同意他的观点,赞成他的发言。"

《我们的旗帜报》,顿河畔罗斯托夫,1917 年 5 月 7 日,第 3 号。

托木斯克卫戍部队士兵代表苏维埃执行委员会通过决议,抗议资产阶级诽谤攻击列宁。

《托木斯克省建立苏维埃政权的斗争(文件资料集)》,托木斯克,1957 年,第 49—50 页。

4 月 27 日和 28 日(5 月 10 日和 11 日)

列宁参加俄国社会民主工党(布)第七次全国代表会议(四月代表会议)的土地问题小组、党纲修改小组及其他小组的工作,向党纲修改小组提出《俄国社会民主工党党纲修改草案初稿》。

《列宁全集》中文第 2 版增订版第 29 卷第 403—406、409、472、503—508 页;《列宁全集》俄文第 5 版第 54 卷第 488 页;《真理报》,彼得格勒,1917 年 5 月 11 日(4 月 28 日),第 43号;《俄国社会民主工党(布)第七次全国代表会议(四月代表会议)。俄国社会民主工党(布)彼得格勒全市代表会议。记录》,1958 年,第 162—164、196 页。

4 月,28 日(5 月 11 日)以前

列宁就叶尼塞斯克工兵代表苏维埃抗议临时政府任命省专员的电报写《临时政府的反革命措施会造成什么结果》一文。列宁在分析该电报时指出,在临时政府中任职的地主和资本家的代表们要保持旧的管理机构,就是准备和促使回到君主制。列宁总结说:"人民需要真正民主的工农共和国,即一切当权者都必须选举产生而且按人民的愿望可以随时撤换的共和国。为了建立**这样的**共和国,所有的工人和农民都应当起来**反对**临时政府恢复沙皇君主制的管理方法和管理机构的做法。"

《列宁全集》中文第 2 版增订版第 29 卷第 455—457 页;《真理报》,彼得格勒,1917 年 5 月 11 日(4 月 28 日),第 43 号。

下诺夫哥罗德 1 000 人参加的群众大会通过给争取自由的战士列宁的致敬信,并抗议资产阶级报刊对他的诬蔑攻击。

《真理报》,彼得格勒,1917 年 5 月 11 日(4 月 28 日),第 43 号。

4 月,不晚于 28 日(5 月 11 日)

列宁起草《关于修改党纲的决议》草案,确定修改党纲的基本方针。草案的最后部分号召各级党组织和全体党员积极参加拟定和讨论新党纲的工作。

《列宁全集》中文第 2 版增订版第 29 卷第 407—408 页。

4 月 28 日(5 月 11 日)

列宁针对策列铁里 4 月 27 日(5 月 10 日)在历届国家杜马代表的盛大集会上的演说写《伊·格·策列铁里和阶级斗争》一文,说明孟什维克的首领完全背离了马克思主义,不再用阶级斗争的方法对事件进行评价。列宁指出:"无产阶级领袖的任务是:阐明阶级利益的不同,说服小资产阶级中的某些阶层(即贫苦农民),使他们在工人和资本家中间作一个选择,站到工人方面来。

小资产阶级的路易·勃朗之流的任务是:抹杀阶级利益的不同,劝说资产阶级中的某些阶层(主要是知识分子和议员)同工人达成'协议',劝说工人同资本家、农民同地主达成'协议'。

路易·勃朗曾苦口婆心地劝过巴黎的资产阶级,大家知道,他差一点说服资产阶级在 1848 年和 1871 年放弃大规模的枪杀……"

《列宁全集》中文第 2 版增订版第 29 卷第 461—465 页;《真理报》,彼得格勒,1917 年 5 月 12 日(4 月 29 日),第 44 号。

列宁出席俄国社会民主工党(布)第七次全国代表会议(四月代表会议)第 7 次(下午)会议。会议讨论土地问题、联合内阁的问题和修改党纲的问题。列宁作关于土地问题的报告,说明社会革命党和孟什维克等待立宪会议去解决土地问题这一政策的反农民性质,论述布尔什维克的土地纲领的基本要求:立即把地主的土地交给农民,全国一切土地国有化,支持那些把地主的土地和农具变为公共财产的农民委员会的创举。列宁指出:"如果农民学会这一点(他们已经开始这样学了),这里就用不着资产阶级教授的那种才能,农民自己会得出结论:农具不仅是供小农户用的,而且必须用来耕种所有的土地。"

列宁提出经小组赞同的关于土地问题的决议草案,发言反驳扬·达·伦茨曼、尼·谢·安加尔斯基和索洛维约夫的修正案。决议以多数票通过。

列宁作关于修改党纲问题的报告,向代表们汇报党纲小组的工作成果,指出修改党纲所应遵循的方针,提出经小组赞同的决议草案。代表会议通过了该决议草案。

> 《列宁全集》中文第 2 版增订版第 29 卷第 403—406、407—408、409—415、416—417、418—420 页;《真理报》,彼得格勒,1917 年 5 月 13 日(4 月 30 日),第 45 号;《俄国社会民主工党(布)第七次全国代表会议(四月代表会议)。俄国社会民主工党(布)彼得格勒全市代表会议。记录》,1958 年,第 186—192、196—197、367 页。

列宁编辑《真理报》第 44 号。

> 《列宁全集》俄文第 5 版第 31 卷第 496 页;《真理报》,彼得格勒,1917 年 5 月 12 日(4 月 29 日),第 44 号。

列宁的《联欢的意义》、《临时政府的反革命措施会造成什么结果》和《十分拙劣的谎言》三篇文章在《真理报》第 43 号上发表。

> 《列宁全集》中文第 2 版增订版第 29 卷第 452—454、455—457、458 页;《真理报》,彼得格勒,1917 年 5 月 11 日(4 月 28 日),第 43 号。

由列宁起草并经俄国社会民主工党(布)第七次全国代表会议(四月代表会议)决议起草委员会通过的《关于对临时政府的态度的决议》草案转载于《真理呼声报》(喀琅施塔得)第 36 号。

> 《列宁全集》中文第 2 版增订版第 29 卷第 401—402 页;《真理呼声报》,喀琅施塔得,1917 年 5 月 11 日(4 月 28 日),第 36 号。

列宁的《士兵和土地》一文用爱沙尼亚文转载于《光线报》(塔林)第 28 号。

> 《列宁全集》中文第 2 版增订版第 29 卷第 264—265 页;《光线报》,塔林,1917 年 4 月 28 日(5 月 11 日),第 28 号。

由列宁起草并经俄国社会民主工党(布)第七次全国代表会议(四月代表会议)通过的《关于伯格比尔的建议的决议》转载于《社会民主党人报》(莫斯科)第 42 号。

> 《列宁全集》中文第 2 版增订版第 29 卷第 369—371 页;《社会

民主党人报》,莫斯科,1917 年 5 月 11 日(4 月 28 日),第
42 号。

列宁起草的《俄国社会民主工党(布)中央委员会 1917 年 4 月
21 日(5 月 4 日)通过的决议》转载于《前进报》(乌法)第 29 号和
《喀琅施塔得工兵代表苏维埃消息报》第 33 号。

《列宁全集》中文第 2 版增订版第 29 卷第 309—311 页;《前进
报》,乌法,1917 年 4 月 28 日,第 29 号;《喀琅施塔得工兵代表
苏维埃消息报》,1917 年 4 月 28 日,第 33 号。

列宁起草的《俄国社会民主工党(布)中央委员会 1917 年 4 月
22 日(5 月 5 日)上午通过的决议》转载于《无产者报》(哈尔科夫)
第 29 号。

《列宁全集》中文第 2 版增订版第 29 卷第 319—323 页;《无产
者报》,哈尔科夫,1917 年 5 月 11 日(4 月 28 日),第 29 号。

莫斯科—库尔斯克铁路工务处莫斯科工务段的工人和职员在
其通过的决议中向列宁致敬,同时坚决抗议临时政府及资产阶级
对他的诬蔑攻击。

《社会民主党人报》,莫斯科,1917 年 5 月 13 日(4 月 30 日),
第 44 号。

阿尔施万格工厂(莫斯科)工人发电报向列宁——坚强不屈的
战士和工人利益的捍卫者——致敬。

《社会民主党人报》,莫斯科,1917 年 5 月 15 日(2 日),第 45
号;《真理报》,彼得格勒,1917 年 5 月 16 日(3 日),第 47 号。

梯弗利斯的布尔什维克和边疆区军人代表大会的代表共同召
开的大会在给俄国社会民主工党(布)第七次全国代表会议(四月
代表会议)的致敬电中写道:"我们相信,我们光荣的领袖列宁同
志……以其特有的坚强不屈的精神一定能击退反革命资产阶级及
其仆从们的一切进攻。"

《高加索工人报》,梯弗利斯,1917 年 4 月 30 日,第 39 号;《格
鲁吉亚争取苏维埃政权胜利的斗争(文件和资料集)》,第比利
斯,1958 年,第 19 页。

4 月,29 日(5 月 12 日)以前

列宁在《真理报》编辑部接见博罗维奇工人代表苏维埃主席、
布尔什维克谢·瓦·马雷舍夫。后者来商谈建立苏维埃对陶制品
厂工作的监督,以制止厂主关闭工厂,解雇成千工人这一问题。列
宁关心地询问附近村庄的农民会怎样看待苏维埃夺取工厂管理
权、苏维埃有没有流动资金使工厂继续生产等问题。

《1917 年 4 月的俄国革命运动——四月危机》,1958 年,第
280 页;谢·瓦·马雷舍夫:《同列宁见面》,莫斯科,1933 年,
第 19—20 页。

4 月,不晚于 29 日(5 月 12 日)

俄国社会民主工党(布)第七次全国代表会议(四月代表会
议)决议起草委员会通过列宁起草的《关于民族问题的决议》
草案。

《列宁全集》中文第 2 版增订版第 29 卷第 431—432 页;苏共
中央马列主义研究院中央党务档案馆,第 2 号全宗,第 1 号目
录,第 4555 号案卷,第 1 张。

4 月 29 日(5 月 12 日)

俄国社会民主工党(布)第七次全国代表会议(四月代表会议)
第 8 次(上午)会议讨论并通过列宁起草的《关于联合国际主义者
反对小资产阶级护国主义联盟的决议》草案和《关于工兵代表苏维
埃的决议》草案。

《列宁全集》中文第 2 版增订版第 29 卷第 421、422—423 页;
《俄国社会民主工党(布)第七次全国代表会议(四月代表会
议)。俄国社会民主工党(布)彼得格勒全市代表会议。记
录》,1958 年,第 200、204—206 页。

列宁写《致前线代表大会主席团》一信,感谢邀请他参加代表大会,但由于俄国社会民主工党(布)第七次全国代表会议(四月代表会议)的工作太忙,实在不能抽身去参加代表大会,因此请求原谅。列宁在信中说道:"代表会议拖得很长,也许要开通宵,我连一分钟也走不开。"

《列宁全集》中文第 2 版增订版第 47 卷第 599 页。

列宁出席在俄国社会民主工党(布)中央委员会和彼得堡委员会大楼举行的俄国社会民主工党(布)第七次全国代表会议(四月代表会议)第 9 次(下午)会议(闭幕会),就中央委员会的组成问题发了言,参加讨论中央委员人选和列入选举名单的候选人问题。

列宁被选为俄国社会民主工党(布)中央委员会委员。

列宁发表关于民族问题的讲话,论述了党纲中的要求——民族自决权,揭露了格·列·皮达可夫否定民族自决权的错误立场,说皮达可夫提出的"取消国界"的要求是极端荒谬的,是转到最坏的沙文主义立场上去。列宁指出:"我们希望所有的民族结成兄弟联盟……如果乌克兰人看到我们这里是苏维埃共和国,他们就不会分离;如果我们这里是米留可夫共和国,他们就会分离…… 我们将靠我们革命的发展去影响被压迫群众。在被压迫群众中的鼓动工作只能这样做。"

列宁起草的《关于民族问题的决议》草案以多数票通过。

会议休息时,列宁同费·埃·捷尔任斯基就民族问题谈话,说明否定党纲中关于民族自决权的条文是错误的。

休息后,会议于午夜 1 时继续举行。

列宁发言反对格·叶·季诺维也夫提出的决议《关于齐美尔

瓦尔德的现状和俄国社会民主工党（布）的任务》，并提出修正案：俄国社会民主工党（布）留在齐美尔瓦尔德联盟内只是为了了解情况。

列宁发表维护关于目前形势的决议草案的讲话，着重讲了社会主义革命有可能在俄国胜利的问题。在讨论决议草案时列宁两次发言。决议草案以压倒多数票通过。

列宁在致俄国社会民主工党（布）第七次全国代表会议（四月代表会议）闭幕词时说道："时间不多，工作做了不少…… 无产阶级将在我们的决议中找到把我们的革命推向第二阶段的指导性材料。"

> 《列宁全集》中文第 2 版增订版第 29 卷第 424—430、431—432、433—434、435—438、439—440、441—444、445—446 页；《列宁文集》俄文版第 7 卷第 312 页；《俄国社会民主工党（布）第七次全国代表会议（四月代表会议）。俄国社会民主工党（布）彼得格勒全市代表会议。记录》，1958 年，第 207、216—219、227、228、233、234—237、238、322—323 页；《回忆弗·伊·列宁》，1963 年，第 247 页；《伟大十月社会主义革命（回忆录集）》，1957 年，第 41—43 页。

列宁编辑《真理报》第 45 号。

> 《列宁全集》俄文第 5 版第 31 卷第 496 页；《真理报》，彼得格勒，1917 年 5 月 13 日（4 月 30 日），第 45 号。

列宁的《社会沙文主义者和国际主义者》、《伊·格·策列铁里和阶级斗争》、《惊慌不安》三篇文章，以及他在俄国社会民主工党（布）第七次全国代表会议（四月代表会议）上为维护关于战争的决议而发表的讲话（报道）和由他起草并经代表会议通过的《关于战争的决议》在《真理报》第 44 号上发表。

> 《列宁全集》中文第 2 版增订版第 29 卷第 394、397—400、459—460、461—465、466—467 页；《真理报》，彼得格勒，1917 年 5 月 12 日（4 月 29 日），第 44 号。

列宁的《四月提纲》转载于《明星报》(叶卡捷琳诺斯拉夫)第
6 号。

> 《列宁全集》中文第 2 版增订版第 29 卷第 113—118 页;《明星
> 报》,叶卡捷琳诺斯拉夫,1917 年 4 月 29 日(5 月 12 日),第
> 6 号。

列宁的《联欢的意义》一文和他在俄国社会民主工党(布)第七
次全国代表会议(四月代表会议)上关于对工兵代表苏维埃的态度
的讲话(报道)转载于《真理呼声报》(喀琅施塔得)第 37 号。

> 《列宁全集》中文第 2 版增订版第 29 卷第 376—377、452—
> 454 页;《真理呼声报》,喀琅施塔得,1917 年 5 月 12 日(4 月
> 29 日),第 37 号。

由列宁起草并经俄国社会民主工党(布)第七次全国代表会
议(四月代表会议)通过的《关于伯格比尔的建议的决议》和由列
宁起草并经这次代表会议决议起草委员会通过的《关于对临时
政府的态度的决议》草案转载于《士兵真理报》(彼得格勒)第
10 号。

> 《列宁全集》中文第 2 版增订版第 29 卷第 369—371、401—
> 402 页;《士兵真理报》,彼得格勒,1917 年 5 月 12 日(4 月 29
> 日),第 10 号。

列宁 4 月 24 日(5 月 7 日)在俄国社会民主工党(布)第七次
全国代表会议(四月代表会议)上的开幕词(报道)在《社会民主党
人报》(莫斯科)第 43 号上发表。同一号报上还刊登了他在这次代
表会议上关于目前形势的报告(报道)。

> 《列宁全集》中文第 2 版增订版第 29 卷第 339—340、341—
> 356 页;《社会民主党人报》,莫斯科,1917 年 5 月 12 日(4 月
> 29 日),第 43 号。

由列宁起草并经俄国社会民主工党(布)第七次全国代表会议
(四月代表会议)通过的《关于伯格比尔的建议的决议》转载于《浪

潮报》(赫尔辛福斯)第 25 号和《光线报》(塔林,爱沙尼亚文报纸)第 29 号。

> 《列宁全集》中文第 2 版增订版第 29 卷第 369—371 页;《浪潮
> 报》,赫尔辛福斯,1917 年 5 月 12 日(4 月 29 日),第 25 号;
> 《光线报》,塔林,1917 年 4 月 29 日(5 月 12 日),第 29 号。

列宁的《资本家怎样理解"耻辱"和无产者怎样理解"耻辱"》一文和他在俄国社会民主工党(布)第七次全国代表会议(四月代表会议)上关于目前形势的报告(转述)转载于《无产者报》(哈尔科夫)第 30 号。

> 《列宁全集》中文第 2 版增订版第 29 卷第 329—330、356—
> 358 页;《无产者报》,哈尔科夫,1917 年 5 月 12 日(4 月 29
> 日),第 30 号。

列宁的《路易·勃朗主义》一文转载于《高加索工人报》(梯弗利斯)第 38 号。

> 《列宁全集》中文第 2 版增订版第 29 卷第 127—130 页;《高加
> 索工人报》,梯弗利斯,1917 年 4 月 29 日,第 38 号。

列宁的《银行和部长》一文转载于《克拉斯诺亚尔斯克工人报》第 36 号。

> 《列宁全集》中文第 2 版增订版第 29 卷第 224 页;《克拉斯诺
> 亚尔斯克工人报》,1917 年 4 月 29 日,第 36 号。

"Т.沃尔克公司"莫斯科工厂工人给列宁的致敬信在《社会民主党人报》(莫斯科)第 43 号上发表。

> 《社会民主党人报》,莫斯科,1917 年 5 月 12 日(4 月 29 日),
> 第 43 号。

机械制品公司工厂(伊万诺沃–沃兹涅先斯克)工人大会通过决议,抗议对列宁的诽谤攻击。工人们决定抵制下列资产阶级报纸:《俄罗斯意志报》、《俄罗斯言论报》、《言语报》、《交易所新闻》、

《戈比报》,等等。

《伊万诺沃-沃兹涅先斯克工兵代表苏维埃消息报》,1917 年 5 月 16 日,第 4 号。

在切尔尼戈夫举行的沃罗涅日第 149 步兵大队和第 112 康复队士兵大会通过决议,抗议资产阶级报纸诽谤攻击列宁。

《社会民主党人呼声报》,基辅,1917 年 5 月 25 日,第 29 号。

4 月 29 日和 5 月 3 日(5 月 12 日和 16 日)之间

列宁为发表全国代表会议的决议作准备,确定决议发表的顺序,写《俄国社会民主工党(布)第七次全国代表会议(四月代表会议)决议的引言》。列宁在引言中指出,"代表会议就革命的一切根本问题通过了非常重要的决议",并对工人说:"不要夸大自己的力量。要在每个工厂、每个团队和连队、每个街区组织起来。要时时刻刻进行组织工作,要亲自动手,决不把这一工作委托给别人。要通过这一工作使群众逐渐地、坚定不移地完全相信先进工人。这就是我们代表会议全部决议的基本内容。这就是整个革命进程的主要教训。这就是胜利的唯一保证。"

《列宁全集》中文第 2 版增订版第 29 卷第 447—450 页;《列宁文集》俄文版第 21 卷第 55—56 页;《士兵真理报》,彼得格勒,1917 年 5 月 16 日(3 日),第 13 号,附刊。

4 月 30 日(5 月 13 日)

列宁在俄国社会民主工党(布)中央委员会所在地同俄国社会民主工党(布)第七次全国代表会议(四月代表会议)基辅党组织的代表 Е.Г.戈尔巴乔夫谈话。

《难忘的见面。回忆弗拉基米尔·伊里奇·列宁》,第 2 版(增补版),基辅,1960 年,第 45—49 页。

列宁在俄国社会民主工党(布)第七次全国代表会议(四月代

表会议)上关于修改党纲问题的报告(报道)和关于土地问题的报告(报道),以及由他起草并经代表会议通过的《关于土地问题的决议》在《真理报》第45号上发表。

> 《列宁全集》中文第2版增订版第29卷第405—406、414—415、418—420页;《真理报》,彼得格勒,1917年5月13日(4月30日),第45号。

列宁的《社会沙文主义者和国际主义者》一文和由他起草并经俄国社会民主工党(布)第七次全国代表会议(四月代表会议)通过的《关于战争的决议》转载于《真理呼声报》(喀琅施塔得)第38号。

> 《列宁全集》中文第2版增订版第29卷第397—400、459—460页;《真理呼声报》,喀琅施塔得,1917年5月13日(4月30日),第38号。

由列宁起草并经俄国社会民主工党(布)第七次全国代表会议(四月代表会议)通过的《关于战争的决议》转载于《维堡士兵通报》第41号。

> 《列宁全集》中文第2版增订版第29卷第397—400页;《维堡士兵通报》,1917年4月30日,第41号。

列宁起草的《俄国社会民主工党(布)中央委员会1917年4月22日(5月5日)上午通过的决议》转载于《社会民主党人报》(萨拉托夫)第10号。

> 《列宁全集》中文第2版增订版第29卷第319—323页;《社会民主党人报》,萨拉托夫,1917年4月30日,第10号。

列宁1917年4月10日(23日)在伊兹迈洛夫团的大会上对士兵的讲话转载于《克拉斯诺亚尔斯克工兵代表苏维埃消息报》第32号。

> 《列宁全集》中文第2版增订版第29卷第186—188页;《克拉斯诺亚尔斯克工兵代表苏维埃消息报》,1917年4月30日,第32号。

俄国社会民主工党(布)莫斯科列福尔托沃区全体党员大会听取关于列宁在党内从事革命活动 30 年的报告并讨论他的《四月提纲》,决定向列宁——革命无产阶级的先进战士发致敬信。

《社会民主党人报》,莫斯科,1917 年 5 月 18 日(5 日),第 48 号;《苏共莫斯科组织简史(1883—1965 年)》,莫斯科,1966 年,第 227 页。

喀琅施塔得 19 000 名水兵、士兵和工人集会通过决议,抗议资产阶级报刊诽谤攻击列宁,并要求征用资产阶级报纸的印刷所。

《真理呼声报》,喀琅施塔得,1917 年 5 月 16 日(3 日),第 40 号。

伊万诺沃-沃兹涅先斯克 5 000 名工人和士兵集会通过决议,向列宁致敬,同时抗议继续进行帝国主义战争。

《社会民主党人报》,莫斯科,1917 年 5 月 19 日(6 日),第 49 号。

4 月 30 日和 5 月 1 日(5 月 13 日和 14 日)

列宁写《芬兰和俄国》一文,批评孟什维克的组织委员会不支持芬兰劳动人民反对临时政府、争取芬兰自治的斗争。列宁指出:"孟什维克社会民主党人抛弃了社会民主党纲领中承认国内各民族都有自决权的第 9 条。他们实际上已经背弃了这一纲领,……实际上已经转到资产阶级方面去了…… 无产阶级政党(布尔什维克)在自己的代表会议上,在关于民族问题的决议中,再一次确认了分离的自由。"

《列宁全集》中文第 2 版增订版第 29 卷第 468—471 页;《真理报》,彼得格勒,1917 年 5 月 15 日(2 日),第 46 号;《工人报》,彼得格勒,1917 年 4 月 27 日,第 41 号;4 月 28 日,第 42 号;《交易所新闻》,彼得格勒,1917 年 4 月 28 日(5 月 11 日),第 16207 号,晚上版;《俄国社会民主工党(布)第七次全国代表会议(四月代表会议)。俄国社会民主工党(布)彼得格勒全市代表会议。记录》,1958年,第227页。

列宁编辑《真理报》第46号。

《列宁全集》俄文第5版第32卷第452页;《真理报》,彼得格勒,1917年5月15日(2日),第46号。

4月下半月

列宁同布良斯克工厂(别日察)工人、布尔什维克 Г.К.绍哈诺夫和 И.М.什梅列夫谈话,他们被派到彼得格勒,要求陆军部长从军队放回该厂1916年因参加罢工被派往前线的工人。列宁详细询问了工厂的情况及工人的情绪,建议工人学会掌握武器。

《十月革命在布良斯克(文件和回忆录集)》,布良斯克,1957年,第247—248页;《苏共布良斯克组织简史》,图拉,1968年,第82页。

列宁同即将去赫尔辛福斯俄国海军基地进行宣传鼓动的亚·米·柯伦泰谈话。

苏共中央马列主义研究院中央党务档案馆,第134号全宗,第1号目录,第272号案卷,第85张。

4月底—5月初

列宁同俄国社会民主工党(布)中央委员会西伯利亚局出席第七次全国代表会议(四月代表会议)的迟到的代表谈话,听取他们关于西伯利亚党组织情况的汇报,提出今后如何根据代表会议决议开展工作的意见。

М.М.绍尔尼科夫:《弗·伊·列宁与西伯利亚(大事记)》,新西伯利亚,1972年,第55页;Б.З.舒米亚茨基:《走向十月革命的西伯利亚》,莫斯科—列宁格勒,1927年,第34页;《克拉斯诺亚尔斯克党组织简史》,第1卷,克拉斯诺亚尔斯克,1967年,第221页。

4月底—5月

列宁在 П.В.巴拉诺夫斯基股份公司机械、套筒及制管工厂办

公室会见列·波·克拉辛,就他重新积极参加党的工作问题进行
谈话。

> 列·波·克拉辛("尼基季奇"):《地下工作年代(回忆录、文章
> 和文件集)》,1928 年,第 172—173 页。

4 月

列宁访问俄罗斯科学院图书馆手稿部(瓦西里耶夫岛,大学沿
岸街 3 号),阅读保存在那里的布尔什维克秘密文献。

> 《档案工作》杂志,莫斯科,1939 年,第 2 期,第 16 页;《新世
> 界》杂志,莫斯科,1945 年,第 8 期,第 101 页。

列宁在《真理报》编辑部(莫伊卡河沿岸街 32/2 号)同印刷工
会中央委员会主席 H.H.尼古拉耶夫和印刷工会中央委员会主席
团成员 A.萨哈罗夫谈按时出版《真理报》和印刷工会中党的工作
安排等问题。

> 《彼得堡人回忆伊里奇》,1970 年,第 287—289 页。

列宁同亚·米·柯伦泰谈开展妇女工作问题,建议她起草
一份工作计划并和妇女运动的著名活动家们一起讨论这一
计划。

> 苏共中央马列主义研究院中央党务档案馆,第 4 号全宗,第 2
> 号目录,第 1226 号案卷,第 1—3 张;《女工》杂志,莫斯科,
> 1947 年,第 1 期,第 5—6 页。

列宁在小册子《俄国社会民主工党党纲和党章(1903 年第二
次党代表大会通过,1906 年斯德哥尔摩统一代表大会修改)》上写
上:"**列宁藏书**",并在文中作批注。

> 《克里姆林宫的弗·伊·列宁藏书》,1961 年,第 126 页。

4 月至 6 月

列宁多次访问布尔什维克党的生活和知识出版社编辑部(波

瓦尔巷 2 号 9 室和 10 室）。

《列宁文集》俄文版第 21 卷第 83 页；弗·德·邦契–布鲁耶维
奇：《回忆列宁》，第 2 版，1969 年，第 95、102 — 103 页；《列宁
在彼得堡》，第 3 版，1957 年，第 150 页。

5   月

5 月 1 日（14 日）

列宁写《"政权危机"》一文，剖析危机产生的原因，指出："现在向俄国人民提出了三种解决'政权危机'的办法。有些人说：一切照旧吧，更加信任临时政府吧……

另一种办法是成立联合内阁。让我们同米留可夫一伙共分部长职位，把我们的人弄几个到内阁中去，这样一来，就能奏出截然不同的音乐了。

我们则建议第三种办法——改变苏维埃的全部政策，不信任资本家，**把全部政权交给工兵代表苏维埃**。更换几个人是不会有什么结果的，必须改变**政策**。必须由另一个阶级来执政。"

《列宁全集》中文第 2 版增订版第 30 卷第 1—3 页；《真理报》，彼得格勒，1917 年 5 月 15 日（2 日），第 46 号；《彼得格勒工兵代表苏维埃消息报》，1917 年 5 月 2 日，第 55 号。

列宁写《给编辑部的信》给《真理报》，声明资产阶级报纸又登载了一个不确实的消息，说什么他打算在前线代表大会上讲话。列宁指出："我没有许下这样的诺言。我因病**不能**讲话。请大家只相信《真理报》的报道和我自己签署的声明。"

《列宁全集》中文第 2 版增订版第 30 卷第 4 页；《真理报》，彼得格勒，1917 年 5 月 15 日（2 日），第 46 号；《交易所新闻》，彼得格勒，1917 年 4 月 30 日（5 月 13 日），第 16210 号，上午版；《言语报》，彼得格勒，1917 年 4 月 30 日（5 月 13 日），第 100 号。

列宁起草的《俄国社会民主工党(布)中央委员会1917年4月21日(5月4日)通过的决议》和《俄国社会民主工党(布)中央委员会1917年4月22日(5月5日)上午通过的决议》用立陶宛文转载于《真理报》(彼得格勒)第4号(非全文)。

《列宁全集》中文第2版增订版第29卷第309—311、319—323页;《真理报》,彼得格勒,1917年5月14日(1日),第4号。

由列宁起草并经俄国社会民主工党(布)第七次全国代表会议(四月代表会议)决议起草委员会通过的《关于对临时政府的态度的决议》草案用爱沙尼亚文转载于《光线报》(塔林)第30号(转述)。

《列宁全集》中文第2版增订版第29卷第401—402页;《光线报》,塔林,1917年5月1日(14日),第30号。

列宁起草的《俄国社会民主工党(布)中央委员会1917年4月21日(5月4日)通过的决议》转载于《工人报》(喀山)第11号。

《列宁全集》中文第2版增订版第29卷第309—311页;《工人报》,喀山,1917年5月14日(1日),第11号。

5月2日(15日)

列宁写《用美好的词句掩盖为帝国主义辩护的行为》一文。该文是针对彼得格勒工兵代表苏维埃《告各国社会党人书》而写的,因为《告各国社会党人书》中断言,临时政府已接受在民族自决基础上缔结没有兼并和赔款的和约的纲领。

列宁指出:"全部实质就在这句话里。这句话就是为**俄国**帝国主义辩护,就是替它掩盖、粉饰。因为实际上我国临时政府不仅没有'接受'缔结没有兼并的和约的纲领,而且时刻在践踏这个纲领。"

《列宁全集》中文第2版增订版第30卷第5—9页;《真理报》,彼得格勒,1917年5月16日(3日),第47号;《彼得格勒工兵代表苏维埃消息报》,1917年5月2日,第55号。

列宁编辑《真理报》第 47 号。

《列宁全集》俄文第 5 版第 32 卷第 452 页;《真理报》,彼得格勒,1917 年 5 月 16 日(3 日),第 47 号。

列宁的《"政权危机"》、《芬兰和俄国》、《给编辑部的信》三篇文章,列宁在俄国社会民主工党(布)第七次全国代表会议(四月代表会议)上关于民族问题、关于国际的现状和俄国社会民主工党(布)的任务所作的讲话的报道,以及由列宁起草并经俄国社会民主工党(布)第七次全国代表会议(四月代表会议)通过的两项决议(关于工兵代表苏维埃的决议、关于联合国际主义者反对小资产阶级护国主义联盟的决议)和由列宁起草并经俄国社会民主工党(布)彼得格勒第一次全市代表会议通过的《关于市政选举的决议》等在《真理报》第 46 号上发表。

《列宁全集》中文第 2 版增订版第 29 卷第 253 — 254、421、422 — 423、429 — 430、434、468 — 471 页,第 30 卷第 1 — 3、4 页;《真理报》,彼得格勒,1917 年 5 月 15 日(2 日),第 46 号。

列宁在俄国社会民主工党(布)第七次全国代表会议(四月代表会议)上作的关于目前形势的报告(报道)转载于《前进报》(乌法)第 32 号。

《列宁全集》中文第 2 版增订版第 29 卷第 356 — 358 页;《前进报》,乌法,1917 年 5 月 2 日,第 32 号。

列宁在俄国社会民主工党(布)第七次全国代表会议(四月代表会议)上作的关于召开国际社会党代表会议的方案的讲话(报道)和由他起草并经代表会议通过的《关于伯格比尔的建议的决议》转载于《无产者报》(哈尔科夫)第 32 号。

《列宁全集》中文第 2 版增订版第 29 卷第 368、369 — 371 页;《无产者报》,哈尔科夫,1917 年 5 月 15 日(2 日),第 32 号。

　　由列宁起草并经俄国社会民主工党(布)第七次全国代表会议
(四月代表会议)通过的《关于伯格比尔的建议的决议》和由列宁起
草并经代表会议决议起草委员会通过的《关于对临时政府的态度
的决议》草案转载于《明星报》(叶卡捷琳诺斯拉夫)第 7 号。

　　　　　　　　《列宁全集》中文第 2 版增订版第 29 卷第 369—371、401—
　　　　　　　　402 页;《明星报》,叶卡捷琳诺斯拉夫,1917 年 5 月 2 日(15
　　　　　　　　日),第 7 号。

　　由列宁起草并经俄国社会民主工党(布)第七次全国代表会议
(四月代表会议)决议起草委员会通过的《关于对临时政府的态度
的决议》草案转载于《士兵和水兵自由言论报》(雷瓦尔)第 29 号。

　　　　　　　　《列宁全集》中文第 2 版增订版第 29 卷第 401—402 页;《士兵
　　　　　　　　和水兵自由言论报》,雷瓦尔,1917 年 5 月 2 日(15 日),第
　　　　　　　　29 号。

　　由列宁起草并经俄国社会民主工党(布)第七次全国代表会议
(四月代表会议)通过的《关于战争的决议》用爱沙尼亚文转载于
《光线报》(塔林)第 31 号。

　　　　　　　　《列宁全集》中文第 2 版增订版第 29 卷第 397—400 页;《光线
　　　　　　　　报》,塔林,1917 年 5 月 2 日(15 日),第 31 号。

　　由列宁起草并经俄国社会民主工党(布)第七次全国代表会议
(四月代表会议)通过的《关于土地问题的决议》转载于《维堡士兵
通报》第 42 号。

　　　　　　　　《列宁全集》中文第 2 版增订版第 29 卷第 418—420 页;《维堡
　　　　　　　　士兵通报》,1917 年 5 月 2 日,第 42 号。

　　俄国社会民主工党(布)卡纳维诺委员会给俄国革命的社会民
主党的坚忍不拔的领袖列宁的致敬信在《真理报》第 46 号上发表。

　　　　　　　　《真理报》,彼得格勒,1917 年 5 月 15 日(2 日),第 46 号。

5 月 3 日（16 日）

列宁写《可悲的文件》一文，抨击彼得格勒工兵代表苏维埃的《告军队书》。文章指出，《告军队书》意味着苏维埃的领袖们，即社会革命党人和孟什维克已转到帝国主义资产阶级方面去了，《告军队书》是弥天大谎，因为它一方面为同俄国资产阶级临时政府达成协议辩护，称俄国继续进行的帝国主义战争是正义的，同时却又鼓吹"革命性供出口"，号召德国的工农进行革命来反对本国的资本家。列宁总结说："切尔诺夫、齐赫泽、策列铁里已经彻底滚到维护俄国帝国主义的立场上去了。这是一个可悲的事实，但这毕竟是事实。"

《列宁全集》中文第 2 版增订版第 30 卷第 10 — 13 页；《真理报》，彼得格勒，1917 年 5 月 16 日（3 日），第 47 号；《彼得格勒工兵代表苏维埃消息报》，1917 年 5 月 2 日，第 55 号。

列宁写《以资产阶级的恐惧吓唬人民》一文，揭露资产阶级和小资产阶级报刊散布所谓国内无政府状态日益严重、越轨行动越来越多的谎言（这些报刊把农民夺取地主的土地和军队逐渐走上革命道路称为无政府状态和越轨行动）。列宁指出："害怕人民——这就是这些散布恐惧和惊慌的领导者的心理。"接着他又解释说："工兵大多数的解决办法**不**是无政府状态。这种解决办法是实现民主特别是找到摆脱经济破坏状况的措施的唯一可能的保证。"

《列宁全集》中文第 2 版增订版第 30 卷第 14 — 16 页；《真理报》，彼得格勒，1917 年 5 月 17 日（4 日），第 48 号；《彼得格勒工兵代表苏维埃消息报》，1917 年 5 月 3 日，第 56 号。

列宁编辑《真理报》第 48 号。

《列宁全集》俄文第 5 版第 32 卷第 452 页；《真理报》，彼得格勒，1917 年 5 月 17 日（4 日），第 48 号。

列宁的《用美好的词句掩盖为帝国主义辩护的行为》、《可悲的文件》两篇文章在《真理报》第 47 号上发表。

> 《列宁全集》中文第 2 版增订版第 30 卷第 5—9、10—13 页；
> 《真理报》，彼得格勒，1917 年 5 月 16 日（3 日），第 47 号。

列宁的《用美好的词句掩盖为帝国主义辩护的行为》一文在《士兵真理报》（彼得格勒）第 13 号上发表（非全文）。

> 《列宁全集》中文第 2 版增订版第 30 卷第 5—9 页；《士兵真理报》，彼得格勒，1917 年 5 月 16 日（3 日），第 13 号。

由列宁起草并经俄国社会民主工党（布）第七次全国代表会议（四月代表会议）通过的《关于战争的决议》、《关于对临时政府的态度的决议》、《关于土地问题的决议》、《关于伯格比尔的建议的决议》、《关于民族问题的决议》、《关于联合国际主义者反对小资产阶级护国主义联盟的决议》、《关于目前形势的决议》、《关于修改党纲的决议》、《关于工兵代表苏维埃的决议》，以及列宁写的《俄国社会民主工党（布）第七次全国代表会议（四月代表会议）决议的引言》等在《士兵真理报》（彼得格勒）第 13 号附刊上发表。

> 《列宁全集》中文第 2 版增订版第 29 卷第 369—371、397—400、401—402、407—408、418—420、421、422—423、431—432、441—444、447—450 页；《列宁文集》俄文版第 21 卷第 55—56 页；《士兵真理报》，彼得格勒，1917 年 5 月 16 日（3 日），第 13 号，附刊。

列宁起草的《1917 年 4 月 20 日（5 月 3 日）俄国社会民主工党（布）中央委员会关于临时政府 1917 年 4 月 18 日（5 月 1 日）的照会引起的危机的决议》转载于《高加索工人报》（梯弗利斯）第 41 号。

> 《列宁全集》中文第 2 版增订版第 29 卷第 290—291 页；《高加索工人报》，梯弗利斯，1917 年 5 月 3 日，第 41 号。

由列宁起草并经俄国社会民主工党（布）第七次全国代表会议（四月代表会议）通过的《关于土地问题的决议》转载于《真理呼声

1917年5月3日（16日）载有列宁《用美好的词句掩盖为帝国主义辩护的行为》和《可悲的文件》两篇文章的《真理报》第47号第1版

《真理报》编辑部所在地（彼得格勒莫伊卡河沿岸街32/2号）（右下图）

载于1917年5月3日(16日)《士兵真理报》第13号附刊的列宁起草的俄国
社会民主工党(布)第七次全国代表会议(四月代表会议)决议及其《引言》

报》(喀琅施塔得)第 40 号。

《列宁全集》中文第 2 版增订版第 29 卷第 418—420 页；《真理呼声报》，喀琅施塔得，1917 年 5 月 16 日(3 日)，第 40 号。

由列宁起草并经俄国社会民主工党(布)第七次全国代表会议(四月代表会议)通过的《关于战争的决议》转载于《社会民主党人报》(莫斯科)第 46 号和《浪潮报》(赫尔辛福斯)第 28 号。

《列宁全集》中文第 2 版增订版第 29 卷第 397—400 页；《社会民主党人报》，莫斯科，1917 年 5 月 16 日(3 日)，第 46 号；《浪潮报》，赫尔辛福斯，1917 年 5 月 16 日(3 日)，第 28 号。

列宁的《联欢的意义》一文用爱沙尼亚文转载于《光线报》(塔林)第 32 号(非全文)。

《列宁全集》中文第 2 版增订版第 29 卷第 452—454 页；《光线报》，塔林，1917 年 5 月 3 日(16 日)，第 32 号。

列宁在俄国社会民主工党(布)第七次全国代表会议(四月代表会议)上作的关于对工兵代表苏维埃的态度的讲话(报道)转载于《前进报》(乌法)第 33 号。

《列宁全集》中文第 2 版增订版第 29 卷第 376—377 页；《前进报》，乌法，1917 年 5 月 3 日，第 33 号。

俄国社会民主工党(布)波列斯克委员会给列宁的致敬信在《真理报》第 47 号上发表。

《真理报》，彼得格勒，1917 年 5 月 16 日(3 日)，第 47 号。

《真理报》第 47 号上登载的卢加第 423 步兵团士兵给列宁的致敬信中写道："我们向列宁同志致敬，您领导劳动阶级反对资本主义，您促使停止这场由头戴皇冠的独裁者和资产阶级统治者们发动的血腥大屠杀。为正义事业坚强地战斗吧！"

《真理报》，彼得格勒，1917 年 5 月 16 日(3 日)，第 47 号。

科夫罗夫的布尔什维克和非党工人大会发致敬电给"我们亲爱的同志、为社会主义而奋斗的战士列宁"。

《苏共弗拉基米尔组织简史》,第 2 版(增订版),雅罗斯拉夫尔,1972 年,第 137 页。

5 月 4 日(17 日)

列宁写《前夜》一文,揭露孟什维克和社会革命党的首领们同临时政府谈判成立"新的"联合内阁。文章指出,新内阁的新东西不会多,无非是在旧的资本家的政府中添几个一心支持帝国主义战争的小资产阶级部长。列宁问道:"旧的部长公民们和新的部长公民们……这样自己骗自己你们能维持多久呢?"

《列宁全集》俄文第 5 版第 32 卷第 452 页;《真理报》,彼得格勒,1917 年 5 月 18 日(5 日),第 49 号;《彼得格勒工兵代表苏维埃消息报》,1917 年 5 月 4 日,第 57 号。

列宁编辑《真理报》第 49 号。

《列宁全集》俄文第 5 版第 32 卷第 452 页;《真理报》,彼得格勒,1917 年 5 月 18 日(5 日),第 49 号。

列宁的《以资产阶级的恐惧吓唬人民》一文在《真理报》第 48 号上发表。

《列宁全集》中文第 2 版增订版第 30 卷第 14—16 页;《真理报》,彼得格勒,1917 年 5 月 17 日(4 日),第 48 号。

由列宁起草并经俄国社会民主工党(布)第七次全国代表会议(四月代表会议)通过的《关于土地问题的决议》转载于《社会民主党人报》(莫斯科)第 47 号和《浪潮报》(赫尔辛福斯)第 29 号。

《列宁全集》中文第 2 版增订版第 29 卷第 418—420 页;《社会民主党人报》,莫斯科,1917 年 5 月 17 日(4 日),第 47 号;《浪潮报》,赫尔辛福斯,1917 年 5 月 17 日(4 日),第 29 号。

列宁的《可悲的文件》一文转载于《真理呼声报》(喀琅施塔得)第 41 号。

《列宁全集》中文第 2 版增订版第 30 卷第 10—13 页;《真理呼声报》,喀琅施塔得,1917 年 5 月 17 日(4 日),第 41 号。

列宁写的《告各交战国士兵书》和由列宁起草并经俄国社会民主工党(布)第七次全国代表会议(四月代表会议)决议起草委员会通过的《关于对临时政府的态度的决议》草案转载于《前进报》(乌法)第 34 号。

《列宁全集》中文第 2 版增订版第 29 卷第 292—294、401—402 页;《前进报》,乌法,1917 年 5 月 4 日,第 34 号。

列宁的《清楚的问题是怎样弄糊涂的?》一文和他起草的《俄国社会民主工党(布)中央委员会 1917 年 4 月 22 日(5 月 5 日)上午通过的决议》转载于《克拉斯诺亚尔斯克工兵代表苏维埃消息报》第 35 号。

《列宁全集》中文第 2 版增订版第 29 卷第 319—323、333—335 页;《克拉斯诺亚尔斯克工兵代表苏维埃消息报》,1917 年 5 月 4 日,第 35 号。

列宁起草的《俄国社会民主工党(布)中央委员会 1917 年 4 月 21 日(5 月 4 日)通过的决议》转载于《克拉斯诺亚尔斯克工人报》第 40 号。

《列宁全集》中文第 2 版增订版第 29 卷第 309—311 页;《克拉斯诺亚尔斯克工人报》,1917 年 5 月 4 日,第 40 号。

俄国社会民主工党(布)雷瓦尔委员会向列宁发致敬信。

《俄国社会民主工党(布)中央书记处与地方党组织的通信集》,第 1 卷,1957 年,第 122 页。

奥列霍沃-祖耶沃 18 000 名工人参加的大会向"我们的思想领袖和导师"列宁发致敬信。

《社会民主党人报》,莫斯科,1917 年 5 月 18 日(5 日),第 48 号;5 月 19 日(6 日),第 49 号。

尼科波尔工兵代表苏维埃通过决议,抗议资产阶级报刊造谣中伤列宁,并号召抵制这些报刊。

《1917 年 4 月的俄国革命运动——四月危机》,1958 年,第 296 页。

5 月 4 日和 28 日(5 月 17 日和 6 月 10 日)之间

列宁领导全俄农民第一次代表大会布尔什维克党团,解释布尔什维克党的土地问题纲领。

《列宁全集》中文第 2 版增订版第 30 卷第 138 页;《回忆弗·伊·列宁》,第 2 卷,1969 年,第 403 页;《列宁就是这样的人(同时代人回忆录)》,1965 年,第 194 页;《伟大的十月革命史册(1917 年 4—10 月)》,莫斯科,1958 年,第 45—48 页。

5 月,不早于 4 日(17 日)

列宁写《关于临时政府的宣言的提纲》,就布尔什维克对"新的"联合政府的策略作了如下表述:"不给任何信任,不给任何支持!"列宁把这个政府斥为"小资产阶级幻想和小资产阶级妥协的内阁"。

《列宁全集》中文第 2 版增订版第 30 卷第 18—19 页;《新生活报》,彼得格勒,1917 年 5 月 4 日(17 日),第 14 号;《统一报》,彼得格勒,1917 年 5 月 6 日,第 32 号;《工人报》,彼得格勒,1917 年 5 月 7 日,第 50 号。

不早于 5 月 4 日(17 日)

列宁收到第 8 骑炮连(作战部队)士兵委员会的信并回信说:"同志们! 彼得格勒工兵代表苏维埃已经把你们 1917 年 4 月 24 日的信交给了我。你们在这封信中问到我的出身、经历,如果我曾被流放,原因是什么? 还问我是怎样回到俄国的以及我目前从事什么样的活动,也就是说它们(这些活动)对你们有益还是有害。

Въ Со[вѣтъ] [Р]або[чихъ] и Со[л]датскихъ Депутатовъ.

ПЕТРОГРАДЪ.

4 МАЯ 1917

Вх. № 036

Мы нижеподписавшіеся члены Комитета 8-й конно-артиллерійской батареи на общемъ Собраніи Солдатъ постановили послать Вамъ письмо слѣдующаго содержанія:

Ввиду того, что между Солдатами батареи происходитъ много треній относительно Ленина, просимъ неотказать намъ дать скорѣйшій, по возможности, отвѣтъ:

Какого онъ происхожденія, гдѣ онъ былъ, если онъ былъ сосланъ, то за что? какимъ образомъ онъ вернулся въ Россію и какія дѣйствія онъ проявляетъ въ настоящій моментъ, т.е. полезны-ли они намъ или вредны?

Однимъ словомъ просимъ убѣдить насъ своимъ письмомъ такъ, что-бы послѣ этого у насъ небыло никакихъ споровъ, не теряли-бы напрасно время и другимъ товарищамъ могли-бы въ состояніи доказать.

Солдатскій Комитетъ { Предсѣдатель
8-й конно-артил-
лерійской батареи { ЧЛЕНЫ:

"24" Апрѣля 1917 года. Д. армія.

第8骑炮连(作战部队)士兵委员会的信

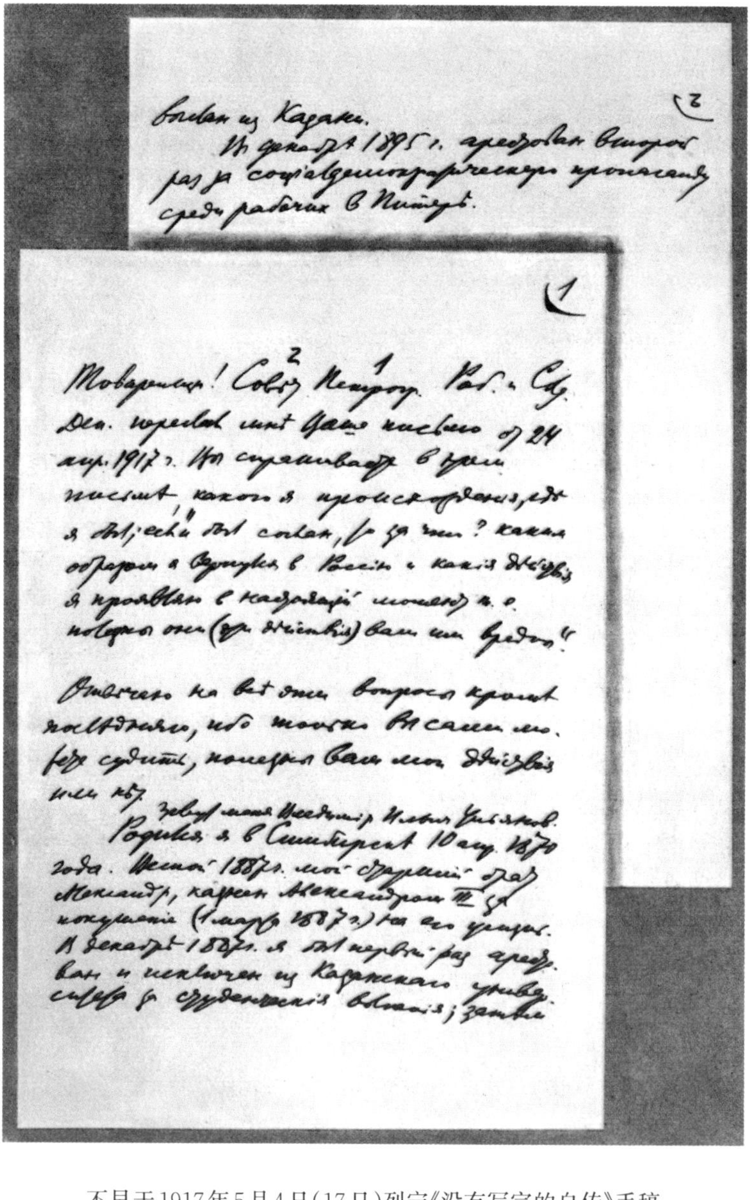

不早于1917年5月4日(17日)列宁《没有写完的自传》手稿

现在我来回答所有这些问题,但最后一个问题除外,因为我的活动是否对你们有益,只有你们自己才能作出判断。"(列宁的这份自传没有写完。)

《列宁全集》中文第 2 版增订版第 30 卷第 417 页;《真理报》,莫斯科,1927 年 4 月 16 日,第 86 号。

5 月,5 日(18 日)以前

列宁写《忘记了主要的东西(无产阶级政党的市政纲领)》一文,揭露孟什维克和社会革命党人的市政纲领的主要弊病:许下漂亮的诺言,不谈主要的东西,即实现这些诺言的实际条件。文章论述了布尔什维克党的市政纲领及党的各项基本要求,并号召:"彼得格勒男女工人同志们! 大家都去参加区杜马选举吧。要维护穷人的利益。要反对帝国主义战争,反对支持资本家政府,反对恢复警察,拥护立即无条件地用全民的民兵代替警察。"

《列宁全集》中文第 2 版增订版第 30 卷第 20—23 页;《真理报》,彼得格勒,1917 年 5 月 18 日(5 日),第 49 号。

彼得格勒"电合金"工厂工人大会通过决议,对列宁——《真理报》的领导人表示感谢,并抗议资产阶级报刊对他的诽谤攻击。

《真理报》,彼得格勒,1917 年 5 月 18 日(5 日),第 49 号。

5 月 5 日(18 日)

列宁写《同资本实行阶级合作,还是同资本进行阶级斗争?》一文,对由于孟什维克和社会革命党人参加临时政府而出现的新的政治形势作马克思主义的分析。文章谴责孟什维克和社会革命党的领袖们的行为:他们答应同资本家联合起来帮助国家摆脱危机,使它免于崩溃,并把它从战争中拯救出来。

列宁指出:"危机异常深刻,到处蔓延,遍及全世界,同资本又有极密切的联系,以致反对资本的阶级斗争不可避免地要采取无产阶级和半无产者的政治统治形式。别的出路是没有的。"

《列宁全集》中文第 2 版增订版第 30 卷第 24—26 页;《真理报》,彼得格勒,1917 年 5 月 19 日(6 日),第 50 号。

列宁写《论坚强的革命政权》一文,概述各个阶级、各个政党在政权问题上的不同观点。文章强调指出,"只有半无产者所支持的无产阶级的政权"才是坚强的革命政权。这个政权将真正是坚强的,因为大多数人民会拥护它;这个政权会是真正革命的,因为"只有它才能够向人民表明,在群众遭到极大的苦难的时候,它会毫不犹豫地去触动资本的利润"。列宁总结说,布尔什维克拥护这样的"唯一可能的和唯一坚强可靠的革命政权"。

《列宁全集》中文第 2 版增订版第 30 卷第 27—29 页;《真理报》,彼得格勒,1917 年 5 月 19 日(6 日),第 50 号;《彼得格勒工兵代表苏维埃消息报》,1917 年 5 月 3 日,第 56 号;5 月 5 日,第 58 号。

列宁写《给刚诞生的……"新"政府的小礼物》一文,抨击立宪民主党和十月党的首领们在 5 月 4 日(17 日)举行的第四届国家杜马代表非正式会议上的发言。列宁指出,"正在组织起来的反革命派"领袖们发言的基本思想在于促使"新的"联合政府在军队中和在国内整顿"秩序",并在前线尽快发起进攻。文章表示确信,俄国工人只要抛弃小资产阶级幻想,就能离开资产阶级。

《列宁全集》中文第 2 版增订版第 30 卷第 30—32、323 页;《真理报》,彼得格勒,1917 年 5 月 19 日(6 日),第 50 号;《言语报》,彼得格勒,1917 年 5 月 5 日(18 日),第 104 号;《晚间报》,彼得格勒,1917 年 5 月 5 日(18 日),第 1813 号。

列宁写《"新"政府已不仅落后于革命工人,而且落后于农民群众》一文,分析全俄农民第一次代表大会第一天会议的成就:普通的代表们坚决要求不等立宪会议召开就立即夺取地主的土地。文章强调指出:"'新'政府甚至已无可挽回地落后于农民代表大会了!!

这一事实出乎很多人的意料,但这是事实。"

《列宁全集》中文第 2 版增订版第 30 卷第 33—34 页;《真理报》,彼得格勒,1917 年 5 月 19 日(6 日),第 50 号;《俄罗斯意志报》,彼得格勒,1917 年 5 月 4 日,第 96 号,晚上版。

列宁编辑《真理报》第 50 号。

《列宁全集》俄文第 5 版第 32 卷第 452 页;《真理报》,彼得格勒,1917 年 5 月 19 日(6 日),第 50 号。

列宁的《前夜》和《忘记了主要的东西(无产阶级政党的市政纲领)》两篇文章在《真理报》第 49 号上发表。

《列宁全集》中文第 2 版增订版第 30 卷第 17、20—23 页;《真理报》,彼得格勒,1917 年 5 月 18 日(5 日),第 49 号。

列宁写的《反对大暴行制造者(告彼得格勒工人、士兵和全体居民书)》转载于《库班河沿岸真理报》(叶卡捷琳诺达尔)第 1 号。

《列宁全集》中文第 2 版增订版第 29 卷第 225—228 页;《库班河沿岸真理报》,叶卡捷琳诺达尔,1917 年 5 月 5 日,第 1 号。

列宁写的《告各交战国士兵书》转载于《克拉斯诺亚尔斯克工兵代表苏维埃消息报》第 36 号。

《列宁全集》中文第 2 版增订版第 29 卷第 292—294 页;《克拉斯诺亚尔斯克工兵代表苏维埃消息报》,1917 年 5 月 5 日,第 36 号。

列宁的《资本家怎样理解"耻辱"和无产者怎样理解"耻辱"》一文转载于《克拉斯诺亚尔斯克工人报》第 41 号。

《列宁全集》中文第 2 版增订版第 29 卷第 329—330 页;《克拉斯诺亚尔斯克工人报》,1917 年 5 月 5 日,第 41 号。

列宁在俄国社会民主工党(布)第七次全国代表会议(四月代

表会议)上关于目前形势的报告(报道)转载于《西伯利亚呼声报》(新尼古拉耶夫斯克)第 95 号。

《列宁全集》中文第 2 版增订版第 29 卷第 356—358 页;《西伯利亚呼声报》,新尼古拉耶夫斯克,1917 年 5 月 5 日,第 95 号。

列宁在俄国社会民主工党(布)第七次全国代表会议(四月代表会议)上关于对工兵代表苏维埃的态度的讲话(报道)和由他起草并经代表会议决议起草委员会通过的《关于对临时政府的态度的决议》草案转载于《无产者报》(哈尔科夫)第 35 号。

《列宁全集》中文第 2 版增订版第 29 卷第 376—377、401—402 页;《无产者报》,哈尔科夫,1917 年 5 月 18 日(5 日),第 35 号。

由列宁起草并经俄国社会民主工党(布)第七次全国代表会议(四月代表会议)通过的《关于土地问题的决议》和《关于联合国际主义者反对小资产阶级护国主义联盟的决议》用爱沙尼亚文转载于《光线报》(塔林)第 34 号。

《列宁全集》中文第 2 版增订版第 29 卷第 418—420、421 页;《光线报》,塔林,1917 年 5 月 5 日(18 日),第 34 号。

由列宁起草并经俄国社会民主工党(布)第七次全国代表会议(四月代表会议)通过的《关于战争的决议》转载于《工人报》(喀山)第 12 号。

《列宁全集》中文第 2 版增订版第 29 卷第 397—400 页;《工人报》,喀山,1917 年 5 月 18 日(5 日),第 12 号。

列宁在俄国社会民主工党(布)第七次全国代表会议(四月代表会议)上为维护关于战争的决议而发表的讲话(报道)和由他起草并经代表会议通过的《关于联合国际主义者反对小资产阶级护国主义联盟的决议》及《关于工兵代表苏维埃的决议》转载于《真理呼声报》(喀琅施塔得)第 42 号。

《列宁全集》中文第 2 版增订版第 29 卷第 394、421、422—423 页；《真理呼声报》，喀琅施塔得，1917 年 5 月 18 日（5 日），第 42 号。

列宁在俄国社会民主工党（布）第七次全国代表会议（四月代表会议）上为维护关于战争的决议而发表的讲话（报道）和由他起草并经代表会议通过的《关于战争的决议》转载于《前进报》（乌法）第 35 号。

《列宁全集》中文第 2 版增订版第 29 卷第 394、397—400 页；《前进报》，乌法，1917 年 5 月 5 日，第 35 号。

博戈罗茨克—格卢霍沃纺织厂 7 000 名工人参加的大会"向工人阶级敬爱的战士和领袖列宁同志致以衷心的敬礼"。

《社会民主党人报》，莫斯科，1917 年 5 月 20 日（7 日），第 50 号。

喀琅施塔得海军岸勤部队第 5 连水兵大会通过给列宁和《真理报》的致敬信。

《真理呼声报》，喀琅施塔得，1917 年 5 月 20 日（7 日），第 44 号。

伊兹迈洛夫团预备营通讯队大会（彼得格勒）对资产阶级报刊诽谤攻击列宁和《真理报》表示抗议。士兵们号召工人和士兵抵制资产阶级的报纸。

《士兵真理报》，彼得格勒，1917 年 5 月 18 日（5 日），第 15 号。

5 月 6 日（19 日）

列宁写《先发制人》一文，揭露资本家企图逃避工人对生产的监督，其手法是按照同彼得格勒苏维埃的协议成立一个"恢复和保持工业企业正常工作进程的中央委员会"来组织所谓"社会监督"。

列宁写道："资本家先生们已经先发制人了。工人们日益意识到必须对工厂和辛迪加实行**无产阶级的**监督。部长和接近部长的那些人中的商界'天才'巨头则产生了一种'天才'思想：先发制人。让工兵代表苏维埃做尾巴，——只要苏维埃是由民粹主义者和孟什维克把持着，这一点是不难做到的。必须建立起'社会监督'，因为这种监督看上去非常重要，非常像国家的英明措施，非常有部长气派，非常了不起……这种监督会把一切真正的监督、一切**无产阶级的**监督无声无息地彻底埋葬掉……"

> 《列宁全集》中文第 2 版增订版第 30 卷第 35—37 页。

列宁编辑《真理报》第 51 号。

> 《列宁全集》俄文第 5 版第 32 卷第 452 页；《真理报》，彼得格勒，1917 年 5 月 20 日(7 日)，第 51 号。

列宁的《同资本实行阶级合作，还是同资本进行阶级斗争？》、《论坚强的革命政权》、《给刚诞生的……"新"政府的小礼物》和《"新"政府已不仅落后于革命工人，而且落后于农民群众》等文章在《真理报》第 50 号上发表。

> 《列宁全集》中文第 2 版增订版第 30 卷第 24—26、27—29、30—32、33—34 页；《真理报》，彼得格勒，1917 年 5 月 19 日(6日)，第 50 号。

列宁在俄国社会民主工党(布)第七次全国代表会议(四月代表会议)上关于目前形势的报告和关于对工兵代表苏维埃的态度的讲话以通俗报道形式在《士兵真理报》(彼得格勒)第 16 号上发表。

> 《列宁全集》中文第 2 版增订版第 29 卷第 341—358、373—376 页；《士兵真理报》，彼得格勒，1917 年 5 月 19 日(6日)，第 16 号。

列宁的《用美好的词句掩盖为帝国主义辩护的行为》一文以《动人的词句》为题用爱沙尼亚文转载于《光线报》(塔林)第

35 号。

《列宁全集》中文第 2 版增订版第 30 卷第 5—9 页;《光线报》,塔林,1917 年 5 月 6 日(19 日),第 35 号。

由列宁起草并经俄国社会民主工党(布)第七次全国代表会议(四月代表会议)通过的《关于联合国际主义者反对小资产阶级护国主义联盟的决议》转载于《社会民主党人报》(莫斯科)第 49 号和《无产者报》(哈尔科夫)第 36 号。

《列宁全集》中文第 2 版增订版第 29 卷第 421 页;《社会民主党人报》,莫斯科,1917 年 5 月 19 日(6 日),第 49 号;《无产者报》,哈尔科夫,1917 年 5 月 19 日(6 日),第 36 号。

由列宁起草并经俄国社会民主工党(布)第七次全国代表会议(四月代表会议)通过的《关于战争的决议》和《关于土地问题的决议》转载于《明星报》(叶卡捷琳诺斯拉夫)第 8 号。

《列宁全集》中文第 2 版增订版第 29 卷第 397—400、418—420 页;《明星报》,叶卡捷琳诺斯拉夫,1917 年 5 月 6 日(19 日),第 8 号。

《真理报》第 50 号刊登一则公告,宣布列宁将于 5 月 8 日(21 日)在海军武备学校礼堂作关于俄国社会民主工党(布)第七次全国代表会议(四月代表会议)结果的报告。

《真理报》,彼得格勒,1917 年 5 月 19 日(6 日),第 50 号。

不早于 5 月 6 日(19 日)—不晚于 8 日(21 日)

列宁为在彼得格勒党组织大会上的发言作准备,拟写关于俄国社会民主工党(布)第七次全国代表会议(四月代表会议)结果的报告的提纲。提纲的第一部分对国内政治形势作总的评述,第二部分分析代表会议的各项决议,第三部分谈布尔什维克党在新的条件下的任务,即:

"要像磐石那样坚定不移地执行无产阶级路线,反对小资产阶级的动摇——

——要采取**说服**、'**解释**'的办法去影响群众——

——对崩溃要有准备,要准备进行**比二月革命强 1 000 倍的**革命。"

《列宁全集》中文第 2 版增订版第 30 卷第 418—422 页;《真理报》,彼得格勒,1917 年 5 月 19 日(6 日),第 50 号。

5 月 6 日和 10 日(19 日和 23 日)之间

列宁写《秘密条约之一》一文,利用瓦·瓦·沃多沃佐夫在《日报》上发表的关于 1915 年俄意秘密条约的文章,揭露临时政府及其维护者孟什维克和社会革命党人的帝国主义政策。列宁对士兵和工人们讲明:"有人不是对你们说你们是在保卫'自由'和'革命'吗? 实际上你们是在保卫沙皇的见不得人的条约。他们向你们隐瞒了这些条约,正像把不可告人的暗疾隐瞒起来一样。"

《列宁全集》中文第 2 版增订版第 30 卷第 57—58 页;《真理报》,彼得格勒,1917 年 5 月 23 日(10 日),第 53 号;《日报》,彼得格勒,1917 年 5 月 6 日,第 52 号。

5 月,6 日(19 日)以后

列宁为出版小册子《俄国的政党和无产阶级的任务》作准备,写跋。列宁在跋中指出,这本小册子是在 4 月初写的,虽然现在"新的"联合政府已经成立,但是小册子中对孟什维克和社会革命党的政策的评价仍然是正确的。

《列宁全集》中文第 2 版增订版第 29 卷第 204 页。

5 月,7 日(20 日)以前

列宁写《给工厂和团队选出的工兵代表苏维埃代表的委托书》(手稿未写完)。5 月 7 日(20 日)《真理报》上发表的《选举工兵代表苏维埃代表委托书草案》就是以它为基础写的。

《列宁全集》中文第 2 版增订版第 30 卷第 38—40 页;《真理报》,彼得格勒,1917 年 5 月 20 日(7 日),第 51 号;《苏共列宁格勒组织简史》,第 1 册,1962 年,第 490 页。

沃罗涅日第 61 综合军医院的伤病员在就俄国社会民主工党(布)沃罗涅日委员会代表的报告通过的一项决议中向真正为劳动群众的事业而奋斗的战士列宁深表谢意。

《沃罗涅日工人报》,1917 年 5 月 20 日(7 日),第 7 号;《给伊里奇的书信集(1917—1924 年)》,沃罗涅日,1969 年,第 16—17 页。

5 月,不晚于 7 日(20 日)

列宁同彼得格勒瓦西里耶夫岛区工人代表苏维埃执行委员会委员 E.H.阿达莫维奇谈话,后者向列宁讲述在瓦西里耶夫岛区苏维埃改选期间同孟什维克作斗争的情况。列宁建议她给《真理报》写一篇关于孟什维克搞分裂活动的文章。列宁审定她写的文章《真正的分裂分子在哪里?》(该文刊登在《真理报》上)。

《真理报》,彼得格勒,1917 年 5 月 22 日(9 日),第 52 号;E.H.阿达莫维奇:《同弗拉基米尔·伊里奇见面》,哈尔科夫,1925 年,第 18 页。

5 月 7 日(20 日)

列宁写《给全俄农民代表大会代表的公开信》。信的开头写道:"农民代表同志们:俄国社会民主工党(布尔什维克)中央委员会(我有幸属于其中的一员),要我代表我们党出席农民代表大会。我由于患病还不能完成这一委托,现在我写这封公开信谨向你们祝贺农民在全俄范围内的联合,并简略地谈谈是哪些深刻的意见分歧使我们党同'社会革命党'和'孟什维克社会民主党'分开的。"

列宁指出这些意见分歧涉及俄国社会生活的三个根本问题:土地问题、战争问题和国家制度问题。列宁在信末总结道:"我们坚信,经验会很快地向最广大的人民群众表明,民粹主义者和孟什维克的政策是错误的。经验会很快地向群众表明,同资本家妥协拯救不了和德国以及其他国家一样处于死亡边缘的俄国,拯救不了受战争折磨的人民。只有使全部国家政权直接归大多数人掌握,才能拯救全体人民。"

> 《列宁全集》中文第 2 版增订版第 30 卷第 41—45 页。

列宁的《先发制人》一文在《真理报》第 51 号上发表。

> 《列宁全集》中文第 2 版增订版第 30 卷第 35—37 页;《真理报》,彼得格勒,1917 年 5 月 20 日(7 日),第 51 号。

列宁的《忘记了主要的东西(无产阶级政党的市政纲领)》一文转载于《士兵真理报》(彼得格勒)第 17 号。

> 《列宁全集》中文第 2 版增订版第 30 卷第 20—23 页;《士兵真理报》,彼得格勒,1917 年 5 月 20 日(7 日),第 17 号。

列宁的《士兵和土地》一文和由他起草并经俄国社会民主工党(布)第七次全国代表会议(四月代表会议)通过的《关于工兵代表苏维埃的决议》转载于《无产者报》(哈尔科夫)第 37 号。

> 《列宁全集》中文第 2 版增订版第 29 卷第 264—265、422—423 页;《无产者报》,哈尔科夫,1917 年 5 月 20 日(7 日),第 37 号。

由列宁起草并经俄国社会民主工党(布)第七次全国代表会议(四月代表会议)通过的《关于伯格比尔的建议的决议》转载于《伏尔加河沿岸真理报》(萨马拉)第 12 号。

> 《列宁全集》中文第 2 版增订版第 29 卷第 369—371 页;《伏尔加河沿岸真理报》,萨马拉,1917 年 5 月 7 日,第 12 号。

由列宁起草并经俄国社会民主工党(布)第七次全国代表会议(四月代表会议)通过的《关于联合国际主义者反对小资产阶级护国主义联盟的决议》转载于《浪潮报》(赫尔辛福斯)第 31 号。

《列宁全集》中文第 2 版增订版第 29 卷第 421 页;《浪潮报》,
赫尔辛福斯,1917 年 5 月 20 日(7 日),第 31 号。

列宁在俄国社会民主工党(布)第七次全国代表会议(四月代表会议)上就修改党纲问题、土地问题、民族问题、关于国际的现状和俄国社会民主工党(布)的任务问题等所作的报告和讲话,由他起草并经代表会议通过的关于工兵代表苏维埃、关于土地问题、关于联合国际主义者反对小资产阶级护国主义联盟等各项决议转载于《前进报》(乌法)第 37 号。

《列宁全集》中文第 2 版增订版第 29 卷第 405—406、414—415、418—420、421、422—423、429—430、434 页;《前进报》,乌法,1917 年 5 月 7 日,第 37 号。

俄国社会民主工党(布)索尔莫沃组织和莫斯科罗森塔尔和博拉钦工厂工人给列宁的致敬信刊登在《社会民主党人报》(莫斯科)第 50 号上。

《社会民主党人报》,莫斯科,1917 年 5 月 20 日(7 日),第 50 号。

基辅工人和士兵集会坚决抗议资产阶级报刊诽谤攻击列宁,大会给列宁、《真理报》和《社会民主党人呼声报》发致敬信。

《社会民主党人呼声报》,基辅,1917 年 5 月 11 日,第 23 号。

叶卡捷琳诺达尔工人和士兵大会(约 1 000 人)通过给工人阶级和无地农民一贯坚决的保卫者列宁的致敬信,并抗议资产阶级报刊对他的诽谤攻击。

《库班河沿岸真理报》,叶卡捷琳诺达尔,1917 年 5 月 15 日,第 3 号。

5 月 7 日或 8 日(20 日或 21 日)

列宁写《"事实上的停战"》一文,引用格·叶·李沃夫总理的话揭露联合临时政府政策的帝国主义兼并性质(李沃夫声言必须结束前线出现的"事实上的停战"和"派遣军队去作战")。列宁写道:"俄国人民面前摆着两个纲领。一个纲领是切尔诺夫之流和策列铁里之流所奉行的资本家的纲领。这是进攻的纲领,是拖延帝国主义战争的纲领,是要继续大厮杀。

另一个纲领是我们党在俄国所捍卫的全世界革命工人的纲领。这个纲领就是:开展联欢(不让德国人欺骗俄国人),用交换号召书的办法进行联欢,把联欢和事实上的停战扩展到各条战线上去,竭力促进这个工作,从而加速各国工人革命的成长,使各交战国的士兵至少暂时取得喘息机会,使俄国政权加速转到工兵农代表苏维埃手中,以便更快地缔结有利于劳动人民而不利于资本家的真正公正、真正普遍的和约。"

《列宁全集》中文第 2 版增订版第 30 卷第 50—53 页;《真理报》,彼得格勒,1917 年 5 月 22 日(9 日),第 52 号;《新生活报》,彼得格勒,1917 年 5 月 7 日(20 日),第 17 号。

5 月 7 日和 8 日(20 日和 21 日)

列宁编辑《真理报》第 52 号。

《列宁全集》俄文第 5 版第 32 卷第 452 页;《真理报》,彼得格勒,1917 年 5 月 22 日(9 日),第 52 号。

5 月 7 日和 10 日(20 日和 23 日)之间

列宁写《部长的腔调》一文,回击《彼得格勒工兵代表苏维埃消息报》上登载的一篇攻击《真理报》批评联合政府纲领的社论。

列宁指出:"对不喜欢的事情进行批评本来是每个政论家的神圣权利。但为什么要用部长的腔调斥责'攻击'而不从实质上进行批评,使自己落到可笑的地步呢? 分析一下我们的论据,哪怕只分析我们的一个决议,或是我们的一个关于阶级斗争的指示,岂不是更好吗?"

《列宁全集》中文第 2 版增订版第 30 卷第 59 页;《真理报》,彼得格勒,1917 年 5 月 23 日(10 日),第 53 号;《彼得格勒工兵代表苏维埃消息报》,1917 年 5 月 7 日,第 60 号。

5 月,不晚于 8 日(21 日)

列宁参加布尔什维克党中央委员会会议,会议决定派遣一名代表出席齐美尔瓦尔德第三次代表会议,"并授权他在发现代表会议主张同社会沙文主义者接近或者共同讨论问题时,立即离开会场,并退出齐美尔瓦尔德联盟"。

《列宁全集》中文第 2 版增订版第 29 卷第 184 页,第 30 卷第 66 页;苏共中央马列主义研究院中央党务档案馆,第 4 号全宗,第 3 号目录,第 39 号案卷,第 123、129 张。

5 月 8 日(21 日)

列宁发电报给在斯德哥尔摩的雅·斯·加涅茨基,告知将派一名特别代表出席齐美尔瓦尔德第三次代表会议。

苏共中央马列主义研究院中央党务档案馆,第 4 号全宗,第 3 号目录,第 39 号案卷,第 123、129 张;《俄罗斯意志报》,彼得格勒,1917 年 7 月 11 日,第 163 号,晚上版。

列宁在彼得格勒党组织大会上作关于俄国社会民主工党(布)第七次全国代表会议(四月代表会议)结果的报告,大会在海军武备学校礼堂[①](尼古拉耶夫沿岸街(现施米特中尉沿岸街)17 号[②])举行。列宁向大会说明代表会议的各项决议和代表会议的意义,尖锐地批评了参加联合临时政府的小资产阶级政党孟什维克和社

---

①　礼堂内设有一块纪念牌,上面写着:"1917 年 5 月 8 日(21 日)弗·伊·列宁在本礼堂内举行的彼得格勒党组织全体大会上作关于俄国社会民主工党(布)第七次全国代表会议(四月代表会议)结果的报告。"——俄文编者注

②　此处楼房墙壁上设有一块纪念牌,上面写着:"1917 年 5 月 8 日(21 日)弗拉基米尔·伊里奇·列宁在这座楼房里举行的彼得格勒党组织全体大会上作关于俄国社会民主工党(布)第七次全国代表会议(四月代表会议)结果的报告。"——俄文编者注

会革命党人的领袖们，给各级党组织规定如下任务：坚持不懈地在群众中进行耐心的解释工作，争取工农兵代表苏维埃中的多数，以便"掀起争取和平、争取土地和争取社会主义的坚决斗争"。

列宁指出："我们每个人都不要用老眼光来看待我们的工作，不要指望会来一个鼓动员、宣传员，一个更高明的同志把一切都解释清楚，每一个同志都应该既是我们党的鼓动员、宣传员，又是我们党的组织者。

只有这样，我们才能使人民理解我们的学说、总结自己的经验并真正把政权夺到自己手中。"

会议休息时组织了为《真理报》和《士兵真理报》募集经费的活动。

然后列宁作总结发言，回答了许多纸条上的问题。

> 《列宁全集》中文第 2 版增订版第 30 卷第 46—49 页；《士兵真理报》，彼得格勒，1917 年 5 月 24 日（11 日），第 19 号；《列宁——十月革命的领袖（彼得格勒工人回忆录）》，1957 年，第 55—56、246 页。

列宁在俄国社会民主工党（布）彼得格勒党组织大会上讲话后走访住在附近（瓦西里耶夫岛第 13 道街 20 号 22 室）的党的老工作人员爱·爱·埃森。

> 《列宁与红海军》，列宁格勒，1924 年，第 37 页；《列宁在彼得堡》，第 3 版，1957 年，第 152 页。

列宁在俄国社会民主工党（布）第七次全国代表会议（四月代表会议）上关于目前形势的报告（报道）和由他起草并经代表会议通过的《关于土地问题的决议》及《关于伯格比尔的建议的决议》转载于《工人报》（喀山）第 13 号。

> 《列宁全集》中文第 2 版增订版第 29 卷第 356—358、369—371、418—420 页；《工人报》，喀山，1917 年 5 月 21 日（8 日），第 13 号。

列宁起草的《俄国社会民主工党(布)中央委员会 1917 年 4 月 22 日(5 月 5 日)上午通过的决议》转载于《西伯利亚真理报》(克拉斯诺亚尔斯克)第 4 号。

> 《列宁全集》中文第 2 版增订版第 29 卷第 319—323 页;《西伯利亚真理报》,克拉斯诺亚尔斯克,1917 年 5 月 8 日,第 4 号。

5 月 9 日(22 日)

列宁写《对外政策的秘密》一文,揭露各交战国进行战争的侵略目的和临时政府对外政策的帝国主义实质。

> 《列宁全集》中文第 2 版增订版第 30 卷第 54—56 页;《真理报》,彼得格勒,1917 年 5 月 23 日(10 日),第 53 号;《言语报》,彼得格勒,1917 年 5 月 9 日(22 日),第 107 号。

列宁写《他们在寻找拿破仑》一文,指出资产阶级政党要求在军队中实行"整顿",实行"铁的纪律",就是怂恿亚·费·克伦斯基或高级将领去扮演拿破仑的角色,去扮演摧残俄国革命的角色。

> 《列宁全集》中文第 2 版增订版第 30 卷第 60 页;《真理报》,彼得格勒,1917 年 5 月 23 日(10 日),第 53 号;《言语报》,彼得格勒,1917 年 5 月 9 日(22 日),第 107 号。

列宁的《"事实上的停战"》一文在《真理报》第 52 号上发表。

> 《列宁全集》中文第 2 版增订版第 30 卷第 50—53 页;《真理报》,彼得格勒,1917 年 5 月 22 日(9 日),第 52 号。

列宁编辑《真理报》第 53 号。

> 《列宁全集》俄文第 5 版第 32 卷第 452 页;《真理报》,彼得格勒,1917 年 5 月 23 日(10 日),第 53 号。

列宁写的《告各交战国士兵书》转载于《库班河沿岸真理报》(叶卡捷琳诺达尔)第 2 号和《高加索工人报》(梯弗利斯)第 46 号。

> 《列宁全集》中文第 2 版增订版第 29 卷第 292—294 页;《库班河沿岸真理报》,叶卡捷琳诺达尔,1917 年 5 月 9 日,第 2 号;

《高加索工人报》,梯弗利斯,1917 年 5 月 9 日,第 46 号。

列宁写的《论坚强的革命政权》一文转载于《真理呼声报》(喀琅施塔得)第 45 号。

《列宁全集》中文第 2 版增订版第 30 卷第 27—29 页;《真理呼声报》,喀琅施塔得,1917 年 5 月 22 日(9 日),第 45 号。

由列宁起草并经俄国社会民主工党(布)第七次全国代表会议(四月代表会议)通过的《关于联合国际主义者反对小资产阶级护国主义联盟的决议》和《关于工兵代表苏维埃的决议》转载于《明星报》(叶卡捷琳诺斯拉夫)第 9 号。

《列宁全集》中文第 2 版增订版第 29 卷第 421、422—423 页;《明星报》,叶卡捷琳诺斯拉夫,1917 年 5 月 9 日,第 9 号。

由列宁起草并经俄国社会民主工党(布)第七次全国代表会议(四月代表会议)通过的《关于工兵代表苏维埃的决议》转载于《浪潮报》(赫尔辛福斯)第 32 号。

《列宁全集》中文第 2 版增订版第 29 卷第 422—423 页;《浪潮报》,赫尔辛福斯,1917 年 5 月 22 日(9 日),第 32 号。

《真理报》发表彼得格勒莫斯科关卡工人大会给列宁的致敬信。

《真理报》,彼得格勒,1917 年 5 月 22 日(9 日),第 52 号。

新切尔卡斯克的布尔什维克大会通过决议,向为人民事业而斗争的坚强战士列宁致敬,并抗议资产阶级报刊对他的诽谤攻击。

《我们的旗帜报》,顿河畔罗斯托夫,1917 年 5 月 11 日,第 5 号;《顿河布尔什维克组织简史(1898—1920 年)》,顿河畔罗斯托夫,1965 年,第 293 页。

《士兵真理报》(彼得格勒)第 18 号发表外阿穆尔骑兵师第 4 团士兵们的一封信,信中向列宁表示敬意。

《士兵真理报》,彼得格勒,1917 年 5 月 22 日(9 日),第 18 号。

5 月,不晚于 10 日(23 日)

列宁起草同"统一起来的社会民主党人区联组织"(区联派)联合的条件草案。

《列宁全集》中文第 2 版增订版第 30 卷第 110—112 页;《列宁文集》俄文版第 4 卷第 302 页。

5 月 10 日(23 日)

列宁出席在《前进》杂志编辑部(花园街 50 号)举行的区联派代表会议,在会上发表讲话,谈社会民主党人国际主义集团和派别同布尔什维克党在俄国社会民主工党(布)第七次全国代表会议(四月代表会议)决议的基础上实行联合的条件。

《列宁全集》中文第 2 版增订版第 30 卷第 110—112 页;《列宁文集》俄文版第 4 卷第 301—303 页;《列宁在彼得堡》,第 3 版,1957 年,第 152 页。

列宁写《什么也没有改变》一文,强调指出,尽管联合政府中有了"社会党人"部长,但它仍在继续奉行沙皇政府的战争政策,新外交部长米·伊·捷列先科声明不会公布前沙皇缔结的条约一事就是很好的证明。

《列宁全集》中文第 2 版增订版第 30 卷第 61—62 页;《真理报》,彼得格勒,1917 年 5 月 24 日(11 日),第 54 号;《彼得格勒工兵代表苏维埃消息报》,1917 年 5 月 10 日,第 62 号。

列宁写《可悲的背弃民主主义的行为》一文,批评彼得格勒苏维埃士兵部关于禁止士兵担任民兵职务的决定,认为这"是完全背弃民主主义的基本原则的"。列宁指出,吸收士兵参加国家的社会生活,是使军队不致成为旧制度的维护者和幻想轻而易举地向君主制倒退的资本家手中工具的最重要保障之一。

《列宁全集》中文第 2 版增订版第 30 卷第 63—65 页;《真理报》,彼得格勒,1917 年 5 月 25 日(12 日),第 55 号;《彼得格勒工兵代表苏维埃消息报》,1917 年 5 月 10 日,第 62 号。

列宁写《关于召开有社会沙文主义者参加的所谓的社会党人国际代表会议》一文,批评彼得格勒苏维埃执行委员会关于成立各交战国和中立国社会党国际代表会议筹备委员会的决定(也邀请布尔什维克党派一名代表参加筹备委员会)。列宁指出:"不言而喻,不管是筹备委员会,还是拟将召开的有投靠本国资产阶级的所谓社会党人部长们参加的代表会议,我党都不会参加。"

<blockquote>
《列宁全集》中文第 2 版增订版第 30 卷第 66 页;《真理报》,彼得格勒,1917 年 5 月 25 日(12 日),第 55 号;《彼得格勒工兵代表苏维埃消息报》,1917 年 5 月 10 日,第 62 号。
</blockquote>

列宁编辑《真理报》第 54 号。

<blockquote>
《列宁全集》俄文第 5 版第 32 卷第 452 页;《真理报》,彼得格勒,1917 年 5 月 24 日(11 日),第 54 号。
</blockquote>

列宁的《对外政策的秘密》、《秘密条约之一》、《部长的腔调》和《他们在寻找拿破仑》等文章在《真理报》第 53 号上发表。

<blockquote>
《列宁全集》中文第 2 版增订版第 30 卷第 54—56、57—58、59、60 页;《真理报》,彼得格勒,1917 年 5 月 23 日(10 日),第 53 号。
</blockquote>

列宁写的《告各交战国士兵书》用爱沙尼亚文转载于《光线报》(塔林)第 38 号。

<blockquote>
《列宁全集》中文第 2 版增订版第 29 卷第 292—294 页;《光线报》,塔林,1917 年 5 月 10 日(23 日),第 38 号。
</blockquote>

由列宁起草并经俄国社会民主工党(布)第七次全国代表会议(四月代表会议)通过的《关于工兵代表苏维埃的决议》转载于《社会民主党人报》(莫斯科)第 52 号。

<blockquote>
《列宁全集》中文第 2 版增订版第 29 卷第 422—423 页;《社会民主党人报》,莫斯科,1917 年 5 月 23 日(10 日),第 52 号。
</blockquote>

由列宁起草并经俄国社会民主工党(布)第七次全国代表会议(四月代表会议)通过的《关于战争的决议》转载于《社会民主党人呼声报》(基辅)第 22 号。

> 《列宁全集》中文第 2 版增订版第 29 卷第 397—400 页;《社会民主党人呼声报》,基辅,1917 年 5 月 10 日,第 22 号。

列宁的《芬兰和俄国》、《同资本实行阶级合作,还是同资本进行阶级斗争?》和《论坚强的革命政权》三篇文章转载于《无产者报》(哈尔科夫)第 39 号。

> 《列宁全集》中文第 2 版增订版第 29 卷第 468—471 页;第 30 卷第 24—26、27—29 页;《无产者报》,哈尔科夫,1917 年 5 月 23 日(10 日),第 39 号。

5 月 10 日、11 日和 12 日(23 日、24 日和 25 日)

《真理报》刊登一则公告,宣布列宁将在 5 月 12 日(25 日)举行的抗议判处弗·阿德勒死刑的群众大会上发表演说。大会入场券收入将用于援助奥地利和德国的国际主义者、弗·阿德勒和卡·李卜克内西的支持者。

> 《真理报》,彼得格勒,1917 年 5 月 23 日(10 日),第 53 号;5 月 24 日(11 日),第 54 号;5 月 25 日(12 日),第 55 号。

5 月,11 日(24 日)以前

帕宁工厂(顿河畔罗斯托夫)工人通过决议向列宁致敬,并抗议资产阶级对他的诽谤攻击。

> 《我们的旗帜报》,顿河畔罗斯托夫,1917 年 5 月 11 日,第 4 号。

5 月 11 日(24 日)

列宁编辑《真理报》第 55 号。

> 《列宁全集》俄文第 5 版第 32 卷第 452 页;《真理报》,彼得格勒,1917 年 5 月 25 日(12 日),第 55 号。

列宁的《什么也没有改变》一文在《真理报》第 54 号上发表。

> 《列宁全集》中文第 2 版增订版第 30 卷第 61—62 页;《真理报》,彼得格勒,1917 年 5 月 24 日(11 日),第 54 号。

列宁写的《给全俄农民代表大会代表的公开信》在《士兵真理报》(彼得格勒)第 19 号上发表。

> 《列宁全集》中文第 2 版增订版第 30 卷第 41—45 页;《士兵真理报》,彼得格勒,1917 年 5 月 24 日(11 日),第 19 号。

俄国社会民主工党(布)列福尔托沃区委员会(莫斯科)党员俱乐部成立大会给列宁和布尔什维克党中央发来致敬信。

> 《社会民主党人报》,莫斯科,1917 年 5 月 26 日(13 日),第 54 号。

第 58 步兵团、第 59 步兵团和机枪队士兵大会(沃罗涅日)通过给革命无产阶级和革命农民的坚强战士列宁的致敬信。致敬信结尾写道:"荣誉和光荣属于您,亲爱的列宁同志。"

> 《沃罗涅日工人报》,1917 年 5 月 13 日(26 日),第 8 号;《苏共沃罗涅日组织简史》,沃罗涅日,1967 年,第 94 页。

萨拉托夫市布尔什维克大会讨论了关于俄国社会民主工党(布)第七次全国代表会议(四月代表会议)结果的报告后,通过给列宁的致敬信。

> 《社会民主党人报》,萨拉托夫,1917 年 5 月 14 日,第 15 号;《1917 年的萨拉托夫省(文件集)》,萨拉托夫,1957 年,第 85 页。

5 月 11 日和 14 日(24 日和 27 日)之间

列宁写《经济破坏迫在眉睫》一文,批评资产阶级和小资产阶级政党企图把经济破坏迫近和灾难临头的责任归罪于布尔什维克。列宁令人信服地指出,除了布尔什维克的纲领,"其他的纲领不能使我们摆脱真正危险、真正可怕的崩溃"。列宁在揭示资本家是经济破坏和灾难临头的真正罪魁祸首后总结说:"唯一的生路是:树立革命纪律,采取**革命阶级**即无产者和半无产者的革命措施,使全部国家政权转归这个阶级掌握……"

《列宁全集》中文第 2 版增订版第 30 卷第 74—76 页;《真理报》,彼得格勒,1917 年 5 月 27 日(14 日),第 57 号;《彼得格勒工兵代表苏维埃消息报》,1917 年 5 月 11 日,第 63 号。

5 月 11 日(24 日)以后

列宁写的《给全俄农民代表大会代表的公开信》在戈梅利、敖德萨及其他城市以传单形式出版。

《列宁全集》中文第 2 版增订版第 30 卷第 41—45 页;弗·伊·列宁:《给全俄农民代表大会代表的公开信》,戈梅利,俄国社会民主工党波列斯克组织出版社,〔1917 年 5 月〕,8 页,标题前署名:尼·列宁;《乌克兰出版的弗·伊·列宁著作(1894—1970 年)。书目索引》,哈尔科夫,1971 年,第 41 页。

5 月,12 日(25 日)以前

莫斯科电话机厂全体工人大会通过给列宁的致敬电。

《真理报》,彼得格勒,1917 年 5 月 25 日(12 日),第 55 号;《社会民主党人报》,莫斯科,1917 年 5 月 29 日(16 日),第 56 号。

5 月 12 日(25 日)

列宁写《在区杜马选举中的无产阶级政党》一文,批判《新生活报》的一篇社论,因为这篇社论企图证明彼得格勒区杜马的选举不会具有鲜明的政治性质,而各个社会主义政党提出的市政纲领似乎没有多大区别。列宁指出:"把革命时期首都的选举完全(或主要地)归结为'市政'纲领问题,实在荒唐透顶。这是对一切革命的经验的嘲弄。这是对工人的健全理性的嘲笑,工人们很清楚,彼得格勒一直起着领导作用,有时**甚至**起着**决定**作用。"列宁强调指出,布尔什维克党提出了独立的候选人名单参加选举,提出了自己的行动纲领。他号召所有赞成实现劳动群众利益的人,所有赞成使我国摆脱空前危机的人投票赞成无产阶级政党——俄国社会民主工党(布尔什维克)提出的候选人名单。

> 《列宁全集》中文第 2 版增订版第 30 卷第 68—70 页;《真理报》,彼得格勒,1917 年 5 月 26 日(13 日),第 56 号;《新生活报》,彼得格勒,1917 年 5 月 12 日(25 日),第 21 号。

列宁到富尔什塔茨卡亚街(现彼得·拉甫罗夫街)41 号拜访耳鼻喉科专家、医学教授 H.Π.西马诺夫斯基,并在自己的《地址簿》上记下这次访问。

> 《列宁文集》俄文版第 21 卷第 86 页;《列宁在彼得堡》,第 3 版,1957 年,第 152 页。

列宁晚上来到普梯洛夫工厂(彼得戈夫公路 67 号(现斯塔切克大街 47 号,轧钢车间))[1],在普梯洛夫工厂和普梯洛夫造船厂数千名工人参加的群众大会上发表关于目前形势和无产阶级的任务的讲话。

> 《列宁全集》中文第 2 版增订版第 30 卷第 67 页;《士兵真理报》,彼得格勒,1917 年 6 月 1 日(5 月 19 日),第 26 号;《俄国工人和农民谈列宁(回忆录)》,1958 年,第 25—27 页;《伟大的十月革命史册(1917 年 4—10 月)》,莫斯科,1958 年,第 50—52 页;《列宁——十月革命的领袖(彼得格勒工人回忆录)》,1957 年,第 69—75 页。

列宁在海军部造船厂以及附近其他工厂 20 000 名工人参加的群众大会(大会在丰坦卡河沿岸街 203 号混凝土广场举行)上发

---

① 工厂轧钢车间的楼房墙壁上设有一块纪念牌,上面写着:"1917 年 5 月 25 日(12 日)人类最伟大的天才、世界无产阶级的领袖弗拉基米尔·伊里奇·列宁在这里举行的原普梯洛夫工厂(现基洛夫工厂)数千名男女工人的群众大会上发表关于无产阶级和革命的任务的讲话……"——俄文编者注

表关于目前形势和无产阶级的任务的讲话。[1] 这是由俄国社会民主工党(布)彼得堡委员会组织的一次抗议奥地利当局判处弗·阿德勒死刑的大会。大会通过决议,向"各国的工人国际主义者"致以兄弟的敬礼。

> 《真理报》,彼得格勒,1917 年 5 月 26 日(13 日),第 56 号;5 月 27 日(14 日),第 57 号;《列宁在彼得堡》,第 3 版,1957 年,第 154 页。

列宁编辑《真理报》第 56 号。

> 《列宁全集》俄文第 5 版第 32 卷第 452 页;《真理报》,彼得格勒,1917 年 5 月 26 日(13 日),第 56 号。

列宁的《可悲的背弃民主主义的行为》和《关于召开有社会沙文主义者参加的所谓的社会党人国际代表会议》两篇文章在《真理报》第 55 号上发表。

> 《列宁全集》中文第 2 版增订版第 30 卷第 63—65、66 页;《真理报》,彼得格勒,1917 年 5 月 25 日(12 日),第 55 号。

列宁在俄国社会民主工党(布)第七次全国代表会议(四月代表会议)上为维护关于战争的决议而发表的讲话(报道)转载于《工人报》(喀山)第 14 号。

> 《列宁全集》中文第 2 版增订版第 29 卷第 394 页;《工人报》,喀山,1917 年 5 月 25 日(12 日),第 14 号。

列宁的《论坚强的革命政权》一文和由他起草并经俄国社会民主工党(布)第七次全国代表会议(四月代表会议)通过的《关于战争的决议》转载于《伏尔加河沿岸真理报》(萨马拉)第 13 号。

---

[1] 车间的楼房墙壁上设有一块纪念牌,上面写着:"1917 年 5 月 25 日(12 日)弗拉基米尔·伊里奇·列宁在这里举行的彼得格勒工人群众大会上发表讲话。"——俄文编者注

《列宁全集》中文第 2 版增订版第 29 卷第 397—400 页,第 30
卷第 27—29 页;《伏尔加河沿岸真理报》,萨马拉,1917 年 5
月 12 日,第 13 号。

　　列宁在俄国社会民主工党(布)第七次全国代表会议(四月代
表会议)上关于目前形势的报告(转述)、由他起草并经代表会议通
过的《关于修改党纲的决议》和他的《"新"政府已不仅落后于革命
工人,而且落后于农民群众》一文转载于《明星报》(叶卡捷琳诺斯
拉夫)第 10 号。

《列宁全集》中文第 2 版增订版第 29 卷第 341—358、407—
408 页,第 30 卷第 33—34 页;《明星报》,叶卡捷琳诺斯拉夫,
1917 年 5 月 12 日(25 日),第 10 号。

5 月,13 日(26 日)以前

　　列宁审定娜·康·克鲁普斯卡娅的文章《俄国社会民主工党
历史上的一页》,作修改和补充。该文是为了答复希望能更详细地
了解列宁的活动以及他的观点和政治纲领的工农兵的来信而写
的,是一篇弗·伊·列宁传略。

《列宁全集》中文第 2 版增订版第 30 卷第 73 页;《士兵真理
报》,彼得格勒,1917 年 5 月 26 日(13 日),第 21 号;《回忆
弗·伊·列宁》,第 1 卷,1968 年,第 464—465 页;《普罗米修
斯。历史传记文选》,第 4 卷,1967 年,第 8—12 页。

　　列宁写《我党在革命前就战争问题发表过哪些声明》一文,重
述他 1915 年所写的并以俄国社会民主工党中央机关报《社会民主
党人报》编辑部的名义发表的著作《几个要点》中最重要的一些论
点。文章表明,布尔什维克党关于战争、和平和革命等问题的理论
与政策早在二月革命前很久就已制定,整个历史进程证明这些理
论与政策是正确的。

《列宁全集》中文第 2 版增订版第 27 卷第 53—56 页,第 30 卷

第 71—72 页,第 34 卷第 116 页;《真理报》,彼得格勒,1917
年 5 月 26 日(13 日),第 56 号。

第 130 赫尔松团(作战部队)电话兵写信向列宁致敬。士兵们
写道:"请您坚信,我们在前线用生命坚决保卫您,并尽一切可能向
我们中间觉悟还不高的同志解释您的对内对外政策的方针。"

苏共中央马列主义研究院中央党务档案馆,第 2 号全宗,第 5
号目录,第 759 号案卷,第 1—4 张。

5 月 13 日(26 日)

列宁编辑《真理报》第 57 号。

《列宁全集》俄文第 5 版第 32 卷第 452 页;《真理报》,彼得格
勒,1917 年 5 月 27 日(14 日),第 57 号。

列宁的《在区杜马选举中的无产阶级政党》和《我党在革命前
就战争问题发表过哪些声明》两篇文章在《真理报》第 56 号上
发表。

《列宁全集》中文第 2 版增订版第 30 卷第 68—70、71—72 页;
《真理报》,彼得格勒,1917 年 5 月 26 日(13 日),第 56 号。

娜·康·克鲁普斯卡娅的《俄国社会民主工党历史上的一页》
一文经列宁审定和补充后,在《士兵真理报》(彼得格勒)第 21 号上
发表。

《列宁全集》中文第 2 版增订版第 30 卷第 73 页;《士兵真理
报》,彼得格勒,1917 年 5 月 26 日(13 日),第 21 号。

列宁写的《给全俄农民代表大会代表的公开信》和他的《什么
也没有改变》一文转载于《真理呼声报》(喀琅施塔得)第 48 号。

《列宁全集》中文第 2 版增订版第 30 卷第 41—45、61—62 页;
《真理呼声报》,喀琅施塔得,1917 年 5 月 26 日(13 日),第
48 号。

由列宁起草并经俄国社会民主工党(布)第七次全国代表会议

（四月代表会议）通过的《关于战争的决议》和《关于土地问题的决议》转载于《高加索工人报》（梯弗利斯）第48号。

> 《列宁全集》中文第2版增订版第29卷第397—400、418—420页；《高加索工人报》，梯弗利斯，1917年5月13日，第48号。

俄国社会民主工党（布）莫斯科索科利尼基区党员大会给列宁发来致敬电。

> 《真理报》，彼得格勒，1917年5月29日（16日），第58号；《社会民主党人报》，莫斯科，1917年6月1日（5月19日），第59号。

5月，不晚于14日（27日）

列宁准备题为《战争与革命》的公开演讲，写演讲提纲（演讲提纲未找到）。

> 《列宁全集》中文第2版增订版第30卷第91、95页。

5月14日（27日）

列宁在海军武备学校（尼古拉耶夫沿岸街（现施米特中尉沿岸街）17号）礼堂[①]举行的工人、士兵和知识分子两千人大会上作题为《战争与革命》的演讲。

列宁在两小时的演讲中对第一次世界大战的起因及其性质作了马克思主义的分析，揭示这场战争非正义的、帝国主义的性质，批判孟什维克和社会革命党人无法使国家摆脱政治经济危机的机会主义策略："这些政党我已看了几十年，我投身革命运动已有30年了。因此，我决不想怀疑他们抱有善良的愿望。但是问题不在这里，问题不在于有善良的愿望。地狱是由善良的愿望铺成的。

---

① 礼堂内设有一块纪念牌，上面写着："1917年5月14日（27日）弗拉基米尔·伊里奇·列宁在本礼堂内作了题为《战争与革命》的公开演讲。"——俄文编者注

现在部长公民们所签署的公文已经堆满了所有办公室,但情况并没有因此而改变。"列宁在强调了布尔什维克并不是无条件地反对一切战争,并不否认革命战争的可能性后指出,摆脱战争的出路是:"战争是统治阶级挑起的,要结束它只有靠工人阶级革命。能否很快得到和平,完全取决于革命的发展。"

列宁作的这次演讲是收费的,收入归入《真理报》的"固定基金",该基金是在 1914 年为巩固布尔什维克报刊而建立的。

> 《列宁全集》中文第 2 版增订版第 30 卷第 77—100 页;《列宁就是这样的人(同时代人回忆录)》,1965 年,第 178—179 页;《列宁在〈真理报〉(回忆录)》,1970 年,第 45、116—117 页。

列宁的《经济破坏迫在眉睫》一文在《真理报》第 57 号上发表。

> 《列宁全集》中文第 2 版增订版第 30 卷第 74—76 页;《真理报》,彼得格勒,1917 年 5 月 27 日(14 日),第 57 号。

列宁的《对外政策的秘密》一文转载于《工人和军人代表苏维埃消息报》(科斯特罗马)第 47 号(非全文)。

> 《列宁全集》中文第 2 版增订版第 30 卷第 54—56 页;《工人和军人代表苏维埃消息报》,科斯特罗马,1917 年 5 月 14 日,第 47 号。

由列宁起草并经俄国社会民主工党(布)第七次全国代表会议(四月代表会议)通过的《关于联合国际主义者反对小资产阶级护国主义联盟的决议》转载于《伏尔加河沿岸真理报》(萨马拉)第 14 号。

> 《列宁全集》中文第 2 版增订版第 29 卷第 421 页;《伏尔加河沿岸真理报》,萨马拉,1917 年 5 月 14 日,第 14 号。

列宁写的《告各交战国士兵书》用亚美尼亚文转载于《社会民主党人报》(巴库)第 3 号。

> 《列宁全集》中文第 2 版增订版第 29 卷第 292—294 页;《社会民主党人报》,巴库,1917 年 5 月 14 日,第 3 号。

五金工会（莫斯科）全市代表大会通过给列宁的致敬信。

> 《社会民主党人报》，莫斯科，1917 年 6 月 1 日（5 月 19 日），第59 号。

列宁的《"事实上的停战"》一文转载于《无产者报》（哈尔科夫）第 42 号。

> 《列宁全集》中文第 2 版增订版第 30 卷第 50—53 页；《无产者报》，哈尔科夫，1917 年 5 月 27 日（14 日），第 42 号。

霍登卡田庄（莫斯科）举行的士兵、工人、农民八千人大会通过给列宁的致敬信。

> 《社会民主党人报》，莫斯科，1917 年 5 月 29 日（16 日），第56 号。

福季阿季工厂和彼得罗夫工厂（叶卡捷琳诺达尔）工人群众大会通过决议，抗议资产阶级报刊诽谤攻击列宁。

> 《库班河沿岸真理报》，叶卡捷琳诺达尔，1917 年 5 月 18 日，第 4 号。

5 月 14 日和 15 日（27 日和 28 日）

列宁写《必将到来的灾难和不讲分寸的诺言（第一篇文章）》一文，文章是针对孟什维克劳动部长马·伊·斯柯别列夫的讲话而写的。后者在一次讲话中许诺要拿走资本家利润的 100%，并对他们实行劳动义务制。列宁指出，这个纲领本身是宏伟的，是同布尔什维克的纲领一致的，但全部问题在于"斯柯别列夫许下不适当的，甚至根本不讲分寸的诺言，他**并不了解真正能够实现这些诺言的条件**。

问题的关键就在这里。

无论是同地主和资本家的政党的 10 位部长勾搭在一起，或是依靠资本家（及其附属品孟什维克和民粹主义者）政府不得不承袭的官僚机关,都**不可能**执行斯柯别列夫的纲领,甚至根本**不可能**采取稍微重大的步骤来实现这个纲领。"

列宁详述了把国家从灾难中拯救出来必须采取的各项切实措施。

《列宁全集》中文第 2 版增订版第 30 卷第 103—106 页;《真理报》,彼得格勒,1917 年 5 月 29 日(16 日),第 58 号;《言语报》,彼得格勒,1917 年 5 月 14 日(27 日),第 112 号。

列宁编辑《真理报》第 58 号。

《列宁全集》俄文第 5 版第 32 卷第 452 页;《真理报》,彼得格勒,1917 年 5 月 29 日(16 日),第 58 号。

5 月 15 日(28 日)

列宁写《卑鄙的手段》一文,揭露《言语报》对布尔什维克党和《真理报》的诽谤中伤。

《列宁全集》中文第 2 版增订版第 30 卷第 101—102 页;《真理报》,彼得格勒,1917 年 5 月 29 日(16 日),第 58 号;《言语报》,彼得格勒,1917 年 5 月 14 日(27 日),第 112 号。

列宁的《什么也没有改变》一文用爱沙尼亚文转载于《光线报》(塔林)第 41 号。

《列宁全集》中文第 2 版增订版第 30 卷第 61—62 页;《光线报》,塔林,1917 年 5 月 15 日(28 日),第 41 号。

列宁的《论坚强的革命政权》一文和由他起草并经俄国社会民主工党(布)第七次全国代表会议(四月代表会议)通过的《关于民族问题的决议》转载于《工人报》(喀山)第 15 号。

《列宁全集》中文第 2 版增订版第 29 卷第 431—432 页,第 30 卷第 27—29 页;《工人报》,喀山,1917 年 5 月 28 日(15 日),第 15 号。

列宁的《临时政府的反革命措施会造成什么结果》一文转载于《西伯利亚真理报》(克拉斯诺亚尔斯克)第 5 号。

《列宁全集》中文第 2 版增订版第 29 卷第 455—457 页;《西伯利亚真理报》,克拉斯诺亚尔斯克,1917 年 5 月 15 日,第 5 号。

德文斯克军服厂(莫斯科)工人和士兵三千人大会通过给忠诚的人民战士、革命无产阶级的卓越代表列宁同志的致敬信。

《社会民主党人报》,莫斯科,1917 年 5 月 30 日(17 日),第 57 号。

5 月上半月

列宁在尼古拉耶夫铁路车辆总修配厂(马车路 19 号(现谢多夫街 45 号))[①]数千工人大会上发表关于目前形势的讲话。大会在机车库[②]举行。参加大会的还有亚历山德罗夫机械厂、涅瓦造船和机械厂(谢米扬尼科夫工厂)、帕尔工厂、托伦顿工厂、瓦尔古宁工厂及涅瓦关卡其他企业的工人。

《列宁——十月革命的领袖(彼得格勒工人回忆录)》,1957 年,第 57—58 页;《文学同时代人》杂志,列宁格勒,1937 年,第 6 期,第 202—205 页;《列宁在彼得堡》,第 3 版,1957 年,第 150—151 页;《列宁格勒的弗·伊·列宁纪念碑和纪念牌(简明手册)》,列宁格勒,1971 年,第 56 页。

列宁在奥布霍夫工厂(亚历山德罗夫村施吕瑟尔堡大街(现奥布霍夫防线大街))[③]工人群众大会上发表关于目前形势的讲话。大会在工厂的炮塔车间[④]举行。参加大会的还有谢米扬尼科夫工

---

① 该厂传达室的墙壁上设有一块纪念牌,上面写着:"1917 年 5 月上半月弗拉基米尔·伊里奇·列宁在这个工厂(原车辆总修配厂)里召开的涅瓦关卡数千工人大会上发表关于目前形势的讲话。"——俄文编者注

② 举行群众大会的地方现有一块纪念牌。——俄文编者注

③ 此处厂房墙壁上设有一块纪念牌,上面写着:"为纪念全世界无产阶级的伟大领袖弗拉基米尔·伊里奇·列宁 1917 年 5 月在奥布霍夫工厂工人群众大会上发表讲话,特设此纪念牌……"——俄文编者注

④ 车间里设有一块纪念牌,上面写着:"1917 年 5 月弗拉基米尔·伊里奇·列宁在这里举行的原奥布霍夫工厂(现"布尔什维克"工厂)数千工人群众大会上发表讲话。"——俄文编者注

厂、亚历山德罗夫工厂及涅瓦关卡其他企业的工人。

《回忆弗·伊·列宁》,第 2 卷,1969 年,第 397—398 页;《列宁——十月革命的领袖(彼得格勒工人回忆录)》,1957 年,第 58、63—65、66—67 页;М.Д.罗扎诺夫:《奥布霍夫工厂工人。"布尔什维克"工厂(原奥布霍夫炼钢厂)历史》,列宁格勒,1965 年,第 332—339 页;《列宁在彼得堡》,第 3 版,1957 年,第 151 页。

列宁在俄国社会民主工党(布)中央委员会所在地同"刻赤"号雷击舰(黑海舰队)的水兵们谈话,向他们解释布尔什维克党在战争问题和土地问题上奉行的政策,说明在水兵、工人和农民中间积极开展宣传鼓动工作,争取全部政权转到苏维埃手中的必要性。

《列宁与红海军》,列宁格勒,1924 年,第 55 页。

5 月 16 日(29 日)

列宁写《必将到来的灾难和不讲分寸的诺言(第二篇文章)》一文,揭露资本家在"社会党人"部长们许诺拿走企业主利润的 100％这一"革命"词句掩饰下悄悄实行怠工和破坏生产。

列宁指出:"对资本家和官吏来说,**有利的**是许下'不讲分寸的诺言',转移人民的视线,使他们不去注意把真正的监督权交给真正的工人这一**主要问题**。

工人应该唾弃中央的官吏们的空话、诺言、宣言和空洞计划。这些人总喜欢草拟一些漂亮的计划、章程、规则和条例。打倒这一切撒谎的行为!打倒这种官僚主义和资产阶级的已经到处碰壁的空洞计划的闹剧!打倒这种压下不办的作风!工人应该要求**立刻**实行**真正的**监督,而且必须**由工人自己来进行监督**。"

《列宁全集》中文第 2 版增订版第 30 卷第 106—109 页;《真理报》,彼得格勒,1917 年 5 月 30 日(17 日),第 59 号;《新生活报》,彼得格勒,1917 年 5 月 16 日(29 日),第 24 号。

列宁编辑《真理报》第 59 号。

《列宁全集》俄文第 5 版第 32 卷第 452 页；《真理报》，彼得格
勒，1917 年 5 月 30 日（17 日），第 59 号。

列宁的《卑鄙的手段》和《必将到来的灾难和不讲分寸的诺言
（第一篇文章）》两篇文章在《真理报》第 58 号上发表。

《列宁全集》中文第 2 版增订版第 30 卷第 101—102、103—
106 页；《真理报》，彼得格勒，1917 年 5 月 29 日（16 日），第
58 号。

由列宁起草并经俄国社会民主工党（布）第七次全国代表会议
（四月代表会议）通过的《关于目前形势的决议》转载于《明星报》
（叶卡捷琳诺斯拉夫）第 11 号。

《列宁全集》中文第 2 版增订版第 29 卷第 441—444 页；《明星
报》，叶卡捷琳诺斯拉夫，1917 年 5 月 16 日（29 日），第 11 号。

由列宁起草并经俄国社会民主工党（布）彼得格勒第一次全市
代表会议通过的《关于市政选举的决议》、由列宁起草并经俄国社
会民主工党（布）第七次全国代表会议（四月代表会议）通过的《关
于联合国际主义者反对小资产阶级护国主义联盟的决议》和《关于
工兵代表苏维埃的决议》转载于《高加索工人报》（梯弗利斯）第
50 号。

《列宁全集》中文第 2 版增订版第 29 卷第 253—254、421、
422—423 页；《高加索工人报》，梯弗利斯，1917 年 5 月 16 日，
第 50 号。

《真理报》第 58 号上刊登全俄地方自治机关和城市联合会军
需供应总委员会彼得格勒汽车局工人给列宁的致敬信，信中写道：
"我们怀着愤怒的心情抗议罪恶的资产阶级和旧制度卑鄙的奴仆
对列宁同志和《真理报》的无耻的挑衅性攻击。我们认为这是对革
命的社会民主党和整个工人阶级的公开挑战，并宣布：对于这伙坏

蛋的种种倒行逆施,我们将在必要时给予应有的回击。"

《真理报》,彼得格勒,1917 年 5 月 29 日(16 日),第 58 号。

倡议成立社会民主主义青年工人联合会的基辅青年工人倡议小组给列宁发来致敬信。

《真理报》,彼得格勒,1917 年 5 月 29 日(16 日),第 58 号。

5 月 16 日或 17 日(29 日或 30 日)

列宁写《头脑糊涂(再论兼并)》一文,回击刊登在《彼得格勒工兵代表苏维埃消息报》上的文章《"没有兼并"》。社会革命党和孟什维克的编辑们在这篇文章中就俄国社会民主工党(布)第七次全国代表会议(四月代表会议)在《关于战争的决议》中给兼并下定义的问题同《真理报》展开了论战。

列宁指出,只有布尔什维克党才给兼并下了一个明确的定义,即兼并就是一个国家把别的民族强迫留在该国疆界内。列宁强调指出:"我党在谈到'没有兼并的和约'时,为了提醒头脑糊涂的人,总是解释说,必须把这个口号同无产阶级革命**紧密**联系起来。只有这样联系起来,这个口号才是需要的,才是正确的。这个口号只是指出**无产阶级革命的**路线,只能促使无产阶级革命发展和成长。"

《列宁全集》中文第 2 版增订版第 30 卷第 113—115 页;《真理报》,彼得格勒,1917 年 5 月 31 日(18 日),第 60 号;《彼得格勒工兵代表苏维埃消息报》,1917 年 5 月 16 日,第 67 号;《人民事业报》,彼得格勒,1917 年 5 月 17 日,第 51 号。

5 月 16 日和 20 日(5 月 29 日和 6 月 2 日)之间

列宁写《两个政权并存的局面消灭了吗?》一文,指出两个政权并存的局面仍然存在,一切革命的根本问题——政权问题仍然没有得到解决。文章揭露资本家是造成经济崩溃和生产破坏的罪魁祸首,是实行工人监督生产的反对者。列宁指出,如果苏维埃把生产置于自己的监督之下,完全有可能挽救国家,使生产不致遭到资本家的破坏。但是孟什维克和社会革命党人却对此进行干扰,因此他们应对这次政权危机和经济灾难负全部责任。列宁总结道:"要么是后退,让资本家掌握全部政权,要么是前进,实现真正的民主,让多数人决定问题。目前这种两个政权并存的局面,是不可能长久维持下去的。"

> 《列宁全集》中文第 2 版增订版第 30 卷第 127—130 页;《真理报》,彼得格勒,1917 年 6 月 2 日(5 月 20 日),第 62 号;《彼得格勒工兵代表苏维埃消息报》,1917 年 5 月 17 日,第 68 号;5 月 18 日,第 69 号;5 月 19 日,第 70 号。

5 月,17 日(30 日)以前

列宁写《关于土地问题的决议草案》,准备提交全俄农民第一次代表大会讨论。

决议草案阐述布尔什维克党关于土地问题的基本要求。

> 《列宁全集》中文第 2 版增订版第 30 卷第 136—137 页;《交易所新闻》,彼得格勒,1917 年 5 月 18 日(31 日),第 16238 号,上午版。

5 月 17 日(30 日)

列宁写《又一次背弃民主主义》一文,批判《彼得格勒工兵代表苏维埃消息报》编辑——孟什维克和社会革命党的领袖们反对选民有权撤换苏维埃代表和进行部分改选。列宁强调指出,选民在任何时候都有权撤回任何公职人员和当选的代表,这是民主的基本原则之一。反对这一权利的人,不仅不能称为社会主义者,甚至连民主主义者也不是。

> 《列宁全集》中文第 2 版增订版第 30 卷第 118—119 页;《真理报》,彼得格勒,1917 年 5 月 31 日(18 日),第 60 号;《彼

得格勒工兵代表苏维埃消息报》,1917 年 5 月 17 日,第
68 号。

列宁写《用增设委员会的办法来同经济破坏作斗争》一文,批
判彼得格勒苏维埃执行委员会 5 月 16 日(29 日)特别会议通过的
关于同经济破坏作斗争的决议。列宁写道:"看吧,这就是斗争!
伟大的思想和美妙的计划被一个僵死的官僚机关网窒息了……

呵,圣人! 立法者! 路易·勃朗分子!"

《列宁全集》中文第 2 版增订版第 30 卷第 116—117 页;《真理
报》,彼得格勒,1917 年 5 月 31 日(18 日),第 60 号;《彼得格
勒工兵代表苏维埃消息报》,1917 年 5 月 17 日,第 68 号。

列宁在马·季·叶利扎罗夫和安·伊·叶利扎罗娃夫妇家
(宽街 48/9 号(现列宁街 52/9 号)24 室)同工人 K.Ф.列别捷夫和
H.纳扎罗夫谈话。他们两人是受"阿伊瓦兹"工厂工人和俄国社
会民主工党(布)列斯诺伊分区委员会的委托前来邀请列宁在工艺
学院里举行的群众大会上发表演说的。

列宁接受了这一邀请,并请两人共进午餐。列宁详细询问
了他们的工作情况、党的基层组织情况、工人们的情绪等。

《同列宁见面——工人和老布尔什维克回忆录》,1933 年,第
42—45 页。

列宁前往制管厂(戈洛达伊岛(现十二月党人岛)乌拉尔街 3
号)①出席数千工人参加的竞选大会。参加大会的还有瓦西里耶
夫岛区其他工厂的工人。

列宁要求先发言,因为他还要去工艺学院发表演说。在与会

----

① 　此处厂房墙壁上(传达室旁边)设有一块纪念牌,上面写着:"同领袖见面。
1917 年 5 月 17 日瓦西里耶夫岛区的工人在此广场上倾听列宁讲话。
　　列宁在原制管厂的群众大会上发表反对临时政府的演说,他在演说结束时高呼:
'"打倒资本家部长!""全部政权归苏维埃!""世界革命万岁!"'"——俄文编者注

者一片"请列宁同志讲!"的呼喊声中列宁发表关于目前形势的
演说。[①]

> 《1917 年彼得格勒的工会运动(特写和资料)》,1928 年,第
> 272 页;《列宁——十月革命的领袖(彼得格勒工人回忆录)》,
> 1957 年,第 82—84 页;《红色史料》杂志,列宁格勒,1932 年,
> 第 5—6 期合刊,第 246 页;《列宁在彼得堡》,第 3 版,1957
> 年,第 154 页。

列宁在工人 K.Ф.列别捷夫和 H.纳扎罗夫陪同下前往工艺学
院(工艺街 1—3 号(现 29 号))参加群众大会。

列宁在工艺学院礼堂举行的群众大会上发表关于目前形势和
无产阶级的任务的演说[②]。参加大会的有"阿伊瓦兹"工厂的工
人、维堡地区其他工厂的工人以及工艺学院的学生。一小撮孟什
维克和社会革命党人企图阻挠列宁演说,但未能得逞。

会后列宁同俄国社会民主工党(布)列斯诺伊分区委员会的工
作人员热情告别,在工人列别捷夫陪同下回到自己的住处。列宁
同列别捷夫谈党的工作问题,问他经常读些什么报纸等等。

> 《同列宁见面——工人和老布尔什维克回忆录》,1933 年,第
> 44—45 页;《列宁——十月革命的领袖(彼得格勒工人回忆
> 录)》,1957 年,第 80—81 页;《苏共列宁格勒组织简史》,第 1
> 册,1962 年,第 495 页;《列宁在彼得堡》,第 3 版,1957 年,
> 第 89—90 页。

列宁编辑《真理报》第 60 号。

> 《列宁全集》俄文第 5 版第 32 卷第 452 页;《真理报》,彼得格

---

① 厂房墙壁上设有一块纪念牌,上面写着:"1917 年 5 月 30 日(17 日)弗拉基米
尔·伊里奇·列宁在这里的制管厂工人群众大会上作了关于无产阶级在革命中的任
务的报告。"——俄文编者注

② 礼堂内设有一块纪念牌,上面写着:"1917 年 5 月 17 日弗拉基米尔·伊里
奇·列宁在本礼堂内举行的"阿伊瓦兹"工厂工人和工艺学院学生的群众大会上发表
关于目前形势和无产阶级的任务的演说。"——俄文编者注

勒,1917 年 5 月 31 日(18 日),第 60 号。

列宁的《必将到来的灾难和不讲分寸的诺言(第二篇文章)》一文在《真理报》第 59 号上发表。

> 《列宁全集》中文第 2 版增订版第 30 卷第 106—109 页;《真理报》,彼得格勒,1917 年 5 月 30 日(17 日),第 59 号。

经列宁审定和补充的娜·康·克鲁普斯卡娅的《俄国社会民主工党历史上的一页》一文转载于《真理呼声报》(喀琅施塔得)第 51 号。

> 《列宁全集》中文第 2 版增订版第 30 卷第 73 页;《列宁全集》俄文第 5 版第 32 卷第 452 页;《真理呼声报》,喀琅施塔得,1917 年 5 月 30 日(17 日),第 51 号。

"狄纳莫"工厂(莫斯科)器械部修理车间工人大会给列宁发来致敬信。

> 《社会民主党人报》,莫斯科,1917 年 5 月 21 日(6 月 3 日),第 61 号。

高加索第 1 步炮营(罗马尼亚战线)第 2 炮场全体士兵大会通过决议,坚决抗议诽谤攻击列宁。

> 《士兵真理报》,彼得格勒,1917 年 6 月 30 日(17 日),第 46 号。

各拉脱维亚步兵团代表联合委员会通过给列宁的致敬信。

> 《1917 年十月革命中的拉脱维亚共产党(文件和资料)》,里加,1963 年,第 127 页。

5 月 17 日或 18 日(30 日或 31 日)

列宁写《资本家是怎样吓唬人民的?》一文,揭露《金融报》宣扬要实现"社会革命"就必须使几千万公民放弃自己财产的言论,强调指出:"任何一个社会主义者从来没有提出过要剥夺'几千万人'即小农和中农的财产⋯⋯"

《列宁全集》中文第 2 版增订版第 30 卷第 120—122 页;《真理报》,彼得格勒,1917 年 6 月 1 日(5 月 19 日),第 61 号;《金融报》,彼得格勒,1917 年 5 月 17 日,第 468 号,上午版。

　　列宁针对资本家破坏生产、使工人失业、使国家面临饥荒、使工业因缺煤而发生危机等罪行写《资本家的又一次罪行》一文。列宁强调指出:"如果临时政府的全体成员,包括所谓社会党人部长在内,仍然只是用作出决议、成立委员会、同企业主磋商来同日益逼近的崩溃作'斗争',如果他们仍然'在应当使用权力(对付资本家)的时候大谈空话',那么他们就是这种罪恶活动的帮凶。"

《列宁全集》中文第 2 版增订版第 30 卷第 123—124 页;《真理报》,彼得格勒,1917 年 6 月 1 日(5 月 19 日),第 61 号;《彼得格勒工兵代表苏维埃消息报》,1917 年 5 月 17 日,第 68 号。

5 月 17 日和 24 日(5 月 30 日和 6 月 6 日)之间

　　列宁写《彼得格勒区杜马选举中的各党派》一文。文章展示了在彼得格勒区杜马选举中提出候选人名单的各个政党的力量对比关系,号召有觉悟的工人加紧做落后阶层的工作:"让我们大家都去做工作,都到贫民住宅去活动,都去唤醒和启发仆役、比较落后的工人等等! 让我们都去进行鼓动,反对资本家和立宪民主党人,反对冒充'激进的民主派'而躲在立宪民主党人背后的人! 让我们都去进行鼓动,反对民粹主义者和孟什维克的小资产阶级护国主义泥潭,反对他们的不讲党派不讲原则的联盟,反对他们把主张赎买的劳动派分子和普列汉诺夫'统一派'的英雄们拉进联合名单里去。现在,甚至部长的报纸《人民事业报》和《工人报》也都耻于同这个'统一派'携手了!"

《列宁全集》中文第 2 版增订版第 30 卷第 157—161 页;《真理报》,彼得格勒,1917 年 6 月 6 日(5 月 24 日),第 64 号;

《市政府消息报》,彼得格勒,1917 年 5 月 17 日,第 56 号,赠送附刊。

5 月,18 日(31 日)以前

列宁写《关于国际主义者的联合问题》一文,指出布尔什维克党中央委员会根据俄国社会民主工党(布)第七次全国代表会议(四月代表会议)的决议认为同区联派联合是适当的,因为区联派的决议"基本上采取了同护国派决裂的正确路线"。

《列宁全集》中文第 2 版增订版第 30 卷第 110—112 页;《真理报》,彼得格勒,1917 年 5 月 31 日(18 日),第 60 号。

全俄地方自治机关和城市联合会军需供应总委员会索科利尼基机械厂(莫斯科)工人大会愤怒声讨资产阶级报刊掀起一场诽谤列宁的运动,大会给列宁发来了致敬信。

《社会民主党人报》,莫斯科,1917 年 5 月 31 日(18 日),第 58 号。

5 月 18 日(31 日)

鉴于喀琅施塔得苏维埃 5 月 16 日(29 日)通过决议,称它要立即夺取政权,并在一切国家制度问题上只同彼得格勒苏维埃直接联系,列宁派俄国社会民主工党(布)中央委员格·Ф.费多罗夫前往喀琅施塔得。

П.З.西夫科夫:《喀琅施塔得——革命历史的篇章》,1972 年,第 184 页。

针对许多资产阶级报纸造谣说列宁由于某些不可知的原因没有出席全俄农民代表大会的会议,列宁在《给编辑部的信》(给《真理报》编辑部)中写道:"……我本来应当星期三在会上讲话并且已经准备出席,但当时得到通知说,星期三讨论组织问题,土地问题的讨论暂停;今天(星期四)又发生了同样的情况。现在我再一次请求读者,除了《真理报》以外,不要相信其他报纸。"

《列宁全集》中文第 2 版增订版第 30 卷第 126 页;《真理报》,彼得格勒,1917 年 6 月 1 日(5 月 19 日),第 61 号;《交易所新闻》,彼得格勒,1917 年 5 月 18 日(31 日),第 16238 号,上午版。

列宁写《一次又一次的谎言》一文,揭露普列汉诺夫的《统一报》对布尔什维克的诽谤。《统一报》诬蔑说,布尔什维克认定库尔兰是德国的一个省份。列宁指出:"《真理报》曾经向《言语报》和其他报纸挑战:请对兼并下一个既适用于德国的兼并又适用于英国和俄国的兼并的定义吧。

资产阶级报纸(《统一报》也包括在内)无法回答这个问题,于是翻来覆去地用谎话来搪塞。真是可耻!"

《列宁全集》中文第 2 版增订版第 30 卷第 125 页;《统一报》,彼得格勒,1917 年 5 月 18 日,第 42 号。

列宁在《真理报》编辑部(莫伊卡河沿岸街 32/2 号)同费·费·拉斯科尔尼科夫谈论关于喀琅施塔得苏维埃 5 月 16 日(29 日)的决议。列宁建议拉斯科尔尼科夫写一篇关于喀琅施塔得事件的文章并谈了文章的构思。

《列宁全集》俄文第 5 版第 32 卷第 452 页;《真理报》,彼得格勒,1917 年 6 月 3 日(5 月 21 日),第 63 号;《1917 年第一个合法的布尔什维克彼得堡委员会(资料和记录汇编)》,1927 年,第 120 页。

列宁编辑《真理报》第 61 号。

《列宁全集》俄文第 5 版第 32 卷第 452 页;《真理报》,彼得格勒,1917 年 6 月 1 日(5 月 19 日),第 61 号。

列宁的《关于国际主义者的联合问题》、《头脑糊涂(再论兼并)》、《用增设委员会的办法来同经济破坏作斗争》和《又一次背弃民主主义》等文章在《真理报》第 60 号上发表。

《列宁全集》中文第 2 版增订版第 30 卷第 110—112、113—115、116—117、118—119 页；《真理报》,彼得格勒,1917 年 5 月 31 日(18 日),第 60 号。

由列宁起草并经俄国社会民主工党(布)第七次全国代表会议(四月代表会议)通过的《关于战争的决议》转载于《库班河沿岸真理报》(叶卡捷琳诺达尔)第 4 号。

《列宁全集》中文第 2 版增订版第 29 卷第 397—400 页；《库班河沿岸真理报》,叶卡捷琳诺达尔,1917 年 5 月 18 日,第 4 号。

由列宁起草并经俄国社会民主工党(布)第七次全国代表会议(四月代表会议)通过的《关于土地问题的决议》转载于《社会民主党人呼声报》(基辅)第 25 号。

《列宁全集》中文第 2 版增订版第 29 卷第 418—420 页；《社会民主党人呼声报》,基辅,1917 年 5 月 18 日,第 25 号。

列宁的《"事实上的停战"》一文转载于《克拉斯诺亚尔斯克工人报》第 50 号。

《列宁全集》中文第 2 版增订版第 30 卷第 50—53 页；《克拉斯诺亚尔斯克工人报》,1917 年 5 月 18 日,第 50 号。

经列宁审定和补充的娜·康·克鲁普斯卡娅的《俄国社会民主工党历史上的一页》一文转载于《无产者报》(哈尔科夫)第 45 号。

《列宁全集》中文第 2 版增订版第 30 卷第 73 页；《列宁全集》俄文第 5 版第 32 卷第 452 页；《无产者报》,哈尔科夫,1917 年 5 月 31 日(18 日),第 45 号。

5 月 18 日和 25 日(5 月 31 日和 6 月 7 日)之间

列宁写《是同资本家做交易,还是推翻资本家?(怎样结束战争)》一文,指出几乎所有的工人和农民现在都已懂得,只有资本家才需要战争。文章评述了在怎样才能结束战争的问题上存在的两种观点：一种是社会革命党人和孟什维克的观点，另一种则是布尔什维克的观点。列宁总结道："或者是鼓吹和等待同资本家做交易，这就等于要人民信任他们的死敌；或者是相信工人革命，只相信工人革命，集中全力去推翻资本家。

必须从这两条结束战争的道路中选择一条。"

《列宁全集》中文第 2 版增订版第 30 卷第 166—168 页；《真理报》，彼得格勒，1917 年 5 月 31 日（18 日），第 60 号；6 月 7 日（5 月 25 日），第 65 号。

5 月 19 日（6 月 1 日）

列宁拟定《论"擅自夺取"土地（"社会革命党人"的糟糕论据）》一文的提纲并写这篇文章。他批判右派社会革命党人谢·列·马斯洛夫在全俄农民第一次代表大会上作的反对农民擅自夺取土地的报告，揭露社会革命党人企图使农民同地主妥协的政策。列宁在文章中阐述布尔什维克关于土地问题的各项纲领性要求："我们党，俄国社会民主工党（布尔什维克党）在一篇措辞明确的决议中提出，土地应该归全体人民**所有**。这就是说，**我们反对任何把土地攫为己有的行为**……

地主的土地应该**立刻没收**，也就是说，土地私有制应该**立刻废除，而且是无偿地废除**。

怎样**占用**这些土地呢？应该由谁立刻占用和耕种这些土地呢？应该由当地农民有组织地即根据多数人的决定来占用和耕种这些土地。这就是我们党的建议。"

《列宁全集》中文第 2 版增订版第 30 卷第 131—135 页；《列宁文集》俄文版第 7 卷第 313 页；《真理报》，彼得格勒，1917 年 6 月 2 日（5 月 20 日），第 62 号。

列宁编辑《真理报》第 62 号。

《列宁全集》俄文第 5 版第 32 卷第 452 页；《真理报》，彼得格勒，1917 年 6 月 2 日（5 月 20 日），第 62 号。

列宁的《资本家是怎样吓唬人民的?》、《资本家的又一次罪行》、《一次又一次的谎言》、《给编辑部的信》等文章在《真理报》第 61 号上发表。

《列宁全集》中文第 2 版增订版第 30 卷第 120 — 122、123 — 124、125、126 页；《真理报》，彼得格勒，1917 年 6 月 1 日（5 月 19 日），第 61 号。

列宁 5 月 12 日（25 日）在普梯洛夫工厂工人大会上的讲话（报道）在《士兵真理报》（彼得格勒）第 26 号上发表。

《列宁全集》中文第 2 版增订版第 30 卷第 67 页；《士兵真理报》，彼得格勒，1917 年 6 月 1 日（5 月 19 日），第 26 号。

列宁的《秘密条约之一》一文转载于《克拉斯诺亚尔斯克工兵代表苏维埃消息报》第 46 号。

《列宁全集》中文第 2 版增订版第 30 卷第 57—58 页；《克拉斯诺亚尔斯克工兵代表苏维埃消息报》，1917 年 5 月 19 日，第 46 号。

列宁写的《给全俄农民代表大会代表的公开信》转载于《无产者报》（哈尔科夫）第 46 号和《明星报》（叶卡捷琳诺斯拉夫）第 12 号。

《列宁全集》中文第 2 版增订版第 30 卷第 41—45 页；《无产者报》，哈尔科夫，1917 年 6 月 1 日（5 月 19 日），第 46 号；《明星报》，叶卡捷琳诺斯拉夫，1917 年 6 月 1 日（5 月 19 日），第 12 号。

《高加索工人报》刊载《列宁要的是什么?》一文，揭露资产阶级和小资产阶级报刊的诽谤中伤。文章号召工人读者："同志们，读一读俄国社会民主工党全国代表会议的各项决议吧！你们就会知道列宁要的是什么，他的朋友——布尔什维克要的是什么。"

《高加索工人报》，梯弗利斯，1917 年 5 月 19 日，第 53 号。

5月19日和27日（6月1日和9日）之间

列宁针对社会革命党和孟什维克联盟首领们在彼得格勒苏维埃执行委员会会议上作的关于工业状况的报告写《关于经济破坏的报告》一文，指出灾难是不可避免的，而"能够使国家摆脱灾难的只有革命阶级"。

> 《列宁全集》中文第2版增订版第30卷第173—176页；《真理报》，彼得格勒，1917年6月9日（5月27日），第67号。

5月,20日（6月2日）以前

列宁写小册子《修改党纲的材料》。

> 《列宁全集》中文第2版增订版第29卷第479—480、481—493页；《修改党纲的材料（尼·列宁编辑并作序）》，彼得格勒，波涛出版社，1917年，32页，（俄国社会民主工党）。

5月20日（6月2日）

列宁写《〈修改党纲的材料〉序言》。他在序言中指出，他受中央委托，已完成出版这本小册子的准备工作，吁请全体党员同志和党的同情者"尽量广泛地在党的出版物上转载这个材料，使**全体**党员熟悉这个材料，并把所有意见和草案寄给《真理报》编辑部……"

> 《列宁全集》中文第2版增订版第29卷第472—473页；《修改党纲的材料（尼·列宁编辑并作序）》，彼得格勒，波涛出版社，1917年，32页，（俄国社会民主工党）。

列宁编辑《真理报》第63号。

> 《列宁全集》俄文第5版第32卷第452页；《真理报》，彼得格勒，1917年6月3日（5月21日），第63号。

列宁的《两个政权并存的局面消灭了吗?》和《论"擅自夺取"土地（"社会革命党人"的糟糕论据）》两篇文章在《真理报》第62号上发表。

> 《列宁全集》中文第2版增订版第30卷第127—130、131—

135 页;《真理报》,彼得格勒,1917 年 6 月 2 日(5 月 20 日),第 62 号。

由列宁起草并经俄国社会民主工党(布)第七次全国代表会议(四月代表会议)通过的《关于战争的决议》和《关于工兵代表苏维埃的决议》转载于《保险问题》杂志(彼得格勒)第 4 期。

《列宁全集》中文第 2 版增订版第 29 卷第 397—400、422—423 页;《保险问题》杂志,彼得格勒,1917 年 5 月 20 日,第 4 期,第 2—4 页。

由列宁起草并经俄国社会民主工党(布)第七次全国代表会议(四月代表会议)通过的《关于战争的决议》和《关于土地问题的决议》转载于《斯巴达克》杂志(莫斯科)第 1 期。

《列宁全集》中文第 2 版增订版第 29 卷第 397—400、418—420 页;《斯巴达克》杂志,莫斯科,1917 年 5 月 20 日,第 1 期,第 14—15 页。

列宁的《必将到来的灾难和不讲分寸的诺言(第一篇文章)》用爱沙尼亚文转载于《光线报》(塔林)第 46 号。

《列宁全集》中文第 2 版增订版第 30 卷第 103—106 页;《光线报》,塔林,1917 年 5 月 20 日(6 月 2 日),第 46 号。

列宁的《秘密条约之一》一文转载于《真理晨报》(雷瓦尔)第 2 号。

《列宁全集》中文第 2 版增订版第 30 卷第 57—58 页;《真理晨报》,雷瓦尔,1917 年 6 月 2 日(5 月 20 日),第 2 号。

列宁写的《给全俄农民代表大会代表的公开信》转载于《劳动与斗争报》(雅罗斯拉夫尔)第 49 号。

《列宁全集》中文第 2 版增订版第 30 卷第 41—45 页;《劳动与斗争报》,雅罗斯拉夫尔,1917 年 5 月 20 日,第 49 号。

列宁的《经济破坏迫在眉睫》一文转载于《无产者报》(哈尔科夫)第 47 号。

> 《列宁全集》中文第 2 版增订版第 30 卷第 74—76 页;《无产者
> 报》,哈尔科夫,1917 年 6 月 2 日(5 月 20 日),第 47 号。

列宁的《什么也没有改变》一文转载于《克拉斯诺亚尔斯克工
人报》第 52 号。

> 《列宁全集》中文第 2 版增订版第 30 卷第 61—62 页;《克拉斯
> 诺亚尔斯克工人报》,1917 年 5 月 20 日,第 52 号。

《真理报》刊登一则公告,宣布 5 月 21 日(6 月 3 日)上午 10
时举行报告会,由列宁同志作题为《目前形势和无产阶级的任务》
的报告,地点在鲜花街 5/12 号。

> 《真理报》,彼得格勒,1917 年 6 月 2 日(5 月 20 日),第 62 号。

罗戈日兵营(莫斯科)举行的第 85 预备步兵团士兵大会
(2 000 人)给列宁发来致敬信。

> 《社会民主党人报》,莫斯科,1917 年 5 月 21 日(6 月 3 日),第
> 61 号。

莫斯科戈罗德区布尔什维克大会通过的给自己的思想领袖、
工人阶级利益的坚强捍卫者列宁的致敬信在《社会民主党人报》
(莫斯科)第 60 号上发表。

> 《社会民主党人报》,莫斯科,1917 年 5 月 20 日(6 月 2 日),第
> 60 号。

5 月,20 日(6 月 2 日)以后

列宁收到俄国社会民主工党(布)中央委员会国外代表处发自
斯德哥尔摩的信。信中告知筹备出版《〈真理报〉俄国新闻简报》第
1 号的情况,谈到可能出版俄国社会民主工党(布)第七次全国代
表会议(四月代表会议)决议汇编的小册子,请求多寄几份《真理
报》给他们。

苏共中央马列主义研究院中央党务档案馆,第 2 号全宗,第 5 号目录,第 728 号案卷,第 1—2 张;《〈真理报〉俄国新闻简报》,斯德哥尔摩,1917 年 6 月 3 日,第 1 号,第 1 版。

5 月 21 日(6 月 3 日)

列宁上午 10 时同玛·伊·乌里扬诺娃前往参加彼得格勒莫斯科关卡 1 000 多工人参加的群众大会(大会在鲜花街 5/12 号举行)[①],同大会组织者——莫斯科区委工作人员交谈工人的情绪、区布尔什维克组织的工作情况。

列宁就目前形势和无产阶级的任务发表长篇讲话,讲话结束后还回答了工人们提出的问题。

中央弗·伊·列宁纪念馆列宁格勒分馆,回忆录全宗,第 134 号案卷,第 1—3、4—6 张;《1917 年的纳尔瓦关卡(回忆录和文件)》,1960 年,第 78—79 页;《彼得堡人回忆伊里奇》,1970 年,第 307—309 页;《列宁在彼得堡》,第 3 版,1957 年,第 155 页。

由列宁起草并经俄国社会民主工党(布)第七次全国代表会议(四月代表会议)通过的《关于伯格比尔的建议的决议》和《关于对临时政府的态度的决议》转载于《库班河沿岸真理报》(叶卡捷琳诺达尔)第 5 号。

《列宁全集》中文第 2 版增订版第 29 卷第 369—371、401—402 页;《库班河沿岸真理报》,叶卡捷琳诺达尔,1917 年 5 月 21 日,第 5 号。

列宁的《士兵和土地》一文转载于《高加索工人报》(梯弗利斯)第 55 号。

《列宁全集》中文第 2 版增订版第 29 卷第 264—265 页;《高加索工人报》,梯弗利斯,1917 年 5 月 21 日,第 55 号。

列宁 4 月 10 日(23 日)在伊兹迈洛夫团的大会上对士兵的讲

---

① 房屋未保存下来。——俄文编者注

话转载于《同志报》(米努辛斯克)第 10 号。

> 《列宁全集》中文第 2 版增订版第 29 卷第 186—188 页;《同志报》,米努辛斯克,1917 年 5 月 21 日,第 10 号。

列宁写的《给全俄农民代表大会代表的公开信》转载于《战壕真理报》(里加)第 9 号。

> 《列宁全集》中文第 2 版增订版第 30 卷第 41—45 页;《战壕真理报》,里加,1917 年 5 月 21 日,第 9 号。

第 3 停机场士兵抗议资产阶级报刊诽谤中伤列宁的抗议书在《社会民主党人呼声报》(基辅)第 27 号上发表。

> 《社会民主党人呼声报》,基辅,1917 年 5 月 21 日,第 27 号。

沃罗涅日举行全市游行示威,抗议资产阶级报刊诽谤中伤列宁。

> 《苏共沃罗涅日组织简史》,沃罗涅日,1967 年,第 95 页。

哈尔科夫第 684 步兵大队第 6 连第 3 排的士兵给列宁的致敬信在《社会民主党人报》(莫斯科)第 61 号上发表。

> 《社会民主党人报》,莫斯科,1917 年 5 月 21 日(6 月 3 日),第 61 号。

5 月,22 日(6 月 4 日)以前

列宁写的《给全俄农民代表大会代表的公开信》和《关于土地问题的决议草案》由出席全俄农民第一次代表大会的布尔什维克党团成员在大会代表中散发。

> 《列宁全集》中文第 2 版增订版第 30 卷第 41—45、136—137 页;《回忆弗·伊·列宁》,第 2 卷,1969 年,第 401 页;《列宁就是这样的人(同时代人回忆录)》,1965 年,第 193 页;《回忆弗·伊·列宁》,1963 年,第 267 页。

5 月 22 日(6 月 4 日)

列宁参加在民众文化馆(亚历山德罗夫公园 3 号(现列宁公园

ОТКРЫТОЕ ПИСЬМО

къ делегатамъ Всероссійскаго Съѣзда крестьянскихъ депутатовъ.

Товарищи—крестьянскіе депутаты!

Центральный Комитетъ Россійской Соціалъ-демократической Рабочей Партіи (большевиковъ), къ которому я имѣю честь принадлежать, хотѣлъ дать мнѣ полномочіе представлять нашу партію на Крестьянскомъ Съѣздѣ. Не имѣя возможности до сихъ поръ, по болѣзни, выполнить это порученіе, я позволяю себѣ обратиться къ вамъ настоящимъ открытымъ письмомъ, чтобы привѣтствовать Всероссійское объединеніе крестьянства и указать вкратцѣ на глубокія разногласія, которыя раздѣляютъ нашу партію съ партіей «соціалистовъ-революціонеровъ» и «соц.-дем. меньшевиковъ».

Эти глубокія разногласія касаются трехъ самыхъ важныхъ вопросовъ: о землѣ, о войнѣ и объ устройствѣ государства.

Вся земля должна принадлежать народу. Всѣ помѣщичьи земли должны безъ выкупа отойти къ крестьянамъ. Это ясно. Споръ идетъ о томъ, слѣдуетъ ли крестьянамъ на мѣстахъ немедленно брать всю землю, не платя помѣщикамъ никакой арендной платы и не дожидаясь Учредительнаго Собранія или не слѣдуетъ?

Наша партія думаетъ, что слѣдуетъ и совѣтуетъ крестьянамъ на мѣстахъ тотчасъ брать всю землю, дѣлая это какъ можно болѣе организованно, никоимъ образомъ не допуская порчи имущества и прилагая всѣ усилія, чтобы производство хлѣба и мяса увеличилось, ибо солдаты на фронтѣ бѣдствуютъ ужасно. Учредительное Собраніе установитъ окончательное распоряженіе землей, а предварительное распоряженіе ею теперь, тотчасъ, должны дѣлать мѣстныя учрежденія, ибо наше Временное Правительство, правительство помѣщиковъ и капиталистовъ оттягиваетъ созывъ Учредительнаго Собранія и до сихъ поръ не назначило даже срока его созыва.

Предварительно распорядиться землей могутъ только мѣстныя учрежденія. Засѣвъ полей необходимъ. Большинство крестьянъ на мѣстахъ вполнѣ сумѣетъ организованно распорядиться землей, запахать и засѣять всю землю. Это необходимо, чтобы улучшить питаніе солдатъ на фронтѣ. Поэтому ждать Учредительнаго Собранія недопустимо. Права Учредительнаго Собранія окончательно установить всенародную собственность на землю и условія распоряженія ею мы нисколько не отрицаемъ. Но предварительно, теперь же, этой весной, распорядиться землей должны сами крестьяне на мѣстахъ. Солдаты съ фронта должны послать делегатовъ въ деревню.

Далѣе. Чтобы вся земля досталась трудящимся, для этого необходимъ тѣсный союзъ городскихъ рабочихъ съ бѣднѣйшими крестьянами (полупролетаріями). Безъ такого союза нельзя побѣдить капиталистовъ. А если не побѣдить ихъ, то никакой переходъ земли въ руки народа не избавитъ отъ народной нищеты. Землю ѣсть нельзя, а безъ хлѣба, безъ капитала достать орудій, скотъ сѣмена не откуда. Не капиталистамъ должны довѣрять крестьяне, и не богатымъ мужикамъ (это—тѣ же капиталисты), а только городскимъ рабочимъ. Только въ союзѣ съ ними добьются бѣднѣйшіе крестьяне, чтобы и земля, и желѣзныя дороги и банки и фабрики перешли въ собственность всѣхъ трудящихся. Безъ этого, однимъ переходомъ земли къ народу, нельзя устранить нужды и нищеты.

Рабочіе въ нѣкоторыхъ мѣстностяхъ Россіи уже переходятъ къ установленію рабочаго надзора (контроля) за фабриками. Такой надзоръ рабочихъ выгоденъ крестьянамъ, онъ дастъ увеличеніе производства и удешевленіе продуктовъ. Крестьяне должны всѣми силами поддерживать такой починъ рабочихъ и не вѣрить клеветамъ капиталистовъ противъ рабочихъ.

Второй вопросъ—о войнѣ.

Война эта—захватная. Ее ведутъ капиталисты всѣхъ странъ изъ-за своихъ захватныхъ цѣлей, изъ-за увеличенія своихъ прибылей. Трудящемуся народу эта война ни въ какомъ случаѣ ничего кромѣ гибели, ужасовъ, опустошенія, одичанія не несетъ и принести не можетъ. Поэтому наша партія, партія сознательныхъ рабочихъ, партія бѣднѣйшихъ крестьянъ, рѣшительно и безусловно осуждаетъ эту войну, отказывается оправдывать капиталистовъ одной страны передъ капиталистами другой страны, отказывается поддерживать капиталистовъ какой бы то ни было страны, добивается скорѣйшаго окончанія войны посредствомъ свержен капиталистовъ во всѣхъ странахъ, посредствомъ рабочей революціи во всѣхъ странахъ.

1917年5月7日（20日）列宁
《给全俄农民代表大会代表的公开信》(传单)

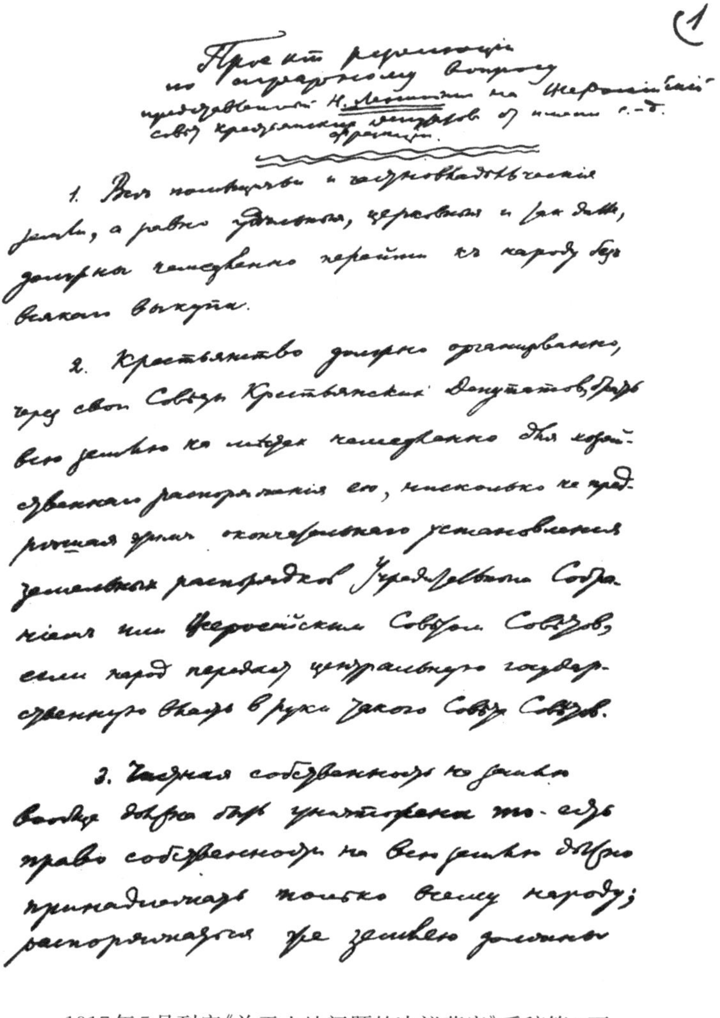
Проектъ резолюціи по аграрному вопросу представленный Н. Ленинымъ на Всероссійскій съѣздъ крестьянскихъ депутатовъ отъ имени с.-д. фракціи.

1. Всѣ помѣщичьи и частновладѣльческія земли, а равно удѣльныя, церковныя и (и т. д.) земли, должны немедленно перейти къ народу безъ всякаго выкупа.

2. Крестьянство должно организованно, черезъ свои Совѣты Крестьянскихъ Депутатовъ, брать всю землю на мѣстахъ немедленно для хозяйственнаго распоряженія ею, нисколько не предрѣшая этимъ окончательнаго установленія земельныхъ распорядковъ Учредительнымъ Собраніемъ или Всероссійскимъ Совѣтомъ Совѣтовъ, если народъ передастъ центральную государственную власть въ руки такого Совѣта Совѣтовъ.

3. Частная собственность на землю вообще должна быть уничтожена, т. е. право собственности на всю землю должно принадлежать только всему народу; распоряжаться же землею должны

1917年5月列宁《关于土地问题的决议草案》手稿第1页

4 号))歌剧厅①举行的全俄农民第一次代表大会上午会议的工作，发表关于土地问题的讲话，并以代表大会布尔什维克党团的名义提出他起草的决议草案。列宁在讲话中指出必须把国家的全部政权交给苏维埃，阐发布尔什维克的土地纲领：立即把地主的土地无偿地交给农民委员会、全部土地收归国有、把大的地主田庄改建成示范农场、由农业工人在有学问的农艺师指导下用机器来共同耕种。列宁强调说："……我们要保卫雇佣工人和贫苦农民的利益。我们俄国布尔什维克社会民主党认为这是自己的任务。"列宁还批判了社会革命党人的土地纲领。

列宁在代表大会上发表讲话后在布尔什维克党团开会的地方（民众文化馆演员室）同布尔什维克代表们就争取农民参加革命的任务交换意见。

列宁同米·瓦·伏龙芝就他返回伊万诺沃-沃兹涅先斯克开展党的工作问题进行谈话。

> 《列宁全集》中文第 2 版增订版第 30 卷第 136—137、138—156 页；苏共中央马列主义研究院中央党务档案馆，第 4 号全宗，第 2 号目录，第 632 号案卷，第 1 张；第 765 号案卷，第 4—6 张；《人民事业报》，彼得格勒，1917 年 5 月 24 日，第 56 号；《回忆弗·伊·列宁》，1963 年，第 267—268 页；《回忆弗·伊·列宁》，第 2 卷，1969 年，第 403—404 页；《列宁就是这样的人（同时代人回忆录）》，1965 年，第 193—194 页；B.A.列别捷夫、K.B.阿纳尼耶夫：《伏龙芝》，第 2 版，1960 年，第 129—130 页。

列宁写的《给全俄农民代表大会代表的公开信》转载于《斗争报》（察里津）第 2 号。

---

① 歌剧厅大楼墙壁上设有一块纪念牌，上面写着："1917 年 6 月 4 日（5 月 22 日）弗拉基米尔·伊里奇·列宁在这里的民众文化馆歌剧厅举行的全俄农民第一次代表大会上发表关于土地问题的讲话……"——俄文编者注

> 《列宁全集》中文第 2 版增订版第 30 卷第 41—45 页;《斗争
> 报》,察里津,1917 年 6 月 4 日(5 月 22 日),第 2 号。

列宁的《必将到来的灾难和不讲分寸的诺言(第一篇文章)》转载于《工人报》(喀山)第 17 号。

> 《列宁全集》中文第 2 版增订版第 30 卷第 103—106 页;《工人
> 报》,喀山,1917 年 6 月 4 日(5 月 22 日),第 17 号。

列宁写的《给全俄农民代表大会代表的公开信》以《布尔什维克社会民主党人为什么而奋斗?》为题转载于《西伯利亚真理报》(克拉斯诺亚尔斯克)第 6 号。

> 《列宁全集》中文第 2 版增订版第 30 卷第 41—45 页;《西伯
> 利亚真理报》,克拉斯诺亚尔斯克,1917 年 5 月 22 日,第
> 6 号。

叶卡捷琳诺达尔工人和士兵五千人大会通过抗议诽谤中伤列宁的决议。

> 《库班河沿岸真理报》,叶卡捷琳诺达尔,1917 年 5 月 25 日,
> 第 6 号。

乌瓦罗夫斯基电车场(莫斯科)工人大会通过给列宁的致敬信。

> 《社会民主党人报》,莫斯科,1917 年 5 月 30 日(6 月 12 日),
> 第 68 号。

5 月 22 日和 23 日(6 月 4 日和 5 日)

列宁编辑《真理报》第 64 号。

> 《列宁全集》俄文第 5 版第 32 卷第 452 页;《真理报》,彼得格
> 勒,1917 年 6 月 6 日(5 月 24 日),第 64 号。

5 月 23 日(6 月 5 日)

为庆祝俄国社会民主工党(布)莫斯科戈罗德区党员俱乐部成立而举行的党员大会通过给列宁的致敬电。

《社会民主党人报》,莫斯科,1917 年 5 月 25 日(6 月 7 日),第 64 号。

科洛姆纳卫成部队士兵给列宁的致敬信在《社会民主党人报》(莫斯科)第 62 号上发表。

《社会民主党人报》,莫斯科,1917 年 5 月 23 日(6 月 5 日),第 62 号。

5 月 23 日和 27 日(6 月 5 日和 9 日)之间

列宁写《两个缺点》一文,论述彼得格勒区杜马选举(文章未写完)。

《列宁全集》中文第 2 版增订版第 30 卷第 162 页。

5 月 24 日(6 月 6 日)

列宁编辑《真理报》第 65 号。

《列宁全集》俄文第 5 版第 32 卷第 452 页;《真理报》,彼得格勒,1917 年 6 月 7 日(5 月 25 日),第 65 号。

列宁的《彼得格勒区杜马选举中的各党派》一文在《真理报》第 64 号上发表。

《列宁全集》中文第 2 版增订版第 30 卷第 157—161 页;《真理报》,彼得格勒,1917 年 6 月 6 日(5 月 24 日),第 64 号。

列宁 5 月 22 日(6 月 4 日)在全俄农民第一次代表大会上关于土地问题的讲话(报道)发表在《士兵呼声报》(彼得格勒)第 16 号和《无产者报》(莫斯科)第 23 号上。

《列宁全集》中文第 2 版增订版第 30 卷第 138—156 页;《士兵呼声报》,彼得格勒,1917 年 5 月 24 日,第 16 号;《无产者报》,莫斯科,1917 年 5 月 24 日(6 月 6 日),第 23 号。

列宁写的《给全俄农民代表大会代表的公开信》用爱沙尼亚文转载于《光线报》(塔林)第 47 号。

《列宁全集》中文第 2 版增订版第 30 卷第 41 — 45 页；《光线报》，塔林，1917 年 5 月 24 日（6 月 6 日），第 47 号。

驻扎在新彼得戈夫的第 3 民族团群众大会通过决议表示不信任临时政府，并要求停止诽谤中伤列宁。

《士兵真理报》，彼得格勒，1917 年 6 月 12 日（5 月 30 日），第 34 号。

5 月，25 日（6 月 7 日）以前

列宁草拟《关于同经济破坏作斗争的几项经济措施的决议》提纲和写决议草案，准备提交给彼得格勒工厂委员会第一次代表会议。列宁在决议中制定了几项防止经济破坏的措施：建立工人对产品的生产和分配、银行业务的监督，实行普遍劳动义务制等等。

俄国社会民主工党（布）中央委员会通过列宁起草的《关于同经济破坏作斗争的几项经济措施的决议》草案。

《列宁全集》中文第 2 版增订版第 30 卷第 163 — 165、423 — 424 页；《社会民主党人报》，莫斯科，1917 年 5 月 25 日（6 月 7 日），第 64 号；5 月 30 日（6 月 12 日），第 68 号。

5 月 25 日（6 月 7 日）

列宁写《"手上的戏法"和政治上无原则性的戏法》一文，揭露社会革命党和孟什维克的政客们在彼得格勒区杜马选举中同普列汉诺夫的"统一派"结成联盟。列宁号召说："工人和士兵们！民粹主义者和孟什维克的联盟替'与自由派资产阶级一致的''统一派'打掩护，还把它拉了进去，对于这样一个联盟，一票也不要投给它！"

《列宁全集》中文第 2 版增订版第 30 卷第 177 — 179 页。

列宁编辑《真理报》第 66 号。

《列宁全集》俄文第 5 版第 32 卷第 452 页；《真理报》，彼得格勒，1917 年 6 月 8 日（5 月 26 日），第 66 号。

列宁的《是同资本家做交易，还是推翻资本家？（怎样结束战

1917年5月列宁《关于同经济破坏作斗争的
几项经济措施的决议》手稿第1页

争）》一文在《真理报》第 65 号上发表。

《列宁全集》中文第 2 版增订版第 30 卷第 166—168 页；《真理报》，彼得格勒，1917 年 6 月 7 日（5 月 25 日），第 65 号。

列宁 5 月 22 日（6 月 4 日）在全俄农民第一次代表大会上关于土地问题的讲话在《全俄农民代表苏维埃消息报》（彼得格勒）第 14 号上第一次全文发表。

《列宁全集》中文第 2 版增订版第 30 卷第 138—156 页；《全俄农民代表苏维埃消息报》，彼得格勒，1917 年 5 月 25 日，第 14 号。

由列宁起草并由俄国社会民主工党（布）中央委员会署名的《关于同经济破坏作斗争的几项经济措施的决议》在《社会民主党人报》（莫斯科）第 64 号上发表。

《列宁全集》中文第 2 版增订版第 30 卷第 163—165 页；《社会民主党人报》，莫斯科，1917 年 5 月 25 日（6 月 7 日），第 64 号。

由列宁起草并经俄国社会民主工党（布）第七次全国代表会议（四月代表会议）通过的《关于联合国际主义者反对小资产阶级护国主义联盟的决议》用立陶宛文转载于《真理报》（彼得格勒）第 7 号。

《列宁全集》中文第 2 版增订版第 29 卷第 421 页；《真理报》，彼得格勒，1917 年 6 月 7 日（5 月 25 日），第 7 号。

列宁的《关于国际主义者的联合问题》一文转载于《前进报》（乌法）第 49 号。

《列宁全集》中文第 2 版增订版第 30 卷第 110—112 页；《前进报》，乌法，1917 年 5 月 25 日，第 49 号。

由列宁起草并经俄国社会民主工党（布）第七次全国代表会议（四月代表会议）通过的《关于土地问题的决议》转载于《库班河沿岸真理报》（叶卡捷琳诺达尔）第 6 号。

《列宁全集》中文第 2 版增订版第 29 卷第 418—420 页；《库班河沿岸真理报》，叶卡捷琳诺达尔，1917 年 5 月 25 日，第 6 号。

沃罗涅日工人和士兵大会通过给列宁的致敬信。

《苏共沃罗涅日组织简史》，沃罗涅日，1967 年，第 95 页。

火炮军工厂（莫斯科）全体工人大会赞同由列宁起草并经俄国社会民主工党（布）中央委员会通过的《关于同经济破坏作斗争的几项经济措施的决议》。工人们声明："我们完全同意发表在《社会民主党人报》第 64 号上的俄国社会民主工党中央委员会关于同经济破坏作斗争的几项经济措施的决议。这份决议应送给《工人代表苏维埃消息报》和所有工人和士兵的报纸去发表。"

《社会民主党人报》，莫斯科，1917 年 5 月 30 日（6 月 12 日），第 68 号。

5 月 25 日或 26 日（6 月 7 日或 8 日）

列宁写《链条的强度决定于最弱一环的强度》一文，揭露社会革命党人和孟什维克无原则地同普列汉诺夫的"统一派"结成联盟。列宁向这些妥协的政党着重指出："在你们本来就不结实的生了锈的'铁'链上，现在有一些环节甚至不是木头做的，而是泥做的和纸做的。"

《列宁全集》中文第 2 版增订版第 30 卷第 169—170 页；《真理报》，彼得格勒，1917 年 6 月 9 日（5 月 27 日），第 67 号；《统一报》，彼得格勒，1917 年 5 月 25 日，第 47 号；5 月 26 日，第 48 号。

列宁写《必须揭露资本家》一文，揭露企业家通过掠夺国家财产而使其超额利润无限制增长。他指出："**揭露资本家是制服资本家的第一个步骤。揭露趁火打劫的行为是同趁火打劫者作斗争的第一个步骤**。"

《列宁全集》中文第 2 版增订版第 30 卷第 171—172 页；《真

理报》,彼得格勒,1917 年 6 月 9 日(5 月 27 日),第 67 号;
《新生活报》,彼得格勒,1917 年 5 月 24 日(6 月 6 日),第
30 号。

5 月 25 日或 26 日和 27 日(6 月 7 日或 8 日和 9 日)

列宁写《一个原则问题(关于民主制的一段"被忘记的言论")》
一文,抨击资产阶级和小资产阶级的报纸对革命的喀琅施塔得的
造谣诽谤。列宁在批判"社会党人"部长们在喀琅施塔得问题上采
取的政策时强调指出,他们帮助"资本家在俄国建立的共和国,其
实不是共和国,而是**没有君主的君主国……**"

《列宁全集》中文第 2 版增订版第 30 卷第 180—183 页;《真理
报》,彼得格勒,1917 年 6 月 10 日(5 月 28 日),第 68 号;《彼
得格勒工兵代表苏维埃消息报》,1917 年 5 月 25 日,第 74 号。

5 月 25 日—28 日(6 月 7 日—10 日)

列宁 5 月 22 日(6 月 4 日)在全俄农民第一次代表大会上关
于土地问题的讲话在《士兵真理报》(彼得格勒)第 30 — 33 号上
发表。

《列宁全集》中文第 2 版增订版第 30 卷第 138—156 页;《士兵
真理报》,彼得格勒,1917 年 6 月 7 日(5 月 25 日),第 30 号;6
月 8 日(5 月 26 日),第 31 号;6 月 9 日(5 月 27 日),第 32 号;
6 月 10 日(5 月 28 日),第 33 号。

5 月,25 日(6 月 7 日)以后

列宁 5 月 22 日(6 月 4 日)在全俄农民第一次代表大会上关
于土地问题的讲话以《论土地》为题在彼得格勒出版小册子。

《列宁全集》中文第 2 版增订版第 30 卷第 138—156 页;《弗·
伊·列宁著作编年索引》,下册,1962 年,第 49 页。

列宁 5 月 22 日(6 月 4 日)在全俄农民第一次代表大会上关于
土地问题的讲话以《布尔什维克论土地》为题在文尼察出版小册子。

《列宁全集》中文第 2 版增订版第 30 卷第 138—156 页;《乌克

兰出版的弗·伊·列宁著作(1894—1970年)。书目索引》，
哈尔科夫，1971年，第41页。

5 月 25 日和 6 月 1 日(6 月 7 日和 14 日)之间

列宁写《别人眼里的草屑》一文，揭露社会革命党和孟什维克
是资产阶级压迫原沙皇帝国非俄罗斯民族的同伙。列宁指出，他
们在阿尔及利亚问题上的立场，与他们批评的英国、法国、比利时
三国社会党人部长们的立场完全相同。

《列宁全集》中文第 2 版增订版第 30 卷第 220—222 页；《真理
报》，彼得格勒，1917 年 6 月 14 日(1 日)，第 70 号；《人民事业
报》，彼得格勒，1917 年 5 月 25 日，第 57 号。

5 月 26 日(6 月 8 日)

列宁就罗·瓦·马林诺夫斯基奸细活动案件向临时政府审理
沙皇政府高级官员罪行的特别调查委员会提供证词。

《列宁全集》中文第 2 版增订版第 30 卷第 326—327 页；《彼得
格勒工兵代表苏维埃消息报》，1917 年 6 月 17 日，第 94 号；
阿·叶·巴达耶夫：《国家杜马中的布尔什维克(回忆录)》，第
8 版，1954 年，第 287—288 页。

列宁编辑《真理报》第 67 号。

《列宁全集》俄文第 5 版第 32 卷第 452 页；《真理报》，彼得格
勒，1917 年 6 月 9 日(5 月 27 日)，第 67 号。

由列宁起草并经俄国社会民主工党(布)第七次全国代表会议
(四月代表会议)通过的《关于土地问题的决议》转载于《同志报》
(米努辛斯克)第 11 号。

《列宁全集》中文第 2 版增订版第 29 卷第 418—420 页；《同志
报》，米努辛斯克，1917 年 5 月 26 日，第 11 号。

列宁写的《给全俄农民代表大会代表的公开信》转载于《工人
报》(喀山)第 18 号。

《列宁全集》中文第 2 版增订版第 30 卷第 41—45 页；《工人

报》,喀山,1917 年 6 月 8 日 (5 月 26 日),第 18 号。

列宁的《卑鄙的手段》一文转载于《克拉斯诺亚尔斯克工人报》第 56 号(非全文)。

《列宁全集》中文第 2 版增订版第 30 卷第 101—102 页;《克拉斯诺亚尔斯克工人报》,1917 年 5 月 26 日,第 56 号。

列宁的《关于国际主义者的联合问题》一文转载于《明星报》(叶卡捷琳诺斯拉夫)第 14 号(非全文)。

《列宁全集》中文第 2 版增订版第 30 卷第 110—112 页;《明星报》,叶卡捷琳诺斯拉夫,1917 年 5 月 26 日 (6 月 8 日)①,第 14 号。

列宁 5 月 22 日 (6 月 4 日)在全俄农民第一次代表大会上关于土地问题的讲话(报道)转载于《团结报》(辛菲罗波尔)第 55 号。

《列宁全集》中文第 2 版增订版第 30 卷第 138—156 页;《团结报》,辛菲罗波尔,1917 年 5 月 26 日,第 55 号。

俄国社会民主工党(布)军工厂(莫斯科)党组织大会通过给列宁的致敬信。

《社会民主党人报》,莫斯科,1917 年 5 月 27 日 (6 月 9 日),第 66 号。

谢斯特罗列茨克团(北方面军)机枪队士兵大会向列宁致敬的决议在《战壕真理报》(里加)第 11 号上发表。

《战壕真理报》,里加,1917 年 5 月 26 日,第 11 号。

米·斯·奥里明斯基写的列宁传略在《社会民主党人报》(莫斯科)第 65 号上发表。

《社会民主党人报》,莫斯科,1917 年 5 月 26 日 (6 月 8 日),第 65 号。

---

① 报上是:5 月 26 日 (6 月 7 日)。——俄文编者注

5 月,不晚于 27 日(6 月 9 日)

列宁阅读斯摩棱斯克省农民 Г.安德列耶夫写的一封信,这封信以《谈谈各个政党》为题登载在《社会民主党人报》(莫斯科)第 59 号上。写信人根据立宪民主党、孟什维克党、社会革命党和布尔什维克党对待人民的需求和对待战争的态度评价各个政党,表明只有布尔什维克的纲领才反映贫苦农民的利益。这封信后来刊登在《真理报》第 68 号上。列宁在全俄工兵代表苏维埃第一次代表大会上的讲话中曾引用该信的内容。

《列宁全集》中文第 2 版增订版第 30 卷第 263—264 页;《真理报》,彼得格勒,1917 年 6 月 10 日(5 月 28 日),第 68 号;《社会民主党人报》,莫斯科,1917 年 6 月 1 日(5 月 19 日),第 59 号。

5 月 27 日(6 月 9 日)

列宁写短评《没有干净的原则性的武器,就抓起肮脏的武器》,揭露孟什维克的《工人报》采用“显然是不正派的,昧良心的”论战手法。

《列宁全集》中文第 2 版增订版第 30 卷第 189—190 页;《真理报》,彼得格勒,1917 年 6 月 10 日(5 月 28 日),第 68 号;《工人报》,彼得格勒,1917 年 5 月 27 日,第 66 号。

列宁写《黑暗势力拥护立宪民主党人,孟什维克和民粹主义者与立宪民主党人在一个政府里》一文,说明反革命势力正麇集在立宪民主党周围并把希望完全寄托在它身上;最反动的报纸之一《新时报》号召投立宪民主党的票这件事就是证明。列宁指出:“而孟什维克和民粹主义者却把自己的 6 个部长交给 10 个立宪民主党人部长做人质。

孟什维克和民粹主义者甘愿受空洞的诺言欺骗,这些诺言一个也没有履行。”

文章结尾号召工人、士兵和全体劳动者一票也不要投给立宪民主党人和妥协分子,而要投布尔什维克的票。

《列宁全集》中文第 2 版增订版第 30 卷第 184—185 页;《真理报》,彼得格勒,1917 年 6 月 10 日(5 月 28 日),第 68 号;《新时报》,彼得格勒,1917 年 5 月 27 日(6 月 9 日),第 14787 号。

列宁写《反革命势力转入进攻("没有人民的雅各宾党人")》一文,指出在"社会党人"部长们的帮助下,资产阶级临时政府正转入对革命人民的进攻。列宁对那些把自己的代表派到临时政府中去的妥协分子说道:"你们不过是冒充的雅各宾党人。你们倒更像是通常的地主和资本家反动派的通常的代表。"

《列宁全集》中文第 2 版增订版第 30 卷第 186—188 页;《真理报》,彼得格勒,1917 年 6 月 10 日(5 月 28 日),第 68 号;《彼得格勒工兵代表苏维埃消息报》,1917 年 5 月 27 日,第 76 号。

列宁编辑《真理报》第 68 号。

《列宁全集》俄文第 5 版第 32 卷第 452 页;《真理报》,彼得格勒,1917 年 6 月 10 日(5 月 28 日),第 68 号。

列宁的《链条的强度决定于最弱一环的强度》、《必须揭露资本家》、《关于经济破坏的报告》和《"手上的戏法"和政治上无原则性的戏法》等文章在《真理报》第 67 号上发表。

《列宁全集》中文第 2 版增订版第 30 卷第 169—170、171—172、173—176、177—179 页;《真理报》,彼得格勒,1917 年 6 月 9 日(5 月 27 日),第 67 号。

列宁的《关于国际主义者的联合问题》一文转载于《克拉斯诺亚尔斯克工人报》第 57 号。

《列宁全集》中文第 2 版增订版第 30 卷第 110—112 页;《克拉斯诺亚尔斯克工人报》,1917 年 5 月 27 日,第 57 号。

由列宁起草并经俄国社会民主工党(布)中央委员会通过的《关于同经济破坏作斗争的几项经济措施的决议》转载于《无产者

报》(哈尔科夫)第 52 号。

> 《列宁全集》中文第 2 版增订版第 30 卷第 163—165 页;《无产
> 者报》,哈尔科夫,1917 年 6 月 9 日(5 月 27 日),第 52 号。

苏什金锅炉制造厂(叶卡捷琳诺达尔)工人大会通过决议,抗议资产阶级报纸《战争小报》和《库班信使报》无耻地诽谤中伤列宁,并号召抵制这些报纸。

> 《1917—1920 年库班建立苏维埃政权的斗争(文件和资料
> 集)》,克拉斯诺达尔,1957 年,第 51 页。

5 月 27 日—31 日(6 月 9 日—13 日)

列宁 5 月 22 日(6 月 4 日)在全俄农民第一次代表大会上关于土地问题的讲话转载于《真理呼声报》(喀琅施塔得)第 59—62 号。

> 《列宁全集》中文第 2 版增订版第 30 卷第 138—156 页;《真理
> 呼声报》,喀琅施塔得,1917 年 6 月 9 日(5 月 27 日),第 59
> 号;6 月 10 日(5 月 28 日),第 60 号;6 月 12 日(5 月 30 日)①,
> 第 61 号;6 月 13 日(5 月 31 日)②,第 62 号。

5 月 27 日和 31 日(6 月 9 日和 13 日)之间

列宁写《论空谈的害处》一文,说明孟什维克和社会革命党人同资产阶级妥协的政策实际上正在变成"一场**反对**无产者和半无产者革命的斗争"。

> 《列宁全集》中文第 2 版增订版第 30 卷第 198—200 页;《真理
> 报》,彼得格勒,1917 年 6 月 13 日(5 月 31 日),第 69 号;《工
> 人报》,彼得格勒,1917 年 5 月 28 日,第 67 号。

5 月 28 日(6 月 10 日)

列宁为小册子《无产阶级在我国革命中的任务(无产阶级政党

---

① 报上是:6 月 13 日(5 月 30 日)。——俄文编者注
② 报上是:6 月 14 日(5 月 31 日)。——俄文编者注

的行动纲领草案)》写《后记》。他在《后记》中指出,这本小册子虽然是在四月政治危机和有"社会党人"参加的联合内阁成立之前写成的,但由于各小资产阶级政党的妥协政策的实质未变,小册子的内容并未过时。

列宁在《后记》的结尾指出:"联合内阁只是我的小册子简要分析过的我国革命根本阶级矛盾发展中的过渡现象。这种现象不会长久存在。不是后退到全面的反革命,就是前进到使政权转到另外的阶级手中。在革命时期,在世界帝国主义大战的环境中,站在原地不动是不可能的。"

《列宁全集》中文第 2 版增订版第 29 卷第 183—185 页。

列宁就彼得格勒区杜马选举写《孟什维克和民粹主义者同"统一派"结成可耻的联盟》一文,文中指出:"'社会革命党人'号召人民投票赞成窝藏着'统一派'的候选人的名单,而就是这些社会革命党人,并且就在选举那天,却把**这个'统一派'**称为'社会帝国主义的'(即口头上是社会主义的,'实际上是帝国主义的')统一派,把这个'统一派'同《言语报》、《俄罗斯意志报》相提并论……

孟什维克**加**民粹主义者**加**'统一派'这个可耻的联盟的习性就是如此……

工人和士兵们! 劳动者们! 一票也不要投给把'社会帝国主义者'拉去的民粹主义者和孟什维克!

请投布尔什维克的票!"

《列宁全集》中文第 2 版增订版第 30 卷第 191—193 页;《真理报》,彼得格勒,1917 年 6 月 10 日(5 月 28 日),第 68 号。

列宁的《黑暗势力拥护立宪民主党人,孟什维克和民粹主义者与立宪民主党人在一个政府里》、《孟什维克和民粹主义者同"统一派"结成可耻的联盟》、《反革命势力转入进攻("没有人民的雅各宾党人")》、《一个原则问题(关于民主制的一段"被忘记的言论")》和《没有干净的原则性的武器,就抓起肮脏的武器》等文章在《真理报》第 68 号上发表。

《列宁全集》中文第 2 版增订版第 30 卷第 180—183、184—185、186—188、189—190、191—193 页;《真理报》,彼得格勒,1917 年 6 月 10 日(5 月 28 日),第 68 号。

列宁写的《给全俄农民代表大会代表的公开信》、由列宁起草并经俄国社会民主工党(布)第七次全国代表会议(四月代表会议)通过的《关于联合国际主义者反对小资产阶级护国主义联盟的决议》和《关于民族问题的决议》转载于《库班河沿岸真理报》(叶卡捷琳诺达尔)第 7 号。

《列宁全集》中文第 2 版增订版第 29 卷第 421、431—432 页,第 30 卷第 41—45 页;《库班河沿岸真理报》,叶卡捷琳诺达尔,1917 年 5 月 28 日,第 7 号。

列宁写的《给全俄农民代表大会代表的公开信》转载于《高加索工人报》(梯弗利斯)第 60 号。

《列宁全集》中文第 2 版增订版第 30 卷第 41—45 页;《高加索工人报》,梯弗利斯,1917 年 5 月 28 日,第 60 号。

列宁的《士兵和土地》一文转载于《同志报》(米努辛斯克)第 12 号。

《列宁全集》中文第 2 版增订版第 29 卷第 264—265 页;《同志报》,米努辛斯克,1917 年 5 月 28 日,第 12 号。

莫斯科罗戈日-巴斯曼区全体布尔什维克大会向列宁发来致敬信。

《社会民主党人报》,莫斯科,1917 年 5 月 30 日(6 月 12 日),
第 68 号。

叶卡捷琳诺斯拉夫工人和士兵四千人大会通过决议,抗议资
产阶级报刊诽谤中伤列宁。

《明星报》,叶卡捷琳诺斯拉夫,1917 年 6 月 6 日(19 日),第 17
号;《弗·伊·列宁和叶卡捷琳诺斯拉夫布尔什维克组织(文
件和资料)》,第聂伯罗彼得罗夫斯克,1962 年,第 142 页。

5 月 28 日和 30 日(6 月 10 日和 12 日)

列宁编辑《真理报》第 69 号。

《列宁全集》俄文第 5 版第 32 卷第 452 页;《真理报》,彼得格
勒,1917 年 6 月 13 日(5 月 31 日),第 69 号。

5 月,29 日(6 月 11 日)以前

列宁会见从斯德哥尔摩来到彼得格勒的俄国社会民主工党
(布)中央委员会国外代表处成员瓦·瓦·沃罗夫斯基,同他交谈
代表处的工作;请他回去后同在日内瓦的维·阿·卡尔宾斯基联
系,向卡尔宾斯基索取《社会民主党在 1905—1907 年俄国第一次
革命中的土地纲领》一书《结束语》中短缺的几页的手稿和《论面目
全非的马克思主义和"帝国主义经济主义"》等文章的手稿,并把它
们寄到彼得格勒来。

《列宁全集》中文第 2 版增订版第 47 卷第 602—603 页;《列宁
文集》俄文版第 21 卷第 84 页;苏共中央马列主义研究院中央
党务档案馆,第 584 号全宗,第 5439 号归档文书;Н.Ф.皮亚舍
夫:《沃罗夫斯基》,莫斯科,1959 年,第 195—197 页。

5 月 29 日(6 月 11 日)

列宁致函俄国社会民主工党(布)中央委员会国外代表处(斯
德哥尔摩),指示必须立即同齐美尔瓦尔德联盟决裂并尽快召开左
派的国际会议讨论建立第三国际的问题。列宁请代表处把《〈真理

报〉俄国新闻简报》第 1 号寄到彼得格勒来并告知是否有维·阿·卡尔宾斯基的消息,即关于把《社会民主党在 1905—1907 年俄国第一次革命中的土地纲领》一书的《结束语》和《论面目全非的马克思主义和"帝国主义经济主义"》等文章寄给他(列宁)的消息。

《列宁全集》中文第 2 版增订版第 16 卷第 387—395 页,第 28 卷第 115—170 页,第 47 卷第 602—603 页。

列宁的《关于国际主义者的联合问题》一文转载于《西伯利亚真理报》(克拉斯诺亚尔斯克)第 7 号。

《列宁全集》中文第 2 版增订版第 30 卷第 110—112 页;《西伯利亚真理报》,克拉斯诺亚尔斯克,1917 年 5 月 29 日,第 7 号。

5 月 30 日(6 月 12 日)

列宁晚上参加俄国社会民主工党(布)彼得堡委员会紧急会议,讨论创办彼得堡委员会独立的机关报问题。列宁发言坚决反对创办彼得堡委员会单独的机关报,指出"彼得堡是全俄国的地理、政治、革命中心。全俄国都注视着彼得堡的动静。彼得堡的一举一动,都是整个俄国遵循的榜样,从这种情况出发,就不能把彼得堡委员会的活动当做地方性的活动……"他建议中央委员会在彼得格勒除办中央机关报外,再办一种通俗的报纸,彼得堡委员会的代表参加两种报纸共同的编辑部。

列宁再次发言,指出彼得堡委员会和中央委员会之间存在意见分歧是危险的,俄国社会民主工党(布)中央委员会必须对下属党组织的活动实行监督。

讨论结束后列宁提出两项决议草案交会议表决。

列宁发表《关于〈前进报〉所属委员会的一项澄清事实的声明》(1906—1908 年),指出由工人组成的报刊委员会无疑是作出了贡献的。

彼得堡委员会决定把问题提交各区党组织讨论。

> 《列宁全集》中文第 2 版增订版第 30 卷第 194—197、206—207 页;《1917 年第一个合法的布尔什维克彼得堡委员会(资料和记录汇编)》,1927 年,第 107、115—116、119—120、122 页。

列宁的《是同资本家做交易,还是推翻资本家?(怎样结束战争)》用爱沙尼亚文转载于《光线报》(塔林)第 52 号。

> 《列宁全集》中文第 2 版增订版第 30 卷第 166—168 页;《光线报》,塔林,1917 年 5 月 30 日(6 月 12 日),第 52 号。

列宁写的《给全俄农民代表大会代表的公开信》转载于《沃罗涅日工人报》第 9 号(非全文)。

> 《列宁全集》中文第 2 版增订版第 30 卷第 41—45 页;《沃罗涅日工人报》,1917 年 5 月 30 日,第 9 号。

由列宁起草并经俄国社会民主工党(布)中央委员会通过的《关于同经济破坏作斗争的几项经济措施的决议》转载于《伏尔加河沿岸真理报》(萨马拉)第 26 号和《明星报》(叶卡捷琳诺斯拉夫)第 15 号。

> 《列宁全集》中文第 2 版增订版第 30 卷第 163—165 页;《伏尔加河沿岸真理报》,萨马拉,1917 年 5 月 30 日,第 26 号;《明星报》,叶卡捷琳诺斯拉夫,1917 年 5 月 30 日,第 15 号。

列宁的《论"擅自夺取"土地("社会革命党人"的糟糕论据)》一文转载于《无产者报》(哈尔科夫)第 54 号。

> 《列宁全集》中文第 2 版增订版第 30 卷第 131—135 页;《无产者报》,哈尔科夫,1917 年 6 月 12 日(5 月 30 日),第 54 号。

由列宁起草并经俄国社会民主工党(布)第七次全国代表会议(四月代表会议)通过的《关于战争的决议》,以及他的《同资本实行

阶级合作,还是同资本进行阶级斗争?》、《论坚强的革命政权》和
《什么也没有改变》等文章转载于《巴库工人报》第 6 号。

《列宁全集》中文第 2 版增订版第 29 卷第 397—400 页,第 30
卷第 24—26,27—29,61—62 页;《巴库工人报》,1917 年 5 月
30 日,第 6 号。

俄国社会民主工党(布)中央书记处收到列宁作报告的群众大
会上募集来的 4 500 卢布,归入党的经费。

В.В.阿尼克耶夫:《俄国社会民主工党(布)中央委员会 1917
年的活动(大事记)》,1969 年,第 138 页。

5 月 30 日或 31 日(6 月 12 日或 13 日)

列宁就彼得格勒苏维埃执行委员会国际联络局给第二国际社
会党国际局书记卡·胡斯曼发去通知一事写《为可耻行为辩护》一
文。这份通知为孟什维克和社会革命党人参加资产阶级政府的行
为辩护。列宁把妥协分子参加临时政府的行为称做同本国帝国主
义资产阶级结成可耻的同盟。

《列宁全集》中文第 2 版增订版第 30 卷第 213—216 页;《真理
报》,彼得格勒,1917 年 6 月 14(1 日),第 70 号;《彼得格勒
工兵代表苏维埃消息报》,1917 年 5 月 30 日,第 78 号。

5 月,31 日(6 月 13 日)以前

俄国社会民主工党(布)喀山市代表会议给列宁发来致敬信。

《真理报》,彼得格勒,1917 年 6 月 14(1 日),第 70 号。

哈尔科夫工人和士兵群众大会给列宁发来致敬信。

《无产者报》,哈尔科夫,1917 年 6 月 13 日(5 月 31 日),第 55 号。

5 月 31 日(6 月 13 日)

列宁写《资本家在嘲弄人民》一文,评述闭幕不久的南方采矿
工业资本家和工人代表会议。文章指出,资本家的利润出奇地增
长,工业破坏正在成为巨大的遭灾,而临时政府却在纵容企业主,

听任他们抢劫国家。

列宁在文章的结尾写道:"这看上去真像是一所疯人院,幸而阶级斗争的理论和全世界阶级斗争的经验告诉我们,资本家和**他们的**政府(得到孟什维克的支持)为了维护利润是不惜犯下任何罪行的。

这种局面要拖到哪一天呢? 难道非要拖到遍地遭灾、成千上万的人饿死吗?"

《列宁全集》中文第 2 版增订版第 30 卷第 201—204 页;《真理报》,彼得格勒,1917 年 6 月 13 日(5 月 31 日),第 69 号。

列宁写《给俄国社会民主工党(布尔什维克)彼得格勒组织各区委员会的一封信》。信中写道:"敬爱的同志们:附上彼得堡委员会关于创办自己的报纸的决议和我于 5 月 30 日(星期二)在彼得堡委员会会议上代表俄国社会民主工党中央委员会提出的两个决议,请你们把这几个决议讨论一下,提出你们的看法,并尽量详细地说明理由。"列宁强调,他认为关于创办彼得格勒单独的报纸的决议,是"极不正确的,极不适当的,它会分散力量,给我们党带来一些冲突的隐患"。

《列宁全集》中文第 2 版增订版第 30 卷第 205—208 页。

列宁写《经济破坏问题上的小资产阶级立场》一文,批判《新生活报》上刊登的波·瓦·阿维洛夫在彼得格勒工厂委员会第一次代表会议上提出的关于国家监督的决议案,强调指出只有建立工人对生产的监督才能摆脱资本家的掠夺行为。列宁说:"现在向'国家'和'革命民主派'呼吁,而且恰恰是在资本家掠夺行为的问题上向它们呼吁,那就是把工人阶级拉向后退,**事实上**就是鼓吹完全停止革命。因为**现在**,在 4 月和 5 月以后,我们的'国家'是(进行掠夺的)资本家的国家,这些资本家**驯养了**切尔诺夫、策列铁里等一大批'革命(小资产阶级的)民主派'。

这个国家在对内对外政策的一切方面,处处都阻碍着革命。

让这个国家去同资本家的'掠夺行为'作斗争,就等于**把狗鱼投到河里。**"

《列宁全集》中文第 2 版增订版第 30 卷第 217—219 页;《真理报》,彼得格勒,1917 年 6 月 14 日(1 日),第 70 号;《新生活报》,彼得格勒,1917 年 5 月 31 日(6 月 13 日),第 36 号。

列宁参加在塔夫利达宫举行的彼得格勒工厂委员会第一次代表会议的工作,就实行工人对生产监督的问题发表讲话。列宁在讲话中批评波·瓦·阿维洛夫关于国家监督的决议案实质上是建议一切照旧。

列宁指出:"为了真正实现对工业的监督,这种监督必须是**工人监督**,让大多数工人参加各自的负责机关,让管理人员向各自最有权威的工人组织报告工作。

工人同志们,你们要争取真正的而不是虚假的监督,你们要彻底抛弃一切主张这种虚假的纸上的监督的决议案和提案。"

代表会议通过列宁起草的《关于同经济破坏作斗争的几项经济措施的决议》草案,并将草案提交决议起草委员会最后审定。

《列宁全集》中文第 2 版增订版第 30 卷第 163—165、209—210 页;《真理报》,彼得格勒,1917 年 6 月 14 日(1 日),第 70 号;6 月 16 日(3 日),第 72 号;《我们同弗·伊·列宁见面》,列宁格勒,1967 年,第 29—30 页。

列宁晚上在全俄工兵代表苏维埃第一次代表大会布尔什维克党团会议上发表关于目前形势的讲话,他在讲话中谈到怎样结束战争、为了同经济破坏作斗争必须采取哪些措施等问题,指出苏维埃应该掌握全部政权。

列宁在讲话结束后回答了问题。

《列宁全集》中文第 2 版增订版第 30 卷第 211—212 页；《新生活报》，彼得格勒，1917 年 6 月 1 日（14 日），第 37 号。

列宁在俄国社会民主工党（布）中央书记处接受自己在第七次全国代表会议（四月代表会议）上当选为俄国社会民主工党（布尔什维克）中央委员的证书。

B.B.阿尼克耶夫：《俄国社会民主工党（布）中央委员会 1917 年的活动（大事记）》，1969 年，第 140 页。

列宁编辑《真理报》第 70 号。

《列宁全集》俄文第 5 版第 32 卷第 452 页；《真理报》，彼得格勒，1917 年 6 月 14 日（1 日），第 70 号。

列宁的《论空谈的害处》和《资本家在嘲弄人民》两篇文章在《真理报》第 69 号上发表。

《列宁全集》中文第 2 版增订版第 30 卷第 198—200、201—204 页；《真理报》，彼得格勒，1917 年 6 月 13 日（5 月 31 日），第 69 号。

为了回击资产阶级报刊掀起的诽谤中伤列宁的运动，叶卡捷琳诺达尔的布尔什维克组织工人举行游行示威，工人们在游行示威时高呼口号：“列宁万岁！”、“苏维埃万岁！”

《苏共克拉斯诺达尔组织简史》，克拉斯诺达尔，1966 年，第 170 页。

米·斯·奥里明斯基写的列宁传略转载于《浪潮报》（赫尔辛福斯）第 50 号（非全文）。

《浪潮报》，赫尔辛福斯，1917 年 6 月 13 日（5 月 31 日），第 50 号。

俄国社会民主工党（布）奥拉宁包姆党员组织会议给光荣、坚强的社会主义战士列宁的致敬信刊登在《士兵真理报》（彼得格勒）第 35 号上。

《士兵真理报》，彼得格勒，1917 年 6 月 13 日（5 月 31 日），第 35 号。

5 月 31 日—6 月 2 日（6 月 13 日—15 日）

列宁 5 月 22 日（6 月 4 日）在全俄农民第一次代表大会上关于土地问题的讲话转载于《无产者报》（哈尔科夫）第 55、56 和 57 号（非全文）。

> 《列宁全集》中文第 2 版增订版第 30 卷第 138—156 页；《无产者报》，哈尔科夫，1917 年 6 月 13 日（5 月 31 日），第 55 号；6 月 14 日（1 日），第 56 号；6 月 15 日（2 日），第 57 号。

5 月底

列宁同从里加回来的彼·伊·斯图契卡谈话，他特别关心拉脱维亚步兵中日益高涨的革命情绪，建议斯图契卡给《真理报》写篇文章。

> 《真理报》，彼得格勒，1917 年 6 月 17 日（4 日），第 73 号；《波罗的海沿岸人忆弗·伊·列宁（回忆录和文章集）》，里加，1970 年，第 144—145 页。

列宁在俄国社会民主工党（布）中央委员会和彼得堡委员会大楼里同前线士兵 А.И.涅姆奇诺夫谈论前线的联欢、俄德两国官兵对待战争和革命的态度等问题。他建议康·斯·叶列梅耶夫将涅姆奇诺夫谈的情况写成报道在《士兵真理报》上发表。

> 《士兵真理报》，彼得格勒，1917 年 6 月 14 日（1 日），第 36 号；《弗·伊·列宁和彼尔姆边疆区（文件、资料和回忆录集）》，彼尔姆，1970 年，第 238—241 页；《红星报》，莫斯科，1967 年 6 月 29 日，第 150 号。

根据俄国社会民主工党（布）彼得堡委员会的布置，维堡区委员会组织"老帕尔维艾年"工厂和维堡区其他工厂的工人保卫列宁的住宅（宽街 48/9 号（现列宁街 52/9 号）24 室）。

> 《列宁——十月革命的领袖（彼得格勒工人回忆录）》，1957 年，第 192—193 页；《在革命战斗的烈焰中（1917 年两次革命

中的彼得格勒各区。回忆录集)》,1967 年,第 142—145 页;
《俄国工人和农民谈列宁(回忆录)》,1958 年,第 27—28 页;
И.M.戈尔季延科:《战斗往事(1914—1918 年)》,莫斯科,
1957 年,第 105—108 页。

列宁到皇村拜访列·波·克拉辛,在逗留的几个小时内参观
了发电站,谈论克拉辛重新积极参加革命活动的问题。

与克拉辛会见后,列宁曾在同亚·米·柯伦泰的一次谈话中
说,将来建设新俄国时,党需要数千个克拉辛。

苏共中央马列主义研究院中央党务档案馆,第 134 号全宗,第
1 号目录,第 272 号案卷,第 88—89 张。

5 月

列宁同娜·康·克鲁普斯卡娅一道前往俄国社会民主工党
(布)维堡区委员会(大萨姆普桑大街 62 号(现卡尔·马克思大街
56 号))[①],同区委会工作人员见面并交谈,交党费。

《在革命战斗的烈焰中(1917 年两次革命中的彼得格勒各区。
回忆录集)》,1967 年,第 88 页。

列宁在城市联合会统计处所在地(涅瓦大街 3 号)同俄国社会
民主工党(布)彼得堡委员会鼓动员 H.H.叶夫列伊诺夫谈论城市
里正在进行的游行示威,讲述成立一个特别机构来搜集关于彼得
格勒局势的消息(群众大会、集会、游行示威、参加活动的人员构
成、所提的口号等等)并把这些消息转告俄国社会民主工党(布)中
央委员会的计划。

《工会运动问题》杂志,莫斯科,1937 年,第 2 期,第 14 页。

由列宁起草并经俄国社会民主工党(布)第七次全国代表会

---

① 此处楼房墙壁上设有一块纪念牌,上面写着:"1917 年布尔什维克党维堡区委
员会设在这座房子里,领导维堡区工人的革命斗争。
弗·伊·列宁曾多次亲临此地。"——俄文编者注

议(四月代表会议)通过的关于伯格比尔的建议的决议、关于战争的决议、关于对临时政府的态度的决议、关于修改党纲的决议、关于土地问题的决议、关于联合国际主义者反对小资产阶级护国主义联盟的决议、关于工兵代表苏维埃的决议、关于民族问题的决议和关于目前形势的决议在克拉斯诺亚尔斯克翻印。

《列宁全集》中文第 2 版增订版第 29 卷第 369 — 371、397 — 400、401 — 402、407 — 408、418 — 420、421、422 — 423、431 — 432、441 — 444 页;Б.З.舒米亚茨基:《社会民主党人布尔什维克要的是什么?》(附录《俄国社会民主工党(布尔什维克)1917 年 4 月 24 — 29 日全国代表会议决议》),克拉斯诺亚尔斯克,冲锋出版社,1917 年,第 12 — 34 页,(俄国社会民主工党);М.М.绍尔尼科夫:《弗·伊·列宁与西伯利亚(大事记)》,新西伯利亚,1972 年,第 57 页。

“金刚石”号巡洋舰(黑海舰队)的水兵给列宁——俄国社会民主党的领袖发来致敬电。

В.Г.科诺瓦洛夫:《“金刚石”号的功勋》,敖德萨,1963 年,第 47 号。

梯弗利斯《高加索工人报》出版社出版俄国社会民主工党(布)第七次全国代表会议(四月代表会议)决议的单行本,内有列宁写的《引言》。

《外高加索共产主义组织简史》,第 1 册,第比利斯,1967 年,第 329 — 330 页。

5 月底—6 月初

列宁在《真理报》编辑部所在地召集出席全俄信贷机关工作人员会议的布尔什维克代表开会,建议他们研究银行职员的思想状况、对布尔什维克的口号的态度,掌握代表们本身的思想状况,以便确定谁可以吸收来参加工作,谁可以在将来政权转到苏维埃手中后予以使用。

《全俄信贷机关职员第一次代表大会（记录和资料）》，1917
年，第 1—33、53 页；《回忆弗·伊·列宁》，1963 年，第 269—
270 页。

6 月

6 月 1 日（14 日）

列宁在塔夫利达宫同派往赫尔辛福斯参加芬兰社会民主党第九次代表大会的俄国社会民主工党（布）代表亚·米·柯伦泰谈话，建议她同该党的左翼代表建立联系，并校订她起草的关于芬兰社会民主党退出第二国际的决议草案。

苏共中央马列主义研究院中央党务档案馆，第 17 号全宗，第 1a 号目录，第 139 号案卷，第 84 张；《真理报》，彼得格勒，1917 年 6 月 26 日（13 日），第 80 号；《红军战士》杂志，莫斯科，1946 年，第 9 期，第 4—5 页。

列宁在《真理报》编辑部同托木斯克工兵代表苏维埃出席全俄粮食代表大会的代表 Г.К.索博列夫斯基谈话，听取他关于全俄粮食代表大会布尔什维克党团工作情况的汇报，建议他给《真理报》写一篇关于这方面情况的文章。列宁详细询问了托木斯克和西伯利亚其他地区党的工作情况，作了"关于准备为实现无产阶级专政和建立苏维埃政权而斗争的一系列指示"。

列宁审定索博列夫斯基的文章《全俄粮食代表大会》，并交付排印。该文在第二天的《真理报》第 71 号上发表。

《真理报》，彼得格勒，1917 年 6 月 15 日（2 日），第 71 号；《列宁在十月（回忆录）》，1957 年，第 160—161 页。

列宁写《克伦斯基公民，这不民主！》一文，抨击克伦斯基禁止召开乌克兰军人第二次代表大会。文章称临时政府的政策是大国政策,是藐视被压迫民族的政策。文章最后总结道,唯一的出路就是全部政权归工兵代表苏维埃。

> 《列宁全集》中文第 2 版增订版第 30 卷第 223—224 页;《真理报》,彼得格勒,1917 年 6 月 15 日(2 日),第 71 号;《言语报》,彼得格勒,1917 年 6 月 1 日(14 日),第 126 号。

列宁编辑《真理报》第 71 号。

> 《列宁全集》俄文第 5 版第 32 卷第 452 页;《真理报》,彼得格勒,1917 年 6 月 15 日(2 日),第 71 号。

列宁 5 月 31 日(6 月 13 日)在全俄工兵代表苏维埃第一次代表大会布尔什维克党团会议上的讲话(简要报道)发表在《新生活报》(彼得格勒)第 37 号和《彼得格勒工兵代表苏维埃消息报》第 80 号上。

> 《列宁全集》中文第 2 版增订版第 30 卷第 211—212 页;《新生活报》,彼得格勒,1917 年 6 月 1 日(14 日),第 37 号;《彼得格勒工兵代表苏维埃消息报》,1917 年 6 月 1 日,第 80 号。

列宁的《为可耻行为辩护》、《经济破坏问题上的小资产阶级立场》和《别人眼里的草屑》等文章在《真理报》第 70 号上发表。

> 《列宁全集》中文第 2 版增订版第 30 卷第 213—216、217—219、220—222 页;《真理报》,彼得格勒,1917 年 6 月 14 日(1 日),第 70 号。

由列宁起草并经俄国社会民主工党(布)第七次全国代表会议(四月代表会议)通过的《关于对临时政府的态度的决议》和《关于土地问题的决议》转载于《巴库工人报》第 7 号。

> 《列宁全集》中文第 2 版增订版第 29 卷第 401—402、418—420 页;《巴库工人报》,1917 年 6 月 1 日,第 7 号。

由列宁起草并经俄国社会民主工党(布)第七次全国代表会议(四月代表会议)通过的《关于工兵代表苏维埃的决议》用立陶宛文转载于《真理报》(彼得格勒)第 8 号(非全文)。

《列宁全集》中文第 2 版增订版第 29 卷第 422—423 页；《真理报》,彼得格勒,1917 年 6 月 14 日(1 日),第 8 号。

　　由列宁起草并经俄国社会民主工党(布)第七次全国代表会议(四月代表会议)通过的《关于目前形势的决议》转载于《库班河沿岸真理报》(叶卡捷琳诺达尔)第 8 号。

《列宁全集》中文第 2 版增订版第 29 卷第 441—444 页；《库班河沿岸真理报》,叶卡捷琳诺达尔,1917 年 6 月 1 日,第 8 号。

　　列宁的《论"擅自夺取"土地("社会革命党人"的糟糕论据)》一文转载于《高加索工人报》(梯弗利斯)第 63 号。

《列宁全集》中文第 2 版增订版第 30 卷第 131—135 页；《高加索工人报》,梯弗利斯,1917 年 6 月 1 日,第 63 号。

　　列宁 5 月 22 日(6 月 4 日)在全俄农民第一次代表大会上关于土地问题的讲话(简要报道)转载于《劳动农民言论报》(鄂木斯克)第 30 号。

《列宁全集》中文第 2 版增订版第 30 卷第 138—156 页；《劳动农民言论报》,鄂木斯克,1917 年 6 月 1 日,第 30 号。

　　列宁 5 月 31 日(6 月 13 日)在彼得格勒工厂委员会第一次代表会议上的讲话(简要报道)在《士兵真理报》(彼得格勒)第 36 号上发表。

《列宁全集》中文第 2 版增订版第 30 卷第 209—210 页；《士兵真理报》,彼得格勒,1917 年 6 月 14 日(1 日),第 36 号。

　　列宁就彼得堡委员会不宜有单独的机关报一事写的《给俄国社会民主工党(布尔什维克)彼得格勒组织各区委员会的一封信》和他以党中央名义提出的关于这一问题的两个决议,经彼得堡委员会执行委员会讨论后分发给彼得格勒各区党组织。

《列宁全集》中文第 2 版增订版第 30 卷第 197、205—208 页；

《1917 年第一个合法的布尔什维克彼得堡委员会(资料和记录汇编)》,1927 年,第 131 页。

6 月 1 日或 2 日(14 日或 15 日)

列宁就社会革命党的《人民事业报》发表文章谴责协约国干涉希腊内政一事写《你们嘲笑谁？嘲笑你们自己！》一文,揭露社会革命党人和孟什维克首领们的两面派嘴脸、充当"挂着部长头衔为资本主义和帝国主义效劳的奴仆的角色！"

《列宁全集》中文第 2 版增订版第 30 卷第 229—231 页;《真理报》,彼得格勒,1917 年 6 月 16 日(3 日),第 72 号;《人民事业报》,彼得格勒,1917 年 6 月 1 日,第 63 号。

6 月 1 日—6 日(14 日—19 日)

列宁就彼得堡委员会不宜有单独的机关报一事写的《给俄国社会民主工党(布尔什维克)彼得格勒组织各区委员会的一封信》和他以党中央名义提出的关于这一问题的两个决议,先后在彼得格勒区、科尔皮诺区、纳尔瓦区、瓦西里耶夫岛区、奥赫塔区、利齐尧区、涅瓦区和彼得格勒其他区的党组织进行讨论。

《列宁全集》中文第 2 版增订版第 30 卷第 197、205—208 页;《1917 年第一个合法的布尔什维克彼得堡委员会(资料和记录汇编)》,1927 年,第 126、131、134—135 页。

6 月 2 日(15 日)

列宁编辑《真理报》第 72 号。

《列宁全集》俄文第 5 版第 32 卷第 452 页;《真理报》,彼得格勒,1917 年 6 月 16 日(3 日),第 72 号。

列宁的《克伦斯基公民,这不民主！》一文和由列宁起草并被彼得格勒工厂委员会第一次代表会议作为基础的《关于同经济破坏作斗争的几项经济措施的决议》草案在《真理报》第 71 号上发表。

《列宁全集》中文第 2 版增订版第 30 卷第 163—165、223—

224 页；《真理报》，彼得格勒，1917 年 6 月 15 日（2 日），第
71 号。

由列宁起草并经俄国社会民主工党（布）第七次全国代表会议
（四月代表会议）通过的《关于土地问题的决议》转载于《斗争报》
（察里津）第 4 号。

《列宁全集》中文第 2 版增订版第 29 卷第 418—420 页；《斗争
报》，察里津，1917 年 6 月 2 日（15 日），第 4 号。

列宁的《论"擅自夺取"土地（"社会革命党人"的糟糕论据）》一
文转载于《克拉斯诺亚尔斯克工人报》第 62 号。

《列宁全集》中文第 2 版增订版第 30 卷第 131—135 页；《克拉
斯诺亚尔斯克工人报》，1917 年 6 月 2 日，第 62 号。

列宁为彼得格勒工厂委员会第一次代表会议起草的《关于同
经济破坏作斗争的几项经济措施的决议》草案转载于《前进报》（乌
法）第 56 号。

《列宁全集》中文第 2 版增订版第 30 卷第 163—165 页；《前进
报》，乌法，1917 年 6 月 2 日，第 56 号。

列宁的《为可耻行为辩护》一文转载于《真理呼声报》（喀琅施
塔得）第 64 号。

《列宁全集》中文第 2 版增订版第 30 卷第 213—216 页；《真理
呼声报》，喀琅施塔得，1917 年 6 月 15 日（2 日），第 64 号。

帕拉莫诺夫斯克矿场（顿河军屯州亚历山德罗夫斯克-格鲁舍
夫斯克）的工人们向革命领袖和工人阶级利益的坚强捍卫者列宁
致敬，并抗议资产阶级报刊对他进行诽谤中伤。

Я.Н.拉延科；《顿河、库班和黑海地区历史大事记》，第 1 辑，顿
河畔罗斯托夫，1939 年，第 37 页。

6 月 3 日（16 日）

列宁写《经济破坏和无产阶级同它的斗争》一文，解释彼得格

勒工厂委员会第一次代表会议通过的《关于同经济破坏作斗争的几项经济措施的决议》，强调指出，"这一决议的基本思想，就是针对资产阶级和市侩官吏们关于监督的**空谈**，提出**实际**监督资本家、监督生产的条件"。列宁嘲笑小资产阶级的机关报——《彼得格勒工兵代表苏维埃消息报》、《工人报》和《新生活报》妄图把布尔什维克在决议中提出的建立工人对产品的生产和分配的监督以及其他各项要求曲解为转向工团主义。

《列宁全集》中文第 2 版增订版第 30 卷第 232—234 页；《真理报》，彼得格勒，1917 年 6 月 17 日（4 日），第 73 号。

列宁写《资本家的第一千零一次谎话》一文，批判《言语报》6 月 3 日（16 日）的社论把德国的社会沙文主义者同革命国际主义派混为一谈，指出这种混为一谈"是《言语报》和资本家们的第一千零一次最卑鄙最无耻的谎话"。

《列宁全集》中文第 2 版增订版第 30 卷第 235—236 页；《真理报》，彼得格勒，1917 年 6 月 17 日（4 日），第 73 号；《言语报》，彼得格勒，1917 年 6 月 3 日（16 日），第 128 号。

列宁编辑《真理报》第 73 号。

《列宁全集》俄文第 5 版第 32 卷第 452 页；《真理报》，彼得格勒，1917 年 6 月 17 日（4 日），第 73 号。

列宁的《布尔什维主义和军队"瓦解"》、《你们嘲笑谁？嘲笑你们自己！》两篇文章以及他 5 月 31 日（6 月 13 日）在彼得格勒工厂委员会第一次代表会议上的讲话（简要报道）在《真理报》第 72 号上发表。

《列宁全集》中文第 2 版增订版第 30 卷第 209—210、225—228、229—231 页；《真理报》，彼得格勒，1917 年 6 月 16 日（3 日），第 72 号。

列宁 5 月 31 日（6 月 13 日）在全俄工兵代表苏维埃第一次代

表大会布尔什维克党团会议上的讲话（简要报道）转载于《无产者
报》（莫斯科）第 32 号。

《列宁全集》中文第 2 版增订版第 30 卷第 211—212 页；《无产
者报》，莫斯科，1917 年 6 月 16 日（3 日）①，第 32 号。

列宁的《克伦斯基公民，这不民主！》一文转载于《真理呼声报》
（喀琅施塔得）第 65 号。

《列宁全集》中文第 2 版增订版第 30 卷第 223—224 页；《真理
呼声报》，喀琅施塔得，1917 年 6 月 16 日（3 日），第 65 号。

6 月 3 日—24 日（6 月 16 日—7 月 7 日）

列宁参加在第一武备学校（武备街（现代表大会街）1 号）大
楼②内举行的全俄工兵代表苏维埃第一次代表大会的工作，在代
表大会上发表关于对临时政府的态度的讲话和关于战争的讲话。
列宁在自己的文章和讲话中分析代表大会的工作时指出，代表大
会"非常清楚地"表明了社会革命党人和孟什维克首领们从革命中
的撤退，他们和人民之间形成了"一道鸿沟"。

列宁同代表大会的代表们谈话，关心地询问工人、士兵和农民
的生活条件、他们的情绪和俄国社会民主工党（布）地方组织的活
动情况等。列宁还就如何开展工作以便把群众争取到布尔什维克
方面来这一问题提出意见。

《列宁全集》中文第 2 版增订版第 30 卷第 237—264、268、

---

① 报上是：6 月 3 日（15 日）。——俄文编者注

② 楼房墙壁上设有一块纪念牌，上面写着："1917 年 6 月 3 日至 24 日在本楼房内
召开了全俄工兵代表苏维埃第一次代表大会，弗拉基米尔·伊里奇·列宁两次在会上
发表讲话。

6 月 4 日，弗·伊·列宁宣布，布尔什维克党准备掌握政权。

6 月 9 日，弗·伊·列宁发表关于战争的讲话，在讲话中指出了缔结民主和约的道
路。"——俄文编者注

278、292、306—308、316—317、328—329 页；苏共中央马列主义研究院中央党务档案馆，第 4 号全宗，第 2 号目录，第 3742 号案卷；《列宁在十月（回忆录）》，1957 年，第 162—163、167—169、179 页；《拉脱维亚革命者回忆列宁》，里加，1959 年，第 102—103 页；《列宁在彼得堡》，第 3 版，1957 年，第 157 页。

6 月 3 日和 4 日（16 日和 17 日）

　　列宁 5 月 22 日（6 月 4 日）在全俄农民第一次代表大会上关于土地问题的讲话转载于《顿涅茨无产者报》（卢甘斯克）第 3 号和第 4 号（非全文）。

《列宁全集》中文第 2 版增订版第 30 卷第 138—156 页；《顿涅茨无产者报》，卢甘斯克，1917 年 6 月 16 日（3 日）①，第 3 号；6 月 17 日（4 日），第 4 号。

6 月 4 日（17 日）

　　列宁出席全俄工兵代表苏维埃第一次代表大会下午会议，会议讨论关于对临时政府的态度的问题。当伊·格·策列铁里谈到俄国似乎没有一个政党会认为要掌握国家的全部政权时，列宁即席插话反驳说："有这样的政党！"他向大会主席团要求发言。

苏共中央马列主义研究院中央党务档案馆，第 4 号全宗，第 2 号目录，第 3114 号案卷，第 5、6 张；《全俄工兵代表苏维埃第一次代表大会（速记记录）》，第 1 卷，1930 年，第 46、65—66 页。

　　列宁发表关于对临时政府的态度的讲话，他在讲话中抨击临时政府的帝国主义政策，揭示苏维埃作为一种新型国家的意义，指出只有它才能使俄国摆脱侵略战争和经济危机。列宁描述国内各阶级力量的对比情况，指出"在俄国没有一个集团、没有一个阶级能够抗拒苏维埃政权"，这就使国内革命和平发展成为可能。他宣布，布尔什维克党"'准备掌握全部政权'……信任我们，我们就会

---

　　①　报上是：6 月 15 日（3 日）。——俄文编者注

拿出我们的纲领。

我们的代表会议在 4 月 29 日已经提出这个纲领。"

据阿·瓦·卢那察尔斯基证实,列宁"讲话时情绪激昂,充满革命的热情"。列宁提出的把资本家的利润公布出来、把 50 个或 100 个最大的百万富翁逮捕起来的建议在会议厅里引起极为强烈的反应。根据代表们的要求,大会延长列宁发言的时间。弗拉基米尔·伊里奇在结束讲话时说:"在贫苦农民的支持下把政权转到革命无产阶级手里,就是转到以人类历史上痛苦最少的最可靠的方式来进行争取和平的革命斗争,就是转到使革命工人不仅在俄国而且在全世界都有取得政权和获得胜利的保障。"

> 《列宁全集》中文第 2 版增订版第 30 卷第 237—249 页;苏共中央马列主义研究院中央党务档案馆,第 142 号全宗,第 1 号目录,第 547 号案卷,第 16 张背面;《全俄工兵代表苏维埃第一次代表大会(速记记录)》,第 1 卷,1930 年,第 67—76 页。

当亚·费·克伦斯基在发言中粗暴地攻击布尔什维克时,列宁即席插话要求他遵守会议规则。

> 《全俄工兵代表苏维埃第一次代表大会(速记记录)》,第 1 卷,1930 年,第 78 页。

列宁在全俄工兵代表苏维埃第一次代表大会的会议上从阿·瓦·卢那察尔斯基那里得到一幅漫画,画的是一个身披铁甲、手执利剑的中世纪骑士,并有一行题词:"这就是俄国未来的资产阶级专制者"。列宁在画上打了一个叉,写了一行字:"革命的俄国不会出现资产阶级专政。"然后他把漫画还给了卢那察尔斯基。

> 《全俄工兵代表苏维埃第一次代表大会(速记记录)》,第 1 卷,1930 年,第 66—67 页;《在伟大的无产阶级革命的日子里(1917 年彼得格勒斗争史事)》,1937 年,第 57 页。

列宁校订自己关于对临时政府的态度的讲话速记记录。

《列宁全集》中文第 2 版增订版第 30 卷第 237—249 页；苏共
中央马列主义研究院中央党务档案馆，第 2 号全宗，第 1 号目
录，第 4582 号案卷；《彼得堡人回忆伊里奇》，1970 年，第
311—312 页。

列宁的《经济破坏和无产阶级同它的斗争》和《资本家的第一
千零一次谎话》两篇文章在《真理报》第 73 号上发表。

《列宁全集》中文第 2 版增订版第 30 卷第 232—234、235—
236 页；《真理报》，彼得格勒，1917 年 6 月 17 日（4 日），第
73 号。

列宁写的《告各交战国士兵书》和由列宁起草并经俄国社会民
主工党（布）第七次全国代表会议（四月代表会议）通过的《关于土
地问题的决议》转载于《士兵生活报》（叶卡捷琳诺斯拉夫）第 1 号。

《列宁全集》中文第 2 版增订版第 29 卷第 292—294、418—
420 页；《士兵生活报》，叶卡捷琳诺斯拉夫，1917 年 6 月 4 日，
第 1 号。

由列宁起草并经俄国社会民主工党（布）第七次全国代表会议
（四月代表会议）通过的《关于伯格比尔的建议的决议》转载于《巴
库工人报》第 8 号（非全文）。

《列宁全集》中文第 2 版增订版第 29 卷第 369—371 页；《巴库
工人报》，1917 年 6 月 4 日，第 8 号。

由列宁起草并经俄国社会民主工党（布）第七次全国代表会议
（四月代表会议）通过的关于伯格比尔的建议的决议、关于战争的
决议、关于对临时政府的态度的决议、关于修改党纲的决议、关于
土地问题的决议、关于联合国际主义者反对小资产阶级护国主义
联盟的决议、关于工兵代表苏维埃的决议、关于目前形势的决议和
这次代表会议决议的《引言》用格鲁吉亚文转载于《斗争报》（梯弗
利斯）第 1 号。

《列宁全集》中文第 2 版增订版第 29 卷第 369—371、397—

400、401—402、407—408、418—420、421、422—423、441—444、447—450 页；《斗争报》，梯弗利斯，1917 年 6 月 4 日，第 1 号。

列宁的《两个政权并存的局面消灭了吗?》一文转载于《高加索工人报》（梯弗利斯）第 66 号。

《列宁全集》中文第 2 版增订版第 30 卷第 127—130 页；《高加索工人报》，梯弗利斯，1917 年 6 月 4 日，第 66 号。

列宁为彼得格勒工厂委员会第一次代表会议起草的《关于同经济破坏作斗争的几项经济措施的决议》草案转载于《克拉斯诺亚尔斯克工人报》第 64 号和《高加索工人报》（梯弗利斯）第 66 号。

《列宁全集》中文第 2 版增订版第 30 卷第 163—165 页；《克拉斯诺亚尔斯克工人报》，1917 年 6 月 4 日，第 64 号；《高加索工人报》，梯弗利斯，1917 年 6 月 4 日，第 66 号。

列宁 5 月 31 日（6 月 13 日）在全俄工兵代表苏维埃第一次代表大会布尔什维克党团会议上的讲话（简要报道）转载于《雷瓦尔工人和军人代表苏维埃消息报》第 66 号。

《列宁全集》中文第 2 版增订版第 30 卷第 211—212 页；《雷瓦尔工人和军人代表苏维埃消息报》，1917 年 6 月 4 日（17 日），第 66 号。

列宁的《布尔什维主义和军队"瓦解"》一文转载于《士兵真理报》（彼得格勒）第 39 号。

《列宁全集》中文第 2 版增订版第 30 卷第 225—228 页；《士兵真理报》，彼得格勒，1917 年，6 月 17 日（4 日），第 39 号。

海军支队机械厂（谢尔普霍夫）士兵写信向"不倦的战士、国际无产阶级利益的捍卫者列宁同志致敬"。

《社会民主党人报》，莫斯科，1917 年 6 月 10 日（23 日），第 78 号。

巴拉哈内镇（巴库附近）工人俱乐部成立大会一致通过决议向

革命的社会民主党的领袖列宁致敬。

《巴库工人报》,1917 年 6 月 8 日,第 10 号。

俄国社会民主工党(布)莫斯科委员会军事组织士兵俱乐部成立大会参加者给列宁发来致敬电。

《社会民主党人报》,莫斯科,1917 年 6 月 4 日(17 日),第 73 号;6 月 11 日(24 日),第 79 号。

韦谢贡斯克县(特维尔省)奇斯季乡农民大会一致通过的给贫农利益的坚强捍卫者列宁的致敬信在《士兵真理报》(彼得格勒)第 39 号上发表。

《士兵真理报》,彼得格勒,1917 年 6 月 17 日(4 日),第 39 号。

博戈罗茨克—格卢霍沃纺织厂(莫斯科省博戈罗茨克县格卢霍沃村)男女工人两千人大会通过的向"工人利益的真正捍卫者、社会主义战士"列宁致敬的决议在《社会民主党人报》(莫斯科)第 73 号上发表。

《社会民主党人报》,莫斯科,1917 年 6 月 4 日(17 日),第 73 号。

埃森瓷器厂(哈尔科夫省斯拉维扬斯克)工人通过的向列宁致敬、并抗议资产阶级报刊对他进行诽谤攻击的决议在《无产者报》(哈尔科夫)第 59 号上发表。

《无产者报》,哈尔科夫,1917 年 6 月 17 日(4 日),第 59 号。

6 月 4 日和 5 日(17 日和 18 日)

列宁编辑《真理报》第 74 号。

《列宁全集》俄文第 5 版第 32 卷第 452 页;《真理报》,彼得格勒,1917 年 6 月 19 日(6 日),第 74 号。

6 月 4 日或 5 日(17 日或 18 日)

列宁写《六三死硬派主张立即进攻》一文,抨击第四届国家杜马代表非正式会议通过的关于前线俄国军队立即进攻的决议。文章强调指出,进攻问题"是一个政治问题,是我国整个革命的命运问题"。列宁指出,实行立即进攻的政策,就是让反革命势力活跃起来并得到加强,而反对进攻的斗争,"就是主张全部政权转归苏维埃,主张激发被压迫阶级的革命首创精神,主张由**各**国被压迫阶级**立即**提议缔结'没有兼并的和约',即缔结以推翻资本压迫、毫无例外地解放**一切**殖民地和**一切**被压迫的或没有充分权利的民族为明确条件的和约"。

《列宁全集》中文第 2 版增订版第 30 卷第 265—267 页;《真理报》,彼得格勒,1917 年 6 月 19 日(6 日),第 74 号;《言语报》,彼得格勒,1917 年 6 月 4 日(17 日),第 129 号。

鉴于社会革命党右翼的《人民意志报》公布了关于以列宁为首的一批政治流亡者取道德国回国一事的文件,列宁写《感谢》一文,严厉批驳该报的吞吞吐吐的暗示。

《列宁全集》中文第 2 版增订版第 30 卷第 271 页;《真理报》,彼得格勒,1917 年 6 月 19 日(6 日),第 74 号;《人民意志报》,彼得格勒,1917 年 6 月 4 日,第 31 号。

6 月 4 日和 8 日(17 日和 21 日)之间

列宁写《"大撤退"》一文,指出孟什维克和社会革命党人首领们参加联合政府一事清楚地表明,他们已脱离社会主义和脱离革命,"在资产阶级政府中充当对资产阶级无害的**附属品**"。

《列宁全集》中文第 2 版增订版第 30 卷第 278—280 页;《真理报》,彼得格勒,1917 年 6 月 21 日(8 日),第 76 号;《全俄工兵代表苏维埃第一次代表大会(速记记录)》,第 1 卷,1930 年,第 50 页。

不晚于 6 月 5 日(18 日)

列宁作专题报告(报告的题目和地点未查明)。报告收入作为

《真理报》基金。

《真理报》,彼得格勒,1917 年 7 月 13 日(6 月 30 日),第 95 号。

6 月 5 日(18 日)

列宁写《为制止革命而结成的联盟》一文,分析关于第四届国家杜马代表会议的报道和关于"社会党人"部长们在全俄工兵代表苏维埃第一次代表大会上发表演说"为政府辩护"、"为"俄国军队在前线的"进攻政策辩护"的报道。弗拉基米尔·伊里奇强调指出,反革命的首领们"知道,目前**实际生活提出来的**进攻问题,完全不是一个战略问题,而是一个政治问题,是**整个俄国革命转变**的问题","不论进攻从军事观点来看会导致什么样的结局,它总是意味着在政治上加强帝国主义的精神、帝国主义的情绪、帝国主义的狂热,加强军队中没有更换过的旧指挥人员……加强**反革命的基本阵地**"。

《列宁全集》中文第 2 版增订版第 30 卷第 268—270 页;《真理报》,彼得格勒,1917 年 6 月 19 日(6 日),第 74 号。

列宁的《是同资本家做交易,还是推翻资本家?(怎样结束战争)》、《必须揭露资本家》和《反革命势力转入进攻("没有人民的雅各宾党人")》等文章转载于《工人报》(喀山)第 21 号。

《列宁全集》中文第 2 版增订版第 30 卷第 166 — 168、171 — 172、186—188 页;《工人报》,喀山,1917 年 6 月 18 日(5 日),第 21 号。

6 月 5 日至 9 日和 18 日(6 月 18 日至 22 日和 7 月 1 日)

列宁传略转载于《工人报》(喀山)第 21 号、《克拉斯诺亚尔斯克工人报》第 65 号、《无产者报》(哈尔科夫)第 61 号、《高加索工人报》(梯弗利斯)第 69 号、《巴库工人报》第 11 号、《战壕真理报》(里加)第 16 号等报纸。

《工人报》,喀山,1917 年 6 月 18 日(5 日),第 21 号;《克拉斯诺亚尔斯克工人报》,1917 年 6 月 6 日,第 65 号;《无产者报》,哈尔科夫,1917 年 6 月 20 日(7 日),第 61 号;《高加索工人报》,梯弗利斯,1917 年 6 月 8 日,第 69 号;《巴库工人报》,1917 年 6 月 9 日,第 11 号;《战壕真理报》,里加,1917 年 6 月 9 日,第 16 号;《士兵生活报》,叶卡捷琳诺斯拉夫,1917 年 6 月 18 日,第 2 号。

6 月 5 日和 9 日(18 日和 22 日)之间

列宁写《实施社会主义,还是揭露盗窃国库的行为?》一文,揭露立宪民主党人、孟什维克和社会革命党人"大声叫嚷反对在俄国'实施'社会主义,是为了支持……那些反对**揭露盗窃国库行为的人**的活动"。列宁在文章中还向全俄工兵代表苏维埃第一次代表大会提出一个关于同国内面临的经济破坏作斗争的决议草案。

《列宁全集》中文第 2 版增订版第 30 卷第 286—288 页;《真理报》,彼得格勒,1917 年 6 月 22 日(9 日),第 77 号;《全俄工兵代表苏维埃第一次代表大会(速记记录)》,第 1 卷,1930 年,第 133 页。

6 月 6 日(19 日)

列宁参加俄国社会民主工党(布)中央委员会、中央委员会军事组织和俄国社会民主工党(布)彼得堡委员会执行委员会联席会议,会上讨论了彼得格勒的工人和士兵为有组织地显示广大群众对临时政府反人民政策难以遏制地增长的不满和愤怒而举行游行示威的问题。

会议开始前,列宁同不久前刚从高加索来的俄国社会民主工党(布)中央委员会军事组织领导人之一米·谢·克德罗夫谈话,关心地询问高加索战线的局势。列宁问他,高加索的民族问题情况如何,农民是否同意等立宪会议召开后再解决土地问题。

列宁在会上发言赞成举行游行示威,并提出必须有工人参加,同时特别强调游行示威应具有和平的性质。他在发言中还提出游行示威的政治口号,并对这些口号作说明。列宁就前线俄国军队进攻的问题发言。

《1917 年 5—6 月的俄国革命运动——六月游行示威》,1959年,第 485—486、488 页;《回忆弗·伊·列宁》,第 1 册,1956年,第 483—484 页。

列宁就瑞士社会民主党中派分子罗·格里姆在交涉以列宁为首的一批政治流亡者取道德国回国一事的过程中行为暧昧的问题写《关于格里姆问题》一文。

《列宁全集》中文第 2 版增订版第 30 卷第 271、276 页;《真理报》,彼得格勒,1917 年 6 月 20 日(7 日),第 75 号。

列宁写《短评》,揭露黑帮报纸《新时报》企图捏造布尔什维克党的思想和观点在群众中日益广泛传播的原因,指出这些思想和观点"正确地反映了无产阶级的利益,正确地反映了全体被剥削劳动者的利益",这才是它们得到广泛传播的原因。

《列宁全集》中文第 2 版增订版第 30 卷第 277 页;《真理报》,彼得格勒,1917 年 6 月 20 日(7 日),第 75 号。

列宁编辑《真理报》第 75 号。

《列宁全集》俄文第 5 版第 32 卷第 452 页;《真理报》,彼得格勒,1917 年 6 月 20 日(7 日),第 75 号。

列宁 6 月 4 日(17 日)在全俄工兵代表苏维埃第一次代表大会上关于对临时政府的态度的讲话在《彼得格勒工兵代表苏维埃消息报》第 84 号、《新生活报》(彼得格勒)第 41 号和《士兵呼声报》(彼得格勒)第 27 号上发表(非全文);以简要报道形式在下列各报上发表:《士兵呼声报》(梁赞)第 46 号、《社会民主党人呼声报》(基辅)第 39 号、《劳动旗帜报》(基辅)第 62 号、《维捷布斯克兵工代表

苏维埃消息报》第 16 号、《列日察士兵、工人和农民代表苏维埃消
息报》第 52 号、《喀山工人报和兵工代表苏维埃消息报》第 46 号、
《工人报》(彼得格勒)第 73 号、《工人事业报》(顿河畔罗斯托夫)第
18 号、《社会民主党人报》(哈尔科夫)第 67 号、《前线报》(明斯克)
第 14 号和《工人报》(基辅)第 53 号。

> 《列宁全集》中文第 2 版增订版第 30 卷第 237—249 页;《彼得
> 格勒工兵代表苏维埃消息报》,1917 年 6 月 6 日,第 84 号;《士
> 兵呼声报》,彼得格勒,1917 年 6 月 6 日,第 27 号;《士兵呼声
> 报》,梁赞,1917 年 6 月 6 日,第 46 号;《社会民主党人呼声
> 报》,基辅,1917 年 6 月 6 日,第 39 号;《劳动旗帜报》,基辅,
> 1917 年 6 月 6 日,第 62 号;《维捷布斯克兵工代表苏维埃消息
> 报》,1917 年 6 月 6 日,第 16 号;《列日察士兵、工人和农民代
> 表苏维埃消息报》,1917 年 6 月 6 日,第 52 号;《喀山工人报和
> 兵工代表苏维埃消息报》,1917 年 6 月 6 日,第 46 号;《新生活
> 报》,彼得格勒,1917 年 6 月 6 日(19 日),第 41 号;《工人报》,
> 彼得格勒,1917 年 6 月 6 日,第 73 号;《工人事业报》,顿河畔
> 罗斯托夫,1917 年 6 月 6 日,第 18 号;《工人报》,基辅,1917
> 年 6 月 6 日,第 53 号;《社会民主党人报》,哈尔科夫,1917 年
> 6 月 6 日(19 日),第 67 号;《前线报》,明斯克,1917 年 6 月 6
> 日,第 14 号。

　　列宁的《六三死硬派主张立即进攻》、《为制止革命而结成的联
盟》和《感谢》等文章在《真理报》第 74 号上发表。

> 《列宁全集》中文第 2 版增订版第 30 卷第 265—267、268—
> 270、271 页;《真理报》,彼得格勒,1917 年 6 月 19 日(6 日),第
> 74 号。

　　由列宁起草并经俄国社会民主工党(布)第七次全国代表会议
(四月代表会议)通过的《关于民族问题的决议》和他的《论"擅自夺
取"土地("社会革命党人"的糟糕论据)》一文转载于《巴库工人报》
第 9 号。

> 《列宁全集》中文第 2 版增订版第 29 卷第 431—432 页,第 30
> 卷第 131—135 页;《巴库工人报》,1917 年 6 月 6 日,第 9 号。

列宁写的《给全俄农民代表大会代表的公开信》用亚美尼亚文转载于《派卡尔报》(梯弗利斯)第 41 号。

《列宁全集》中文第 2 版增订版第 30 卷第 41—45 页;《派卡尔报》,梯弗利斯,1917 年 6 月 6 日,第 41 号。

列宁的《没有干净的原则性的武器,就抓起肮脏的武器》一文转载于《克拉斯诺亚尔斯克工人报》第 65 号。

《列宁全集》中文第 2 版增订版第 30 卷第 189—190 页;《克拉斯诺亚尔斯克工人报》,1917 年 6 月 6 日,第 65 号。

列宁就彼得堡委员会不宜有单独的机关报这一问题写《给俄国社会民主工党(布尔什维克)彼得格勒组织各区委员会的一封信》和起草关于这一问题的两个决议,彼得堡委员会在收到党的各区委员会关于这一问题的决定后开会进行讨论。

《列宁全集》中文第 2 版增订版第 30 卷第 197、205—208 页;《1917 年第一个合法的布尔什维克彼得堡委员会(资料和记录汇编)》,1927 年,第 126、127—136 页。

列宁 5 月 31 日(6 月 13 日)在全俄工兵代表苏维埃第一次代表大会布尔什维克党团会议上的讲话(简要报道)转载于《斗争报》(叶卡捷琳诺斯拉夫)第 24 号和《波尔塔瓦工兵代表苏维埃消息报》第 20 号。

《列宁全集》中文第 2 版增订版第 30 卷第 211—212 页;《斗争报》,叶卡捷琳诺斯拉夫,1917 年 6 月 6 日,第 24 号;《波尔塔瓦工兵代表苏维埃消息报》,1917 年 6 月 6 日,第 20 号。

"阿芙乐尔"号巡洋舰水兵中的俄国社会民主工党(布)党员通过决议,表示"在任何危急时刻"都拥护列宁,时刻准备回击对他"进行诽谤攻击的资本家"。

《士兵真理报》,彼得格勒,1917 年 7 月 3 日(6 月 20 日),第 48 号;《伟大十月社会主义革命准备和进行过程中的波罗的海水兵》,1957 年,第 84 页。

6 月 6 日或 7 日（19 日或 20 日）

列宁写《谈谈实质性论战的好处》一文，抨击《新生活报》只是"大谈"工人对生产的监督，而没有切实提出这个问题。

> 《列宁全集》中文第 2 版增订版第 30 卷第 281—282 页；《真理报》，彼得格勒，1917 年 6 月 21 日（8 日），第 76 号；《新生活报》，彼得格勒，1917 年 6 月 6 日（19 日），第 41 号。

列宁写《轻信的流行病》一文，警告人们不要轻信"社会党人"部长们的演说，指出当时在俄国到处传扬的"革命民主主义的"漂亮词句"使小资产阶级如醉如痴，使人民群众受到腐蚀和愚弄，使大量轻信的流行病病菌到处散布"。

> 《列宁全集》中文第 2 版增订版第 30 卷第 283—284 页；《真理报》，彼得格勒，1917 年 6 月 21 日（8 日），第 76 号；《全俄工兵代表苏维埃第一次代表大会（速记记录）》，第 1 卷，1930 年，第 137 页。

列宁写短评《天上的仙鹤，还是手中的山雀？》，揭露临时政府粮食部长、人民社会党人阿·瓦·彼舍霍诺夫蛊惑人心地答应"平均分配我们所有的一切"的欺骗性。

> 《列宁全集》中文第 2 版增订版第 30 卷第 285 页；《真理报》，彼得格勒，1917 年 6 月 21 日（8 日），第 76 号；《全俄工兵代表苏维埃第一次代表大会（速记记录）》，第 1 卷，1930 年，第 132—133 页。

6 月 7 日（20 日）

列宁编辑《真理报》第 76 号。

> 《列宁全集》俄文第 5 版第 32 卷第 452 页；《真理报》，彼得格勒，1917 年 6 月 21 日（8 日），第 76 号。

列宁 6 月 4 日（17 日）在全俄工兵代表苏维埃第一次代表大会上关于对临时政府的态度的讲话以简要报道形式在下列各报发表：《第 3 集团军呼声报》第 40 号、《劳动呼声报》（布拉戈维申斯克)第42号、《团结报》(辛菲罗波尔)第65号、《革命旗帜报》(托木斯克)第6号、《符拉迪沃斯托克工兵代表苏维埃消息报》第38号、《基什尼奥夫工兵代表苏维埃消息报》第20号、《库尔斯克工兵代表苏维埃消息报》第5号、《洛佐瓦亚-巴甫洛夫卡工农代表苏维埃消息报》第60号、《尼古拉耶夫工人和军人代表苏维埃消息报》第29号、《鄂木斯克工兵代表苏维埃消息报》第64号、《工人、农民和军人代表消息报》(奔萨)第39号、《雷瓦尔工人和军人代表苏维埃消息报》第68号、《第12集团军士兵代表苏维埃消息报》(里加)第34号、《梯弗利斯市工兵代表苏维埃消息报》第56号、《切尔诺维策卫戍部队军人代表苏维埃消息报》第28号、《红旗报》(奥拉宁包姆)第10号、《我们的报》(塔什干)第36号、《彼尔姆生活报》第431号、《无产者报》(莫斯科)第35号和《士兵—公民报》(莫斯科)第68号。

《列宁全集》中文第2版增订版第30卷第237—249页;《第3集团军呼声报》,未注明出版地点,1917年6月7日,第40号;《劳动呼声报》,布拉戈维申斯克,1917年6月7日,第42号;《团结报》,辛菲罗波尔,1917年6月7日,第65号;《革命旗帜报》,托木斯克,1917年6月7日,第6号;《符拉迪沃斯托克工兵代表苏维埃消息报》,1917年6月20日(7日),第38号;《基什尼奥夫工兵代表苏维埃消息报》,1917年6月7日(20日),第20号;《库尔斯克工兵代表苏维埃消息报》,1917年6月7日(20日),第5号;《洛佐瓦亚-巴甫洛夫卡工农代表苏维埃消息报》,1917年6月7日,第60号;《尼古拉耶夫工人和军人代表苏维埃消息报》,尼古拉耶夫,1917年6月7日,第29号;《鄂木斯克工兵代表苏维埃消息报》,1917年6月20日(7日),第64号;《工人、农民和军人代表消息报》,奔萨,1917年6月7日(20日),第39号;《雷瓦尔工人和军人代表苏维埃消息报》,1917年6月7日(20日),第68号;《第12集团军士兵代表苏维埃消息报》,里加,1917年6月7日,第34号;《梯弗利斯市工兵代表苏维埃消息报》,1917年6月7日,第56号[①];

---

① 报上是:第57号。——俄文编者注

《切尔诺维策卫戍部队军人代表苏维埃消息报》,1917 年 6 月 7 日,第 28 号;《红旗报》,奥拉宁包姆,1917 年 6 月 7 日(20 日),第 10 号;《我们的报》,塔什干,1917 年 6 月 7 日,第 36 号;《彼尔姆生活报》,1917 年 6 月 7 日,第 431 号;《无产者报》,莫斯科,1917 年 6 月 7 日(20 日)①,第 35 号;《士兵—公民报》,莫斯科,1917 年 6 月 7 日,第 68 号。

列宁的《有没有一条通向公正和约的道路?》、《论人民公敌》、《关于格里姆问题》和《短评》等文章在《真理报》第 75 号上发表。

《列宁全集》中文第 2 版增订版第 30 卷第 272—273、274—275、276、277 页;《真理报》,彼得格勒,1917 年 6 月 20 日(7 日),第 75 号。

列宁 5 月 31 日(6 月 13 日)在全俄工兵代表苏维埃第一次代表大会布尔什维克党团会议上的讲话(简要报道)转载于《洛佐瓦亚-巴甫洛夫卡工农代表苏维埃消息报》第 60 号。

《列宁全集》中文第 2 版增订版第 30 卷第 211—212 页;《洛佐瓦亚-巴甫洛夫卡工农代表苏维埃消息报》,1917 年 6 月 7 日,第 60 号。

列宁的《布尔什维主义和军队"瓦解"》一文转载于《真理晨报》(雷瓦尔)第 6 号。

《列宁全集》中文第 2 版增订版第 30 卷第 225—228 页;《真理晨报》,雷瓦尔,1917 年 6 月 20 日(7 日),第 6 号。

6 月 7 日、9 日、11 日、14 日、16 日和 18 日
(6 月 20 日、22 日、24 日、27 日、29 日和 7 月 1 日)

列宁 5 月 22 日(6 月 4 日)在全俄农民第一次代表大会上关于土地问题的讲话转载于《战壕真理报》(里加)第 15—20 号。

《列宁全集》中文第 2 版增订版第 30 卷第 138—156 页;《战壕真理报》,里加,1917 年 6 月 7 日,第 15 号;6 月 9 日,第 16

---

① 报上是:6 月 7 日(19 日)。——俄文编者注

号;6 月 11 日,第 17 号;6 月 14 日,第 18 号;6 月 16 日,第 19
号;6 月 18 日,第 20 号。

不晚于 6 月 8 日(21 日)

列宁编辑并作序的小册子《修改党纲的材料》由波涛出版社
(彼得格勒)出版。小册子收载了列宁起草的《党纲的理论、政治及
其他一些部分的修改草案》、《对俄国社会民主工党(布)第七次全
国代表会议(四月代表会议)党纲小组的意见的看法》和《关于修改
党纲的草案》。

> 《列宁全集》中文第 2 版增订版第 29 卷第 472—493 页;《列宁
> 全集》俄文第 5 版第 32 卷第 453 页;苏共中央马列主义研究
> 院中央党务档案馆,第 17 号全宗,第 1a 号目录,第 131 号案
> 卷,第 5、6 张;《修改党纲的材料(尼·列宁编辑并作序)》,彼
> 得格勒,波涛出版社,1917 年,32 页,(俄国社全民主工党);
> 《雅·米·斯维尔德洛夫选集》,三卷本,第 2 卷,莫斯科,1959
> 年,第 19 页。

6 月 8 日(21 日)

列宁出席有彼得格勒各区、许多部队、工厂委员会和工会代表
参加的俄国社会民主工党(布)中央委员会和彼得堡委员会会议,
会议议题是举行首都工人和士兵和平游行示威。列宁在会议开场
讲话中请与会者汇报群众的情绪和群众对游行示威的准备情况。
列宁向来自工厂的报告人提问:会有多少人走上街头,人们参加游
行示威的决心有多大等等。

> 苏共中央马列主义研究院中央党务档案馆,第 60 号全宗,第
> 1 号目录,第 17 号案卷,第 8—9 张;《1917 年 5—6 月的俄国
> 革命运动——六月游行示威》,1959 年,第 506—507 页;《革
> 命年鉴》杂志,哈尔科夫,1925 年,第 1 期,第 1 页;《苏共历史
> 问题》杂志,莫斯科,1966 年,第 5 期,第 48 页。

列宁编辑《真理报》第 77 号。

> 《列宁全集》俄文第 5 版第 32 卷第 452 页;《真理报》,彼得格

勒,1917年6月22日(9日),第77号。

　　列宁6月4日(17日)在全俄工兵代表苏维埃第一次代表大会上关于对临时政府的态度的讲话在《社会民主党人报》(莫斯科)第76号上发表(非全文);以简要报道形式在下列各报上发表:《斗争报》(梯弗利斯)第28号、《军人—公民报》(博尔格勒)第38号、《外贝加尔工人报》(赤塔)第65号、《第2集团军执行委员会消息报》第5号、《第11集团军委员会消息报》第34号、《蒙海峡筑垒阵地消息报》(阿伦斯堡)第37号、《莫斯科工人代表苏维埃消息报》第80号、《尼科利斯克-乌苏里斯克市工兵代表苏维埃消息报》第37号、《浩罕回声报》第23号、《昆古尔小报》第763号、《人民真理报》(巴尔瑙尔)第48号、《联合报》(特维尔)第29号、《自由库班报》(叶卡捷琳诺达尔)第59号、《士兵、农民和工人报》(阿钦斯克)第16号和《同志报》(格罗兹尼)第39号。

《列宁全集》中文第2版增订版第30卷第237—249页;《斗争报》,梯弗利斯,1917年6月8日,第28号;《军人—公民报》,〔博尔格勒〕,1917年6月8日(21日),第38号;《外贝加尔工人报》,赤塔,1917年6月8日,第65号;《第2集团军执行委员会消息报》,未注明出版地点,1917年6月8日,第5号;《第11集团军委员会消息报》,未注明出版地点,1917年6月8日,第34号;《蒙海峡筑垒阵地消息报》,阿伦斯堡,1917年6月8日,第37号;《莫斯科工人代表苏维埃消息报》,1917年6月8日(21日),第80号;《尼科利斯克-乌苏里斯克市工兵代表苏维埃消息报》,1917年6月8日,第37号;《浩罕回声报》,1917年6月8日,第23号;《昆古尔小报》,1917年6月8日,第763号;《人民真理报》,巴尔瑙尔,1917年6月8日,第48号;《联合报》,特维尔,1917年6月8日,第29号;《自由库班报》,叶卡捷琳诺达尔,1917年6月8日,第59号;《士兵、农民和工人报》,阿钦斯克,1917年6月8日,第16号;《社会民主党人报》,莫斯科,1917年6月8日(21日),第76号;《同志报》,格罗兹尼,1917年6月8日(21日),第39号。

　　列宁的《"大撤退"》、《谈谈实质性论战的好处》、《轻信的流行

病》和《天上的仙鹤，还是手中的山雀?》等文章在《真理报》第 76 号
上发表。

> 《列宁全集》中文第 2 版增订版第 30 卷第 278—280、281—
> 282、283—284、285 页;《真理报》,彼得格勒,1917 年 6 月 21
> 日(8 日),第 76 号。

由列宁起草并经俄国社会民主工党(布)第七次全国代表会议
(四月代表会议)通过的《关于联合国际主义者反对小资产阶级护
国主义联盟的决议》转载于《巴库工人报》第 10 号。

> 《列宁全集》中文第 2 版增订版第 29 卷第 421 页;《巴库工人
> 报》,1917 年 6 月 8 日,第 10 号。

列宁的《资本家在嘲弄人民》一文转载于《无产者报》(哈尔科
夫)第 62 号。

> 《列宁全集》中文第 2 版增订版第 30 卷第 201—204 页;《无产
> 者报》,哈尔科夫,1917 年 6 月 21 日(8 日),第 62 号。

列宁 5 月 31 日(6 月 13 日)在全俄工兵代表苏维埃第一次代
表大会布尔什维克党团会议上的讲话(简要报道)转载于《前进报》
(乌法)第 61 号。

> 《列宁全集》中文第 2 版增订版第 30 卷第 211—212 页;《前进
> 报》,乌法,1917 年 6 月 8 日,第 61 号。

列宁的《布尔什维主义和军队"瓦解"》、《有没有一条通向公正
和约的道路?》两篇文章转载于《真理呼声报》(喀琅施塔得)第
69 号。

> 《列宁全集》中文第 2 版增订版第 30 卷第 225—228、272—
> 273 页;《真理呼声报》,喀琅施塔得,1917 年 6 月 21 日(8 日),
> 第 69 号。

彼得格勒纳尔瓦—彼得戈夫区青年工人代表开会通过决议,
抗议对列宁的诽谤中伤。

《真理报》,彼得格勒,1917 年 6 月 28 日(15 日),第 82 号。

6 月 9 日(22 日)

列宁在全俄工兵代表苏维埃第一次代表大会上发表关于战争的讲话,说明临时政府为了资本家的利益继续进行非正义的侵略战争,揭露当时广为流传的所谓布尔什维克力求同德国单独媾和的无耻谎言,详细阐述布尔什维克争取通过革命摆脱帝国主义战争的斗争纲领,指出:"如果革命阶级掌握了政权,如果在这个阶级的国家里不再有兼并的事情,如果政权不再属于银行和大资本(要在俄国做到这一点并不容易),那么革命阶级将不是在口头上而是在实际上进行革命战争。决不能发誓不进行这种战争。这样做就是陷入了托尔斯泰主义,陷入了小市民习气,完全忘掉了马克思主义科学和欧洲历次革命的经验。"

《列宁全集》中文第 2 版增订版第 30 卷第 250—264 页。

列宁晚上参加俄国社会民主工党(布)中央委员会、彼得堡委员会执行委员会和中央委员会军事组织联席会议,会上讨论了关于彼得格勒苏维埃执行委员会和全俄工兵代表苏维埃第一次代表大会主席团内的社会革命党和孟什维克首领们禁止彼得格勒工人和士兵 6 月 10 日(23 日)举行和平游行示威的问题。会议通过决议:"捍卫任何反对党举行和平游行示威的权利"。

《1917 年第一个合法的布尔什维克彼得堡委员会(资料和记录汇编)》,1927 年,第 155、159、162 页;《1917 年 5—6 月的俄国革命运动——六月游行示威》,1959 年,第 497、507 页。

列宁编辑《真理报》第 78 号。

《列宁全集》俄文第 5 版第 32 卷第 452 页;《真理报》,彼得格勒,1917 年 6 月 23 日(10 日),第 78 号。

列宁 6 月 4 日(17 日)在全俄工兵代表苏维埃第一次代表大

会上关于对临时政府的态度的讲话以简要报道形式在下列各报发表:《第 8 集团军委员会消息报》第 44 号、《巴库地区工人和军人代表苏维埃消息报》(巴库)第 55 号、《工人旗帜报》(满洲里站)第 37 号和《光线报》(塔林,爱沙尼亚文报纸)第 61 号。

> 《列宁全集》中文第 2 版增订版第 30 卷第 237—249 页;《第 8 集团军委员会消息报》,未注明出版地点,1917 年 6 月 9 日,第 44 号;《巴库地区工人和军人代表苏维埃消息报》,巴库,1917 年 6 月 9 日,第 55 号;《工人旗帜报》,满洲里站,1917 年 6 月 9 日,第 37 号;《光线报》,塔林,1917 年 6 月 9 日(22 日),第 61 号。

列宁的《实施社会主义,还是揭露盗窃国库的行为?》一文在《真理报》第 77 号上发表。

> 《列宁全集》中文第 2 版增订版第 30 卷第 286—288 页;《真理报》,彼得格勒,1917 年 6 月 22 日(9 日),第 77 号。

列宁写的《告各交战国士兵书》和由他起草并经俄国社会民主工党(布)第七次全国代表会议(四月代表会议)通过的《关于目前形势的决议》转载于《巴库工人报》第 11 号。

> 《列宁全集》中文第 2 版增订版第 29 卷第 292—294、441—444 页;《巴库工人报》,1917 年 6 月 9 日,第 11 号。

列宁的《别人眼里的草屑》一文转载于《顿涅茨无产者报》(卢甘斯克)第 8 号。

> 《列宁全集》中文第 2 版增订版第 30 卷第 220—222 页;《顿涅茨无产者报》,卢甘斯克,1917 年 6 月 22 日(9 日),第 8 号。

列宁的《布尔什维主义和军队"瓦解"》一文转载于《顿涅茨无产者报》(卢甘斯克)第 8 号和《社会民主党人报》(萨拉托夫)第 25 号。

> 《列宁全集》中文第 2 版增订版第 30 卷第 225—228 页;《顿涅茨无产者报》,卢甘斯克,1917 年 6 月 22 日(9 日),第 8 号;《社会民主党人报》,萨拉托夫,1917 年 6 月 9 日,第 25 号。

列宁的《有没有一条通向公正和约的道路?》一文转载于《浪潮报》(赫尔辛福斯)第 58 号。

> 《列宁全集》中文第 2 版增订版第 30 卷第 272—273 页;《浪潮报》,赫尔辛福斯,1917 年 6 月 22 日(9 日),第 58 号。

列宁生平简介(答第 6 塔夫利达掷弹兵团(作战部队)第 6 连士兵问)在《社会民主党人报》(莫斯科)第 77 号上发表。

> 《社会民主党人报》,莫斯科,1917 年 6 月 9 日(22 日),第 77 号。

俄国社会民主工党(布)铁路区"第三国际"俱乐部(莫斯科)成立大会与会人员一致通过决议向列宁致敬。

> 《社会民主党人报》,莫斯科,1917 年 6 月 9 日(22 日),第 77 号;6 月 13 日(26 日),第 80 号。

6 月 9 日(22 日)夜至 10 日(23 日)凌晨

列宁参加全俄工兵代表苏维埃第一次代表大会布尔什维克党团会议,该会议是由于在代表大会上占多数的社会革命党和孟什维克禁止在三天内举行工人和士兵和平游行示威而召开的(这次游行示威原定于 6 月 10 日(23 日)在彼得格勒举行)。

> 苏共中央马列主义研究院中央党务档案馆,第 60 号全宗,第 1 号目录,第 79 号案卷,第 20 张;《全俄工兵代表苏维埃第一次代表大会(速记记录)》,第 1 卷,1930 年,第 378—380 页;《青年近卫军》杂志,莫斯科,1924 年,第 2—3 期合刊,第 70—71 页;亚·加·施略普尼柯夫:《一九一七年》,第 4 卷,莫斯科—列宁格勒,1931 年,第 182—183 页。

列宁参加俄国社会民主工党(布)中央委员会会议。会上通过《告彼得格勒全体劳动者、全体工人和士兵书》,文中宣布取消 6 月 10 日(23 日)举行的游行示威,并号召全体党员和所有党的同情者贯彻执行这一决定。

当夜列宁向全俄工兵代表苏维埃第一次代表大会布尔什维克

党团宣布俄国社会民主工党(布)中央委员会关于取消游行示威的决定。列宁参与准备和组织在各报发表关于这一问题的公告的工作。

《列宁全集》中文第 2 版增订版第 30 卷第 291—292 页;《1917年 5—6 月的俄国革命运动——六月游行示威》,1959 年,第498、507 页;《苏共历史问题》杂志,莫斯科,1966 年,第 5 期,第 49—50 页;《青年近卫军》杂志,莫斯科,1924 年,第 2—3期合刊,第 70—71 页;《政治工作者》杂志,莫斯科,1924 年,第 7 期,第 114 页。

6 月 10 日(23 日)

列宁起草关于取消原定于 6 月 10 日(23 日)举行的工人和士兵游行示威的《彼得格勒各区委员会及部队的代表同中央委员会及彼得堡委员会的代表联席会议的决议草案(1917 年 6 月 10 日(23 日))》。

《列宁全集》中文第 2 版增订版第 30 卷第 289—290、291—292 页;《1917 年 5—6 月的俄国革命运动——六月游行示威》,1959 年,第 507—508 页。

列宁参加俄国社会民主工党(布)中央委员会会议,会上就《日报》刊载对雅·斯·加涅茨基的指控一事讨论同诬蔑党及其个别党员的行为进行斗争的问题。为了审查类似事件,成立党中央委员会法律委员会。

苏共中央马列主义研究院中央党务档案馆,第 4 号全宗,第 3号目录,第 41 号案卷,第 152、406—407 张;《日报》,彼得格勒,1917 年 6 月 6 日,第 77 号。

列宁写《思想混乱和惊慌失措的人们》、《影射》、《"扰乱人心的谣言"》和《谜》等文章,抨击在全俄工兵代表苏维埃第一次代表大会上占多数的社会革命党和孟什维克禁止原定于 6 月 10 日(23日)举行的彼得格勒工人和士兵和平游行示威。

《列宁全集》中文第 2 版增订版第 30 卷第 291—293、294—295、296、297 页;《真理报》,彼得格勒,1917 年 6 月 24 日(11

日），第 79 号；《全俄工兵代表苏维埃第一次代表大会（速记记录）》，第 1 卷，1930 年，第 378—380 页。

列宁编辑《真理报》第 79 号。

《列宁全集》俄文第 5 版第 32 卷第 452 页；《真理报》，彼得格勒，1917 年 6 月 24 日（11 日），第 79 号。

列宁 6 月 4 日（17 日）在全俄工兵代表苏维埃第一次代表大会上关于对临时政府的态度的讲话以简要报道形式在《事业报》（塞米巴拉金斯克）第 6 号上发表。

《列宁全集》中文第 2 版增订版第 30 卷第 237—249 页；《事业报》，塞米巴拉金斯克，1917 年 6 月 10 日（23 日），第 6 号。

列宁 6 月 9 日（22 日）在全俄工兵代表苏维埃第一次代表大会上关于战争的讲话以简要报道形式在彼得格勒下列报纸上发表：《士兵呼声报》第 31 号、《统一报》第 61 号、《新生活报》第 45 号和《工人报》第 77 号；同时还在《莫斯科工人代表苏维埃消息报》第 82 号上发表。

《列宁全集》中文第 2 版增订版第 30 卷第 250—264 页；《士兵呼声报》，彼得格勒，1917 年 6 月 10 日，第 31 号；《统一报》，彼得格勒，1917 年 6 月 10 日，第 61 号；《新生活报》，彼得格勒，1917 年 6 月 10 日（23 日），第 45 号；《工人报》，彼得格勒，1917 年 6 月 10 日，第 77 号；《莫斯科工人代表苏维埃消息报》，1917 年 6 月 10 日（23 日），第 82 号。

由列宁起草并经俄国社会民主工党（布）第七次全国代表会议（四月代表会议）通过的《关于目前形势的决议》转载于《保险问题》杂志（彼得格勒）第 5 期。

《列宁全集》中文第 2 版增订版第 29 卷第 441—444 页；《保险问题》杂志，彼得格勒，1917 年 6 月 10 日[①]，第 5 期，第 1—3 页。

列宁写的《给全俄农民代表大会代表的公开信》转载于《符拉

---

　① 　杂志上是：5 月 10 日。——俄文编者注

迪沃斯托克工兵代表苏维埃消息报》第 41 号。

> 《列宁全集》中文第 2 版增订版第 30 卷第 41—45 页；《符拉迪沃斯托克工兵代表苏维埃消息报》,1917 年 6 月 23 日（10 日）,第 41 号。

列宁的《资本家在嘲弄人民》一文转载于《克拉斯诺亚尔斯克工人报》第 69 号。

> 《列宁全集》中文第 2 版增订版第 30 卷第 201—204 页；《克拉斯诺亚尔斯克工人报》,1917 年 6 月 10 日,第 69 号。

列宁的《为可耻行为辩护》一文转载于《顿涅茨无产者报》（卢甘斯克）第 9 号。

> 《列宁全集》中文第 2 版增订版第 30 卷第 213—216 页；《顿涅茨无产者报》,卢甘斯克,1917 年 6 月 23 日（10 日）,第 9 号。

列宁的《有没有一条通向公正和约的道路?》一文用爱沙尼亚文转载于《光线报》（塔林）第 62 号。

> 《列宁全集》中文第 2 版增订版第 30 卷第 272—273 页；《光线报》,塔林,1917 年 6 月 10 日（23 日）,第 62 号。

不早于 6 月 10 日（23 日）

俄国社会民主工党（布）谢尔普霍夫委员会把列宁写的《给全俄农民代表大会代表的公开信》翻印成传单。

> 《列宁全集》中文第 2 版增订版第 30 卷第 41—45 页；弗·伊·列宁：《给全俄农民代表大会代表的公开信》〔传单〕,谢尔普霍夫,俄国社会民主工党谢尔普霍夫委员会出版社,〔1917 年〕,4 页,标题前未注明作者；《社会民主党人报》,莫斯科,1917 年 6 月 9 日（22 日）,第 77 号。

6 月 10 日或 11 日（23 日或 24 日）

列宁出席全俄工兵代表苏维埃第一次代表大会布尔什维克党团会议,在会上发言反对布尔什维克参加即将举行的彼得格勒工兵代表苏维埃执行委员会、苏维埃代表大会主席团和各党团委员会讨论关于 6 月 10 日(23 日)未曾举行的游行示威问题的联席会议。

《列宁全集》中文第 2 版增订版第 30 卷第 305 页;《1917 年 5—6 月的俄国革命运动——六月游行示威》,1959 年,第 508—512 页;《政治工作者》杂志,莫斯科,1924 年,第 7 期,第 114—115 页。

6 月 11 日(24 日)

列宁起草《俄国社会民主工党(布)中央委员会和布尔什维克党团委员会就禁止游行示威向全俄苏维埃代表大会提出的声明草案》(这次游行示威布尔什维克党原定于 6 月 10 日(23 日)举行)。列宁在《草案》中强调指出,"即使苏维埃成了拥有无限权力的革命议会,我们也不会服从它那些限制我们宣传自由的决议,如禁止在后方或前线散发传单,禁止举行和平游行示威等等。在这种情况下,我们宁愿成为受正式迫害的不合法的党,也决不放弃自己马克思主义的、国际主义的原则。"草案的基本论点写入了俄国社会民主工党(布)中央委员会和全俄工兵代表苏维埃第一次代表大会布尔什维克党团委员会的声明,6 月 11 日(24 日)在这次代表大会的主席团和各党团委员会、彼得格勒苏维埃执行委员会和农民代表苏维埃执行委员会的联席会议上宣读了这项声明,6 月 12 日(25 日)声明被提交代表大会的会议。

《列宁全集》中文第 2 版增订版第 30 卷第 298—299、306 页;《全俄工兵代表苏维埃第一次代表大会(速记记录)》,第 2 卷,1931 年,第 21—24 页;《1917 年 5—6 月的俄国革命运动——六月游行示威》,1959 年,第 510—512 页。

列宁参加俄国社会民主工党(布)彼得堡委员会紧急会议。当讨论到关于取消原定于 6 月 10 日(23 日)在彼得格勒举行工人和士兵游行示威问题时,列宁就俄国社会民主工党(布)中央委员会关于取消在彼得格勒举行工人和士兵游行示威的决定发表讲话,指出取消游行示威"是绝对必要的"。针对妥协分子和反革命分子的猖狂活动,列宁号召无产阶级"最大限度地保持镇静、谨慎、坚毅、组织性"。弗拉基米尔·伊里奇说道:"我们不应该给人家提供进攻的口实,让他们来进攻吧,这样工人们就会了解,他们是在直接危害无产阶级的生存。"

《列宁全集》中文第 2 版增订版第 30 卷第 300—302 页;《1917 年第一个合法的布尔什维克彼得堡委员会(资料和记录汇编)》,1927 年,第 146、153—154 页。

列宁在马·季·叶利扎罗夫和安·伊·叶利扎罗娃夫妇家同"老帕尔维艾年"工厂工人 B.Π.舒尼亚科夫和 A.Π.叶菲莫夫谈话,向他们详细询问工厂的工作情况、工人们的情绪和他们参加生产监督的情况等。

《列宁——十月革命的领袖(彼得格勒工人回忆录)》,1957 年,第 193 页;И.М.戈尔季延科:《战斗往事(1914—1918 年)》,莫斯科,1957 年,第 105—107 页。

列宁 6 月 4 日(17 日)在全俄工兵代表苏维埃第一次代表大会上关于对临时政府的态度的讲话在《无产者报》(哈尔科夫)第 65 号、《社会民主党人报》(萨拉托夫)第 27 号上发表(非全文);以简要报道形式在《第 5 军团通报》第 9 号和《萨马拉工人代表苏维埃消息报》第 66 号上发表。

《列宁全集》中文第 2 版增订版第 30 卷第 237—249 页;《无产者报》,哈尔科夫,1917 年 6 月 24 日(11 日),第 65 号;《社会民主党人报》,萨拉托夫,1917 年 6 月 11 日,第 27 号;《第 5 军团通报》,未注明出版地点,1917 年 6 月 11 日,第 9 号;《萨马拉工人代表苏维埃消息报》,1917 年 6 月 11 日,第 66 号。

列宁 6 月 9 日(22 日)在全俄工兵代表苏维埃第一次代表大会上关于战争的讲话在《彼得格勒工兵代表苏维埃消息报》第 89

号上第一次全文发表；以简要报道形式在下列各报上发表：《雷瓦尔工人和军人代表苏维埃消息报》第 72 号、《列日察士兵、工人和农民代表苏维埃消息报》第 57 号、《梯弗利斯市工兵代表苏维埃消息报》第 60 号、《高加索工人报》(梯弗利斯)第 72 号、《无产者报》(莫斯科)第 39 号、《社会民主党人报》(哈尔科夫)第 72 号、《劳动旗帜报》(基辅)第 67 号、《维捷布斯克兵工代表苏维埃消息报》第 21 号、《基什尼奥夫工兵代表苏维埃消息报》第 24 号、《社会民主党人报》(萨拉托夫)第 27 号和《前进报》(莫斯科)第 79 号。

> 《列宁全集》中文第 2 版增订版第 30 卷第 250—264 页；《彼得格勒工兵代表苏维埃消息报》，1917 年 6 月 11 日，第 89 号；《雷瓦尔工人和军人代表苏维埃消息报》，1917 年 6 月 11 日(24 日)，第 72 号；《列日察士兵、工人和农民代表苏维埃消息报》，1917 年 6 月 11 日，第 57 号；《梯弗利斯市工兵代表苏维埃消息报》，1917 年 6 月 11 日，第 60 号；《高加索工人报》，梯弗利斯，1917 年 6 月 11 日，第 72 号；《无产者报》，莫斯科，1917 年 6 月 11 日(24 日)①，第 39 号；《社会民主党人报》，萨拉托夫，1917 年 6 月 11 日，第 27 号；《社会民主党人报》，哈尔科夫，1917 年 6 月 11 日(24 日)，第 72 号；《前进报》，莫斯科，1917 年 6 月 11 日，第 79 号；《劳动旗帜报》，基辅，1917 年 6 月 11 日，第 67 号；《维捷布斯克兵工代表苏维埃消息报》，1917 年 6 月 11 日，第 21 号；《基什尼奥夫工兵代表苏维埃消息报》，1917 年 6 月 11 日(24 日)，第 24 号。

列宁的《思想混乱和惊慌失措的人们》、《影射》、《"扰乱人心的谣言"》和《谜》等文章在《真理报》第 79 号上发表。

> 《列宁全集》中文第 2 版增订版第 30 卷第 291—293、294—295、296、297 页；《真理报》，彼得格勒，1917 年 6 月 24 日(11 日)，第 79 号。

由列宁起草并经俄国社会民主工党(布)第七次全国代表会议(四月代表会议)通过的《关于修改党纲的决议》和《关于工兵代表

---

① 　报上是：6 月 11 日(23 日)。——俄文编者注

苏维埃的决议》转载于《巴库工人报》第 12 号。

《列宁全集》中文第 2 版增订版第 29 卷第 407 — 408、422 —
423 页；《巴库工人报》，1917 年 6 月 11 日，第 12 号。

列宁的《有没有一条通向公正和约的道路?》一文转载于《战壕
真理报》(里加)第 17 号。

《列宁全集》中文第 2 版增订版第 30 卷第 272—273 页；《战壕
真理报》，里加，1917 年 6 月 11 日，第 17 号。

谢列达工厂区(科斯特罗马省涅列赫塔县)青年给列宁的致敬
信在《真理报》第 79 号上发表。

《真理报》，彼得格勒，1917 年 6 月 24 日(11 日)，第 79 号。

"俄国社会民主工党(布)莫斯科委员会青年联合会"成立大会
通过给列宁的致敬信，信中写道，列宁是"工人阶级久经考验的领
袖，勇敢坚定地号召人们走革命的、国际主义的社会主义道路"。

《社会民主党人报》，莫斯科，1917 年 6 月 13 日(26 日)，第 80
号；6 月 16 日(29 日)，第 83 号；《十月革命在莫斯科的准备和
胜利(文件和资料)》，1957 年，第 146 页。

6 月 11 日或 12 日(24 日或 25 日)

列宁写《转变关头》一文，揭露俄国帝国主义者企图以指控
搞阴谋为借口，"借小资产阶级民主派领袖策列铁里之流、切尔
诺夫之流等等之手，坚决果断地一举消灭无产阶级政党的日益
壮大的力量"。文章表示坚信布尔什维克党"必然会把因战争长
期拖延而遭到破产的人民大众愈来愈多地团结在自己周围，人
民大众现在不再相信为帝国主义效劳的'社会党人'了，正如他
们过去不再相信正统的帝国主义者一样"。列宁号召党保持坚
定性和警惕性。

《列宁全集》中文第 2 版增订版第 30 卷第 303—304 页；《真理
报》，彼得格勒，1917 年 6 月 26 日(13 日)，第 80 号；《1917 年

5—6 月的俄国革命运动——六月游行示威》,1959 年,第
508—509 页。

6 月 11 日和 12 日(24 日和 25 日)

列宁编辑《真理报》第 80 号。

> 《列宁全集》俄文第 5 版第 32 卷第 452 页;《真理报》,彼得格
> 勒,1917 年 6 月 26 日(13 日),第 80 号。

6 月 11 日和 13 日(24 日和 26 日)

列宁 6 月 9 日(22 日)在全俄工兵代表苏维埃第一次代表大
会上关于战争的讲话在《哈尔科夫工兵代表苏维埃消息报》第 80
号和第 81 号上发表。

> 《列宁全集》中文第 2 版增订版第 30 卷第 250—264 页;《哈尔
> 科夫工兵代表苏维埃消息报》,1917 年 6 月 11 日(24 日),第
> 80 号;6 月 13 日(26 日),第 81 号。

6 月 11 日、12 日和 13 日(24 日、25 日和 26 日)

列宁起草的材料《关于修改党纲的草案》转载于《无产者报》
(哈尔科夫)第 88、89 和 90 号(非全文)。

> 《列宁全集》中文第 2 版增订版第 29 卷第 481—493 页;《无产
> 者报》,哈尔科夫,1917 年 6 月 24 日(11 日),第 88 号;6 月 25
> 日(12 日),第 89 号;6 月 26 日(13 日),第 90 号。

6 月,不早于 11 日(24 日)

列宁同参加《女工》杂志编辑部组织的万人大会的士兵家眷谈
话,详细询问士兵家眷联合会的活动情况,她们的丈夫从前线给她
们写些什么,并建议她们在写信时向丈夫说明,战争该结束了。

> 《女工》杂志,彼得格勒,1917 年,第 5 期,第 16 页;第 6 期,第
> 10—12 页;《十月革命中涌现的人物》,莫斯科,1967 年,第 19
> 页;《列宁城的妇女们》,列宁格勒,1963 年,第 82—83 页。

6 月,11 日(24 日)以后

列宁在俄国社会民主工党(布)中央委员会劳动印刷所(近卫

重骑兵街(现红色骑兵街)40 号)同亚·瓦·绍特曼、康·马·施韦奇科夫等人谈话。列宁关心地询问轮转印刷机还要多久可以安装好,建议绍特曼参加该机的安装工作。

苏共中央马列主义研究院中央党务档案馆,第 4 号全宗,第 3 号目录,第 41 号案卷,第 183—187 张;《1917 年第一个合法的布尔什维克彼得堡委员会(资料和记录汇编)》,1927 年,第 146、149—153 页;亚·瓦·绍特曼:《星星之火是怎样燎原的——一个老布尔什维克的笔记》,第 2 版,1935 年,第 235 页。

6 月 12 日(25 日)

列宁写《给编辑部的信》,谈他为什么不出席 6 月 11 日(24 日)全俄工兵代表苏维埃第一次代表大会主席团、代表大会党团委员会、彼得格勒苏维埃执委会和农民代表苏维埃执委会的联席会议:"这是因为我主张,布尔什维克根本不参加这次会议,并且要发表书面声明:讨论这类问题(禁止游行示威)的会议,我们一概不参加。"

《列宁全集》中文第 2 版增订版第 30 卷第 305 页;《真理报》,彼得格勒,1917 年 6 月 26 日(13 日),第 80 号;《1917 年 5—6 月的俄国革命运动——六月游行示威》,1959 年,第 508—510 页。

由列宁起草并经俄国社会民主工党(布)第七次全国代表会议(四月代表会议)通过的《关于民族问题的决议》和他的《给全俄农民代表大会代表的公开信》用格鲁吉亚文转载于《斗争报》(梯弗利斯)第 2 号。

《列宁全集》中文第 2 版增订版第 29 卷第 431—432 页,第 30 卷第 41—45 页;《斗争报》,梯弗利斯,1917 年 6 月 12 日,第 2 号。

列宁 6 月 9 日(22 日)在全俄工兵代表苏维埃第一次代表大会上关于战争的讲话(简要报道)转载于《第 8 集团军委员会消息

报》第 47 号。

> 《列宁全集》中文第 2 版增订版第 30 卷第 250—264 页;《第 8
> 集团军委员会消息报》,未注明出版地点,1917 年 6 月 12 日,
> 第 47 号。

列宁的《布尔什维主义和军队"瓦解"》一文转载于《工人报》
(喀山)第 23 号。

> 《列宁全集》中文第 2 版增订版第 30 卷第 225—228 页;《工人
> 报》,喀山,1917 年 6 月 25 日(12 日),第 23 号。

6 月 13 日(26 日)

列宁写信给俄国社会民主工党(布)中央委员会法律委员会,
就旅俄波兰王国和立陶宛社会民主党小组执行委员会向该委员会
提出声明要求雅·斯·加涅茨基对《日报》的指控作出说明一事指
出,明知是诽谤性指控,却还要求说明,这"是**根本**不能容忍的"。
列宁强调指出,"应把造谣者、诽谤者同揭发者……的概念在法律
上严加区分"。

> 《列宁全集》中文第 2 版增订版第 47 卷第 603—604 页;《日
> 报》,彼得格勒,1917 年 6 月 6 日,第 77 号。

列宁就在全俄工兵代表苏维埃第一次代表大会上占多数的社
会革命党和孟什维克通过的关于取消布尔什维克党原定于 6 月
10 日(23 日)举行的彼得格勒工人和士兵游行示威的决议写《矛盾
的立场》一文。列宁在分析这项决议时指出,社会革命党人和孟什
维克的首领们背叛行为的实质在于:"……他们通过政府同资产阶
级结成联盟,他们在政府中受占多数的资产阶级部长的支配,但同
时他们又**不得不**承认'有产阶级中反革命阶层的反抗正在增
长'!!"

> 《列宁全集》中文第 2 版增订版第 30 卷第 306—308 页;《真理
> 报》,彼得格勒,1917 年 6 月 27 日(14 日),第 81 号;《彼得格

勒工兵代表苏维埃消息报》,1917 年 6 月 13 日,第 90 号。

列宁编辑《真理报》第 81 号。

《列宁全集》俄文第 5 版第 32 卷第 452 页;《真理报》,彼得格勒,1917 年 6 月 27 日(14 日),第 81 号。

列宁 6 月 4 日(17 日)在全俄工兵代表苏维埃第一次代表大会上关于对临时政府的态度的讲话在《前进报》(乌法)第 65 号、《国际报》(下诺夫哥罗德)第 3 号和《伏尔加河沿岸真理报》(萨马拉)第 38 号上发表(非全文);以简要报道形式在《农民事业报》(雅罗斯拉夫尔)第 26 号上发表。

《列宁全集》中文第 2 版增订版第 30 卷第 237—249 页;《前进报》,乌法,1917 年 6 月 13 日,第 65 号;《国际报》,下诺夫哥罗德,1917 年 6 月 26 日(13 日),第 3 号;《伏尔加河沿岸真理报》,萨马拉,1917 年 6 月 13 日,第 38 号;《农民事业报》,雅罗斯拉夫尔,1917 年 6 月 13 日,第 26 号。

列宁 6 月 9 日(22 日)在全俄工兵代表苏维埃第一次代表大会上关于战争的讲话以简要报道形式在下列各报上发表:《斗争报》(梯弗利斯)第 32 号、《军人—公民报》(博尔格勒)第 43 号、《自由顿河报》(新切尔卡斯克)第 55 号、《前进报》(乌法)第 65 号、《劳动呼声报》(布拉戈维申斯克)第 47 号、《曙光报》(奥伦堡)第 56 号、《革命旗帜报》(托木斯克)第 11 号、《蒙海峡筑垒阵地消息报》(阿伦斯堡)第 39 号、《巴库地区工人和军人代表苏维埃消息报》(巴库)第 58 号、《符拉迪沃斯托克工兵代表苏维埃消息报》第 43 号、《尼科利斯克-乌苏里斯克市工兵代表苏维埃消息报》第 41 号、《工兵代表苏维埃消息报》(奥廖尔)第 68 号、《工人、农民和军人代表消息报》(奔萨)第 44 号、《波尔塔瓦工兵代表苏维埃消息报》第 23 号、《切尔诺维策卫戍部队军人代表苏维埃消息报》第 33 号、《人民真理报》(巴尔瑙尔)第 52 号、《我们的报》(塔什干)

第41号、《联合报》(特维尔)第33号、《工人旗帜报》(满洲里站)第40号、《劳动与斗争报》(雅罗斯拉夫尔)第68号、《土耳其斯坦新闻》(塔什干)第127号和《光线报》(塔林,爱沙尼亚文报纸)第64号。

《列宁全集》中文第2版增订版第30卷第250—264页;《斗争报》,梯弗利斯,1917年6月13日,第32号;《军人—公民报》,〔博尔格勒〕,1917年6月13日(26日),第43号;《自由顿河报》,新切尔卡斯克,1917年6月13日,第55号;《前进报》,乌法,1917年6月13日,第65号;《劳动呼声报》,布拉戈维申斯克,1917年6月13日,第47号;《曙光报》,奥伦堡,1917年6月26日(13日),第56号;《革命旗帜报》,托木斯克,1917年6月13日,第11号;《蒙海峡筑垒阵地消息报》,阿伦斯堡,1917年6月13日,第39号;《巴库地区工人和军人代表苏维埃消息报》,巴库,1917年6月13日,第58号;《符拉迪沃斯托克工兵代表苏维埃消息报》,1917年6月26日(13日),第43号;《尼科利斯克-乌苏里斯克市工兵代表苏维埃消息报》,1917年6月13日,第41号;《工兵代表苏维埃消息报》,奥廖尔,1917年6月13日,第68号;《工人、农民和军人代表消息报》,奔萨,1917年6月13日(26日),第44号;《波尔塔瓦工兵代表苏维埃消息报》,1917年6月13日,第23号;《切尔诺维策卫戍部队军人代表苏维埃消息报》,1917年6月13日,第33号;《人民真理报》,巴尔瑙尔,1917年6月13日,第52号;《我们的报》,塔什干,1917年6月13日,第41号;《联合报》,特维尔,1917年6月13日,第33号;《工人旗帜报》,满洲里站,1917年6月13日,第40号;《劳动与斗争报》,雅罗斯拉夫尔,1917年6月13日(26日),第68号;《土耳其斯坦新闻》,塔什干,1917年6月13日,第127号;《光线报》,塔林,1917年6月13日(26日),第64号。

列宁的《转变关头》一文和《给编辑部的信》在《真理报》第80号上发表。

《列宁全集》中文第2版增订版第30卷第303—304、305页;《真理报》,彼得格勒,1917年6月26日(13日),第80号。

列宁5月31日(6月13日)在彼得格勒工厂委员会第一次代表会议上的讲话(简要报道)和他的《布尔什维主义和军队"瓦解"》

一文转载于《克拉斯诺亚尔斯克工人报》第 71 号。

《列宁全集》中文第 2 版增订版第 30 卷第 209—210、225—228 页;《克拉斯诺亚尔斯克工人报》,1917 年 6 月 13 日,第 71 号。

列宁的《实施社会主义,还是揭露盗窃国库的行为?》一文转载于《无产者报》(哈尔科夫)第 66 号。

《列宁全集》中文第 2 版增订版第 30 卷第 286—288 页;《无产者报》,哈尔科夫,1917 年 6 月 26 日(13 日),第 66 号。

博戈罗茨克(莫斯科省)佐托夫工厂男女工人大会一致通过决议,向为国际无产阶级事业坚忍不拔、孜孜不倦斗争的战士列宁致敬。大会向他表示"深切的爱戴,衷心祝愿他在建立不容许社会主义的叛徒参加的新的工人国际的事业中获得成功"。

《十月革命在莫斯科的准备和胜利(文件和资料)》,1957 年,第 146 页。

6 月 13 日—18 日(6 月 26 日—7 月 1 日)

列宁积极参加定于 6 月 18 日(7 月 1 日)举行的彼得格勒工人和士兵游行示威的准备工作,这次游行示威是全俄工兵代表苏维埃第一次代表大会迫于群众的压力而决定举行的。列宁在俄国社会民主工党(布)中央委员会召开各区党的工作人员会议,讨论游行示威的准备工作。他要求挑选足够数量的布尔什维克演说者,他给通讯员作指示,检查标语牌和旗帜的准备情况,建议俄国社会民主工党(布)彼得堡委员会印发布尔什维克口号的传单。

《列宁全集》中文第 2 版增订版第 47 卷第 605 页;《全俄工兵代表苏维埃第一次代表大会(速记记录)》,第 2 卷,1931 年,第 20—21 页;《1917 年第一个合法的布尔什维克彼得堡委员会(资料和记录汇编)》,1927 年,第 169、180 页;弗·德·邦契-布鲁耶维奇:《回忆列宁》,第 2 版,1969 年,第 93—94 页;《列宁在十月(回忆录)》,1957 年,第 140—141 页。

6月14日（27日）

列宁写《乌克兰》一文,指出临时政府的民族政策已告破产,揭露"恶狠狠的半疯狂的资产阶级反革命分子"煽动对要求自治的乌克兰人实行严厉的制裁。列宁强调指出,只有无条件地承认乌克兰的自决权利,"才有可能宣传乌克兰人和大俄罗斯人结成自由联盟,宣传两个民族**自愿**联合成一个国家"。列宁在文章结尾号召:"自由乌克兰的自由农民和工人同革命俄罗斯的工人和农民的自由联盟万岁!"

> 《列宁全集》中文第2版增订版第30卷第312—313页;《真理报》,彼得格勒,1917年6月28日(15日),第82号;《言语报》,彼得格勒,1917年6月14日(27日),第137号。

列宁编辑《真理报》第82号。

> 《列宁全集》俄文第5版第32卷第452页;《真理报》,彼得格勒,1917年6月28日(15日),第82号。

列宁6月9日(22日)在全俄工兵代表苏维埃第一次代表大会上关于战争的讲话以简要报道形式发表在《人民呼声报》(图拉)第67号、《鄂木斯克工兵代表苏维埃消息报》第70号和《同志报》(格罗兹尼)第44号上。

> 《列宁全集》中文第2版增订版第30卷第250—264页;《人民呼声报》,图拉,1917年6月14日,第67号;《鄂木斯克工兵代表苏维埃消息报》,1917年6月27日(14日),第70号;《同志报》,格罗兹尼,1917年6月14日(27日),第44号。

列宁的《俄国革命的对外政策》和《矛盾的立场》两篇文章在《真理报》第81号上发表。

> 《列宁全集》中文第2版增订版第30卷第306—308、309—311页;《真理报》,彼得格勒,1917年6月27日(14日),第81号。

列宁的《克伦斯基公民,这不民主!》一文和他的《给全俄农民代表大会代表的公开信》转载于《巴库工人报》第13号。

《列宁全集》中文第 2 版增订版第 30 卷第 41—45、223—224
页；《巴库工人报》,1917 年 6 月 14 日,第 13 号。

列宁的《有没有一条通向公正和约的道路?》一文转载于《无产
者报》(哈尔科夫)第 67 号和《女工》杂志(彼得格勒)第 5 期。

《列宁全集》中文第 2 版增订版第 30 卷第 272—273 页;《无产
者报》,哈尔科夫,1917 年 6 月 27 日(14 日),第 67 号;《女工》
杂志,彼得格勒,1917 年,第 5 期,第 1—2 页。

列宁的《"大撤退"》一文转载于《社会民主党人报》(萨拉托夫)
第 29 号。

《列宁全集》中文第 2 版增订版第 30 卷第 278—280 页;《社会
民主党人报》,萨拉托夫,1917 年 6 月 14 日,第 29 号。

《社会民主党人报》(莫斯科)第 81 号发表科洛姆纳(莫斯科
省)地方团六个连的集会一致通过的一项决议,该决议抗议资产阶
级报纸诽谤攻击列宁,表示完全拥护列宁,决心在斗争中给予最有
效的支持。

《社会民主党人报》,莫斯科,1917 年 6 月 14 日(27 日),第
81 号。

6 月 14 日或 15 日(27 日或 28 日)

列宁写《现在和"将来出现"卡芬雅克分子的阶级根源是什
么?》一文,分析导致建立反革命专政的原因。列宁强调指出,小资
产阶级的动摇不定就是其中的一个原因。列宁写道:"卡芬雅克是
一个阶级(反革命资产阶级)的代表,是这个阶级的政策的执行者。
社会革命党人和孟什维克先生们,你们**现在**所支持的正是这个阶
级,正是这种政策!"

《列宁全集》中文第 2 版增订版第 30 卷第 314—317 页;《真理
报》,彼得格勒,1917 年 6 月 29 日(16 日),第 83 号;《工人
报》,彼得格勒,1917 年 6 月 14 日,第 80 号。

6 月 14 日和 15 日（27 日和 28 日）

列宁 6 月 9 日（22 日）在全俄工兵代表苏维埃第一次代表大会上关于战争的讲话在《工兵代表苏维埃消息报》（叶卡捷琳诺斯拉夫）第 65 号和第 66 号上发表。

> 《列宁全集》中文第 2 版增订版第 30 卷第 250—264 页；《工兵代表苏维埃消息报》，叶卡捷琳诺斯拉夫，1917 年 6 月 14 日，第 65 号；6 月 15 日，第 66 号。

6 月 14 日、18 日（6 月 27 日、7 月 1 日）

列宁 5 月 22 日（6 月 4 日）在全俄农民第一次代表大会上关于土地问题的讲话转载于《农民真理报》（图拉省新西利县科切特村）第 1 号和第 2 号。

> 《列宁全集》中文第 2 版增订版第 30 卷第 138—156 页；《农民真理报》，科切特村，1917 年 6 月 14 日，第 1 号；6 月 18 日，第 2 号。

6 月 15 日（28 日）

列宁接受俄国社会民主工党（布）前线和后方军队党组织全国代表会议代表预备会议请他在这次代表会议上作关于土地问题的报告的建议。

> 《俄国社会民主工党前线和后方军队党组织全国代表会议公报》，彼得格勒，1917 年 6 月 16 日，第 1 号；《伟大十月革命时期的彼得格勒——革命事件参加者回忆录》，1967 年，第 132—134 页。

列宁写《可耻！》一文，揭露孟什维克和社会革命党人在乌克兰自治问题上所持的立场。

> 《列宁全集》中文第 2 版增订版第 30 卷第 318 页；《真理报》，彼得格勒，1917 年 6 月 29 日（16 日），第 83 号；《新生活报》，彼得格勒，1917 年 6 月 15 日（28 日），第 49 号。

列宁编辑《真理报》第 83 号。

《列宁全集》俄文第 5 版第 32 卷第 452 页；《真理报》，彼得格勒，1917 年 6 月 29 日(16 日)，第 83 号。

列宁写《乌克兰问题和俄国执政党的失败》一文，指出孟什维克和社会革命党人拒绝满足乌克兰自治的要求是对他们自己的党纲的嘲弄，而他们"作为执政党……在乌克兰问题上遭到了失败，因为他们屈从于反革命的、立宪民主党的卡芬雅克分子"。

《列宁全集》中文第 2 版增订版第 30 卷第 319—322 页；《真理报》，彼得格勒，1917 年 6 月 30 日(17 日)，第 84 号；《工人报》，彼得格勒，1917 年 6 月 15 日，第 81 号。

列宁 6 月 4 日(17 日)在全俄工兵代表苏维埃第一次代表大会上关于对临时政府的态度的讲话在《克拉斯诺亚尔斯克工人报》第 73 号上发表(非全文)；以简要报道形式在《自由军队报》(彼得格勒)第 2 号上发表。

《列宁全集》中文第 2 版增订版第 30 卷第 237—249 页；《克拉斯诺亚尔斯克工人报》，1917 年 6 月 15 日，第 73 号；《自由军队报》，彼得格勒，1917 年 6 月 15 日，第 2 号。

列宁 6 月 9 日(22 日)在全俄工兵代表苏维埃第一次代表大会上关于战争的讲话(简要报道)在《外贝加尔工人报》(赤塔)第 70 号上发表。

《列宁全集》中文第 2 版增订版第 30 卷第 250—264 页；《外贝加尔工人报》，赤塔，1917 年 6 月 15 日，第 70 号。

列宁的《乌克兰》一文在《真理报》第 82 号上发表。

《列宁全集》中文第 2 版增订版第 30 卷第 312—313 页；《真理报》，彼得格勒，1917 年 6 月 28 日(15 日)，第 82 号。

列宁的《实施社会主义，还是揭露盗窃国库的行为？》一文转载于《社会民主党人报》(萨拉托夫)第 30 号。

《列宁全集》中文第 2 版增订版第 30 卷第 286—288 页；《社会民主党人报》，萨拉托夫，1917 年 6 月 15 日，第 30 号。

《士兵真理报》(彼得格勒)第 44 号发表一封信,信中写道:"我们,士兵同志们,由衷感谢列宁公民。我们相信您的讲话,完全拥护您的号召……如果资产阶级政府和整个统治阶级自己不答应第 30 西伯利亚步兵团骑兵侦察队的要求,士兵同志们就准备强迫他们答应,而且很快就会让他们答应。"

同一号《士兵真理报》上还登载了第 39 西伯利亚预备步兵团第 16 连第 4 排的士兵向列宁致敬的决议。

> 《士兵真理报》,彼得格勒,1917 年 6 月 28 日(15 日),第 44 号。

雅罗斯拉夫尔卫戍部队的士兵们在其要求把全部政权转交给工兵农代表苏维埃的决议中写道:"向坚决捍卫无产阶级利益的亲爱的列宁同志致以最热诚的敬意!"

> 《列宁。献给列宁。关于列宁(雅罗斯拉夫尔人描写列宁生平的作品)》,雅罗斯拉夫尔,1970 年,第 95 页。

6 月 15 日和 16 日(28 日和 29 日)

列宁 6 月 4 日(17 日)在全俄工兵代表苏维埃第一次代表大会上关于对临时政府的态度的讲话在《真理报》第 82 号和第 83 号上发表(首次全文发表)。

> 《列宁全集》中文第 2 版增订版第 30 卷第 237—249 页;《真理报》,彼得格勒,1917 年 6 月 28 日(15 日),第 82 号;6 月 16 日(29 日),第 83 号。

6 月上半月

列宁拟写《关于苏维埃代表大会》一文(或讲话)的提纲,副标题是:《民粹主义者和孟什维克空谈并阻止(＝扼杀)革命》。

> 《列宁全集》中文第 2 版增订版第 30 卷第 433—434 页。

6 月 15 日和 23 日(6 月 28 日和 7 月 6 日)之间

列宁出席全俄工兵代表苏维埃第一次代表大会布尔什维克党

团会议,会议讨论关于土地问题的决议草案。他建议以俄国社会民主工党(布)第七次全国代表会议(四月代表会议)通过的关于土地问题的决议为基础起草决议。列宁就决议的实质作说明。

《列宁全集》中文第 2 版增订版第 29 卷第 418—420 页;《全俄工兵代表苏维埃第一次代表大会(速记记录)》,第 2 卷,1931年,第 311—313 页;《拉脱维亚革命者回忆列宁》,里加,1959年,第 104—107 页。

6 月 16 日(29 日)

列宁写《怎样同反革命作斗争》一文,揭露社会革命党和孟什维克的部长们以及他们的报纸在组织反革命力量中所起的帮凶作用。

《列宁全集》中文第 2 版增订版第 30 卷第 323—324 页;《真理报》,彼得格勒,1917 年 6 月 30 日(17 日),第 84 号;《工人报》,彼得格勒,1917 年 6 月 16 日,第 82 号。

列宁写《惩办包庇奸细的罗将柯和准科夫斯基!》一文,文章是针对他们两人隐瞒马林诺夫斯基的奸细罪行一事而写的。

《列宁全集》中文第 2 版增订版第 30 卷第 325 页;《真理报》,彼得格勒,1917 年 6 月 30 日(17 日),第 84 号;《新生活报》,彼得格勒,1917 年 6 月 16 日(29 日),第 50 号。

列宁编辑《真理报》第 84 号。

《列宁全集》俄文第 5 版第 32 卷第 452 页;《真理报》,彼得格勒,1917 年 6 月 30 日(17 日),第 84 号。

列宁发电报给设在斯德哥尔摩的俄国社会民主工党(布)中央委员会国外代表处,告知 6 月 18 日(7 月 1 日)将举行革命势力反对反革命势力的游行示威,布尔什维克的口号是:打倒反革命,打倒第四届杜马,打倒国务会议,打倒组织反革命活动的帝国主义者。全部政权归苏维埃。工人监督生产万岁。全民武装。反对与威廉单独媾和,反对与英法政府签定密约。苏维埃立即公布确实公正的和平条件。反对进攻政策。要面包,要和平,要自由。

《列宁全集》中文第 2 版增订版第 47 卷第 605 页;《俄罗斯意志报》,彼得格勒,1917 年 7 月 11 日,第 163 号;晚上版。

列宁 6 月 4 日(17 日)在全俄工兵代表苏维埃第一次代表大会上关于对临时政府的态度的讲话在《巴库工人报》第 14 号、《浪潮报》(赫尔辛福斯)第 63 号、《团结报》(伊尔库茨克)第 14 号和《光线报》(塔林,爱沙尼亚文报纸)第 67 号上发表(非全文);以简要报道形式在《伊万诺沃-沃兹涅先斯克工兵代表苏维埃消息报》第 21 号上发表。

《列宁全集》中文第 2 版增订版第 30 卷第 237—249 页;《巴库工人报》,1917 年 6 月 16 日,第 14 号;《浪潮报》,赫尔辛福斯,1917 年 6 月 29 日(16 日),第 63 号;《团结报》,伊尔库茨克,1917 年 6 月 16 日,第 14 号;《光线报》,塔林,1917 年 6 月 16 日(29 日),第 67 号;《伊万诺沃-沃兹涅先斯克工兵代表苏维埃消息报》,1917 年 6 月 16 日(29 日),第 21 号。

列宁 6 月 9 日(22 日)在全俄工兵代表苏维埃第一次代表大会上关于战争的讲话(简要报道)在《萨马拉工人代表苏维埃消息报》第 68 号上发表。

《列宁全集》中文第 2 版增订版第 30 卷第 250—264 页;《萨马拉工人代表苏维埃消息报》,1917 年 6 月 16 日,第 68 号。

列宁的《现在和"将来出现"卡芬雅克分子的阶级根源是什么?》和《可耻!》两篇文章在《真理报》第 83 号上发表。

《列宁全集》中文第 2 版增订版第 30 卷第 314—317、318 页;《真理报》,彼得格勒,1917 年 6 月 29 日(16 日),第 83 号。

列宁的《俄国工人报刊的历史》一文转载于《顿涅茨无产者报》(卢甘斯克)第 14 号。

《列宁全集》中文第 2 版增订版第 25 卷第 98—106 页;《顿涅茨无产者报》,卢甘斯克,1917 年 6 月 29 日(16 日),第 14 号。

列宁的《布尔什维主义和军队"瓦解"》一文转载于《斗争报》（察里津）第 9 号和《明星报》（叶卡捷琳诺斯拉夫）第 20 号。

《列宁全集》中文第 2 版增订版第 30 卷第 225—228 页；《斗争报》，察里津，1917 年 6 月 29 日（16 日），第 9 号；《明星报》，叶卡捷琳诺斯拉夫，1917 年 6 月 16 日（29 日），第 20 号。

列宁的《有没有一条通向公正和约的道路?》一文转载于《克拉斯诺亚尔斯克工兵代表苏维埃消息报》第 69 号和《工人报》（喀山）第 24 号。

《列宁全集》中文第 2 版增订版第 30 卷第 272—273 页；《克拉斯诺亚尔斯克工兵代表苏维埃消息报》，1917 年 6 月 16 日，第 69 号；《工人报》，喀山，1917 年 6 月 29 日（16 日），第 24 号。

列宁的《思想混乱和惊慌失措的人们》一文转载于《无产者报》（哈尔科夫）第 69 号。

《列宁全集》中文第 2 版增订版第 30 卷第 291—293 页；《无产者报》，哈尔科夫，1917 年 6 月 29 日（16 日），第 69 号。

《真理报》第 83 号发表第 62 步兵师（作战部队）运输队士兵的一封信，信中写道："资产阶级报纸对我们的列宁同志和《真理报》的诽谤攻击激起我们无比的义愤。我们对此表示强烈抗议，并声明：我们完全拥护列宁同志并在需要的时刻支持他，我们对他的活动表示感谢。每一个士兵的心中都油然升起对列宁同志和《真理报》的爱戴之情。"

《真理报》，彼得格勒，1917 年 6 月 29 日（16 日），第 83 号。

《士兵真理报》（彼得格勒）第 45 号发表前线士兵给列宁的致敬信，他们在信中表示愿意"捍卫真理"。

《士兵真理报》，彼得格勒，1917 年 6 月 29 日（16 日），第 45 号。

6 月 16 日或 17 日(29 日或 30 日)

列宁写《又是一个委员会》一文,嘲笑临时政府"为了挽救俄国,为了制止经济崩溃,为了组织经济生活"企图成立一个资本家的代表占多数的经济委员会。

《列宁全集》中文第 2 版增订版第 30 卷第 331—332 页;《真理报》,彼得格勒,1917 年 7 月 1 日(6 月 18 日),第 85 号;《新生活报》,彼得格勒,1917 年 6 月 16 日(29 日),第 50 号。

6 月 16 日和 17 日(29 日和 30 日)

列宁 6 月 4 日(17 日)在全俄工兵代表苏维埃第一次代表大会上关于对临时政府的态度的讲话在《真理呼声报》(喀琅施塔得)第 76 号和第 77 号上发表(按速记稿刊印)。

《列宁全集》中文第 2 版增订版第 30 卷第 237—249 页;《真理呼声报》,喀琅施塔得,1917 年 6 月 29 日(16 日),第 76 号;6 月 30 日(17 日),第 77 号。

列宁 6 月 9 日(22 日)在全俄工兵代表苏维埃第一次代表大会上关于战争的讲话在《无产者报》(哈尔科夫)第 69 号和第 70 号上发表(按速记稿刊印)。

《列宁全集》中文第 2 版增订版第 30 卷第 250—264 页;《无产者报》,哈尔科夫,1917 年 6 月 29 日(16 日),第 69 号;6 月 30 日(17 日),第 70 号。

6 月 16 日—23 日(6 月 29 日—7 月 6 日)

列宁参加在《真理报》士兵俱乐部(克舍辛斯卡娅公馆)举行的俄国社会民主工党(布)前线和后方军队党组织全国代表会议的工作,并被选入大会主席团。列宁作关于目前形势的报告和关于土地问题的报告。列宁同代表们谈话,向他们详细询问前线的局势、联欢、布尔什维克党组织的活动情况及士兵的情绪。代表会议总结了布尔什维克党在士兵群众中开展活动的经验,加强了军队党组织同中央委员会的联系。

《俄国社会民主工党前线和后方军队党组织全国代表会议公
报》,彼得格勒,1917 年 6 月 16 日,第 1 号;6 月 17 日,第 2
号;6 月 18 日,第 3 号;6 月 21 日,第 4 号;6 月 24 日,第 5 号;
《伟大十月社会主义革命(回忆录集)》,1957 年,第 81 页;《他
们同伊里奇见面》,莫斯科,1960 年,第 35—37 页;《共产党人
报》,江布尔,1957 年 11 月 5 日,第 223 号;《列宁在彼得堡》,
第 3 版,1957 年,第 122、129 页。

6 月 17 日(30 日)

列宁写《莫名其妙的断章取义》一文,揭露《日报》和《新生活
报》有意歪曲他(列宁)就马林诺夫斯基的奸细活动一事所作的
证词。

《列宁全集》中文第 2 版增订版第 30 卷第 326—327 页;《真理
报》,彼得格勒,1917 年 6 月 30 日(17 日),第 84 号;《新生活
报》,彼得格勒,1917 年 6 月 16 日(29 日),第 50 号;《日报》,
彼得格勒,1917 年 6 月 16 日,第 86 号。

列宁写《执政的和负责的党》一文,指出俄国的执政党——孟
什维克和社会革命党人的联盟要对政府成员中多数是"资本家部
长"这一点负责,要对帝国主义战争仍在继续进行负责,要对准备
进攻负责,要对在同"实行同盟歇业的资本家"、投机奸商和银行巨
头进行的斗争中无所作为负责。

《列宁全集》中文第 2 版增订版第 30 卷第 328—330 页;《真理
报》,彼得格勒,1917 年 7 月 1 日(6 月 18 日),第 85 号;《全俄
工兵代表苏维埃第一次代表大会(速记记录)》,第 2 卷,1931
年,第 58—64 页。

列宁致函设在斯德哥尔摩的俄国社会民主工党(布)中央委员
会国外代表处,要求坚决断绝同齐美尔瓦尔德联盟的关系,争取建
立专门由左派组成的、反对考茨基分子的第三国际。列宁在评价
俄国的形势时指出:"孟什维克和社会革命党人全都已经向和正在

向立宪民主党人（＝卡芬雅克分子）投降。"

> 《列宁全集》中文第 2 版增订版第 47 卷第 605—607 页。

列宁编辑《真理报》第 85 号。

> 《列宁全集》俄文第 5 版第 32 卷第 452 页;《真理报》,彼得格勒,1917 年 7 月 1 日(6 月 18 日),第 85 号。

列宁 6 月 4 日（17 日）在全俄工兵代表苏维埃第一次代表大会上关于对临时政府的态度的讲话在《高加索工人报》（梯弗利斯）第 77 号上发表（非全文）；以简要报道形式在《巴库地区工人和军人代表苏维埃消息报》（巴库）第 62 号、《新尼古拉耶夫斯克工兵代表苏维埃消息报》第 10 号上发表；以转述形式（用德文）在《〈真理报〉俄国新闻简报》第 5 号上发表。

> 《列宁全集》中文第 2 版增订版第 30 卷第 237—249 页;《巴库地区工人和军人代表苏维埃消息报》,巴库,1917 年 6 月 17 日,第 62 号;《新尼古拉耶夫斯克工兵代表苏维埃消息报》,1917 年 6 月 17 日,第 10 号;《高加索工人报》,梯弗利斯,1917 年 6 月 17 日,第 77 号;《〈真理报〉俄国新闻简报》,斯德哥尔摩,1917 年 6 月 30 日①,第 5 号,第 3—5 页。

列宁 6 月 9 日（22 日）在全俄工兵代表苏维埃第一次代表大会上关于战争的讲话（简要报道）在《事业报》（塞米巴拉金斯克）第 12 号上发表。

> 《列宁全集》中文第 2 版增订版第 30 卷第 250—264 页;《事业报》,塞米巴拉金斯克,1917 年 6 月 17 日(30 日),第 12 号。

列宁的《怎样同反革命作斗争》、《乌克兰问题和俄国执政党的失败》、《惩办包庇奸细的罗将柯和准科夫斯基!》和《莫名其妙的断章取义》等文章在《真理报》第 84 号上发表。

> 《列宁全集》中文第 2 版增订版第 30 卷第 319—322、323—

---

① 简报上是:6 月 31 日。——俄文编者注

324、325、326—327 页;《真理报》,彼得格勒,1917 年 6 月 30 日(17 日),第 84 号。

列宁写的《告各交战国士兵书》转载于《斗争报》(察里津)第 10 号。

《列宁全集》中文第 2 版增订版第 29 卷第 292—294 页;《斗争报》,察里津,1917 年 6 月 30 日(17 日),第 10 号。

列宁的《六三死硬派主张立即进攻》一文转载于《克拉斯诺亚尔斯克工兵代表苏维埃消息报》第 70 号。

《列宁全集》中文第 2 版增订版第 30 卷第 265—267 页;《克拉斯诺亚尔斯克工兵代表苏维埃消息报》,1917 年 6 月 17 日,第 70 号。

列宁的《有没有一条通向公正和约的道路?》一文转载于《斗争报》(察里津)第 10 号和《乌拉尔真理报》(叶卡捷琳堡)第 8 号(题为《一条通向公正和约的道路》)。

《列宁全集》中文第 2 版增订版第 30 卷第 272—273 页;《斗争报》,察里津,1917 年 6 月 30 日(17 日),第 10 号;《乌拉尔真理报》,叶卡捷琳堡,1917 年 6 月 17 日,第 8 号。

列宁的《思想混乱和惊慌失措的人们》一文转载于《顿涅茨无产者报》(卢甘斯克)第 15 号。

《列宁全集》中文第 2 版增订版第 30 卷第 291—293 页;《顿涅茨无产者报》,卢甘斯克,1917 年 6 月 30 日(17 日),第 15 号。

列宁的《转变关头》一文转载于《无产者报》(哈尔科夫)第 70 号。

《列宁全集》中文第 2 版增订版第 30 卷第 303—304 页;《无产者报》,哈尔科夫,1917 年 6 月 30 日(17 日),第 70 号。

列宁的《俄国革命的对外政策》一文转载于《工人和军人代表苏维埃消息报》(科斯特罗马)第 74 号和《光线报》(塔林,爱沙尼亚文报纸)第 68 号。

《列宁全集》中文第 2 版增订版第 30 卷第 309—311 页；《工人
和军人代表苏维埃消息报》，科斯特罗马，1917 年 6 月 17 日，
第 74 号；《光线报》，塔林，1917 年 6 月 17 日（30 日），第
68 号。

6 月 17 日和 20 日（6 月 30 日和 7 月 3 日）

列宁 6 月 4 日（17 日）在全俄工兵代表苏维埃第一次代表大
会上关于对临时政府的态度的讲话用拉脱维亚文在《社会民主党
人报》（莫斯科）第 41 号和第 42 号上发表（非全文）。

《列宁全集》中文第 2 版增订版第 30 卷第 237—249 页；《社会
民主党人报》，莫斯科，1917 年 6 月 30 日（17 日），第 41 号；
7 月 3 日（6 月 20 日），第 42 号。

6 月 18 日（7 月 1 日）

列宁参加在马尔斯校场举行的游行示威。列宁在总结这次有
50 万人参加的游行示威时特别强调工人和士兵队伍的组织性和
布尔什维克的口号占优势这两点。在这些口号中最受欢迎的是：
"全部政权归苏维埃！"、"打倒 10 个资本家部长！"、"反对同德国人
单独媾和，反对同英法资本家签订秘密条约！"等等。列宁指出：
"凡是看到游行示威的人，都毫不怀疑这些口号在俄国工人和士兵
群众的有组织的先锋队中深得人心。"

《列宁全集》中文第 2 版增订版第 30 卷第 333—335 页；弗·
德·邦契-布鲁耶维奇：《回忆列宁》，第 2 版，1969 年，第
94 页。

列宁在马·季·叶利扎罗夫和安·伊·叶利扎罗娃夫妇家召
开俄国社会民主工党（布）中央委员会会议，总结 6 月 18 日的游行
示威。

《红色史料》杂志，莫斯科—彼得格勒，1923 年，第 6 期，第
76 页。

列宁同向彼得格勒工人和士兵的游行示威群众发表演说的布

1917年6月18日(7月1日)彼得格勒工人和士兵举行游行示威

尔什维克谈话。亚·米·柯伦泰回忆:"6 月 18 日晚上,列宁非常亲切地会见了我们这些演说者。他对我们说:'这次胜利比市杜马选举的意义重要得多。彼得格勒的无产阶级表明,他们不取得苏维埃的胜利决不罢休。'列宁的这些话,我牢牢地记在心中。"

苏共中央马列主义研究院中央党务档案馆,第 134 号全宗,第 1 号目录,第 265 号案卷,第 40—41 张。

《真理报》公布彼得格勒市杜马代表候选人名单,名单中代表布尔什维克党的是:"弗·伊·乌里扬诺夫(尼·列宁)"。

《真理报》,彼得格勒,1917 年 7 月 1 日(6 月 18 日),第 85 号。

列宁的《执政的和负责的党》和《又是一个委员会》两篇文章在《真理报》第 85 号上发表。

《列宁全集》中文第 2 版增订版第 30 卷第 328—330、331—332 页;《真理报》,彼得格勒,1917 年 7 月 1 日(6 月 18 日),第 85 号。

列宁的《布尔什维主义和军队"瓦解"》一文转载于《伊万诺沃-沃兹涅先斯克工兵代表苏维埃消息报》第 22 号和《我们的旗帜报》(顿河畔罗斯托夫)第 13 号。

《列宁全集》中文第 2 版增订版第 30 卷第 225—228 页;《伊万诺沃-沃兹涅先斯克工兵代表苏维埃消息报》,1917 年 6 月 18 日(7 月 1 日),第 22 号;《我们的旗帜报》,顿河畔罗斯托夫,1917 年 6 月 18 日,第 13 号。

列宁的《"大撤退"》一文转载于《克拉斯诺亚尔斯克工兵代表苏维埃消息报》第 71 号。

《列宁全集》中文第 2 版增订版第 30 卷第 278—280 页;《克拉斯诺亚尔斯克工兵代表苏维埃消息报》,1917 年 6 月 18 日,第 71 号。

列宁的《俄国革命的对外政策》一文转载于《浪潮报》(赫尔辛福斯)第 65 号。

《列宁全集》中文第 2 版增订版第 30 卷第 309—311 页；《浪潮报》，赫尔辛福斯，1917 年 7 月 1 日（6 月 18 日），第 65 号。

6 月 18 日和 19 日（7 月 1 日和 2 日）

列宁编辑《真理报》第 86 号。

《列宁全集》俄文第 5 版第 32 卷第 452 页；《真理报》，彼得格勒，1917 年 7 月 3 日（6 月 20 日），第 86 号。

6 月 18 日或 19 日（7 月 1 日或 2 日）

列宁写《六月十八日》一文，说明 6 月 18 日（7 月 1 日）彼得格勒工人和士兵的游行示威的历史意义，指出这次游行示威"成了指出革命方向、指出摆脱绝境的出路的革命无产阶级的力量和政策的示威"。列宁强调指出："从这个意义上来说，6 月 18 日是第一次**实际行动起来**的政治示威；它说明——不是在书本上或报纸上，而是在大街上；不是通过领袖，而是通过群众——为了继续推进革命，各个阶级正在怎样行动，打算怎样行动和将要怎样行动。"

《列宁全集》中文第 2 版增订版第 30 卷第 333—335 页；《真理报》，彼得格勒，1917 年 7 月 3 日（6 月 20 日），第 86 号。

不早于 6 月 18 日（7 月 1 日）—不晚于 6 月 20 日（7 月 3 日）

列宁写《罗将柯怎样为自己辩护》一文，抨击罗将柯妄图开脱自己包庇奸细马林诺夫斯基的罪责。

《列宁全集》中文第 2 版增订版第 30 卷第 342 页；《真理报》，彼得格勒，1917 年 7 月 4 日（6 月 21 日），第 87 号；《俄罗斯意志报》，彼得格勒，1917 年 6 月 18 日，第 143 号。

6 月 18 日和 29 日（7 月 1 日和 12 日）之间

列宁在马·季·叶利扎罗夫和安·伊·叶利扎罗娃夫妇家同派往同乡会工作的俄国社会民主工党（布）中央委员会军事组织委员 A.M.约诺夫谈话，详细询问同乡会与农民的联系及乡村中阶级斗争的发展情况。

《列宁全集》中文第 2 版增订版第 32 卷第 33 页；《列宁在十月
（回忆录）》,1957 年,第 183—185 页。

列宁在《真理报》编辑部（莫伊卡河沿岸街 32/2 号）同俄国社
会民主工党（布）喀琅施塔得委员会委员、喀琅施塔得工兵代表苏
维埃执行委员会委员 И.П.弗列罗夫斯基谈话。

《列宁全集》中文第 2 版增订版第 32 卷第 33 页；《回忆弗·
伊·列宁》,1963 年,第 274—275 页；《列宁格勒的弗·伊·
列宁纪念碑和纪念牌（简明手册）》,列宁格勒,1971 年,第
53 页。

6 月 18 日和 7 月 11 日（7 月 1 日和 24 日）之间

列宁的小册子《论策略书。第一封信》（附《四月提纲》）由俄国
社会民主工党（布）哈尔科夫委员会《无产者报》出版社出版。

《列宁全集》中文第 2 版增订版第 29 卷第 135—149 页；弗·
伊·列宁：《论策略书。第一封信》,哈尔科夫,《无产者报》出
版社,1917 年,16 页,（俄国社会民主工党。第 4 号）,标题前
署名：尼·列宁；《无产者报》,哈尔科夫,1917 年 7 月 1 日（6
月 18 日）,第 71 号；7 月 24 日（11 日）,第 88 号。

6 月 19 日或 20 日（7 月 2 日或 3 日）

列宁针对俄国部队 6 月 18 日（7 月 1 日）在西方战线发动的
进攻写《革命、进攻和我们的党》一文,文章强调指出,俄国军队被
派去作战"是为了达到英国、法国、意大利、日本和美国帝国主义者
的目的"。列宁指出,以"社会党人"部长们为代表的临时政府是重
新挑起这场帝国主义战争的罪魁祸首,社会革命党人和孟什维克
"既在为俄国的帝国主义、也在为外国的帝国主义"服务,是在"出
色地为俄国的反革命效劳",随后他给布尔什维克党提出如下任
务："要继续努力,揭露政府的政策,一如既往地坚决告诫工人和士
兵,不对分散的、无组织的行动抱任何幻想"。列宁号召"较快地较
少痛苦地"结束小资产阶级幻想和小资产阶级空话的阶段,使政权

转到无产阶级手中。

《列宁全集》中文第 2 版增订版第 30 卷第 338—340 页；《真理报》，彼得格勒，1917 年 7 月 4 日（6 月 21 日），第 87 号；《全俄工兵代表苏维埃第一次代表大会（速记记录）》，第 2 卷，1931 年，第 82 页。

列宁写《社会革命党人和孟什维克先生们，你们同普列汉诺夫的区别究竟在哪里？》一文，说明俄国军队在前线开始的进攻"驱散了这些空话的烟幕，让人民看清了一个赤裸裸的事实。每个人都看到，"列宁强调指出，"对于已经开始的进攻这个重大的实际问题，普列汉诺夫同社会革命党人和孟什维克的领袖们的态度是一致的。……你们所有人——既包括'统一派'，也包括克伦斯基和切尔诺夫、策列铁里和斯柯别列夫——都是'社会帝国主义者'。"

《列宁全集》中文第 2 版增订版第 30 卷第 341 页；《真理报》，彼得格勒，1917 年 7 月 4 日（6 月 21 日），第 87 号；《全俄工兵代表苏维埃第一次代表大会（速记记录）》，第 2 卷，1931 年，第 82 页。

6 月 19 日和 25 日（7 月 2 日和 8 日）之间

列宁写《松垮的革命》一文，揭露立宪民主党人、孟什维克和社会革命党人企图将他们在政治上的失利归罪于布尔什维克，指出这三个党结成的联盟是松垮的，因为立宪民主党人不信任孟什维克和社会革命党人，孟什维克和社会革命党人也互不信任；孟什维克和社会革命党人不再相信革命，他们害怕民主，唯恐同英法资本家决裂，唯恐俄国资本家不满。列宁总结说："革命提出了异常困难的、极其重要的、具有世界意义的问题。如果不采取最坚决的、以被压迫被剥削群众忘我的英雄主义为依靠的革命措施，如果这些群众对自己的有组织的先锋队无产阶级不予以信任和支持，那就不可能战胜经济破坏，也不可能从帝国主义战争的可怕的铁钳下挣脱出来。"

《列宁全集》中文第 2 版增订版第 30 卷第 354—357 页;《真理报》,彼得格勒,1917 年 7 月 8 日(6 月 25 日),第 91 号;《全俄工兵代表苏维埃第一次代表大会(速记记录)》,第 2 卷,1931 年,第 82 页。

6 月 19 日和 29 日(7 月 2 日和 12 日)之间

列宁在"摩登"马戏院(克龙韦尔克大街 11 号(现马·高尔基大街))举行的工人、士兵和水兵群众大会上发表演说,就在前线发动六月进攻一事揭露临时政府的帝国主义政策。

《列宁全集》中文第 2 版增订版第 32 卷第 33 页;《全俄工兵代表苏维埃第一次代表大会(速记记录)》,第 2 卷,1931 年,第 82 页;《彼得堡人回忆伊里奇》,1970 年,第 313—314、594 页;《涅瓦河》杂志,莫斯科—列宁格勒,1957 年,第 1 期,第 145 页;《苏联马戏》杂志,莫斯科,1960 年,第 4 期,封 2。

6 月 20 日(7 月 3 日)

列宁在俄国社会民主工党(布)前线和后方军队党组织全国代表会议上午会议上作关于目前形势的报告。列宁在报告中揭露了孟什维克党和社会革命党的真面目:这两个党不仅背离了社会主义,而且也背离了民主主义。列宁指出,临时政府在前线发动进攻一事暴露了它的帝国主义的本质。列宁还指出,在关于土地、地方自治和在前线发动进攻的问题上,社会革命党人和孟什维克的领袖同他们所领导的群众之间存在着深刻的意见分歧。列宁号召无情地揭露"小资产阶级民主派的这些前领袖,给民主派指出,他们的唯一道路是革命无产阶级将要领着他们走的那条道路"。

《列宁全集》中文第 2 版增订版第 30 卷第 336—337 页。

列宁编辑《真理报》第 87 号。

《列宁全集》俄文第 5 版第 32 卷第 452 页;《真理报》,彼得格勒,1917 年 7 月 4 日(6 月 21 日),第 87 号。

列宁在全俄工兵代表苏维埃第一次代表大会上当选为中央执行委员会委员。

> 《彼得格勒工兵代表苏维埃消息报》，1917 年 6 月 22 日，第 98 号。

列宁 6 月 9 日（22 日）在全俄工兵代表苏维埃第一次代表大会上关于战争的讲话在《克拉斯诺亚尔斯克工人报》第 77 号上发表（按速记稿刊印）。

> 《列宁全集》中文第 2 版增订版第 30 卷第 250—264 页；《克拉斯诺亚尔斯克工人报》，1917 年 6 月 20 日，第 77 号。

列宁的《六月十八日》一文在《真理报》第 86 号上发表。

> 《列宁全集》中文第 2 版增订版第 30 卷第 333—335 页；《真理报》，彼得格勒，1917 年 7 月 3 日（6 月 20 日），第 86 号。

列宁写的《给全俄农民代表大会代表的公开信》转载于《顿涅茨无产者报》（卢甘斯克）第 17 号。

> 《列宁全集》中文第 2 版增订版第 30 卷第 41—45 页；《顿涅茨无产者报》，卢甘斯克，1917 年 7 月 3 日（6 月 20 日），第 17 号。

列宁的《俄国革命的对外政策》、《乌克兰》和《现在和"将来出现"卡芬雅克分子的阶级根源是什么？》等文章转载于《无产者报》（哈尔科夫）第 72 号。

> 《列宁全集》中文第 2 版增订版第 30 卷第 309—311、312—313、314—317 页；《无产者报》，哈尔科夫，1917 年 7 月 3 日（6 月 20 日），第 72 号。

第 3 土耳其斯坦步兵团（作战部队）第 1 连士兵给列宁的致敬电报在《真理报》第 86 号上发表。

> 《真理报》，彼得格勒，1917 年 7 月 3 日（6 月 20 日），第 86 号。

6 月 20 日或 21 日（7 月 3 日或 4 日）

列宁写《社会革命党人和孟什维克把革命引向何处？》一文，指出孟什维克和社会革命党人要对为了资本的利益而"重新进行帝国主义战争","重新造成千百万人的牺牲"负全部责任,因为正是他们"**已经把群众引向**服从反革命资产者的政策。目前情况的实质就在于此"。列宁在谈到社会革命党和孟什维克党的政治破产不可避免时强调指出,这个破产"将向群众指明,他们的真正领袖是有组织的城市无产阶级"。

《列宁全集》中文第 2 版增订版第 30 卷第 343—345 页;《真理报》,彼得格勒,1917 年 7 月 5 日(6 月 22 日),第 88 号;《工人报》,彼得格勒,1917 年 6 月 20 日,第 85 号。

6 月 20 日和 23 日(7 月 3 日和 6 日)之间

列宁在俄国社会民主工党(布)前线和后方军队党组织全国代表会议上作关于土地问题的报告(报告文本没有找到)。

《列宁全集》俄文第 5 版第 32 卷第 451 页;《俄国社会民主工党前线和后方军队党组织全国代表会议公报》,彼得格勒,1917 年 6 月 16 日,第 1 号;6 月 17 日,第 2 号;6 月 18 日,第 3 号;6 月 21 日,第 4 号;6 月 24 日,第 5 号;《伟大十月社会主义革命(回忆录集)》,1957 年,第 77、79、81 页。

6 月 20 日、23 日和 27 日(7 月 3 日、6 日和 10 日)

列宁 6 月 4 日(17 日)在全俄工兵代表苏维埃第一次代表大会上关于对临时政府的态度的讲话在《明星报》(叶卡捷琳诺斯拉夫)第 21、22 和 25 号上发表(按速记稿刊印)。

《列宁全集》中文第 2 版增订版第 30 卷第 237—249 页;《明星报》,叶卡捷琳诺斯拉夫,1917 年 6 月 20 日(7 月 3 日),第 21 号;6 月 23 日(7 月 6 日),第 22 号;6 月 27 日(7 月 10 日),第 25 号。

列宁的著作《俄国的政党和无产阶级的任务》转载于《真理晨报》(雷瓦尔)第 10、11 和 12 号。

《列宁全集》中文第 2 版增订版第 29 卷第 189—204 页;《真理晨报》,雷瓦尔,1917 年 7 月 3 日(6 月 20 日),第 10 号;7 月 6

日(6 月 23 日),第 11 号;7 月 10 日(6 月 27 日),第 12 号。

6 月 20 日和 29 日(7 月 3 日和 12 日)之间

列宁在《真理报》编辑部召开工会工作者会议,向他们详细询问同乡会中工会的工作和向前线和乡村派遣宣传鼓动员的情况。

列宁领导全俄工会第三次代表会议布尔什维克党团的工作,出席党团的各次会议并讲话。

《列宁全集》中文第 2 版增订版第 30 卷第 349—353 页,第 32 卷第 33 页;《真理报》,彼得格勒,1917 年 7 月 6 日(6 月 23 日),第 89 号;格·库·科罗廖夫:《伊万诺沃-基涅什马纺织工人在 1917 年——一个纺织工人的回忆》,1927 年,第 32 页;《列宁在十月(回忆录)》,1957 年,第 186—187 页;《沿着列宁的道路前进——老布尔什维克回忆录》,1972 年,第 124—126 页;《在革命战斗的烈焰中(1917 年两次革命中的彼得格勒各区。回忆录集)》,1971 年,第 284—285 页。

6 月 21 日(7 月 4 日)

列宁编辑《真理报》第 88 号。

《列宁全集》俄文第 5 版第 32 卷第 452 页;《真理报》,彼得格勒,1917 年 7 月 5 日(6 月 22 日),第 88 号。

列宁 6 月 4 日(17 日)在全俄工兵代表苏维埃第一次代表大会上关于对临时政府的态度的讲话(简要报道)在《曙光报》(奥伦堡)第 63 号上发表。

《列宁全集》中文第 2 版增订版第 30 卷第 237—249 页;《曙光报》,奥伦堡,1917 年 7 月 4 日(6 月 21 日),第 63 号。

列宁 6 月 20 日(7 月 3 日)在俄国社会民主工党(布)前线和后方军队党组织全国代表会议上作的关于目前形势的报告(简要报道)在《新生活报》(彼得格勒)第 54 号上发表。

《列宁全集》中文第 2 版增订版第 30 卷第 336—337 页;《新生活报》,彼得格勒,1917 年 6 月 21 日(7 月 4 日),第 54 号。

列宁的《革命、进攻和我们的党》、《社会革命党人和孟什维克先生们,你们同普列汉诺夫的区别究竟在哪里?》和《罗将柯怎样为自己辩护》等文章在《真理报》第 87 号上发表。

> 《列宁全集》中文第 2 版增订版第 30 卷第 338—340、341、342 页;《真理报》,彼得格勒,1917 年 7 月 4 日(6 月 21 日),第 87 号。

列宁的《有没有一条通向公正和约的道路?》一文转载于《高加索工人报》(梯弗利斯)第 80 号。

> 《列宁全集》中文第 2 版增订版第 30 卷第 272—273 页;《高加索工人报》,梯弗利斯,1917 年 6 月 21 日,第 80 号。

列宁的《乌克兰》一文转载于《顿涅茨无产者报》(卢甘斯克)第 18 号。

> 《列宁全集》中文第 2 版增订版第 30 卷第 312—313 页;《顿涅茨无产者报》,卢甘斯克,1917 年 7 月 4 日(6 月 21 日),第 18 号。

列宁为彼得格勒工厂委员会第一次代表会议起草的《关于同经济破坏作斗争的几项经济措施的决议》草案在全俄工兵代表苏维埃第一次代表大会上宣读。

> 《列宁全集》中文第 2 版增订版第 30 卷第 163—165 页;《全俄工兵代表苏维埃第一次代表大会(速记记录)》,第 2 卷,1931 年,第 219—220 页。

第 176 预备步兵团(彼得格勒)士兵大会通过决议,抗议《小报》关于逮捕列宁的呼吁。士兵们宣布抵制该报,并建议团委员会禁止该报在团的驻地内出售。

> 《1917 年 5—6 月的俄国革命运动——六月游行示威》,1959 年,第 370 页。

不早于 6 月 21 日(7 月 4 日)—不晚于 6 月 24 日(7 月 7 日)

列宁用同一标题《论建立俄国农业工人工会的必要性》写了两

篇文章,向正在彼得格勒举行的全俄工会第三次代表会议提出在产业工人工会帮助下建立全俄农业工人工会的任务。列宁阐述建立农业工人工会的目的:改善农业工人的生活状况,而且"特别要在当前的伟大的土地改革中**捍卫他们的阶级利益**"。

> 《列宁全集》中文第 2 版增订版第 30 卷第 349—353 页;《真理报》,彼得格勒,1917 年 7 月 7 日(6 月 24 日),第 90 号;7 月 8 日(6 月 25 日),第 91 号。

6 月 22 日(7 月 5 日)

列宁同莫斯科布尔什维克组织派来的代表亚·亚·索尔茨谈话,后者向列宁请示在俄国军队已在前线开始进攻的情况下党应如何行动。

> 苏共中央马列主义研究院中央党务档案馆,第 4 号全宗,第 2 号目录,第 3768 号案卷,第 9 张;亚·亚·索尔茨:《尼·列宁(庆祝列宁五十寿辰)》,奔萨,1920 年,第 17 页。

列宁编辑《真理报》第 89 号。

> 《列宁全集》俄文第 5 版第 32 卷第 452 页;《真理报》,彼得格勒,1917 年 7 月 6 日(6 月 23 日),第 89 号。

列宁 6 月 4 日(17 日)在全俄工兵代表苏维埃第一次代表大会上关于对临时政府的态度的讲话(简要报道)在《第聂伯罗夫斯克县和阿廖什基市执行委员会消息报》(阿廖什基)第 27 号上发表。

> 《列宁全集》中文第 2 版增订版第 30 卷第 237—249 页;《第聂伯罗夫斯克县和阿廖什基市执行委员会消息报》,阿廖什基,1917 年 6 月 22 日,第 27 号。

列宁 6 月 9 日(22 日)在全俄工兵代表苏维埃第一次代表大会上关于战争的讲话(简要报道)在《团结报》(伊尔库茨克)第 19 号上发表。

《列宁全集》中文第 2 版增订版第 30 卷第 250—264 页;《团结报》,伊尔库茨克,1917 年 6 月 22 日,第 19 号。

列宁的《社会革命党人和孟什维克把革命引向何处?》一文在《真理报》第 88 号上发表。

《列宁全集》中文第 2 版增订版第 30 卷第 343—345 页;《真理报》,彼得格勒,1917 年 7 月 5 日(6 月 22 日),第 88 号。

列宁的《乌克兰问题和俄国执政党的失败》、《惩办包庇奸细的罗将柯和准科夫斯基!》和《莫名其妙的断章取义》等文章转载于《无产者报》(哈尔科夫)第 73 号。

《列宁全集》中文第 2 版增订版第 30 卷第 319—322、325、326—327 页;《无产者报》,哈尔科夫,1917 年 7 月 5 日(6 月 22 日),第 73 号。

列宁的《革命、进攻和我们的党》一文转载于《士兵真理报》(彼得格勒)第 50 号。

《列宁全集》中文第 2 版增订版第 30 卷第 338—340 页;《士兵真理报》,彼得格勒,1917 年 7 月 5 日(6 月 22 日),第 50 号。

列宁的《社会革命党人和孟什维克先生们,你们同普列汉诺夫的区别究竟在哪里?》和《罗将柯怎样为自己辩护》两篇文章转载于《真理呼声报》(喀琅施塔得)第 81 号。

《列宁全集》中文第 2 版增订版第 30 卷第 341、342 页;《真理呼声报》,喀琅施塔得,1917 年 7 月 5 日(6 月 22 日),第 81 号。

6 月 22 日或 23 日(7 月 5 日或 6 日)

列宁针对 6 月 18 日《言语报》的社论以及 6 月 22 日《日报》对这篇社论的解释写《用"雅各宾主义"能够吓住工人阶级吗?》一文。列宁指出俄国革命发展的两种可能的道路:"**要么是进攻,转向反革命,帝国主义资产阶级的事业取得胜利(能保持很久吗?)……要**

么是实行'雅各宾主义'。"他强调指出,在 20 世纪的俄国,雅各宾主义"将会是革命阶级即无产阶级的统治。得到贫苦农民支持的无产阶级,依靠已经具备的向社会主义前进的物质基础……能够在世界范围内把劳动者引导到永久的胜利";雅各宾主义是"克服危机的唯一出路,是摆脱经济破坏和摆脱战争的唯一出路"。

《列宁全集》中文第 2 版增订版第 30 卷第 346—348 页;《真理报》,彼得格勒,1917 年 7 月 7 日(6 月 24 日),第 90 号;《日报》,彼得格勒,1917 年 6 月 22 日,第 91 号。

6 月 22 日和 23 日(7 月 5 日和 6 日)

列宁 6 月 4 日(17 日)在全俄工兵代表苏维埃第一次代表大会上关于对临时政府的态度的讲话在《顿涅茨无产者报》(卢甘斯克)第 19 号和第 20 号上发表(按速记稿刊印);以简要报道形式在《士兵真理报》(彼得格勒)第 50 号和第 51 号上发表。

《列宁全集》中文第 2 版增订版第 30 卷第 237—249 页;《顿涅茨无产者报》,卢甘斯克,1917 年 7 月 5 日(6 月 22 日),第 19 号;7 月 6 日(6 月 23 日),第 20 号;《士兵真理报》,彼得格勒,1917 年 7 月 5 日(6 月 22 日),第 50 号;7 月 6 日(6 月 23 日),第 51 号。

6 月 22 日、25 日、7 月 7 日(7 月 5 日、8 日、20 日)

列宁 5 月 22 日(6 月 4 日)在全俄农民第一次代表大会上关于土地问题的讲话转载于《库班河沿岸真理报》(叶卡捷琳诺达尔)第 12、13 和 15 号。

《列宁全集》中文第 2 版增订版第 30 卷第 138—156 页;《库班河沿岸真理报》,叶卡捷琳诺达尔,1917 年 6 月 22 日,第 12 号;6 月 25 日,第 13 号;7 月 7 日,第 15 号。

6 月 23 日(7 月 6 日)

列宁编辑《真理报》第 90 号。

《列宁全集》俄文第 5 版第 32 卷第 452 页;《真理报》,彼得格勒,1917 年 7 月 7 日(6 月 24 日),第 90 号。

　　列宁 6 月 4 日(17 日)在全俄苏维埃第一次代表大会上关于对临时政府的态度的讲话(简要报道)在《我们的呼声报》(萨马拉)第 9 号上发表。

　　《列宁全集》中文第 2 版增订版第 30 卷第 237—249 页;《我们的呼声报》,萨马拉,1917 年 6 月 23 日,第 9 号。

　　列宁的《惩办包庇奸细的罗将柯和准科夫斯基!》一文转载于《工人报》(喀山)第 26 号。

　　《列宁全集》中文第 2 版增订版第 30 卷第 325 页;《工人报》,喀山,1917 年 7 月 6 日(6 月 23 日),第 26 号。

　　列宁的《六月十八日》、《革命、进攻和我们的党》两篇文章以及他 6 月 20 日(7 月 3 日)在俄国社会民主工党(布)前线和后方军队党组织全国代表会议上关于目前形势的报告(简要报道)用爱沙尼亚文转载于《光线报》(塔林)第 73 号。

　　《列宁全集》中文第 2 版增订版第 30 卷第 333—335、336—337、338—340 页;《光线报》,塔林,1917 年 6 月 23 日(7 月 6 日),第 73 号。

　　列宁的《革命、进攻和我们的党》一文转载于《社会民主党人报》(莫斯科)第 89 号。

　　《列宁全集》中文第 2 版增订版第 30 卷第 338—340 页;《社会民主党人报》,莫斯科,1917 年 6 月 23 日(7 月 6 日),第 89 号。

　　由列宁起草并经俄国社会民主工党(布)第七次全国代表会议(四月代表会议)通过的《关于土地问题的决议》略经改动后在全俄工兵代表苏维埃第一次代表大会上宣读。

　　《列宁全集》中文第 2 版增订版第 29 卷第 418—420 页;《全俄工兵代表苏维埃第一次代表大会(速记记录)》,第 2 卷,1931 年,第 311—313 页;《政治工作者》杂志,莫斯科,1924 年,第 7

期,第115页。

6 月 23 日、28 日、30 日、7 月 2 日、7 日、9 日和 12 日
(7 月 6 日、11 日、13 日、15 日、20 日、22 日和 25 日)

列宁 6 月 9 日(22 日)在全俄工兵代表苏维埃第一次代表大会上关于战争的讲话在《战壕真理报》(里加)第 22—25 号和第 27—29 号上发表(按速记稿刊印)。

> 《列宁全集》中文第 2 版增订版第 30 卷第 250—264 页;《战壕真理报》,里加,1917 年 6 月 23 日,第 22 号;6 月 28 日,第 23 号;6 月 30 日,第 24 号;7 月 2 日,第 25 号;7 月 7 日,第 27 号;7 月 9 日,第 28 号;7 月 12 日,第 29 号。

6 月,不晚于 24 日(7 月 7 日)

列宁同出席全俄工兵代表苏维埃第一次代表大会的奥列霍沃-祖耶沃的代表 A.И.利帕托夫谈话,详细询问工人的情绪、当地苏维埃的工作情况。利帕托夫是该地苏维埃第一任主席。

> 《全俄工兵代表苏维埃第一次代表大会(速记记录)》,第 2 卷,1931 年,第 381—421 页;《木锤报》,奥列霍沃-祖耶沃,1927 年 1 月 21 日,第 17 号。

"天狼星"工厂(叶卡捷琳诺斯拉夫)的布尔什维克工人向当地《明星报》编辑部提出要求:"给竭力……玷污……为工人事业而奋斗的坚韧不拔的战士列宁同志的所有诽谤者以应有的回击"。

> 《伟大十月社会主义革命准备和进行时期的乌克兰布尔什维克组织(文件和资料集)》,基辅,1957 年,第 147 页。

6 月 24 日(7 月 7 日)

列宁编辑《真理报》第 91 号。

> 《列宁全集》俄文第 5 版第 32 卷第 452 页;《真理报》,彼得格勒,1917 年 7 月 8 日(6 月 25 日),第 91 号。

列宁的《用"雅各宾主义"能够吓住工人阶级吗?》和《论建立俄

国农业工人工会的必要性(第一篇文章)》两篇文章在《真理报》第
90 号上发表。

> 《列宁全集》中文第 2 版增订版第 30 卷第 346 — 348、349 —
> 351 页;《真理报》,彼得格勒,1917 年 7 月 7 日(6 月 24 日),第
> 90 号。

列宁的《有没有一条通向公正和约的道路?》一文转载于《社会
民主党人呼声报》(基辅)第 55 号。

> 《列宁全集》中文第 2 版增订版第 30 卷第 272—273 页;《社会
> 民主党人呼声报》,基辅,1917 年 6 月 24 日,第 55 号。

列宁的《乌克兰》一文转载于《克拉斯诺亚尔斯克工兵代表苏
维埃消息报》第 76 号和《〈真理报〉俄国新闻简报》第 7 号。

> 《列宁全集》中文第 2 版增订版第 30 卷第 312—313 页;《克拉
> 斯诺亚尔斯克工兵代表苏维埃消息报》,1917 年 6 月 24 日,
> 第 76 号;《〈真理报〉俄国新闻简报》,斯德哥尔摩,1917 年 7
> 月 7 日,第 7 号,第 4—5 版。

列宁的《革命、进攻和我们的党》一文转载于《雷瓦尔工人和军
人代表苏维埃消息报》第 83 号(非全文)。

> 《列宁全集》中文第 2 版增订版第 30 卷第 338—340 页,《雷瓦
> 尔工人和军人代表苏维埃消息报》,1917 年 6 月 24 日(7 月 7
> 日),第 83 号。

彼得格勒制管厂第六车间的工人给列宁的致敬信在《士兵真
理报》(彼得格勒)第 52 号上发表。

> 《士兵真理报》,彼得格勒,1917 年 7 月 7 日(6 月 24 日),第
> 52 号。

喀琅施塔得水兵、士兵和男女工人举行集会,向"维护人民的
革命利益的坚韧不拔的战士"列宁致以热烈的敬礼。参加集会的
有数千人。

> 《真理呼声报》,喀琅施塔得,1917 年 7 月 11 日(6 月 28 日),

第 86 号;《伟大十月社会主义革命准备和进行过程中的波罗的海水兵》,1957 年,第 105—106 页。

6 月 24 日和 7 月 5 日(7 月 7 日和 18 日)之间

列宁写《全部政权归苏维埃!》一文,说明俄国绝大多数的工人和农民赞成把政权交给苏维埃。像孟什维克和社会革命党人那样反对把政权交给苏维埃的做法,以及"对立宪民主党部长、立宪民主党政府或者立宪民主党政策的容忍,就是对民主和民主主义的挑战"。列宁在文章结尾表示坚信,布尔什维克党早已提出的政权转归苏维埃的口号一定会实现。

> 《列宁全集》中文第 2 版增订版第 30 卷第 383—384 页;《真理报》,彼得格勒,1917 年 7 月 18 日(5 日),第 99 号;《全俄工兵代表苏维埃第一次代表大会(速记记录)》,第 2 卷,1931 年,第 381—421 页。

6 月 25 日(7 月 8 日)

列宁的《论建立俄国农业工人工会的必要性(第二篇文章)》和《松垮的革命》两篇文章在《真理报》第 91 号上发表。

> 《列宁全集》中文第 2 版增订版第 30 卷第 351—353、354—357 页;《真理报》,彼得格勒,1917 年 7 月 8 日(6 月 25 日),第 91 号。

由列宁起草并经俄国社会民主工党(布)第七次全国代表会议(四月代表会议)通过的《关于目前形势的决议》转载于《斯巴达克》杂志(莫斯科)第 3 期。

> 《列宁全集》中文第 2 版增订版第 29 卷第 441—444 页;《斯巴达克》杂志,莫斯科,1917 年 6 月 25 日,第 3 期,第 29—30 页。

列宁的《转变关头》和《乌克兰》两篇文章转载于《西伯利亚真理报》(克拉斯诺亚尔斯克)第 13 号。

> 《列宁全集》中文第 2 版增订版第 30 卷第 303—304、312—

313 页;《西伯利亚真理报》,克拉斯诺亚尔斯克,1917 年 6 月 25 日(7 月 8 日),第 13 号。

列宁的《革命、进攻和我们的党》一文转载于《无产者报》(哈尔科夫)第 76 号。

《列宁全集》中文第 2 版增订版第 30 卷第 338—340 页;《无产者报》,哈尔科夫,1917 年 7 月 8 日(6 月 25 日),第 76 号。

列宁的《罗将柯怎样为自己辩护》一文转载于《社会民主党人报》(萨拉托夫)第 39 号。

《列宁全集》中文第 2 版增订版第 30 卷第 342 页;《社会民主党人报》,萨拉托夫,1917 年 6 月 25 日,第 39 号。

6 月 25 日或 26 日(7 月 8 日或 9 日)

列宁就农业部长维·米·切尔诺夫在临时政府的一次会议上提出 10 项法案一事写《革命毅力的奇迹》一文,指出"社会党人"部长们的政策的特点是"一大堆废话、诺言和诺兹德列夫式的空谈"。

《列宁全集》中文第 2 版增订版第 30 卷第 361—363 页;《真理报》,彼得格勒,1917 年 7 月 10 日(6 月 27 日),第 92 号。

6 月 25 日和 26 日(7 月 8 日和 9 日)

列宁编辑《真理报》第 92 号。

《列宁全集》俄文第 5 版第 32 卷第 452 页;《真理报》,彼得格勒,1917 年 7 月 10 日(6 月 27 日),第 92 号。

6 月,不晚于 26 日(7 月 9 日)

列宁写《阶级变动》一文,文章分析了 1917 年二月资产阶级民主革命后俄国的阶级对比和政党对比的变化情况,指出立宪民主党人占了君主的位置,社会革命党人和孟什维克的领袖们占了立宪民主党人的位置,而"无产阶级民主派占了**真正革命民主派**的位置"。

《列宁全集》中文第 2 版增订版第 30 卷第 358—360 页;《真理报》,彼得格勒,1917 年 7 月 10 日(6 月 27 日),第 92 号。

6 月 26 日（7 月 9 日）

根据列宁的建议,亚·米·柯伦泰代表俄国社会民主工党（布）前往斯德哥尔摩参加齐美尔瓦尔德左派召开的代表会议。

> 苏共中央马列主义研究院中央党务档案馆,第 4 号全宗,第 2 号目录,第 1220 号案卷;第 17 号全宗,第 1a 号目录,第 139 号案卷,第 84a 号张;第 134 号全宗,第 1 号目录,第 49 号案卷,第 4 张;第 272 号案卷,第 79 张。

列宁的《社会革命党人和孟什维克把革命引向何处?》一文用爱沙尼亚文转载于《光线报》（塔林）第 74 号。

> 《列宁全集》中文第 2 版增订版第 30 卷第 343—345 页;《光线报》,塔林,1917 年 6 月 26 日（7 月 9 日）,第 74 号。

6 月 26 日和 28 日（7 月 9 日和 11 日）

列宁的著作《俄国的政党和无产阶级的任务》用爱沙尼亚文转载于《光线报》（塔林）第 74 号和第 76 号。

> 《列宁全集》中文第 2 版增订版第 29 卷第 189—204 页;《光线报》,塔林,1917 年 6 月 26 日（7 月 9 日）,第 74 号;6 月 28 日（7 月 11 日）,第 76 号。

6 月 27 日（7 月 10 日）

列宁编辑《真理报》第 93 号。

> 《列宁全集》俄文第 5 版第 32 卷第 452 页;《真理报》,彼得格勒,1917 年 7 月 11 日（6 月 28 日）,第 93 号。

列宁的《阶级变动》和《革命毅力的奇迹》两篇文章在《真理报》第 92 号上发表。

> 《列宁全集》中文第 2 版增订版第 30 卷第 358—360、361—363 页;《真理报》,彼得格勒,1917 年 7 月 10 日（6 月 27 日）,第 92 号。

列宁 6 月 20 日（7 月 3 日）在俄国社会民主工党（布）前线和后方军队党组织全国代表会议上关于目前形势的报告（简要报道）

转载于《明星报》(叶卡捷琳诺斯拉夫)第 25 号。

> 《列宁全集》中文第 2 版增订版第 30 卷第 336—337 页;《明星报》,叶卡捷琳诺斯拉夫,1917 年 6 月 27 日,第 25 号。

列宁的《社会革命党人和孟什维克把革命引向何处?》一文转载于《无产者报》(哈尔科夫)第 77 号。

> 《列宁全集》中文第 2 版增订版第 30 卷第 343—345 页;《无产者报》,哈尔科夫,1917 年 7 月 10 日(6 月 27 日),第 77 号。

列宁用同一标题《论建立俄国农业工人工会的必要性》写的两篇文章转载于《真理呼声报》(喀琅施塔得)第 85 号。

> 《列宁全集》中文第 2 版增订版第 30 卷第 349—353 页;《真理呼声报》,喀琅施塔得,1917 年 7 月 10 日(6 月 27 日),第 85 号。

浩罕印刷工会全体大会在其决议中抗议对列宁的诽谤攻击。

> 《苏联的工会(文件和资料)》,第 1 卷,1963 年,第 421 页。

6 月,不晚于 28 日(7 月 11 日)

列宁应布尔什维克党团的请求出席彼得格勒工兵代表苏维埃会议,在讨论小资产阶级政党的领导人米·伊·李伯尔和尼·德·阿夫克森齐耶夫关于土地问题的报告时发表讲话。

> 《列宁全集》中文第 2 版增订版第 32 卷第 33 页;《外高加索共产党员回忆弗·伊·列宁》,埃里温,1970 年,第 98—99 页。

列宁在列奇金车辆制造厂(外巴尔干大街 99 号(现莫斯科大街 115 号))①院内举行的工人群众大会上作关于国际形势和俄国革命的任务的报告。

> 《列宁全集》中文第 2 版增订版第 32 卷第 33 页;《1917 年的莫斯科关卡(文章和回忆录)》,1959 年,第 140—141 页;《同列

---

① 厂房墙壁上设有一块纪念牌,上面写着:"1917 年 6 月弗·伊·列宁在这里的工人群众大会上作关于国际形势和俄国革命的任务的报告。"——俄文编者注

宁见面——工人和老布尔什维克回忆录》,1933年,第41—42
页;《列宁在十月(回忆录)》,1957年,第91—92页;《列宁在
彼得堡》,第3版,1957年,第157页;《列宁格勒的弗·伊·
列宁纪念碑和纪念牌(简明手册)》,列宁格勒,1971年,第
16页。

列宁在马·季·叶利扎罗夫和安·伊·叶利扎罗娃夫妇家同
从西伯利亚流放归来的格·伊·彼得罗夫斯基和其他布尔什维克
谈话,听取他们关于党在雅库特的工作的汇报。

《列宁全集》中文第2版增订版第32卷第33页;格·伊·彼
得罗夫斯基:《我们的英明领袖》,莫斯科,1970年,第33—34
页;З.Г.奥尔忠尼启则:《一个布尔什维克的道路(格·康·奥
尔忠尼启则生活篇章)》,莫斯科,1967年,第168、171页。

列宁在《真理报》编辑部(莫伊卡河沿岸街32/2号)同格·
伊·彼得罗夫斯基谈话,赞同他去叶卡捷琳诺斯拉夫和顿巴斯向
选举他为第四届国家杜马代表的工人们作汇报。

《列宁全集》中文第2版增订版第32卷第33页;《列宁在十月
(回忆录)》,1957年,第190—191页;《列宁格勒的弗·伊·
列宁纪念碑和纪念牌(简明手册)》,列宁格勒,1971年,第
53页。

列宁由于继续住在马·季·叶利扎罗夫和安·伊·叶利扎罗
娃夫妇家已不安全,便在叶·德·斯塔索娃的父亲德·瓦·斯塔
索夫家(富尔什塔茨卡亚街(现彼得·拉甫罗夫街)20号7室)①住
一段时间。

《列宁全集》中文第2版增订版第32卷第33页;《回忆弗·
伊·列宁》,1963年,第224—225页;叶·德·斯塔索娃:《回
忆录》,1969年,第138页;《1917年的彼得格勒。彼得格勒市
地址查询簿》,彼得格勒,1917年,第653页(第3部分)。

列宁会见从巴库来的斯·格·邵武勉,同他谈论解决民族问

_____

　　① 此处楼房墙壁上设有一块纪念牌,上面写着:"1917年弗拉基米尔·伊里奇·
列宁曾多次到过本楼内德·瓦·斯塔索夫家里。"——俄文编者注

题的各种途径。娜·康·克鲁普斯卡娅回忆:"在分别时,邵武勉把一些别在红色花结上的徽章交给伊里奇,这是他的几个孩子托他送给列宁的。礼轻情义重。"

> 《列宁全集》中文第 2 版增订版第 32 卷第 33 页;《回忆弗·伊·列宁》,第 1 卷,1968 年,第 461 页;B. B. 阿尼克耶夫:《俄国社会民主工党(布)中央委员会 1917 年的活动(大事记)》,1969 年,第 152 页。

6 月 28 日(7 月 11 日)

列宁写《空话与事实》一文。列宁把"社会党人"部长们关于调节生产的骗人空话同资本家实行怠工的事实进行对比后作出结论:"资本家嘲弄工人和人民,他们一方面继续实行隐蔽的同盟歇业政策和掩盖骇人听闻的利润的政策,另一方面却派斯柯别列夫之流、策列铁里之流和切尔诺夫之流用空话去'安抚'工人。"

> 《列宁全集》中文第 2 版增订版第 30 卷第 364—366 页;《真理报》,彼得格勒,1917 年 7 月 12 日(6 月 29 日),第 94 号。

列宁编辑《真理报》第 94 号。

> 《列宁全集》俄文第 5 版第 32 卷第 452 页;《真理报》,彼得格勒,1917 年 7 月 12 日(6 月 29 日),第 94 号。

列宁的《惩办包庇奸细的罗将柯和准科夫斯基!》一文转载于《克拉斯诺亚尔斯克工人报》第 84 号。

> 《列宁全集》中文第 2 版增订版第 30 卷第 325 页;《克拉斯诺亚尔斯克工人报》,1917 年 6 月 28 日,第 84 号。

列宁的《革命、进攻和我们的党》一文转载于《前进报》(乌法)第 78 号。

> 《列宁全集》中文第 2 版增订版第 30 卷第 338—340 页;《前进报》,乌法,1917 年 6 月 28 日,第 78 号。

6 月 29 日(7 月 12 日)

列宁写《危机日益逼近,经济破坏日益严重》一文,表明临时政府、孟什维克党和社会革命党的领袖们应对"异常迅速地"逼近的饥饿和经济灾难负有罪责,指出如果不把全部政权转交给苏维埃,"不实行我们**在 4 月初**提出和宣传的那种措施,不把所有的银行合并成一个银行并对这个银行实行监督,不取消商业秘密……"就不可能防止这些灾难。

《列宁全集》中文第 2 版增订版第 30 卷第 370—372 页;《真理报》,彼得格勒,1917 年 7 月 13 日(6 月 30 日),第 95 号;《新生活报》,彼得格勒,1917 年 6 月 29 日(7 月 12 日),第 61 号。

　　列宁针对苏维埃的社会革命党和孟什维克领袖们企图用"最'坚决的'词句、宣言和照会"冲淡群众对俄国军队在前线发动进攻的反对情绪,写《这究竟该怎么办?》一文,声明群众不需要空话,而要看实际行动,看行动上是否真正同"继续进行**帝国主义**战争的政策"决裂。

《列宁全集》中文第 2 版增订版第 30 卷第 373—374 页;《真理报》,彼得格勒,1917 年 7 月 13 日(6 月 30 日),第 95 号;《工人报》,彼得格勒,1917 年 6 月 29 日,第 93 号。

　　列宁由于极度疲劳,同玛·伊·乌里扬诺娃一起到穆斯塔米亚基车站(现十月铁路高尔基车站,列宁格勒州维堡区)附近的内沃拉村休息。他们顺路去杰米扬·别德内依的别墅,然后从那里步行到弗·德·邦契-布鲁耶维奇的别墅(这处别墅没有保存下来)。

《列宁全集》中文第 2 版增订版第 32 卷第 33 页;《回忆弗·伊·列宁》,第 1 卷,1968 年,第 470 页;弗·德·邦契-布鲁耶维奇:《回忆列宁》,第 2 版,1969 年,第 96—106 页;B.E.穆什图科夫、Π.E.尼基京:《列宁曾在这里生活和工作》,第 5 版,1970 年,第 227 页。

　　列宁的《空话与事实》和《资本家先生们是怎样把利润隐藏起来的(关于监督问题)》两篇文章在《真理报》第 94 号上发表。

《列宁全集》中文第 2 版增订版第 30 卷第 364—366、367—369 页;《真理报》,彼得格勒,1917 年 7 月 12 日(6 月 29 日),第 94 号。

列宁的《乌克兰》一文转载于《克拉斯诺亚尔斯克工人报》第 85 号。

《列宁全集》中文第 2 版增订版第 30 卷第 312—313 页;《克拉斯诺亚尔斯克工人报》,1917 年 6 月 29 日,第 85 号。

列宁的《社会革命党人和孟什维克把革命引向何处?》一文转载于《顿涅茨无产者报》(卢甘斯克)第 25 号。

《列宁全集》中文第 2 版增订版第 30 卷第 343—345 页;《顿涅茨无产者报》,卢甘斯克,1917 年 7 月 12 日(6 月 29 日),第 25 号。

列宁的《阶级变动》和《革命毅力的奇迹》两篇文章转载于《真理呼声报》(喀琅施塔得)第 87 号。

《列宁全集》中文第 2 版增订版第 30 卷第 358—360、361—363 页;《真理呼声报》,喀琅施塔得,1917 年 7 月 12 日(6 月 29 日),第 87 号。

6 月 29 日或 30 日(7 月 12 日或 13 日)

列宁写《人们怎样欺骗农民和为什么欺骗农民?》一文,抨击社会革命党人和临时政府没有履行他们在全俄农民第一次代表大会上许下的诺言——立刻禁止土地买卖。列宁指出,当社会革命党人用诺言来款待农民时,立宪民主党人同君主派地主的联盟却在阻挠禁止土地买卖的措施。列宁解释说,"农民只有同工人结成同盟……才能达到自己的目的"。

《列宁全集》中文第 2 版增订版第 30 卷第 375—378 页;《真理报》,彼得格勒,1917 年 7 月 14 日(1 日),第 96 号。

列宁写《由谁负责?》一文,揭露孟什维克评论家虚伪地抱怨农村极端愚昧无知和存在农民反对革命的危险。列宁解释说,孟什维克和社会革命党人应对"迟迟不把政权交给工人、士兵和农民，迟迟不采取革命措施教育愚昧的农村……"负全部责任。

> 《列宁全集》中文第 2 版增订版第 30 卷第 379—380 页；《真理报》，彼得格勒，1917 年 7 月 14 日（1 日），第 96 号；《工人报》，彼得格勒，1917 年 6 月 29 日，第 93 号。

6 月 29 日和 30 日（7 月 12 日和 13 日）

列宁用同一标题《论建立俄国农业工人工会的必要性》写的两篇文章转载于《浪潮报》（赫尔辛福斯）第 74 号和第 75 号。

> 《列宁全集》中文第 2 版增订版第 30 卷第 349—353 页；《浪潮报》，赫尔辛福斯，1917 年 7 月 12 日（6 月 29 日），第 74 号；7 月 13 日（6 月 30 日），第 75 号。

6 月 29 日和 8 月 9 日（7 月 12 日和 8 月 22 日）之间

列宁的小册子《论策略书。第一封信》和《论土地（1917 年 5 月 22 日在全俄农民代表大会上的讲话）》由俄国社会民主工党（布）克拉斯诺亚尔斯克区域局冲锋出版社出版。

> 《列宁全集》中文第 2 版增订版第 29 卷第 135—149 页，第 30 卷第 41—45、138—156 页；《西伯利亚真理报》，克拉斯诺亚尔斯克，1917 年 6 月 29 日（7 月 12 日），第 14 号；8 月 9 日（22 日）①，第 19 号。

6 月 30 日（7 月 13 日）

列宁的《危机日益逼近，经济破坏日益严重》和《这究竟该怎么办？》两篇文章在《真理报》第 95 号上发表。

> 《列宁全集》中文第 2 版增订版第 30 卷第 370—372、373—374 页；《真理报》，彼得格勒，1917 年 7 月 13 日（6 月 30 日），第 95 号。

列宁的《社会革命党人和孟什维克把革命引向何处？》一文转载于《工人报》（喀山）第 28 号。

---

① 报上是：8 月 9 日（7 月 22 日）。——俄文编者注

《列宁全集》中文第 2 版增订版第 30 卷第 343—345 页；《工人报》,喀山,1917 年 7 月 13 日(6 月 30 日),第 28 号。

6 月 30 日、7 月 1 日、2 日(7 月 13 日、14 日、15 日)

列宁 6 月 9 日(22 日)在全俄工兵代表苏维埃第一次代表大会上关于战争的讲话在《真理报》第 95、96 和 97 号上发表。

《列宁全集》中文第 2 版增订版第 30 卷第 250—264 页；《真理报》,彼得格勒,1917 年 7 月 13 日(6 月 30 日),第 95 号；7 月 14 日(1 日),第 96 号；7 月 15 日(2 日),第 97 号。

不晚于 6 月

列宁写的《给全俄农民代表大会代表的公开信》以《论土地、战争和国家》为题翻印成小册子在莫斯科出版。

《列宁全集》中文第 2 版增订版第 30 卷第 41—45 页；弗·伊·列宁:《论土地、战争和国家》,〔莫斯科〕,出版局社会书籍发行处,〔1917 年〕,第 1—4、6—7 页。(1917 年的革命。社会书籍丛书。第 4 册),标题前未注明作者。

6 月

列宁开列他写《国家与革命》一书所需图书清单,记下要查清楚彼得格勒公共图书馆的工作条件和工作制度一事。

《列宁文集》俄文版第 21 卷第 81 页。

6 月—不晚于 7 月 3 日(16 日)

列宁写《两个百万富翁的谈话》一文(文章未写完)。

《列宁文集》俄文版第 7 卷第 316 页。

6 月—1918 年 3 月 8 日以前

在尼·列宁编辑并作序的小册子《修改党纲的材料》的封面上,列宁写上:"列宁藏书",并对小册子的正文作文字上的修改。

苏共中央马列主义研究院中央党务档案馆,第 17 号全宗,第 1a 号目录,第 131 号案卷,第 5、6 张;《克里姆林宫的弗·伊·列宁藏书》,1961 年,第 82—84、86—87 页。

7　月

7月1日（14日）

列宁的《人们怎样欺骗农民和为什么欺骗农民?》和《由谁负责?》两篇文章在《真理报》第 96 号上发表。

> 《列宁全集》中文第 2 版增订版第 30 卷第 375—378、379—380 页;《真理报》,彼得格勒,1917 年 7 月 14 日(1 日),第 96 号。

列宁 6 月 20 日(7 月 3 日)在俄国社会民主工党(布)前线和后方军队党组织全国代表会议上关于目前形势的报告(简要报道)转载于《高加索工人报》(梯弗利斯)第 88 号。

> 《列宁全集》中文第 2 版增订版第 30 卷第 336—337 页;《高加索工人报》,梯弗利斯,1917 年 7 月 1 日,第 88 号。

列宁的《罗将柯怎样为自己辩护》一文转载于《克拉斯诺亚尔斯克工兵代表苏维埃消息报》第 81 号。

> 《列宁全集》中文第 2 版增订版第 30 卷第 342 页;《克拉斯诺亚尔斯克工兵代表苏维埃消息报》,1917 年 7 月 1 日,第 81 号。

列宁的《社会革命党人和孟什维克把革命引向何处?》一文转载于《库班河沿岸真理报》(叶卡捷琳诺达尔)第 14 号。

> 《列宁全集》中文第 2 版增订版第 30 卷第 343—345 页;《库班河沿岸真理报》,叶卡捷琳诺达尔,1917 年 7 月 1 日,第 14 号。

7月2日（15日）

列宁的《乌克兰问题和俄国执政党的失败》一文转载于《克拉

斯诺亚尔斯克工人报》第 87 号。

《列宁全集》中文第 2 版增订版第 30 卷第 319—322 页;《克拉斯诺亚尔斯克工人报》,1917 年 7 月 2 日,第 87 号。

列宁 6 月 20 日(7 月 3 日)在俄国社会民主工党(布)前线和后方军队党组织全国代表会议上关于目前形势的报告(简要报道)转载于《巴库工人报》第 21 号。

《列宁全集》中文第 2 版增订版第 30 卷第 336—337 页;《巴库工人报》,1917 年 7 月 2 日,第 21 号。

列宁的《社会革命党人和孟什维克把革命引向何处?》一文作为社论转载于《高加索工人报》(梯弗利斯)第 89 号。

《列宁全集》中文第 2 版增订版第 30 卷第 343—345 页;《高加索工人报》,梯弗利斯,1917 年 7 月 2 日,第 89 号。

列宁的《论建立俄国农业工人工会的必要性(第二篇文章)》和《松垮的革命》两篇文章转载于《顿涅茨无产者报》(卢甘斯克)第 27 号。

《列宁全集》中文第 2 版增订版第 30 卷第 351—353、354—357 页;《顿涅茨无产者报》,卢甘斯克,1917 年 7 月 15 日(2 日),第 27 号。

列宁的《危机日益逼近,经济破坏日益严重》一文转载于《真理呼声报》(喀琅施塔得)第 89 号。

《列宁全集》中文第 2 版增订版第 30 卷第 370—372 页;《真理呼声报》,喀琅施塔得,1917 年 7 月 15 日(2 日),第 89 号。

7 月 2 日和 4 日(15 日和 17 日)

列宁用同一标题《论建立俄国农业工人工会的必要性》写的两篇文章转载于《社会民主党人呼声报》(基辅)第 61 号和第 62 号。

《列宁全集》中文第 2 版增订版第 30 卷第 349—353 页;《社会民主党人呼声报》,基辅,1917 年 7 月 2 日,第 61 号;7 月 4 日,第 62 号。

不晚于 7 月 3 日(16 日)

芬兰庆祝"劳动节"筹备委员会(芬兰的工人组织每年 8 月(公历)的最后一个星期日都要庆祝这一节日)决定邀请列宁参加这一年的节日庆祝活动,委托芬兰社会民主党人古·罗维奥起草邀请函并把它寄给列宁。

> 《回忆弗·伊·列宁》,第 2 卷,1969 年,第 440 页;《波涛报》,赫尔辛福斯,1917 年 8 月 26 日(13 日),第 10 号。

7 月 3 日(16 日)

列宁的《罗将柯怎样为自己辩护》一文转载于《工人报》(喀山)第 29 号。

> 《列宁全集》中文第 2 版增订版第 30 卷第 342 页;《工人报》,喀山,1917 年 7 月 16 日(3 日),第 29 号。

列宁的《阶级变动》一文用爱沙尼亚文转载于《光线报》(塔林)第 80 号。

> 《列宁全集》中文第 2 版增订版第 30 卷第 358—360 页;《光线报》,塔林,1917 年 7 月 3 日(16 日),第 80 号。

7 月 3 日(16 日)夜至 4 日(17 日)凌晨

由于彼得格勒爆发了反对临时政府的群众游行示威,俄国社会民主工党(布)中央委派《真理报》编辑部负责人马·亚·萨韦利耶夫去内沃拉村,接列宁回彼得格勒。

> 《回忆弗·伊·列宁》,第 1 卷,1968 年,第 470 页;弗·德·邦契-布鲁耶维奇:《回忆列宁》,第 2 版,1969 年,第 104—105 页;《列宁在〈真理报〉(回忆录)》,1970 年,第 248 页。

7 月 3 日和 25 日(7 月 16 日和 8 月 7 日)之间

列宁收到俄国社会民主工党(布)中央委员会国外代表处(斯德哥尔摩)7 月 3 日(16 日)的信,信中报告了亚·米·柯伦泰和瓦·瓦·沃罗夫斯基所参加的齐美尔瓦尔德左派会议的情况。

苏共中央马列主义研究院中央党务档案馆,第 17 号全宗,第 1a 号目录,第 122 号案卷,第 1、2 张;《工人和士兵报》,彼得格勒,1917 年 7 月 25 日,第 2 号。

7 月 4 日(17 日)

列宁清晨听取马·亚·萨韦利耶夫关于彼得格勒事件的情况汇报,随后立即在玛·伊·乌里扬诺娃、弗·德·邦契-布鲁耶维奇和马·亚·萨韦利耶夫陪同下动身进城。

《俄国社会民主工党(布)第六次代表大会记录》,1958 年,第 18—19 页;《列宁在〈真理报〉(回忆录)》,1970 年,第 248 页;弗·德·邦契-布鲁耶维奇:《回忆列宁》,第 2 版,1969 年,第 104—106 页。

列宁早晨到达彼得格勒芬兰车站,然后前往俄国社会民主工党(布)中央委员会和彼得堡委员会大楼。列宁对事先未能阻止游行示威爆发表示遗憾,对俄国社会民主工党(布)中央委员会和彼得堡委员会、党中央委员会军事组织、俄国社会民主工党区联委员会和彼得格勒工兵代表苏维埃工人部委员会决定参加到运动中去,把运动变成"彼得格勒全体工人、士兵和农民意志的和平的和有组织的体现"表示赞许。

《列宁全集》中文第 2 版增订版第 32 卷第 33、34 页;《1917 年 7 月的俄国革命运动——七月危机》,1959 年,第 17—18、52—53 页;《回忆弗·伊·列宁》,第 1 册,1956 年,第 485 页;B.E.穆什图科夫、Π.E.尼基京:《列宁曾在这里生活和工作》,第 5 版,1970 年,第 229—230 页。

列宁同到俄国社会民主工党(布)中央委员会和彼得堡委员会大楼来的喀琅施塔得工人、士兵和水兵代表谈话,同意向游行示威群众讲话。

《真理报》,彼得格勒,1917 年 7 月 18 日(5 日),第 99 号;《伟大的十月革命史册(1917 年 4—10 月)》,莫斯科,1958 年,第

124—125 页;《为争取十月革命胜利而斗争的水兵》,莫斯科,
1958 年,第 395—396 页。

列宁在暴风雨般的掌声中在克舍辛斯卡娅公馆的阳台上向游
行示威的群众发表讲话,他代表彼得格勒工人向革命的喀琅施塔
得人致敬。列宁表示深信,"不管历史道路多么曲折","全部政权
归苏维埃!"这一口号应该"胜利而且必定胜利"。列宁号召大家要
坚定,沉着,保持警惕。

《列宁全集》中文第 2 版增订版第 32 卷第 35 页;《1917 年 7 月
的俄国革命运动——七月危机》,1959 年,第 96 页。

列宁来到塔夫利达宫,人数多达 50 万的工人、士兵和水兵游
行示威的参加者涌向那里,要求苏维埃中央执行委员会掌握全部
政权,他们高呼着布尔什维克的口号"全部政权归苏维埃!"前进。

列宁密切关注着游行示威的进展情况;同党的领导人员谈话。
列宁后来在评价布尔什维克党在七月事变中的作用时写道:"我们
党履行了自己义不容辞的义务,在 7 月 4 日那天和义愤填膺的群
众走在一起,竭力使他们的运动,使他们的行动具有和平的和有组
织的性质。因为在 7 月 4 日**还有**可能使政权和平地转归苏维埃,
还有可能使俄国革命和平地向前发展。"但是反革命分子向示威群
众开了枪,并用机枪扫射。工人和士兵的鲜血染红了首都的大街。

《列宁全集》中文第 2 版增订版第 32 卷第 37、404—405 页;
《无产阶级革命》杂志,莫斯科—列宁格勒,1927 年,第 8—9
期合刊,第 62 页;1929 年,第 8—9 期合刊,第 104 页;弗·
德·邦契-布鲁耶维奇:《回忆列宁》,第 2 版,1969 年,第
108—109 页;《列宁在彼得堡》,第 3 版,1957 年,第 132 页。

列宁晚上在塔夫利达宫出席俄国社会民主工党(布)中央委员
会和彼得堡委员会、党中央委员会军事组织和俄国社会民主工党
区联委员会的会议,在会上说明必须停止这次游行示威的理由。

1917年7月4日(17日)彼得格勒工人和士兵举行游行示威

1917年7月4日(17日)彼得格勒游行示威的工人和士兵遭到枪杀
（彼得格勒花园街路口）

Книгоиздательство „ЖИЗНЬ и ЗНАНІЕ".

Петербургъ Поварской пер., д. 2, кв. 9 и 10. Тел. 227-42.

Дешевая Библіотека. Кн. 111-я.

Н. Ленинъ.

ПОЛИТИЧЕСКІЯ ПАРТІИ ВЪ РОССІИ

и

ЗАДАЧИ ПРОЛЕТАРІАТА.

Цѣна 30 коп.

ПЕТЕРБУРГЪ.

1917.

列宁《俄国的政党和无产阶级的任务》小册子封面

会议通过了关于停止游行示威的号召书,号召工人和士兵保持平静和沉着。

《俄国社会民主工党(布)第六次代表大会记录》,1958 年,第279 页;《〈真理报〉小报》,彼得格勒,1917 年 7 月 19 日(6 日);《回忆弗·伊·列宁》,1963 年,第 244 页。

列宁编辑《真理报》第 99 号。

《列宁全集》俄文第 5 版第 32 卷第 452 页;《真理报》,彼得格勒,1917 年 7 月 18 日(5 日),第 99 号。

列宁的小册子《俄国的政党和无产阶级的任务》(非全文)(内附有由列宁起草并经俄国社会民主工党(布)第七次全国代表会议(四月代表会议)通过的《关于战争的决议》)由布尔什维克的生活和知识出版社(彼得格勒)出版。

《列宁全集》中文第 2 版增订版第 29 卷第 189 — 204、397 —400 页;弗·伊·列宁:《俄国的政党和无产阶级的任务》,彼得堡,生活和知识出版社,1917 年,29 页,(普及丛书第 3 卷),标题前署名:尼·列宁;《图书年鉴》,彼得格勒,1917 年 7 月15 日,第 28 期,第 3 页;弗·德·邦契-布鲁耶维奇:《回忆列宁》,第 2 版,1969 年,第 95—96 页。

列宁的《危机日益逼近,经济破坏日益严重》一文转载于《无产者报》(哈尔科夫)第 82 号。

《列宁全集》中文第 2 版增订版第 30 卷第 370—372 页;《无产者报》,哈尔科夫,1917 年 7 月 17 日(4 日),第 82 号。

列宁的《人们怎样欺骗农民和为什么欺骗农民?》一文转载于《真理呼声报》(喀琅施塔得)第 90 号。

《列宁全集》中文第 2 版增订版第 30 卷第 375—378 页;《真理呼声报》,喀琅施塔得,1917 年 7 月 17 日(4 日),第 90 号。

不早于 7 月 4 日(17 日)—不晚于 14 日(27 日)

列宁写《立宪民主党人退出内阁有什么打算?》一文,揭露立宪民主党人退出临时政府的真正原因是:通过对"社会党人"部长们施加压力,迫使他们同意实行立宪民主党的反革命纲领。列宁指出,如果社会革命党人和孟什维克的领袖们"不是站在动摇的小资产阶级的立场上,而是站在被剥削阶级的立场上,他们就会用赞同革命无产阶级的政策这一正确的行动来回答立宪民主党人的正确的打算"。

《列宁全集》中文第 2 版增订版第 30 卷第 381—382 页;《无产阶级事业报》,喀琅施塔得,1917 年 7 月 28 日(15 日),第 2 号;《交易所新闻》,彼得格勒,1917 年 7 月 4 日(17 日),第 16316 号,上午版。

7 月 4 日(17 日)夜至 5 日(18 日)凌晨

列宁在塔夫利达宫得知资产阶级的报纸即将刊登诽谤攻击他的材料,临时政府以及由社会革命党和孟什维克把持的工兵代表苏维埃中央执行委员会正从前线往彼得格勒调动部队。

《俄国社会民主工党(布)第六次代表大会记录》,1958 年,第 279—280 页;《社会民主党人报》,莫斯科,1917 年 7 月 20 日(8 月 2 日),第 112 号;《新时报》,彼得格勒,1917 年 7 月 7 日(20 日),第 14820 号;《彼得格勒工兵代表苏维埃消息报》,1917 年 7 月 7 日,第 111 号;弗·德·邦契-布鲁耶维奇:《回忆列宁》,第 2 版,1969 年,第 113—115 页。

列宁深夜离开塔夫利达宫。

《列宁在 1917 年(回忆录)》,1967 年,第 94 页;弗·德·邦契-布鲁耶维奇:《回忆列宁》,第 2 版,1969 年,第 115 页。

列宁去《真理报》编辑部(莫伊卡河沿岸街 32/2 号),离开后不久,编辑部就被一队士官生和哥萨克捣毁。

《列宁全集》中文第 2 版增订版第 30 卷第 391 页;《1917 年 7 月的俄国革命运动——七月危机》,1959 年,第 34、37—38 页;《回忆弗·伊·列宁》,第 1 卷,1968 年,第 174 页;《列宁在〈真理报〉(回忆录)》,1970 年,第 239—240 页;《红色史料》

杂志,莫斯科—列宁格勒,1927 年,第 1 期,第 48—54 页;《列宁格勒的弗·伊·列宁纪念碑和纪念牌(简明手册)》,列宁格勒,1971 年,第 53 页。

7 月 5 日(18 日)

雅·米·斯维尔德洛夫早晨来找列宁,告知《真理报》编辑部被捣毁的情况,并坚持要求列宁立刻转入地下,因为列宁有被捕的危险。"雅柯夫·米哈伊洛维奇把自己的雨衣往哥哥身上一披,他们立刻悄悄地出去了",玛·伊·乌里扬诺娃回忆说。

《回忆弗·伊·列宁》,第 1 卷,1968 年,第 80、174 页。

7 月 5 日(18 日)晨—10 月 24 日(11 月 6 日)晚

由于受到反革命临时政府追捕,列宁处于地下活动状态。他后来回忆:"七月事变后,由于克伦斯基政府对我特别关照,我只好转入地下,当然是工人把我们这样的人隐藏了起来。"

列宁同中央委员会保持密切联系,指导党的活动,深入研究社会主义革命最重要的理论问题,领导武装起义的准备工作。

《列宁全集》中文第 2 版增订版第 30 卷第 385—414 页,第 31、32 卷;《回忆弗·伊·列宁》,第 1 卷,1968 年,第 174—177、470—478、484 页。

7 月 5 日(18 日)

列宁在雅·米·斯维尔德洛夫的陪同下,转移到 M.Л.苏利莫娃家(卡尔波夫卡河沿岸街 25 号 18 室)①。列宁要求给他买彼得格勒出版的各种报纸。

《回忆弗·伊·列宁》,第 1 卷,1968 年,第 174 页;《真理报》,莫斯科,1924 年 7 月 16 日,第 159 号;《列宁在彼得堡》,第 3 版,1957 年,第 160 页。

---

①　此处楼房墙壁上设有一块纪念牌,上面写着:"1917 年 7 月 5—6 日,弗·伊·列宁为躲避临时政府的追捕曾在本楼内 M.Л.苏利莫娃的住所里藏身。"——俄文编者注

俄国社会民主工党(布)中央委员伊·捷·斯米尔加、俄国社会民主工党(布)彼得堡委员会书记格·伊·博基等人下午到 M.Л.苏利莫娃家看望列宁。

《真理报》,莫斯科,1924 年 7 月 16 日,第 159 号。

列宁写《政权在哪里? 反革命在哪里?》、《黑帮报纸和阿列克辛斯基的卑鄙诽谤》和《是新的德雷福斯案件吗?》等文章,揭露庸俗的黑帮报纸《现代言论报》对他的诽谤中伤。

《列宁全集》中文第 2 版增订版第 30 卷第 385 — 392、393 —
394、399 — 400 页;《〈真理报〉小报》,彼得格勒,1917 年 7 月
19 日(6 日)。

列宁写《诽谤和事实》一文,反驳某些人给布尔什维克加上所谓他们 7 月 3 日和 4 日(16 日和 17 日)"力图占领城市"、"侵犯苏维埃的权力"等莫须有的罪名。列宁列举哥萨克和士官生捣毁《真理报》编辑部、向示威群众开枪等事实对诽谤中伤进行批驳。列宁在文章结尾指出:"……这难道不是清楚地证明,要求使用暴力、希望使用暴力的**正是黑帮分子**,正是民主的**敌人**,正是同立宪民主党人接近的那些集团吗?"

《列宁全集》中文第 2 版增订版第 30 卷第 395 — 396 页;《〈真
理报〉小报》,彼得格勒,1917 年 7 月 19 日(6 日)。

列宁写《接近了本质》一文。文章是针对人民社会党人的领袖之一尼·瓦·柴可夫斯基的发言而写的,后者在发言中说,如果政权转归苏维埃,英美帝国主义者就不肯借钱了。列宁强调指出,柴可夫斯基的这个发言接近了本质,为了反对帝国主义战争,"就必须割断同资本联系和受资本牵制的**一切**线索,大胆地让工人和农民监督银行、监督生产和调节生产"。

《列宁全集》中文第 2 版增订版第 30 卷第 397—398 页;《〈真理报〉小报》,彼得格勒,1917 年 7 月 19 日(6 日)。

列宁的《全部政权归苏维埃!》一文在《真理报》第 99 号上发表。

《列宁全集》中文第 2 版增订版第 30 卷第 383—384 页;《真理报》,彼得格勒,1917 年 7 月 18 日(5 日),第 99 号。

列宁的《空话与事实》一文转载于《无产者报》(哈尔科夫)第 83 号。

《列宁全集》中文第 2 版增订版第 30 卷第 364—366 页;《无产者报》,哈尔科夫,1917 年 7 月 18 日(5 日),第 83 号。

列宁的《资本家先生们是怎样把利润隐藏起来的(关于监督问题)》一文转载于《前进报》(乌法)第 83 号。

《列宁全集》中文第 2 版增订版第 30 卷第 367—369 页;《前进报》,乌法,1917 年 7 月 5 日,第 83 号。

西伯利亚 N 步兵团第 1 营士兵关于坚决抗议诽谤中伤"为和平和自由而战斗的忠诚战士列宁同志"的决议在《战壕真理报》(里加)第 26 号上发表。

《战壕真理报》,里加,1917 年 7 月 5 日,第 26 号。

7 月 5 日或 6 日(18 日或 19 日)

列宁写的《给全俄农民代表大会代表的公开信》和他 5 月 22 日(6 月 4 日)在这次代表大会上关于土地问题的讲话以《列宁论土地》为题由《高加索工人报》出版社(梯弗利斯)出版小册子。

《列宁全集》中文第 2 版增订版第 30 卷第 41—45、138—156 页;《高加索工人报》,梯弗利斯,1917 年 7 月 4 日,第 90 号;7 月 7 日,第 93 号。

俄国社会民主工党(布)中央委员会发表告民众书《告彼得格勒居民!告工人、士兵和一切正直的公民!》,揭露对列宁的诽谤攻击,要求临时政府和工兵代表苏维埃中央执行委员会"立即公开调查那些迫害狂和雇佣诽谤者为了诋毁工人阶级的领袖们的声誉和伤害他们的生命而搞的全部卑鄙阴谋活动"。告民众书强调指出:"这件事必须弄个水落石出。通过调查,全体人民一定会确信列宁同志的革命名誉没有任何污点。"

《列宁全集》中文第 2 版增订版第 30 卷第 391、407 页;《真理呼声报》,喀琅施塔得,1917 年 7 月 20 日(7 日),第 91 号;《伟大的十月革命(文件集)》,1962 年,第 139 页。

不早于 7 月 5 日(18 日)—不晚于 7 日(20 日)

列宁在给列·波·加米涅夫的便条中说,自己如遭不测,请加米涅夫出版 1917 年 1—2 月他在苏黎世写的《马克思主义论国家》笔记中的材料。列宁写道:"笔记本封面是蓝色的,装订过。我把从马克思和恩格斯著作中摘录的以及从考茨基反驳潘涅库克的著作中摘录的一切文字都收在里面,并且还作了很多批语、评注、结论。我想,如果要出版,一星期时间就够了。我认为这件事很重要,因为无论是普列汉诺夫,还是考茨基都把这个问题搞得混乱不堪。"列宁根据这些材料写了《国家与革命》一书。

《列宁全集》中文第 2 版增订版第 47 卷第 607 页。

不早于 7 月 5 日(18 日)—不晚于 9 日(22 日)

玛·伊·乌里扬诺娃给列宁寻找可靠的秘密住所,查明在沙皇时代布尔什维克为逃避追捕曾经使用过的一些秘密接头地点和暗号。

《回忆弗·伊·列宁》,第 1 卷,1968 年,第 174 页;第 2 卷,1969 年,第 406 页;《无产阶级革命》杂志,莫斯科—列宁格勒,1926 年,第 7 期,第 35 页。

不早于 7 月 5 日(18 日)—不晚于 26 日(8 月 8 日)

列宁写《论立宪幻想》一文。他在文章的序论部分指出,必须

1917年列宁《马克思主义论国家》笔记本封面

列宁《国家与革命》一书扉页(右下图)

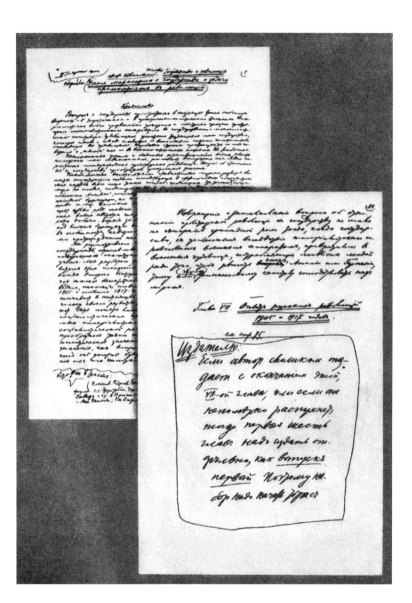

1917年8—9月列宁《国家与革命》一书手稿第1页和第84页

揭露广大人民群众充满立宪幻想的原因,必须系统地和无情地揭穿立宪幻想。列宁强调指出,如果不这样做,"就根本不能了解俄国目前的政治形势","在正确提出当前俄国的策略任务方面就肯定寸步难行"。列宁在文章中说明,完全沉溺在立宪幻想中的孟什维克和社会革命党人是资产阶级欺骗群众的媒介和同谋,指出"只要他们还认为,没有无产阶级专政和社会主义的胜利,也能摆脱帝国主义战争,缔结'没有兼并和赔款的和平',也能把土地无偿地交给人民并且对生产实行'监督'以维护人民的利益,那么他们的这些基本政治主张(当然还有经济主张)在客观上总是小资产阶级的自我欺骗,同样也是资产阶级对群众('大多数')的欺骗"。列宁强调指出,"社会革命党人和孟什维克……在 7 月 4 日完全掉进反革命的污水潭",而"反革命的得势使群众对社会革命党和孟什维克党感到失望,同时也为群众转而采取拥护革命无产阶级的政策开辟了道路"。

《列宁全集》中文第 2 版增订版第 32 卷第 17—32 页;弗·伊·列宁:《论当前局势》,〔彼得格勒〕,人民和劳动印刷所,〔1917 年〕,16 页,(俄国社会民主工党。士兵和农民丛书,第 8 册),标题前署名:尼·列宁。

7 月 6 日(19 日)

鉴于 M. Л. 苏利莫娃的住所有被搜查的危险,列宁一早同娜·康·克鲁普斯卡娅一起离开那里,转移到维堡区工人瓦·尼·卡尤罗夫家(亚济科夫巷(现别洛奥斯特罗夫街)2 号)。列宁要求尽快给他弄来所有已出版的报纸并多弄些纸张。

《回忆弗·伊·列宁》,第 1 卷,1968 年,第 470—471 页;《无产阶级革命》杂志,莫斯科—列宁格勒,1925 年,第 8 期,第 145—147 页;《列宁在彼得堡》,第 3 版,1957 年,第 160 页。

由于瓦·尼·卡尤罗夫家不能确保隐蔽,列宁白天离开他家,来到俄国社会民主工党(布)维堡区委员会(大萨姆普桑大街(现卡尔·马克思大街)62号),然后前往"俄国雷诺"工厂(大萨姆普桑大街(现卡尔·马克思大街)77号)出席俄国社会民主工党(布)彼得堡委员会执行委员会的会议。

《彼得堡人回忆伊里奇》,1970年,第318页;《回忆弗·伊·列宁》,第1册,1956年,第595—596页;《无产阶级革命》杂志,莫斯科—列宁格勒,1925年,第8期,第147页;《列宁在彼得堡》,第3版,1957年,第156、161页。

列宁在"俄国雷诺"工厂委员会(警卫室)同工厂委员会书记谈话,详细询问工人的情绪、布尔什维克组织的工作以及厂方对待工人的态度等。列宁建议把武器收藏起来或者分发给该厂俄国社会民主工党(布)组织成员。

列宁出席俄国社会民主工党(布)彼得堡委员会执行委员会会议,讨论停止政治总罢工问题。他起草并向会议提出《俄国社会民主工党(布)彼得堡委员会执行委员会号召书》,号召工人执行布尔什维克党中央委员会的决定,从7月7日(20日)早晨起复工。执行委员会通过了这个号召书,彼得格勒维堡区各厂职工代表会议也同意该号召书。

《列宁全集》中文第2版增订版第30卷第401页;《回忆弗·伊·列宁》,第1卷,1968年,第471页;《回忆弗·伊·列宁》,第1册,1956年,第595—596页;《列宁——十月革命的领袖(彼得格勒工人回忆录)》,1957年,第112—117页。

列宁从"俄国雷诺"工厂警卫室转移到玛·瓦·福法诺娃家(谢尔多博尔街1/92号(现卡尔·马克思大街106号)41室(现20室[①]))。他在这里获悉,工兵代表苏维埃中央执行委员会在布尔什维克党团的坚持下成立了一个委员会,调查对他的诽谤性指控。

[①]　1938年10月在这所住宅内开设了弗·伊·列宁纪念馆。——俄文编者注

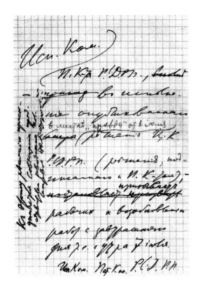

1917年7月6日(19日)列宁《俄国社会民主工党(布)
彼得堡委员会执行委员会号召书》手稿

"俄国雷诺"工厂委员会(警卫室),1917年7月6日(19日)列宁曾在这里
出席俄国社会民主工党(布)彼得堡委员会执行委员会会议。

Россійская Соціалъ-Демократическая Рабочая Партія.　　Цѣна 8 коп.

Пролетаріи всѣхъ странъ, соединяйтесь!

ЛИСТОКЪ „ПРАВДЫ".

Четвергъ 19-го іюля (6 іюля стараго стиля) 1917 года.

Не имѣя возможности выпустить сегодня очередный номеръ „ПРАВДЫ" мы выпускаемъ „ЛИСТОКЪ ПРАВДЫ"! Завтра мы надѣемся выпустить очередный номеръ „ПРАВДЫ".

Спокойствіе и выдержка.

РАБОЧІЕ! СОЛДАТЫ!

Изъ за чего идетъ борьба?

Гдѣ власть и гдѣ контръ-революція?

1917年7月6日（19日）载有列宁
《政权在哪里？反革命在哪里?》一文的《〈真理报〉小报》第1版

列宁召集少数俄国社会民主工党(布)中央委员开会,讨论七月事变问题。会议要求列宁继续隐藏。

《回忆弗·伊·列宁》,第 1 卷,1968 年,第 471 页;《回忆弗·伊·列宁》,第 1 册,1956 年,第 597 页;《真理报》,莫斯科,1928 年 1 月 22 日,第 19 号;《红色史料》杂志,莫斯科——彼得格勒,1923 年,第 6 期,第 84 页;《列宁在彼得堡》,第 3 版,1957 年,第 161 页。

列宁晚上搬到原第三届国家杜马代表、工人尼·古·波列塔耶夫家(梅特宁斯卡亚街 33/19 号 1 室),同房主谈论最近发生的事件,阅读报纸。

苏共列宁格勒州委党史研究院党务档案馆,第 4000 号全宗,第 5 号目录,第 3406 号案卷;《列宁在十月(回忆录)》,1957 年,第 211—212 页;《列宁在彼得堡》,第 3 版,1957 年,第 162 页。

列宁的《政权在哪里? 反革命在哪里?》、《黑帮报纸和阿列克辛斯基的卑鄙诽谤》、《诽谤和事实》、《接近了本质》、《是新的德雷福斯案件吗?》等文章在《〈真理报〉小报》(由于《真理报》编辑部被士官生和哥萨克捣毁,因而改出小报来代替应出版的《真理报》)上发表。

《列宁全集》中文第 2 版增订版第 30 卷第 385—392、393—394、395—396、397—398、399—400 页;《〈真理报〉小报》,彼得格勒,1917 年 7 月 19 日(6 日)。

列宁的《罗将柯怎样为自己辩护》一文转载于《克拉斯诺亚尔斯克工人报》第 90 号和《同志报》(米努辛斯克)第 23 号。

《列宁全集》中文第 2 版增订版第 30 卷第 342 页;《克拉斯诺亚尔斯克工人报》,1917 年 7 月 6 日,第 90 号;《同志报》,米努辛斯克,1917 年 7 月 6 日,第 23 号。

《社会民主党人报》(莫斯科)6 月 9 日(22 日)发表的列宁生平简要报道转载于《同志报》(米努辛斯克)第 23 号。

《社会民主党人报》,莫斯科,1917 年 6 月 9 日(22 日),第 77 号;《同志报》,米努辛斯克,1917 年 7 月 6 日,第 23 号。

　　科切特村(图拉省)的俄国社会民主工党(布)农民党员在其会议决议中声明:"我们向为人民利益而斗争的战士——布尔什维克同志们致敬。列宁同志万岁! 同志们,愿我们从乡村发出的声音能增强你们为人民事业而斗争的力量。别泄气,庄稼人和你们在一起!"

《1917 年 7 月的俄国革命运动——七月危机》,1959 年,第 445、447 页。

7 月 6 日或 7 日(19 日或 20 日)

　　列宁写《给〈新生活报〉编辑部的信》,揭露黑帮报纸和资产阶级报纸对他的攻击。由于《真理报》"被迫停刊",列宁请求在《新生活报》上刊登这封信。

《列宁全集》中文第 2 版增订版第 30 卷第 402—403 页;《临时政府通报》,彼得格勒,1917 年 7 月 7 日(20 日),第 98 号;《现代言论报》,彼得格勒,1917 年 7 月 6 日,第 52 号。

　　彼得格勒总工会、工厂委员会中央理事会和各工会理事会联席会议一致通过决议,愤怒抗议反革命报纸对列宁的卑鄙诽谤。决议中写道:"会议认为这是一场反对整个工人阶级及其组织的运动。会议号召全体工人起来声讨那些卑鄙的诽谤者……"

《工人和士兵报》,彼得格勒,1917 年 7 月 23 日,第 1 号。

7 月 6 日和 7 日(19 日和 20 日)

　　列宁用同一标题《论建立俄国农业工人工会的必要性》写的两篇文章转载于《克拉斯诺亚尔斯克工人报》第 90 号和第 91 号。

《列宁全集》中文第 2 版增订版第 30 卷第 349—353 页;《克拉斯诺亚尔斯克工人报》,1917 年 7 月 6 日,第 90 号;7 月 7 日,第 91 号。

7 月 6 日—7 日（19 日—20 日）

列宁写《德雷福斯案件重演》一文，揭露"在对各族革命无产阶级的政党布尔什维克进行政治迫害时，总是还要进行极端卑鄙的诽谤，在报刊上展开'攻势'，同法国教权派和君主派的报刊在德雷福斯案件中的攻势一模一样"。列宁指出，那时的暗号是："要不惜一切给德雷福斯加上进行间谍活动的罪名！"，现在的暗号是："要不惜一切给某个布尔什维克加上进行间谍活动的罪名！"。列宁列举了在俄国"共和国上演德雷福斯案件时"采用的几种手法后强调指出，"采取撒谎和诽谤的攻势是基于疯狂的政治仇恨……"

《列宁全集》中文第 2 版增订版第 30 卷第 404—406 页。

7 月 6 日（19 日）夜至 7 日（20 日）凌晨

一队士官生和士兵奉命前往马·季·叶利扎罗夫和安·伊·叶利扎罗娃夫妇家逮捕列宁。士官生和士兵搜查了住宅。

《列宁全集》中文第 2 版增订版第 47 卷第 608 页；《回忆弗·伊·列宁》，第 1 卷，1968 年，第 174—176、471 页；《人民事业报》，彼得格勒，1917 年 7 月 8 日，第 95 号。

7 月 7 日（20 日）

列宁早晨转移到老布尔什维克、工人谢·雅·阿利卢耶夫家（第 10 罗日杰斯特文斯卡亚路（现第 10 苏维埃路）17 号 20 室[①]）。列宁向阿利卢耶夫详细询问其工作的那座发电站的工人和职员的情绪。列宁对同俄国社会民主工党（布）中央委员会和彼得堡委员会建立联系一事表示关心。弗拉基米尔·伊里奇后来关于阿利卢耶夫一家写道："在 7 月的那些日子里，当……不得不隐藏起来，面

---

① 现在是弗·伊·列宁纪念馆。楼房墙壁上设有一块纪念牌，上面写着："1917 年七月事变后，弗拉基米尔·伊里奇·列宁为躲避反革命资产阶级临时政府的追捕，于 7 月 7 日（20 日）—9 日（22 日）曾避居在这栋楼房里。"——俄文编者注

临极大的危险的时候，就是这一家人掩护了我"，不仅如此，他们还对我们的保密工作给了许多帮助，要是没有他们的帮助，"是摆脱不了克伦斯基的暗探的"。

《列宁全集》中文第 2 版增订版第 52 卷第 135 页；《回忆弗·伊·列宁》，第 1 卷，1968 年，第 471 页；第 2 卷，1969 年，第 405—406 页；《列宁在十月（回忆录）》，1957 年，第 211—213、217—221 页；Н.А.马克西莫夫、К.С.普德里科娃：《第 10 苏维埃路 17 号（纪念馆参观手册）》，第 4 版，1970 年，第 16 页。

列宁写《辟谣》一文，驳斥关于他已被捕的谣言。列宁请求"正直的公民不要相信卑鄙龌龊的诽谤"。

《列宁全集》中文第 2 版增订版第 30 卷第 407 页。

列宁写《三次危机》一文，剖析三次政治危机（四月危机、六月危机和七月危机）的原因、它们的共性和特殊性，说明它们是"某种比游行示威大得多而比革命小一些的事件。这是革命和反革命的**同时**爆发，这是无产阶级分子和资产阶级分子猛然显示力量而使中间分子剧烈地、有时几乎是突然地被'冲刷掉'"。列宁指出，阶级矛盾的存在就决定了不可避免地还将产生类似的危机。

《列宁全集》中文第 2 版增订版第 30 卷第 408—412 页。

列宁白天在谢·雅·阿利卢耶夫家同娜·康·克鲁普斯卡娅和玛·伊·乌里扬诺娃商量他是否在临时政府的法庭出庭受审的问题。列宁说他打算出庭受审。

《回忆弗·伊·列宁》，第 1 卷，1968 年，第 471 页。

列宁写信给工兵代表苏维埃中央执行委员会常务委员会，信中说："直到现在，7 月 7 日下午 3 时 15 分，我才获悉，昨天夜里一群武装人员，不顾我妻子的抗议，未出示搜查证，就搜查了我的住所。我对此表示抗议，并请求中央执行委员会常务委员会调查这

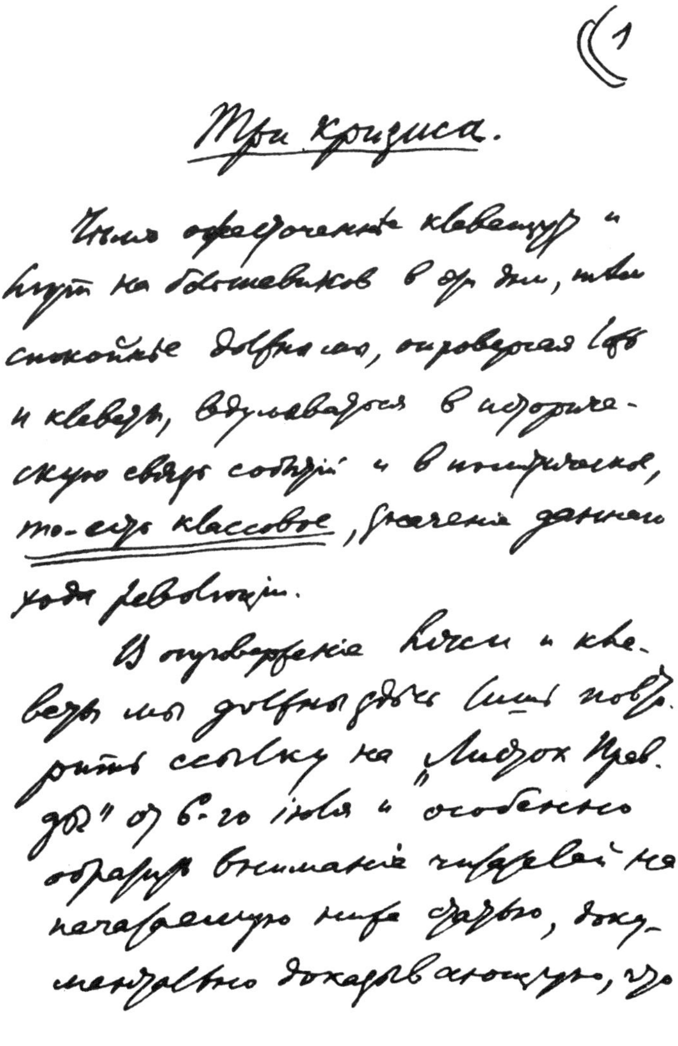

(1

Три кризиса.

Чем озлобленнее клевета и ложь на большевиков в эти дни, тем спокойнее должны мы, опровергая ложь и клевету, вдуматься в историческую связь событий и в политическое, то-есть классовое, значение данного хода революции.

Для опровержения лжи и клеветы мы должны здесь лишь повторить ссылку на „Листок Правды" от 6-го июля и особенно обратить внимание читателей на печатаемую ниже статью, документально доказывающую, что

1917年7月7日(20日)列宁《三次危机》一文手稿第1页

一公然违法的行动。"列宁声明:"一旦政府发布逮捕我的命令而这
一命令又经中央执行委员会批准,我就到中央执行委员会指定的
逮捕地点去。"

《列宁全集》中文第 2 版增订版第 47 卷第 608 页。

列宁在谢·雅·阿利卢耶夫家同维·巴·诺根、格·康·奥
尔忠尼启则、约·维·斯大林、叶·德·斯塔索娃等人开会商讨他
是否在临时政府的法庭出庭受审的问题。当得知如果列宁被捕,
中央执行委员会和彼得格勒工兵代表苏维埃不能确保其安全之
后,出席会议的人说服列宁不出庭受审,并决定把他隐藏到彼得格
勒城外更安全的地方。

《回忆弗·伊·列宁》,第 1 卷,1968 年,第 471 页;第 2 卷,
1969 年,第 416—417 页。

遵照列宁的要求,M.H.波列塔耶夫(尼·古·波列塔耶夫的
儿子)送一篇文章到《日报》、《新生活报》等几家报纸的编辑部去发
表(未查明这是一篇什么文章)。

《列宁在十月(回忆录)》,1957 年,第 212 页。

列宁 7 月 4 日(17 日)向游行示威群众发表的讲话(简述)在
《工人报》(彼得格勒)第 100 号上发表。

《列宁全集》中文第 2 版增订版第 32 卷第 35 页;《工人报》,彼
得格勒,1917 年 7 月 7 日,第 100 号。

列宁的《乌克兰》一文转载于《高加索工人报》(梯弗利斯)第
93 号。

《列宁全集》中文第 2 版增订版第 30 卷第 312—313 页;《高加
索工人报》,梯弗利斯,1917 年 7 月 7 日,第 93 号。

朗根济片股份公司的铜铁铸造、配件及水泵工厂(彼得格勒)
工人要求工兵代表苏维埃中央执行委员会制止对列宁和以列宁为

代表的革命运动"卑鄙龌龊、显然是反革命的诽谤中伤"。他们写道:"黄色报刊的任何诽谤攻击……都破坏不了列宁同志和社会民主党的整个革命派(布尔什维克)的威信,也动摇不了人们对他们的信任,因为他们的立场就是工人阶级和贫苦大众的立场。"

《工人和士兵报》,彼得格勒,1917 年 7 月 23 日,第 1 号。

"发动机"工厂(莫斯科)工人坚决抗议"英、法、俄资产阶级企图"逮捕列宁。

《社会民主党人报》,莫斯科,1917 年 7 月 9 日(22 日),第
103 号。

临时政府颁布关于逮捕 7 月 3—4 日(16—17 日)彼得格勒工人和士兵和平游行示威的所有参加者、并追究其法律责任的命令,说他们"犯了叛国和叛变革命罪"。一些报纸在解释这项命令时称第一个被追究法律责任的就是列宁。

《临时政府通报》,彼得格勒,1917 年 7 月 7 日(20 日),第 98
号;《新生活报》,彼得格勒,1917 年 7 月 8 日(21 日),第 69
号;《人民事业报》,彼得格勒,1917 年 7 月 8 日,第 95 号。

不早于 7 月 7 日(20 日)—不晚于 10 日(23 日)

俄国社会民主工党(布)彼得堡委员会执行委员会根据彼得格勒各工厂工人的要求,给工兵代表苏维埃中央执行委员会和全俄农民代表苏维埃执行委员会起草了一份反对临时政府下令逮捕列宁的抗议书草案。草案中写道,这项命令是"对政治对手的卑鄙的报复和迫害行径"。草案要求立即审查对列宁提出的各项指控,并"最广泛最全面地公布这一案件的调查结果"。抗议书草案分发到彼得格勒各区,在工厂中征集签名。

《1917 年 7 月的俄国革命运动——七月危机》,1959 年,第 161、
165 页;《无产阶级事业报》,喀琅施塔得,1917 年 8 月 1 日(7 月 19
日),第 5 号;《回忆弗·伊·列宁》,第 1 卷,1968 年,第 471 页。

7 月,不早于 7 日(20 日)

彼得格勒维堡区、涅瓦区、彼得格勒区、拉脱维亚区以及其他一些区的企业开展征集在反对临时政府下令逮捕列宁的抗议书草案上签名的活动。

> 《1917 年 7 月和 10 月彼得格勒布尔什维克第二次和第三次全市代表会议(记录和资料)》,1927 年,第 61—64 页;《回忆弗·伊·列宁》,第 1 卷,1968 年,第 471 页。

普梯洛夫造船厂(彼得格勒)全厂大会一致通过俄国社会民主工党(布)彼得堡委员会执行委员会的反对临时政府下令逮捕列宁的抗议书草案。

> 《1917 年 7 月的俄国革命运动——七月危机》,1959 年,第 58—60、165 页;《无产阶级事业报》,喀琅施塔得,1917 年 8 月 1 日(7 月 19 日),第 5 号;《回忆弗·伊·列宁》,第 1 卷,1968 年,第 471 页。

7 月 7 日和 15 日(20 和 28 日)之间

彼得格勒工兵代表苏维埃布尔什维克党团通过决议,抗议临时政府下令逮捕列宁。党团强调指出这项命令"纯粹是为了使革命的左翼失去其领袖而炮制的",建议苏维埃执行委员会"对这一极端反动的措施表示最强烈的抗议,并力争撤销这项命令"。党团同时声明完全支持列宁领导 7 月 3—4 日(16—17 日)彼得格勒工人和彼得格勒卫戍部队士兵的革命发动的活动。170 名布尔什维克党团成员在决议上签名。

> 《无产阶级事业报》,喀琅施塔得,1917 年 7 月 28 日(15 日),第 2 号;《回忆弗·伊·列宁》,第 1 卷,1968 年,第 471 页。

7 月 8 日(21 日)

列宁写《关于布尔什维克领袖们出庭受审的问题》一文,表示坚决反对在反革命临时政府的法庭出庭受审,因为"俄国目前没有而且(眼下)也不可能有正确的政府和正确的法庭"。"让国际主义者尽自己的力量秘密地工作吧,但是决不能让他们去做自愿出庭受审的蠢事!"列宁在文章的结尾写道。

《列宁全集》中文第 2 版增订版第 30 卷第 413—414 页;《回忆弗·伊·列宁》,第 1 卷,1968 年,第 471 页;第 2 卷,1969 年,第 416—417 页。

列宁的《政权在哪里?反革命在哪里?》一文转载于《真理呼声报》(喀琅施塔得)第 92 号。

《列宁全集》中文第 2 版增订版第 30 卷第 385—392 页;《真理呼声报》,喀琅施塔得,1917 年 7 月 21 日(8 日),第 92 号。

俄国社会民主工党(布)莫斯科委员会和莫斯科区域局印发传单,揭露资产阶级对列宁的诽谤。

《莫斯科布尔什维克组织的传单(1914—1925 年)》,莫斯科,1954 年,第 76—79 页;《现代言论报》,彼得格勒,1917 年 7 月 7 日,第 53 号。

7 月 8 日或 9 日(21 日或 22 日)

列宁早上得知,已为他在拉兹利夫车站附近的一个村庄里安排了可靠的隐蔽住所。他请谢·雅·阿利卢耶夫设法弄到一张彼得格勒地图,以确定到滨海车站(大涅瓦河新农村沿岸街(现滨海大街)17 号)走哪一条路最为安全。

《列宁在 1917 年(回忆录)》,1967 年,第 113 页;《红色史料》杂志,莫斯科—彼得格勒,1923 年,第 9 期,第 14—15 页;《列宁在彼得堡》,第 3 版,1957 年,第 164 页。

7 月 8 日和 11 日(21 日和 24 日)之间

列宁写的《给全俄农民代表大会代表的公开信》和他 5 月 22 日(6 月 4 日)在该代表大会上关于土地问题的讲话翻印成小册

子。小册子是由俄国社会民主工党（布）斯摩棱斯克委员会以《列宁关于土地问题的讲话》为题出版的（散发小册子一事遭到明斯克军区司令部的禁止）。

《列宁全集》中文第 2 版增订版第 30 卷第 41—45、138—156 页；弗·伊·列宁：《列宁关于土地问题的讲话（1917 年 5 月 22 日在全俄农民代表苏维埃会议上的讲话）》，斯摩棱斯克，俄国社会民主工党斯摩棱斯克委员会出版社，1917 年，24 页，（俄国社会民主工党）；苏共中央马列主义研究院中央党务档案馆，第 60 号全宗，第 1 号目录，第 56 号案卷，第 14 张；《1917 年十月革命前斯摩棱斯克地区的布尔什维克（文件集）》，斯摩棱斯克，1961 年，第 229 页。

7 月 9 日（22 日）

列宁的《实施社会主义，还是揭露盗窃国库的行为？》一文转载于《同志报》（米努辛斯克）第 24 号。

《列宁全集》中文第 2 版增订版第 30 卷第 286—288 页；《同志报》，米努辛斯克，1917 年 7 月 9 日，第 24 号。

列宁的《松垮的革命》一文用格鲁吉亚文转载于《斗争报》（梯弗利斯）第 6 号。

《列宁全集》中文第 2 版增订版第 30 卷第 354—357 页；《斗争报》，梯弗利斯，1917 年 7 月 9 日，第 6 号。

列宁的《诽谤和事实》和《是新的德雷福斯案件吗？》两篇文章转载于《真理呼声报》（喀琅施塔得）第 93 号。

《列宁全集》中文第 2 版增订版第 30 卷第 395—396、399—400 页；《真理呼声报》，喀琅施塔得，1917 年 7 月 22 日（9 日），第 93 号。

彼得格勒第一戈罗德区布尔什维克大会通过抗议临时政府下令逮捕列宁的决议。

《1917 年 7 月的俄国革命运动——七月危机》，1959 年，第 162 页。

梯弗利斯卫戍部队的士兵及市民约 3 000 人集会,通过抗议临时政府下令逮捕列宁的决议。大会参加者声明:"个别人可以被剥夺自由,但思想是永生的。推翻腐朽沙皇专制制度并获得自由的人民有能力捍卫用鲜血夺得的自由。打倒暴力! 打倒专制! 革命民主派及其优秀的战士列宁等人万岁! 逮捕他们的命令应立即予以撤销!"

《高加索工人报》,梯弗利斯,1917 年 7 月 11 日,第 96 号。

俄国社会民主工党(布)莫斯科罗戈日区全体党员大会通过决议,要求"对诽谤"列宁"一事立即追根查源"。决议强调指出:"诽谤攻击列宁同志,逮捕无产阶级政党的代表,是资产阶级对整个无产阶级发起的攻势。"

《社会民主党人报》,莫斯科,1917 年 7 月 13 日(26 日),第 106 号;《1917 年 7 月的俄国革命运动——七月危机》。1959 年,第 159—160 页。

7 月 9 日或 10 日(22 日或 23 日)

俄国社会民主工党(布)莫斯科郊区第二次代表会议通过决议,抗议对列宁的无耻诽谤。代表会议要求工兵代表苏维埃执行委员会在有一名革命的社会民主党代表的参加下公开审查加在列宁身上的各种罪名,并要求"把所有无耻的造谣中伤者交刑事法庭审判"。

《1917 年 7 月的俄国革命运动——七月危机》,1959 年,第 158 页。

7 月 9 日和 11 日(22 日和 24 日)

经列宁补充和校阅的娜·康·克鲁普斯卡娅的《俄国社会民主工党历史上的一页》一文转载于《社会民主党人呼声报》(基辅)第 67 号和第 68 号。

《列宁全集》中文第 2 版增订版第 30 卷第 73 页;《社会民主党人呼声报》,基辅,1917 年 7 月 9 日,第 67 号;7 月 11 日,第 68 号。

不早于 7 月 9 日(22 日)—不晚于 14 日(27 日)

列宁写《给〈无产阶级事业报〉编辑部的信》,说他改变了"服从临时政府逮捕我们的命令"的打算。列宁强调指出,"现在把自己交给当局,就是把自己……交给疯狂的反革命分子"。他说:"我们要一如既往尽力帮助无产阶级的革命斗争。"

《列宁全集》中文第 2 版增订版第 30 卷第 415—416 页;《无产阶级事业报》,喀琅施塔得,1917 年 7 月 28 日(15 日),第 2 号;《新时报》,彼得格勒,1917 年 7 月 9 日(22 日),第 14822 号。

7 月 9 日(22 日)夜至 10 日(23 日)凌晨

列宁研究彼得格勒地图,标明到滨海车站的路线。列宁深夜化好装,离开谢·雅·阿利卢耶夫的住所,由阿利卢耶夫、工人维·伊·佐夫和约·维·斯大林陪同走出第 10 罗日杰斯特文斯卡亚路 17 号,沿街转到第 9 罗日杰斯特文斯卡亚路,经过近卫军骑炮旅的马厩,走过希腊大街、维尔纳巷(现红色邮电街),经过工兵营营房,再走过普列奥布拉任斯基街(现拉吉舍夫街)、新教教堂街(现萨尔蒂科夫-谢德林街)、沃斯克列先斯克大街(现车尔尼雪夫斯基大街)、沃斯克列先斯克沿岸街(现罗伯斯比尔沿岸街),穿过利季约桥,走过皮罗戈夫沿岸街、大萨姆普桑大街(现卡尔·马克思大街)、克利尼切斯卡亚街,接着沿萨姆普桑沿岸街(现福金沿岸街)、维堡沿岸街、斯特罗加诺夫沿岸街和新农村沿岸街到滨海车站。然后,列宁由谢斯特罗列茨克兵工厂工人尼·亚·叶梅利亚诺夫陪同乘近郊列车抵达拉兹利夫车站。

苏共中央马列主义研究院中央党务档案馆,第 124 号全宗,第

1 号目录,第 39 号案卷,第 23 张背面;《回忆弗·伊·列宁》,第 2 卷,1969 年,第 407、411、417 页;《彼得格勒真理报》,1922 年 7 月 16 日,第 157 号;H.A.马克西莫夫、K.C.普德里科娃:《第 10 苏维埃路 17 号(纪念馆参观手册)》,第 4 版,1970 年,第 23—25 页。

7 月 10 日(23 日)—不晚于 8 月 6 日(19 日)

列宁匿居在拉兹利夫车站(彼得格勒—谢斯特罗列茨克铁路滨海线(现十月铁路芬兰线))附近镇上工人尼·亚·叶梅利亚诺夫家木屋的顶间(第 5 塔尔霍夫街 2 号(现尼·亚·叶梅利亚诺夫街 3 号))①。不久后,弗拉基米尔·伊里奇搬到谢斯特罗列茨克的拉兹利夫湖对岸搭起的窝棚②里,装成一个芬兰割草人;格·叶·季诺维也夫也躲藏在那里。列宁通过格·康·奥尔忠尼启则、维·伊·佐夫、亚·瓦·绍特曼和埃·拉希亚同俄国社会民主工党(布)中央保持联系。

> 《列宁全集》中文第 2 版增订版第 30 卷第 402—403、415—416 页,第 31 卷第 223—246 页,第 32 卷第 1—65 页;苏共中央马列主义研究院中央党务档案馆,第 4 号全宗,第 2 号目录,第 813 号案卷;第 1 号目录,第 113 号案卷,第 46 张;《回忆弗·伊·列宁》,第 1 卷,1968 年,第 472—473 页;第 2 卷,1969 年,第 411—412、418—419、421—424 页;安·伊·乌里扬诺娃-叶利扎罗娃:《乌里扬诺夫(尼·列宁)生平活动简述》,〔莫斯科〕,1934 年,第 77 页;《旗》杂志,莫斯科,1957 年,第 2 期,第 140—141 页;《无产阶级革命》杂志,莫斯科—列宁格勒,1927 年,第 8—9 期合刊,第 68—69 页;《弗·伊·列宁传》,第 5 版,1972 年,第 367 页;《列宁格勒的弗·伊·列宁

---

① 现在是弗·伊·列宁"木屋"纪念馆。纪念馆正面设有一块纪念牌,上面写着:"1917 年 7 月 10 日(23 日)起,弗拉基米尔·伊里奇·列宁为躲避反革命临时政府的追捕,曾在这所木屋的顶间居住和工作了数天。"——俄文编者注

② 现在是弗·伊·列宁"窝棚"纪念馆。在花岗石纪念碑上刻的题词是:"1917 年 7 月和 8 月,具有世界意义的十月革命的领袖为了躲避资产阶级的追捕,在这个用树枝搭成的窝棚里住过,并写了他的《国家与革命》一书。我们在窝棚原址建了一座花岗石窝棚以志纪念。列宁格勒市工人。1927 年"。——俄文编者注

1917年七月事变后列宁在拉兹利夫工人
尼·亚·叶梅利亚诺夫家匿居的木屋

尼·亚·叶梅利亚诺夫家木屋的顶间

1917年7月列宁渡过拉兹利夫湖乘坐的小船

1927年列宁格勒工人在拉兹利夫湖畔设立的"窝棚"纪念碑

纪念碑和纪念牌(简明手册)》,列宁格勒,1971 年,第 66 页。

7 月 10 日(23 日)

列宁写《政治形势》(四点提纲)。列宁在提纲中根据 7 月游行示威时群众遭到开枪射击所引起的政治形势的变化确定党的新的策略路线,这就是:

"1. 反革命组织起来了,巩固起来了,并且实际上已经掌握了国家政权……

2. 苏维埃以及社会革命党和孟什维克党的领袖们,以策列铁里和切尔诺夫为首,已经彻底出卖了革命事业,把革命事业交给反革命分子,使自己和自己的党以及苏维埃变成了反革命的遮羞布……

3. 俄国革命和平发展的一切希望都彻底破灭了。客观情况是:或者是军事专政取得最终胜利;或者是工人的武装起义取得胜利,而工人的武装起义,只有同经济破坏和战争延长所引起的反政府反资产阶级的群众运动的巨大高潮结合起来才有可能取得胜利。

全部政权归苏维埃的口号是革命和平发展的口号,在 4 月、5 月、6 月,直到 7 月 5—9 日以前,即实际权力转到军事独裁者手中以前,革命和平发展是可能的。现在这个口号已经不正确了,因为它没有考虑到目前发生的这种转变,没有考虑到社会革命党人和孟什维克实际上对革命的彻底背叛……

武装起义的目的只能是使政权转到受贫苦农民支持的无产阶级手中,以实现我们党的纲领。

4. 工人阶级的党决不放弃合法活动,但一分钟也不对合法活动抱过高的希望,应当像在 1912—1914 年那样把合法活动和秘密活动**结合起来**。

就是一小时的合法活动也不要放弃。但是也决不要相信立宪和'和平道路'的幻想。立即在各地建立秘密的组织或支部,来印发传单等等。立即沉着地坚定地在各方面重新部署。

要像在1912—1914年那样进行活动,当时我们就是既讲要通过革命和武装起义推翻沙皇制度,又不丢掉合法的基地,无论在国家杜马、保险基金会、工会或在其他方面,都没有丢掉合法的基地。"

《列宁全集》中文第2版增订版第32卷第1—5页。

俄国社会民主工党(布)叶卡捷琳堡委员会组织的群众大会通过决议,抗议诽谤攻击列宁,并要求审判造谣诽谤者。

《乌拉尔真理报》,叶卡捷琳堡,1917年7月13日,第14号。

上伊谢季制铁厂(彼尔姆省)工人大会讨论彼得格勒七月事变。会议强烈抗议诽谤攻击列宁,强烈抗议临时政府下令逮捕列宁。

《乌拉尔真理报》,叶卡捷琳堡,1917年7月16日,第15号。

为了搜寻列宁,临时政府的一支部队再次搜查马·季·叶利扎罗夫和安·伊·叶利扎罗娃夫妇的住宅。娜·康·克鲁普斯卡娅和马·季·叶利扎罗夫被短时间拘留。

《回忆弗·伊·列宁》,第1卷,1968年,第174—176、471—472页;《彼得格勒报》,1917年7月11日,第159号。

临时政府的一支加强部队在弗·德·邦契-布鲁耶维奇的别墅、穆斯塔米亚基车站附近的内沃拉村及其邻近的别墅搜寻列宁。

《浪潮报》,赫尔辛福斯,1917年7月26日(13日),第85号;7月27日(14日),第86号;弗·德·邦契-布鲁耶维奇:《回忆列宁》,第2版,1969年,第117—121页。

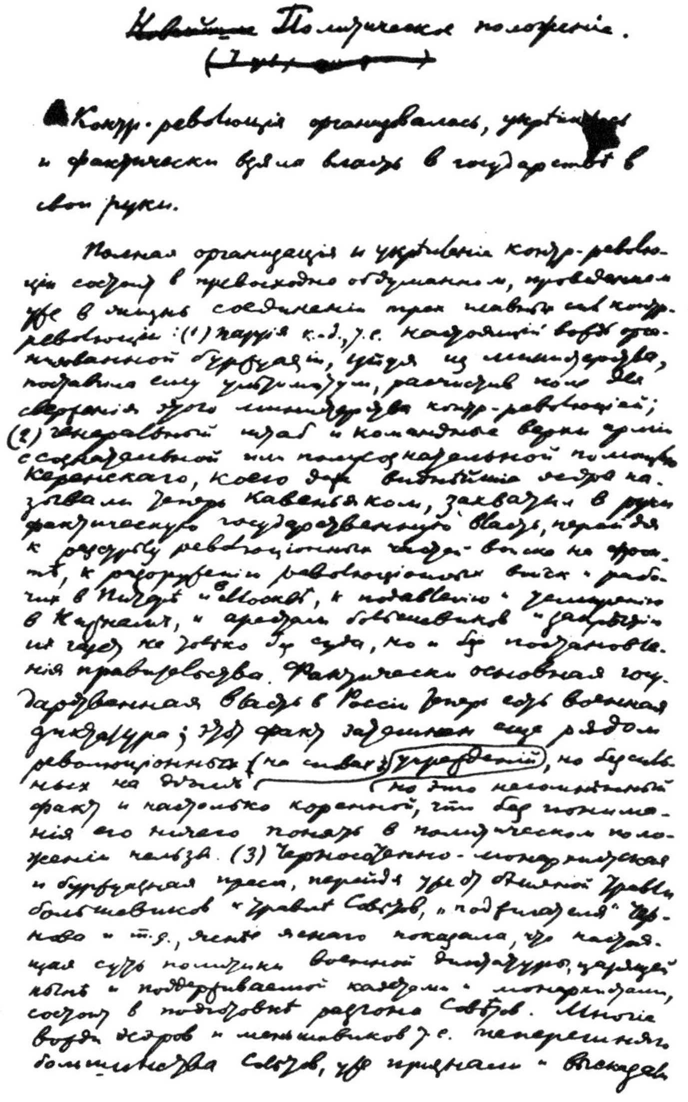

1917年7月10日（23日）列宁《政治形势》一文手稿第1页

7 月 10 日和 16 日（23 日和 29 日）之间

列宁的《政治形势》这一提纲在俄国社会民主工党（布）彼得堡委员会的会议上进行讨论。

《列宁全集》中文第 2 版增订版第 32 卷第 1—5 页；《1917 年 7 月和 10 月彼得格勒布尔什维克第二次和第三次全市代表会议（记录和资料）》，1927 年，第 56 页。

7 月 10 日和 8 月 6 日（7 月 23 日和 8 月 19 日）之间

彼得格勒女工 A.H.托卡列娃多次探望列宁，给他送去食物、衣服及其他物品。

苏共中央马列主义研究院中央党务档案馆，第 4 号全宗，第 1 号目录，第 113 号案卷，第 46 张；第 124 号全宗，第 1 号目录，第 1933 号案卷，第 8—12 张；《回忆弗·伊·列宁》，第 2 卷，1969 年，第 423 页。

7 月，不晚于 11 日（24 日）

列宁通过 M.И.维戈夫斯卡娅转给在赫尔辛福斯的卡·维克一份通知（通知内容未查明）。

苏共中央马列主义研究院中央党务档案馆，第 4 号全宗，第 1 号目录，第 113 号案卷，第 36 张；《无产阶级真理报》，加里宁，1940 年 1 月 21 日，第 17 号。

7 月 11 日（24 日）

列宁给《新生活报》编辑部的信在该报第 71 号和《土地和自由报》（彼得格勒）第 86 号上发表。

《列宁全集》中文第 2 版增订版第 30 卷第 402—403 页；《新生活报》，彼得格勒，1917 年 7 月 11 日（24 日），第 71 号；《土地和自由报》，彼得格勒，1917 年 7 月 11 日，第 86 号。

列宁的《危机日益逼近，经济破坏日益严重》一文转载于《克拉斯诺亚尔斯克工兵代表苏维埃消息报》第 89 号。

《列宁全集》中文第 2 版增订版第 30 卷第 370—372 页；《克拉斯诺亚尔斯克工兵代表苏维埃消息报》，1917 年 7 月 11 日，第 89 号。

列宁的《接近了本质》一文转载于《真理晨报》（雷瓦尔）第 16 号。

《列宁全集》中文第 2 版增订版第 30 卷第 393—394、397—398 页；《真理晨报》，雷瓦尔，1917 年 7 月 24 日（11 日），第 16 号。

П.В.巴拉诺夫斯基股份公司机械、套筒及制管工厂（彼得格勒）工人大会通过给工兵代表苏维埃中央执行委员会的决议，抗议临时政府下令逮捕列宁，抗议对列宁的诽谤中伤。参加大会的有 3 000 工人。

《红色史料》杂志，列宁格勒，1932 年，第 5—6 期合刊，第 201—202 页。

俄国社会民主工党（布）叶卡捷琳堡市代表会议通过决议，抗议"卖身投靠的人们和出卖灵魂的报刊"造谣诽谤列宁。

《乌拉尔真理报》，叶卡捷琳堡，1917 年 7 月 16 日，第 15 号。

高加索集团军军需部装备缝制厂全体士兵大会在其通过的决议中对临时政府下令逮捕列宁表示抗议。

《高加索工人报》，梯弗利斯，1917 年 7 月 13 日，第 98 号。

临时政府的一支加强部队第三次搜查马·季·叶利扎罗夫和安·伊·叶利扎罗娃夫妇的住宅，他们搜遍了整栋楼。

《回忆弗·伊·列宁》，第 1 卷，1968 年，第 176—177、472 页；《彼得格勒报》，1917 年 7 月 12 日，第 160 号；《列宁在彼得堡》，第 3 版，1957 年，第 130 页。

7 月 11 日、12 日和 13 日（24 日、25 日和 26 日）

列宁写的《关于修改党纲的草案》的材料转载于《无产者报》

（哈尔科夫）第 88、89 和 90 号（非全文）。

《列宁全集》中文第 2 版增订版第 29 卷第 481—493 页；《无产者报》，哈尔科夫，1917 年 7 月 24 日（11 日），第 88 号；7 月 25 日（12 日），第 89 号；7 月 26 日（13 日），第 90 号。

7 月，不早于 11 日（24 日）

芬兰社会民主党人卡·维克和古·罗维奥在赫尔辛福斯商讨应彼得格勒方面的请求安排列宁在芬兰匿居的问题。

苏共中央马列主义研究院中央党务档案馆，第 4 号全宗，第 1 号目录，第 113 号案卷，第 36 张；《红色史料》杂志，莫斯科—彼得格勒，1923 年，第 5 期，第 303 页。

7 月 12 日（25 日）

列宁为彼得格勒工厂委员会第一次代表会议起草的《关于同经济破坏作斗争的几项经济措施的决议》草案转载于《红旗报》（符拉迪沃斯托克）第 6 号。

《列宁全集》中文第 2 版增订版第 30 卷第 163—165 页；《红旗报》，符拉迪沃斯托克，1917 年 7 月 12 日，第 6 号。

列宁的《罗将柯怎样为自己辩护》一文转载于《无产者报》（哈尔科夫）第 89 号。

《列宁全集》中文第 2 版增订版第 30 卷第 342 页；《无产者报》，哈尔科夫，1917 年 7 月 25 日（12 日），第 89 号。

列宁的《政权在哪里？反革命在哪里？》一文转载于《浪潮报》（赫尔辛福斯）第 84 号。

《列宁全集》中文第 2 版增订版第 30 卷第 385—392 页；《浪潮报》，赫尔辛福斯，1917 年 7 月 25 日（12 日），第 84 号。

列宁给《新生活报》编辑部的信转载于《真理呼声报》（喀琅施塔得）第 95 号、《莫斯科工人代表苏维埃消息报》第 109 号和《基辅思想报》第 169 号。

《列宁全集》中文第 2 版增订版第 30 卷第 402—403 页；《真理
呼声报》，喀琅施塔得，1917 年 7 月 25 日（12 日），第 95 号；
《莫斯科工人代表苏维埃消息报》，1917 年 7 月 12 日（25 日），
第 109 号；《基辅思想报》，1917 年 7 月 12 日，第 169 号。

不早于 7 月 12 日（25 日）—不晚于 19 日（8 月 1 日）

列宁写《感谢格·叶·李沃夫公爵》一文，对临时政府前首脑
关于对国内阶级敌人的胜利（"'纵深突破'列宁战线"）比德国人突
破西南战线重要得多的自白给予政治上的评价。列宁强调指出，
李沃夫承认了这个真理，这有利于工人阶级争取解放的斗争，有利
于制服敌人，制服剥削者。

《列宁全集》中文第 2 版增订版第 32 卷第 14—16 页；《无产阶
级事业报》，喀琅施塔得，1917 年 8 月 1 日（7 月 19 日），第 5
号；《彼得格勒工兵代表苏维埃消息报》，1917 年 7 月 12 日，
第 115 号。

7 月 13 日（26 日）

列宁的《又是一个委员会》一文转载于《同志报》（米努辛斯克）
第 25 号。

《列宁全集》中文第 2 版增订版第 30 卷第 331—332 页；《同志
报》，米努辛斯克，1917 年 7 月 13 日，第 25 号。

列宁的《诽谤和事实》一文转载于《乌拉尔真理报》（叶卡捷琳
堡）第 14 号。

《列宁全集》中文第 2 版增订版第 30 卷第 395—396 页；《乌拉
尔真理报》，叶卡捷琳堡，1917 年 7 月 13 日，第 14 号。

列宁给《新生活报》编辑部的信转载于《浪潮报》（赫尔辛福斯）
第 85 号、《前进报》（莫斯科）第 105 号和《社会民主党人报》（莫斯
科）第 106 号。

《列宁全集》中文第 2 版增订版第 30 卷第 402—403 页；《浪潮
报》，赫尔辛福斯，1917 年 7 月 26 日（13 日），第 85 号；《前进

报》,莫斯科,1917 年 7 月 13 日,第 105 号;《社会民主党人报》,莫斯科,1917 年 7 月 13 日(26 日),第 106 号。

俄国社会民主工党(布)莫斯科索科利尼基区工厂和部队基层党组织代表举行的会议给"工人阶级最忠诚的和久经考验的领袖"列宁发致敬信。会议在其决议中对"资产阶级卑鄙无耻地诽谤中伤"列宁表示抗议。

《社会民主党人报》,莫斯科,1917 年 7 月 19 日(8 月 1 日),第 111 号。

彼得格勒"诺贝尔"机械制造厂全体工人大会通过决议,抗议诬蔑列宁从事间谍活动,并要求立即追查和惩办诬蔑者。

《工人和士兵报》,彼得格勒,1917 年 7 月 23 日,第 1 号。

7 月 13 日—14 日(26 日—27 日)

俄国社会民主工党(布)中央委员会举行扩大会议(彼得堡委员会、俄国社会民主工党(布)中央委员会军事组织、莫斯科区域局、莫斯科委员会和莫斯科郊区委员会的代表列席会议),讨论列宁的提纲《政治形势》。会议的决议反映了列宁关于新的政治形势和党的策略的结论,但对"全部政权归苏维埃!"这一口号问题没有作出明确的答复。会议作出决定,反对列宁在反革命临时政府的法庭出庭受审。

《列宁全集》中文第 2 版增订版第 32 卷第 1—5 页;《苏联共产党决议汇编》,第 8 版,第 1 卷,1970 年,第 480—482 页;A.M.索沃金:《十月革命前夕》,莫斯科,1973 年,第 46—48 页。

7 月 14 日(27 日)

列宁的《政权在哪里? 反革命在哪里?》一文转载于《战壕真理报》(里加)第 30 号。

《列宁全集》中文第 2 版增订版第 30 卷第 385—392 页;《战壕真理报》,里加,1917 年 7 月 14 日,第 30 号。

列宁给《新生活报》编辑部的信转载于《人民呼声报》(图拉)第92号、《社会民主党人呼声报》(基辅)第71号、《北方工人报》(科斯特罗马)第19号和《无地农民报》(塔林,爱沙尼亚文报纸)第3号。

> 《列宁全集》中文第2版增订版第30卷第402—403页;《人民呼声报》,图拉,1917年7月14日,第92号;《社会民主党人呼声报》,基辅,1917年7月14日,第71号;《北方工人报》,科斯特罗马,1917年7月14日,第19号;《无地农民报》,塔林,1917年7月14日(27日),第3号。

彼得格勒高等法院检察官关于逮捕列宁(据说隐藏在"自由曙光"号战列舰上)并把他押送到彼得格勒的命令,用密码电报发给喀琅施塔得要塞司令。

> 《红色史料》杂志,莫斯科—列宁格勒,1927年,第3期,第29页。

7月14日、17日、21日、24日和28日
(7月27日、30日、8月3日、6日和10日)

列宁6月9日(22日)在全俄工兵代表苏维埃第一次代表大会上关于战争的讲话在《工人报》(喀山)第32—36号上发表(按速记稿刊印)。

> 《列宁全集》中文第2版增订版第30卷第250—264页;《工人报》,喀山,1917年7月27日(14日),第32号;7月30日(17日),第33号;8月3日(7月21日),第34号;8月6日(7月24日),第35号;8月10日(7月28日),第36号。

7月15日(28日)

列宁的《立宪民主党人退出内阁有什么打算?》一文和《给〈无产阶级事业报〉编辑部的信》在喀琅施塔得出版的该报第2号上发表。

> 《列宁全集》中文第2版增订版第30卷第381—382、415—

416 页;《无产阶级事业报》,喀琅施塔得,1917 年 7 月 28 日
(15 日),第 2 号。

列宁的《政权在哪里? 反革命在哪里?》、《黑帮报纸和阿列克
辛斯基的卑鄙诽谤》、《诽谤和事实》、《接近了本质》和《是新的德雷
福斯案件吗?》等文章转载于《克拉斯诺亚尔斯克工人报》第 98 号。

《列宁全集》中文第 2 版增订版第 30 卷第 385—392、393—
394、395—396、397—398、399—400 页;《克拉斯诺亚尔斯克
工人报》,1917 年 7 月 15 日,第 98 号。

列宁给《新生活报》编辑部的信转载于《明星报》(叶卡捷琳诺
斯拉夫)第 40 号、《萨拉托夫工兵代表苏维埃消息报》第 60 号(非
全文)、《南方消息报》(哈尔科夫)第 108 号、《无产者报》(哈尔科
夫)第 92 号、《士兵和工人报》(赫尔松)第 50 号、《工人报》(塔林,
爱沙尼亚文报纸)第 1 号、《社会民主党人报》(萨拉托夫)第 55 号
和《社会民主党人报》(哈尔科夫)第 100 号。

《列宁全集》中文第 2 版增订版第 30 卷第 402—403 页;《明星
报》,叶卡捷琳诺斯拉夫,1917 年 7 月 15 日(28 日),第 40 号;
《萨拉托夫工兵代表苏维埃消息报》,1917 年 7 月 15 日,第 60
号;《南方消息报》,哈尔科夫,1917 年 7 月 15 日(28 日),第
108 号;《无产者报》,哈尔科夫,1917 年 7 月 28 日(15 日),第
92 号;《士兵和工人报》,赫尔松,1917 年 7 月 15 日,第 50 号;
《社会民主党人报》,萨拉托夫,1917 年 7 月 15 日,第 55 号;
《社会民主党人报》,哈尔科夫,1917 年 7 月 15 日(28 日),第
100 号;《工人报》,塔林,1917 年 7 月 15 日(28 日),第 1 号。

7 月中

列宁会见格·康·奥尔忠尼启则,听取他关于彼得格勒的
局势、工人和士兵的情绪、布尔什维克组织的活动的汇报;指出
苏维埃不愿取得政权而使自己威信扫地;表示相信武装起义将
不会晚于今年 9—10 月取得胜利;对俄国社会民主工党(布)中
央委员会的工作作指示;托付奥尔忠尼启则转寄自己的文章和

书信。

《回忆弗·伊·列宁》,第 2 卷,1969 年,第 417—419 页;《旗》杂志,莫斯科,1957 年,第 2 期,第 141 页。

列宁写《论口号》一文,说明必须取消"全部政权归苏维埃!"这个口号,因为这是革命和平发展的口号。列宁在新的条件下提出新的策略,他强调指出,在历史急剧转变关头党应该善于迅速地掌握新的情况,改变自己的口号。列宁写道:"不要向后看,而要向前看。应当运用新的即七月事变以后的阶级和政党的范畴来思考问题,而不应当运用旧的范畴来思考问题。……必须以资产阶级反革命势力已经取得胜利这一事实作为出发点;反革命势力之所以能够取得胜利,是因为社会革命党人和孟什维克同它妥协,而只有革命的无产阶级才能战胜它。"文章强调指出:"在这新的革命中可能而且一定会出现苏维埃,但是**不是**现在的苏维埃,不是同资产阶级妥协的机关,而是同资产阶级进行革命斗争的机关。到那时候,我们也会主张按照苏维埃类型来组织整个国家,这是必然的。这并不是一般苏维埃的问题,而是同**目前的**反革命势力,同**目前的**苏维埃的背叛行为作斗争的问题。"

《列宁全集》中文第 2 版增订版第 32 卷第 6—13 页。

俄国社会民主工党(布)中央委员会决定把列宁转移到芬兰,责成布尔什维克亚·瓦·绍特曼办理转移事宜。

《列宁全集》中文第 2 版增订版第 32 卷第 6—13 页;《回忆弗·伊·列宁》,第 1 卷,1968 年,第 471 页;第 2 卷,1969 年,第 413、419、421—423、437 页;《红色史料》杂志,列宁格勒,1934 年,第 1 期,第 81—82 页。

列宁会见到他那里去的亚·瓦·绍特曼,听取关于彼得格勒事件的汇报,谈俄国革命发展几种可能的道路;委托绍特曼将《论口号》一文的手稿送去付印,商讨秘密转移到芬兰的事宜。

《列宁全集》中文第 2 版增订版第 32 卷第 6—13 页;《回忆弗·伊·列宁》,第 2 卷,1969 年,第 421—423 页。

不早于 7 月中—不晚于 8 月 2 日(15 日)

列宁的《论口号》一文由俄国社会民主工党(布)喀琅施塔得委员会出版小册子,共印 5 000 册。

《列宁全集》中文第 2 版增订版第 32 卷第 6—13 页;弗·伊·列宁:《论口号》,喀琅施塔得,俄国社会民主工党喀琅施塔得委员会出版社,1917 年,16 页,(俄国社会民主工党),标题前署名:尼·列宁;苏共中央马列主义研究院中央党务档案馆,第 17 号全宗,第 1a 号目录,第 136 号案卷(第 1 册),第 144、147 张。

不早于 7 月中—不晚于 9 月 29 日(10 月 12 日)

列宁 6 月 9 日(22 日)在全俄工兵代表苏维埃第一次代表大会上关于战争的讲话由《波涛报》出版社(赫尔辛福斯)出版小册子。

《列宁全集》中文第 2 版增订版第 30 卷第 250—264 页;弗·伊·列宁:《关于战争(在全俄工兵代表苏维埃代表大会上的讲话)》,赫尔辛福斯,《波涛报》出版社,1917 年,24 页,(俄国社会民主工党),标题前署名:尼·列宁;《波涛报》,赫尔辛福斯,1917 年 10 月 12 日(9 月 29 日),第 40 号。

7 月 16 日(29 日)

列宁给《新生活报》编辑部的信转载于《前进报》(乌法)第 92 号、《战壕真理报》(里加)第 31 号、《伏尔加河沿岸真理报》(萨马拉)第 66 号、《工人思想报》(察里津)第 15 号和《乌拉尔真理报》(叶卡捷琳堡)第 15 号。

《列宁全集》中文第 2 版增订版第 30 卷第 402—403 页;《前进报》,乌法,1917 年 7 月 16 日,第 92 号;《战壕真理报》,里加,1917 年 7 月 16 日,第 31 号;《伏尔加河沿岸真理报》,萨马拉,1917 年 7 月 16 日,第 66 号;《工人思想报》,察里津,1917 年 7 月 16 日,第 15 号;《乌拉尔真理报》,叶卡捷琳堡,1917 年 7 月 16 日,第 15 号。

针对在工兵代表苏维埃中央执行委员会和全俄农民代表苏维埃执行委员会中占多数的社会革命党人和孟什维克关于指责列宁逃避临时政府的法庭审讯的决议,苏维埃中央执行委员会布尔什维克党团发表声明说,列宁受到"煽动暴行的报刊极其疯狂的陷害",人身安全得不到保障,不能把自己交给当局。

《1917 年 7 月的俄国革命运动——七月危机》,1959 年,第248—249 页。

布尔什维克士兵 C.B.乌捷舍夫和 П.Я.格洛托夫在马卡罗沃村(沃罗涅日省新霍皮奥尔斯克县)举行的全乡大会上号召"不承认临时政府,不服从临时政府",指出"他们只承认列宁及其战友"。

《沃罗涅日省建立苏维埃政权的斗争(文件和资料集)》,沃罗涅日,1957 年,第 121 页。

7 月 17 日(30 日)

列宁给《新生活报》编辑部的信转载于《工人报》(喀山)第33 号。

《列宁全集》中文第 2 版增订版第 30 卷第 402—403 页;《工人报》,喀山,1917 年 7 月 30 日(17 日),第 33 号。

俄国社会民主工党(布)莫斯科市莫斯科河南岸区全体党员大会在掌声和《国际歌》声中通过给列宁的致敬信。致敬信中写道:"亲爱的弗拉基米尔·伊里奇同志! 在沙文主义和反动势力甚嚣尘上、小资产阶级的领袖们惊慌失措束手无策的这些日子里,我们再一次向您——革命无产阶级最坚强的领袖致以敬礼。"

《社会民主党人报》,莫斯科,1917 年 7 月 21 日(8 月 3 日),第113 号。

巴拉哈内镇油田(巴库附近)的布尔什维克组织"古墨特"成员和穆斯林工人举行大会,抗议"资本家报纸对列宁同志"的种种指控,并要求停止这一诽谤攻击。

《为阿塞拜疆社会主义革命胜利而斗争的布尔什维克(文件和资料)》,巴库,1957 年,第 66、643 页。

"凤凰"工厂(彼得格勒)工人通过决议,抗议诽谤攻击列宁。

《工人和士兵报》,彼得格勒,1917 年 8 月 1 日,第 8 号。

俄国社会民主工党(布)谢尔比诺夫卡组织(乌克兰)全体大会通过决议,抗议诽谤攻击列宁。

《伟大十月社会主义革命准备和进行时期的乌克兰布尔什维克组织(文件和资料集)》,基辅,1957 年,第 560—561 页。

7 月 18 日(31 日)

列宁的《堕落到了极点》一文和他给《新生活报》编辑部的信转载于《〈真理报〉俄国新闻简报》第 14 号。

《列宁全集》中文第 2 版增订版第 27 卷第 100—101 页,第 30 卷第 402—403 页;《〈真理报〉俄国新闻简报》,斯德哥尔摩,1917 年 7 月 31 日,第 14 号,第 4,5—6 版。

列宁给《新生活报》编辑部的信转载于《斗争报》(察里津)第 27 号、《曙光报》(奥伦堡)第 85 号和《巴库地区工人和军人代表苏维埃消息报》(巴库)第 87 号。

《列宁全集》中文第 2 版增订版第 30 卷第 402—403 页;《斗争报》,察里津,1917 年 7 月 18 日(31 日),第 27 号;《曙光报》,奥伦堡,1917 年 7 月 31 日(18 日),第 85 号;《巴库地区工人和军人代表苏维埃消息报》,巴库,1917 年 7 月 18 日,第 87 号。

列宁给《无产阶级事业报》编辑部的信转载于《社会民主党人报》(莫斯科)第 110 号。

《列宁全集》中文第 2 版增订版第 30 卷第 415—416 页;《社会民主党人报》,莫斯科,1917 年 7 月 18 日(31 日),第 110 号。

7 月 19 日(8 月 1 日)

列宁的《三次危机》一文在《女工》杂志(彼得格勒)第 7 期上发表。

《列宁全集》中文第 2 版增订版第 30 卷第 408—412 页；《女工》杂志，彼得格勒，1917 年，第 7 期，第 3—5 页。

列宁的《感谢格·叶·李沃夫公爵》一文在《无产阶级事业报》（喀琅施塔得）第 5 号上发表。

《列宁全集》中文第 2 版增订版第 32 卷第 14—16 页；《无产阶级事业报》，喀琅施塔得，1917 年 8 月 1 日（7 月 19 日），第 5 号。

列宁用同一标题《论建立俄国农业工人工会的必要性》写的两篇文章转载于《斗争报》（察里津）第 28 号。

《列宁全集》中文第 2 版增订版第 30 卷第 349—353 页；《斗争报》，察里津，1917 年 7 月 19 日（8 月 1 日），第 28 号。

列宁给《新生活报》编辑部的信转载于《巴库工人报》第 28 号、《高加索工人报》（梯弗利斯）第 103 号、《工人斗争报》（梯弗利斯，亚美尼亚文报纸）第 8 号和《克拉斯诺亚尔斯克工人报》第 101 号。

《列宁全集》中文第 2 版增订版第 30 卷第 402—403 页；《巴库工人报》，1917 年 7 月 19 日，第 28 号；《高加索工人报》，梯弗利斯，1917 年 7 月 19 日，第 103 号；《克拉斯诺亚尔斯克工人报》，1917 年 7 月 19 日，第 101 号；《工人斗争报》，梯弗利斯，1917 年 7 月 19 日，第 8 号。

7 月 20 日（8 月 2 日）

列宁的《政治形势》（四点提纲）以《政治情绪》为题在《无产阶级事业报》（喀琅施塔得）第 6 号上发表，署名“弗”。

《列宁全集》中文第 2 版增订版第 32 卷第 1—5 页；《无产阶级事业报》，喀琅施塔得，1917 年 8 月 2 日（7 月 20 日），第 6 号。

列宁给《新生活报》编辑部的信转载于《沃罗涅日工人报》第 26 号。

《列宁全集》中文第 2 版增订版第 30 卷第 402—403 页；《沃罗涅日工人报》，1917 年 8 月 2 日（7 月 20 日），第 26 号。

列宁给《无产阶级事业报》编辑部的信转载于《奥列霍沃–祖耶

沃工人代表苏维埃消息报》第 4 号和《列日察士兵、工人和农民代表苏维埃消息报》第 88 号。

《列宁全集》中文第 2 版增订版第 30 卷第 415—416 页;《奥列霍沃-祖耶沃工人代表苏维埃消息报》,1917 年 7 月 20 日(8 月 2 日),第 4 号;《列日察士兵、工人和农民代表苏维埃消息报》,1917 年 7 月 20 日,第 88 号。

俄国社会民主工党(布)彼得格勒第二次全市代表会议在下午会议(闭幕会)上委托彼得堡委员会执行委员会转达对列宁的热烈问候,对他未能出席代表会议深表遗憾。

《1917 年 7 月和 10 月彼得格勒布尔什维克第二次和第三次全市代表会议(记录和资料)》,1927 年,第 92、101 页。

彼得格勒第二戈罗德区布尔什维克全体大会在其决议中对列宁拒绝在临时政府的法庭出庭受审表示赞同,与会者要求列宁在工兵代表苏维埃中央执行委员会未作出保证前不要暴露自己。

《工人和士兵报》,彼得格勒,1917 年 7 月 27 日,第 4 号。

7 月 21 日(8 月 3 日)

列宁的《三次危机》一文转载于《无产阶级事业报》(喀琅施塔得)第 7 号。

《列宁全集》中文第 2 版增订版第 30 卷第 408—412 页;《无产阶级事业报》,喀琅施塔得,1917 年 8 月 3 日(7 月 21 日),第 7 号。

列宁给《无产阶级事业报》编辑部的信转载于《前进报》(莫斯科)第 112 号、《雷瓦尔工人和军人代表苏维埃消息报》第 105 号、《无产者报》(哈尔科夫)第 97 号、《工人旗帜报》(乌曼)第 8 号和《社会民主党人报》(萨拉托夫)第 60 号。

《列宁全集》中文第 2 版增订版第 30 卷第 415—416 页;《前进报》,莫斯科,1917 年 7 月 21 日,第 112 号;《雷瓦尔工人和军人代表苏维埃消息报》,1917 年 7 月 21 日(8 月 3 日),第 105

号；《无产者报》，哈尔科夫，1917 年 8 月 3 日（7 月 21 日），第
97 号；《工人旗帜报》，乌曼，1917 年 7 月 21 日，第 8 号；《社会
民主党人报》，萨拉托夫，1917 年 7 月 21 日，第 60 号。

《无产阶级事业报》（喀琅施塔得）报道说，列宁 7 月 4 日（17
日）在俄国社会民主工党（布）中央委员会和彼得堡委员会大楼的
阳台上对游行示威群众讲话的内容产生了巨大的影响。

《列宁全集》中文第 2 版增订版第 32 卷第 35 页；《无产阶级事
业报》，喀琅施塔得，1917 年 8 月 3 日（7 月 21 日），《第 7 号。

俄国社会民主工党（布）莫斯科区域代表会议通过决议，抗议反
革命资产阶级在孟什维克和社会革命党人的纵容下诽谤攻击列宁。

《社会民主党人报》，莫斯科，1917 年 7 月 23 日（8 月 5 日），第
115 号。

7 月 21 日或 22 日（8 月 3 日或 4 日）

俄国社会民主工党（布）莫斯科巴斯曼区党员大会讨论彼得格
勒七月事变时，一致通过向列宁表示敬意的决议。

《社会民主党人报》，莫斯科，1917 年 7 月 28 日（8 月 10 日），
第 119 号。

7 月 22 日（8 月 4 日）

列宁的《立宪民主党人退出内阁有什么打算？》一文转载于《无
产者报》（哈尔科夫）第 98 号。

《列宁全集》中文第 2 版增订版第 30 卷第 381—382 页；《无产
者报》，哈尔科夫，1917 年 8 月 4 日（7 月 22 日），第 98 号。

列宁给《新生活报》编辑部的信转载于《工人报》（鄂木斯克）第
10 号。

《列宁全集》中文第 2 版增订版第 30 卷第 402—403 页；《工人
报》，鄂木斯克，1917 年 7 月 22 日（8 月 4 日）①，第 10 号。

---

①　报上是：7 月 22 日（5 日）。——俄文编者注

列宁给《无产阶级事业报》编辑部的信转载于《社会民主党人呼声报》(基辅)第 77 号、《明星报》(叶卡捷琳诺斯拉夫)第 46 号和《工人报》(塔林,爱沙尼亚文报纸)第 7 号。

> 《列宁全集》中文第 2 版增订版第 30 卷第 415—416 页;《社会民主党人呼声报》,基辅,1917 年 7 月 22 日,第 77 号;《明星报》,叶卡捷琳斯拉夫,1917 年 7 月 22 日,第 46 号;《工人报》,塔林,1917 年 7 月 22 日(8 月 4 日),第 7 号。

全俄地方自治机关联合会巴统医院伤病员大会通过的向列宁致敬的决议在《高加索工人报》(梯弗利斯)第 106 号上发表。

> 《高加索工人报》,梯弗利斯,1917 年 7 月 22 日,第 106 号。

彼得格勒列奇金车辆制造厂全体工人大会通过决议,要求临时政府撤销关于逮捕列宁的命令。

> 《工人和士兵报》,彼得格勒,1917 年 7 月 27 日,第 4 号。

彼得格勒法俄工厂全体工人大会通过决议,抗议反革命资产阶级卑鄙无耻地诽谤中伤列宁。参加会议的有 3 000 多人。

> 《工人和士兵报》,彼得格勒,1917 年 7 月 27 日,第 4 号。

7 月 22 日—24 日(8 月 4 日—6 日)

俄国社会民主工党(布)莫斯科区域第二次代表会议讨论列宁编辑并作序的小册子《修改党纲的材料》。

> 《列宁全集》中文第 2 版增订版第 29 卷第 472—493 页;《修改党纲的材料》(尼·列宁编辑并作序),彼得格勒,波涛出版社,1917 年,32 页,(俄国社会民主工党);《无产阶级革命》杂志,莫斯科,1930 年,第 2—3 期合刊,第 108—127 页。

7 月 22 日和 26 日(8 月 4 日和 8 日)之间

列宁针对 7 月 22 日(8 月 4 日)各报刊登的由彼得格勒高等法院检察官发出的关于审理 7 月 3—5 日(16—18 日)事件的通告写《答复》一文。列宁揭露临时政府散布的所谓布尔什维克组织武装暴动的无耻谰言,强调指出:"对于我党中央以及全党所采取的一切步骤和措施,我承担全部的绝对的责任。"

列宁列举大量具体的事实证明,布尔什维克是竭力劝阻工人和士兵举行发动的。而当劝阻无效,他们就参加到运动中去,以便使运动具有和平的和有组织的性质。

列宁指责临时政府、孟什维克党和社会革命党的领袖们是枪杀和平的示威游行群众的罪魁祸首,并作出结论:"对政敌的无耻诽谤有助于无产阶级更快地看清反革命在什么地方,并且为了自由与和平,为了给饥饿者以面包、给农民以土地而去消灭反革命。"

《列宁全集》中文第 2 版增订版第 32 卷第 33—44 页。

7 月,23 日(8 月 5 日)以前

列宁的《帝国主义是资本主义的最新阶段(通俗的论述)》[①]一书由彼得格勒孤帆出版社出版。

《列宁全集》中文第 2 版增订版第 27 卷第 323—439 页;弗·伊·列宁:《帝国主义是资本主义的最新阶段(通俗的论述)》,彼得格勒,〔孤帆出版社〕,1917 年,130 页,标题前署名:尼·列宁(弗拉·伊林),封面和扉页上印有:生活和知识书店。

7 月 23 日(8 月 5 日)

列宁给《新生活报》编辑部的信转载于《斗争报》(梯弗利斯,格鲁吉亚文报纸)第 8 号和《社会民主党人报》(巴库,亚美尼亚文报纸)第 12 号。

《列宁全集》中文第 2 版增订版第 30 卷第 402—403 页;《斗争报》,梯弗利斯,1917 年 7 月 23 日,第 8 号;《社会民主党人报》,巴库,1917 年 7 月 23 日,第 12 号。

---

①　弗·伊·列宁的《帝国主义是资本主义的最高阶段(通俗的论述)》一书第 1 版用的是这一书名。——俄文编者注

列宁给《无产阶级事业报》编辑部的信转载于《前进报》(乌法)
第 98 号、《顿涅茨无产者报》(卢甘斯克)第 34 号、《尼古拉耶夫工
人和军人代表苏维埃消息报》第 68 号、《战壕警钟报》(里加)第 1
号、《伏尔加河沿岸真理报》(萨马拉)第 72 号和《工人事业报》(顿
河畔罗斯托夫)第 58 号。

> 《列宁全集》中文第 2 版增订版第 30 卷第 415—416 页;《前进
> 报》,乌法,1917 年 7 月 23 日,第 98 号;《顿涅茨无产者报》,卢
> 甘斯克,1917 年 8 月 5 日(7 月 23 日),第 34 号;《尼古拉耶夫
> 工人和军人代表苏维埃消息报》,尼古拉耶夫,1917 年 7 月 23
> 日,第 68 号;《战壕警钟报》,里加,1917 年 7 月 23 日,第 1 号;
> 《伏尔加河沿岸真理报》,萨马拉,1917 年 7 月 23 日,第 72 号;
> 《工人事业报》,顿河畔罗斯托夫,1917 年 7 月 23 日,第 58 号。

7 月 23 日—25 日(8 月 5 日—7 日)

俄国社会民主工党(布)中央关于揭露对列宁进行诽谤中伤的
告民众书《告彼得格勒居民! 告工人、士兵和一切正直的公民!》在
图尔戈亚克村(奥伦堡省)的农民中散发。

> 《前进报》,乌法,1917 年 8 月 8 日,第 111 号;《1917 年 7 月的
> 俄国革命运动——七月危机》,1959 年,第 148—149 页;《伟
> 大十月社会主义革命在巴什基尔的准备和进行(文件和资料
> 集)》,乌法,1957 年,第 133 页。

7 月 24 日(8 月 6 日)

叶卡捷琳堡市布尔什维克代表会议选举列宁为俄国社会民主
工党(布)第六次代表大会代表。俄国社会民主工党(布)乌拉尔区
域委员会及叶卡捷琳堡委员会的机关报《乌拉尔真理报》报道说,
"大家**一致**推选**列宁**同志"为叶卡捷琳堡组织三名代表中排名第一
的代表。"叶卡捷琳堡的工人通过他们的选举公开表明,他们完全
赞同列宁同志的政治路线,并坚决抗议资产阶级、临时政府和主张
妥协的占多数的政党对列宁采取卑鄙无耻的诽谤攻势。"

《乌拉尔真理报》，叶卡捷琳堡，1917 年 7 月 28 日，第 17 号。

列宁给《新生活报》编辑部的信转载于《社会民主党人报》(雷西瓦)第 9 号。

《列宁全集》中文第 2 版增订版第 30 卷第 402—403 页；《社会民主党人报》，雷西瓦，1917 年 7 月 24 日，第 9 号。

7 月 25 日(8 月 7 日)

列宁给《新生活报》编辑部的信转载于《团结报》(伊尔库茨克)第 45 号。

《列宁全集》中文第 2 版增订版第 30 卷第 402—403 页；《团结报》，伊尔库茨克，1917 年 7 月 25 日，第 45 号。

7 月 25 日和 29 日(8 月 7 日和 11 日)之间

布尔什维克德·伊·列先科受委托到拉兹利夫给列宁拍照(因证件上需要照片)。列宁向列先科详细询问"彼得格勒发生的各种事情"。列宁请他把自己写的一篇文章的手稿转给党中央机关报或者转给俄国社会民主工党(布)第六次代表大会(是一篇什么文章，尚未查明)。日出时列先科给列宁拍了一张戴假发的照片。

《俄国社会民主工党(布)第六次代表大会记录》，1958 年，第 1 页；《回忆弗·伊·列宁》，第 2 卷，1969 年，第 425 页；《列宁在十月(回忆录)》，1957 年，第 248—254 页；《拉兹利夫的"木屋"和"窝棚"(纪念馆参观手册)》，第 5 版，1970 年，第 51 页。

7 月，26 日(8 月 8 日)以前

列宁会见约·维·斯大林。

苏共中央马列主义研究院中央党务档案馆，第 4 号全宗，第 3 号目录，第 813 号案卷；《俄国社会民主工党(布)第六次代表大会记录》，1958 年，第 1 页。

7 月 26 日—8 月 3 日(8 月 8 日—16 日)

列宁秘密领导俄国社会民主工党(布)第六次代表大会的工

作。这次代表大会代表了约 24 万党员。列宁为代表大会准备最
重要的文件,起草各项决议草案。列宁的《政治形势》、《论口号》、
《答复》及其他一些著作是代表大会决议的基础。代表大会根据列
宁对形势的估计确定了党关于武装起义的方针。

《列宁全集》中文第 2 版增订版第 32 卷第 89 页;《回忆弗·
伊·列宁》,第 2 卷,1969 年,第 424 页;《伟大十月社会主义
革命(回忆录集)》,1957 年,第 134、141 页。

7 月 26 日(8 月 8 日)

俄国社会民主工党(布)第六次代表大会第 1 次会议一致选举
列宁为代表大会名誉主席。

《俄国社会民主工党(布)第六次代表大会记录》,1958 年,第
1、2、5 页。

由列宁起草并经俄国社会民主工党(布)第七次全国代表会议
(四月代表会议)通过的《关于修改党纲的决议》转载于《顿涅茨无
产者报》(卢甘斯克)第 36 号。

《列宁全集》中文第 2 版增订版第 29 卷第 407—408 页;《顿涅
茨无产者报》,卢甘斯克,1917 年 8 月 8 日(7 月 26 日),第
36 号。

列宁给《新生活报》编辑部的信转载于《同志报》(米努辛斯克)
第 29 号。

《列宁全集》中文第 2 版增订版第 30 卷第 402—403 页;《同志
报》,米努辛斯克,1917 年 7 月 26 日,第 29 号。

列宁给《无产阶级事业报》编辑部的信转载于《巴库工人报》第
31 号。

《列宁全集》中文第 2 版增订版第 30 卷第 415—416 页;《巴库
工人报》,1917 年 7 月 26 日,第 31 号。

伊万诺沃-沃兹涅先斯克工兵代表苏维埃通过决议,"向革命

无产阶级的光荣领袖列宁同志致以热烈的敬礼"。

> 《1917 年 7 月的俄国革命运动——七月危机》,1959 年,第
> 279 页。

俄罗斯轧管厂公司工人大会通过的要求立即调查对以列宁为首的布尔什维克进行诽谤性指控的决议在《社会民主党人报》(莫斯科)第 117 号上发表。

> 《社会民主党人报》,莫斯科,1917 年 7 月 26 日(8 月 8 日),第
> 117 号。

7 月 26 日和 27 日(8 月 8 日和 9 日)

列宁的《答复》一文在《工人和士兵报》第 3 号和第 4 号上发表。

> 《列宁全集》中文第 2 版增订版第 32 卷第 33—44 页;《工人和
> 士兵报》,彼得格勒,1917 年 7 月 26 日,第 3 号;7 月 27 日,第
> 4 号。

7 月 27 日(8 月 9 日)

俄国社会民主工党(布)第六次代表大会讨论关于列宁在反革命临时政府法庭出庭受审的问题。格·康·奥尔忠尼启则、费·埃·捷尔任斯基、亚·格·施利希特尔等人就这一问题发言,他们令人信服地证明,列宁不应在临时政府的法庭出庭受审。代表大会一致通过《关于列宁不出庭受审》的决议,决议强调指出,在当时"条件下,不仅没有公正的诉讼程序,就连出庭受审者起码的安全也丝毫没有保障"。代表大会给列宁发出致敬信,并发表声明抗议对他进行诽谤攻击。

> 《俄国社会民主工党(布)第六次代表大会记录》,1958 年,第
> 27—29、30—36、270 页。

列宁给《无产阶级事业报》编辑部的信转载于《高加索工人报》(梯弗利斯)第 110 号。

《列宁全集》中文第 2 版增订版第 30 卷第 415—416 页;《高加索工人报》,梯弗利斯,1917 年 7 月 27 日,第 110 号。

7 月 27 日或 28 日(8 月 9 日或 10 日)

列宁写《波拿巴主义的开始》一文,说明 7 月 24 日(8 月 6 日)组成的第二届联合临时政府是"波拿巴主义已迈出头几步的内阁",是"用来掩饰反革命立宪民主党人和……军人集团的"幌子。列宁指出党有必要选择一种策略、多种组织形式,"使波拿巴主义者的突然的(似乎是突然的)迫害在任何情况下都不能终止无产阶级政党的存在,都不能制止它继续不断地向人民说出自己要说的话"。

《列宁全集》中文第 2 版增订版第 32 卷第 45—49 页;《工人和士兵报》,彼得格勒,1917 年 7 月 29 日,第 6 号;《彼得格勒工兵代表苏维埃消息报》,1917 年 7 月 27 日,第 128 号。

不早于 7 月 27 日(8 月 9 日)—不晚于 7 月 31 日(8 月 13 日)

普梯洛夫工厂(彼得格勒)6 000 名工人集会,他们在写给俄国社会民主工党(布)第六次代表大会的贺信中说,他们一致"赞成作为无产阶级的成员,与代表大会的同志们一起向列宁同志致敬,拥护代表大会关于列宁同志的活动的决议……"

《俄国社会民主工党(布)第六次代表大会记录》,1958 年,第 30—36 页;《工人和士兵报》,彼得格勒,1917 年 8 月 1 日,第 8 号。

7 月 28 日(8 月 10 日)

列宁的《三次危机》一文转载于《明星报》(叶卡捷琳诺斯拉夫)第 51 号。

《列宁全集》中文第 2 版增订版第 30 卷第 408—412 页;《明星报》,叶卡捷琳诺斯拉夫,1917 年 7 月 28 日,第 51 号。

7 月 29 日(8 月 11 日)

列宁在俄国社会民主工党(布)第六次代表大会上当选为党的

中央委员会委员。

《俄国社会民主工党(布)第六次代表大会记录》,1958 年,第 97、252 页；И.П.弗列罗夫斯基:《1917 年布尔什维克的喀琅施塔得(亲历者的回忆)》,1957 年,第 76 页。

用康斯坦丁·彼得罗维奇·伊万诺夫这一假名给列宁办理了下列证件:谢斯特罗列茨克兵工厂弹仓车间出入证和居住在谢斯特罗列茨克、在谢斯特罗列茨克公司工作的公民身份证明(通过俄芬边境时需要这些证件)。

《回忆弗·伊·列宁》,第 2 卷,1969 年,第 413 页；М.С.利亚乌斯、Л.И.博古舍夫斯基:《谢斯特罗列茨克工人为十月革命而斗争(回忆录摘选)》,1927 年,第 27—28 页；《拉兹利夫的"木屋"和"窝棚"(纪念馆参观手册)》,第 5 版,1970 年,第 49、51 页。

列宁的《波拿巴主义的开始》一文在《工人和士兵报》第 6 号上发表。

《列宁全集》中文第 2 版增订版第 32 卷第 45—49 页；《工人和士兵报》,彼得格勒,1917 年 7 月 29 日,第 6 号。

列宁的《三次危机》一文转载于《无产者报》(哈尔科夫)第 104 号(非全文)。

《列宁全集》中文第 2 版增订版第 30 卷第 408—412 页；《无产者报》,哈尔科夫,1917 年 8 月 11 日(7 月 29 日),第 104 号。

列宁给《新生活报》编辑部的信转载于《红旗报》(符拉迪沃斯托克)第 11 号和《工人和士兵报》(亚历山德罗波尔)第 32 号。

《列宁全集》中文第 2 版增订版第 30 卷第 402—403 页；《红旗报》,符拉迪沃斯托克,1917 年 7 月 29 日,第 11 号；《工人和士兵报》,亚历山德罗波尔,1917 年 7 月 29 日,第 32 号。

7 月 29 日和 30 日(8 月 11 日和 12 日)

列宁编辑并作序的小册子《修改党纲的材料》中列宁所写《党

纲的理论、政治及其他一些部分的修改草案》一节以《论修改党纲》
为题转载于《无产阶级事业报》(喀琅施塔得)第 14 号和第 15 号。

《列宁全集》中文第 2 版增订版第 29 卷第 474—478 页;《无产
阶级事业报》,喀琅施塔得,1917 年 8 月 11 日(7 月 29 日),第
14 号;8 月 12 日(7 月 30 日),第 15 号;《修改党纲的材料》
(尼·列宁编辑并作序),彼得格勒,波涛出版社,1917 年,32
页,(俄国社会民主工党)。

7 月 29 日和 8 月 2 日(8 月 11 日和 15 日)之间

列宁的小册子《论口号》分发给俄国社会民主工党(布)第六次
代表大会的代表。

《列宁全集》中文第 2 版增订版第 32 卷第 6—13 页;弗·伊·
列宁:《论口号》,喀琅施塔得,俄国社会民主工党喀琅施塔得
委员会出版社,1917 年,16 页,(俄国社会民主工党),标题前
署名:尼·列宁;苏共中央马列主义研究院中央党务档案馆,
第 17 号全宗,第 1a 号目录,第 136 号案卷(第 1 册),第 144、
147 张;第 138 号案卷,第 211 张;《俄国社会民主工党(布)第
六次代表大会记录》,1958 年,第 131、143 页;И.П.弗列罗夫
斯基:《1917 年布尔什维克的喀琅施塔得(亲历者的回忆)》,
1957 年,第 76 页。

7 月 30 日(8 月 12 日)

由列宁起草并经俄国社会民主工党(布)第七次全国代表会议
(四月代表会议)通过的《关于土地问题的决议》转载于《明星报》
(明斯克)第 2 号。

《列宁全集》中文第 2 版增订版第 29 卷第 418—420 页;《明星
报》,明斯克,1917 年 7 月 30 日,第 2 号。

列宁给《新生活报》编辑部的信转载于《符拉迪沃斯托克工兵
代表苏维埃消息报》第 83 号。

《列宁全集》中文第 2 版增订版第 30 卷第 402—403 页;《符拉
迪沃斯托克工兵代表苏维埃消息报》,1917 年 8 月 12 日(7 月
30 日),第 83 号。

列宁给《无产阶级事业报》编辑部的信转载于《自由生活报》

（巴统）第 14 号。

《列宁全集》中文第 2 版增订版第 30 卷第 415—416 页；《自由
生活报》，巴统，1917 年 7 月 30 日，第 14 号。

　　《无产阶级事业报》（喀琅施塔得）第 15 号发表对列宁的《帝国
主义是资本主义的最新阶段（通俗的论述）》一书的简评。简评强
调指出，列宁的这本著作对帝国主义作了全面的评述，同时写得也
很通俗，"每一个人，只要他多少有一点经济或财政经济方面的知
识，都能读懂它…… 这本著作值得最广泛地传播，尤其值得在无
产者中最广泛地传播"。

《列宁全集》中文第 2 版增订版第 27 卷第 323—439 页；弗·
伊·列宁：《帝国主义是资本主义的最新阶段（通俗的论述）》，
彼得格勒，〔孤帆出版社〕，1917 年，130 页，标题前署名：尼·
列宁（弗拉·伊林），封面和扉页上印有：生活和知识书店；《无
产阶级事业报》，喀琅施塔得，1917 年 8 月 12 日（7 月 30 日），
第 15 号。

　　"米克卢霍-马克莱"号和"贝利船长"号驱逐舰全体水兵大会
通过决议，要求停止对列宁的迫害。

《工人和士兵报》，彼得格勒，1917 年 8 月 4 日，第 11 号。

　　制管厂（彼得格勒）布尔什维克工人在给俄国社会民主工党
（布）第六次代表大会的贺信中对列宁被迫未能出席代表大会深表
遗憾，并表示确信，"他的思想和见解定将成为代表大会各项工作
的基础"。7 月 31 日（8 月 13 日）在俄国社会民主工党（布）第六次
代表大会上宣读了这封贺信。

《俄国社会民主工党（布）第六次代表大会记录》，1958 年，第
121 页。

7 月底

　　列宁写《革命的教训》一文，强调指出："一切革命都是广大人

民群众生活中的急剧转变。这种转变如果没有成熟,便不能发生真正的革命。每一个人生活上的任何转变,都会使他学到许多东西,使他体验和感受许多东西,革命也是一样,它能使全体人民在很短的时间内得到最有内容最宝贵的教训。

在革命时期千百万人民一个星期内学到的东西,比他们平常在一年糊涂生活中所学到的还要多。"他号召工人、士兵和农民"仔细考虑俄国革命的教训"。列宁在文章中说明孟什维克和社会革命党人联盟是怎样"一级一级地滚下去了",把革命事业出卖给反革命资产阶级的,指出"获得多数人民信任的社会革命党和孟什维克党的这种同资产阶级妥协的政策,就是革命从开始以来整整 5 个月内全部发展进程的主要内容"。列宁在文章的结尾写道:"俄国革命的教训是:劳动群众要挣脱战争、饥荒和地主资本家奴役的铁钳,就只有同社会革命党和孟什维克党完全决裂,认清他们的叛徒嘴脸,拒绝同资产阶级实行任何妥协,坚决站到革命工人这边来。只有革命工人(如果贫苦农民支持他们的话)才能粉碎资本家的反抗,引导人民无偿地夺取土地,获得完全的自由,战胜饥荒,消除战争,达到公正的持久的和平。"

《列宁全集》中文第 2 版增订版第 32 卷第 50—65 页。

不早于 7 月底

列宁的小册子《论口号》以《关于口号》为标题在彼得格勒翻印出版。

《列宁全集》中文第 2 版增订版第 32 卷第 6—13 页;弗·伊·
列宁:《关于口号》,〔彼得格勒,1917 年〕,8 页,标题前未注明
作者;《俄国社会民主工党(布)第六次代表大会记录》,1958
年,第 97、99 页;И.П.弗列罗夫斯基:《1917 年布尔什维克的
喀琅施塔得(亲历者的回忆)》,1957 年,第 76 页。

7 月或 8 月

列宁写便条(收件人没有查明),请求帮助找到他撰写《国家与革命》一书所需的卡·马克思和弗·恩格斯的《共产党宣言》和卡·马克思的《哲学的贫困》这两本书。

《列宁全集》中文第 2 版增订版第 47 卷第 623 页。

7 月—9 月

列宁写《国家与革命》一书以及该书的提纲和纲要。

《列宁全集》中文第 2 版增订版第 31 卷第 223—246 页;《列宁文集》俄文版第 21 卷第 81 页;《回忆弗·伊·列宁》,第 1 卷,1968 年,第 474 页;安·伊·乌里扬诺娃–叶利扎罗娃:《乌里扬诺夫(尼·列宁)生平活动简述》,〔莫斯科〕,1934 年,第 77 页。

8 月

8 月 1 日(14 日)

列宁的《波拿巴主义的开始》一文转载于《社会民主党人报》(莫斯科)第 122 号。

《列宁全集》中文第 2 版增订版第 32 卷第 45—49 页;《社会民主党人报》,莫斯科,1917 年 8 月 1 日(14 日),第 122 号。

俄国社会民主工党(布)第六次代表大会党纲修改小组讨论列宁编辑并作序的小册子《修改党纲的材料》。

《列宁全集》中文第 2 版增订版第 29 卷第 472—493 页;《修改党纲的材料》(尼·列宁编辑并作序),彼得格勒,波涛出版社,1917 年,32 页,(俄国社会民主工党);《俄国社会民主工党(布)第六次代表大会记录》,1958 年,第 238 页;《苏共历史问题》杂志,莫斯科,1965 年,第 11 期,第 90,91 页。

П.维托娃工厂(伊万诺沃-沃兹涅先斯克)工人大会在关于目前形势的决议中要求临时政府撤销逮捕列宁的决定。

《弗·伊·列宁和伊万诺沃-沃兹涅先斯克边疆区的劳动人民(文件和资料)》,雅罗斯拉夫尔,1969 年,第 157 页。

8 月 1 日和 2 日(14 日和 15 日)

列宁的《答复》一文用拉脱维亚文转载于《无产阶级斗争报》(彼得格勒)第 117 号和第 118 号。

《列宁全集》中文第 2 版增订版第 32 卷第 33—44 页;《无产阶级斗争报》,彼得格勒,1917 年 8 月 1 日(14 日),第 117 号;8 月 2 日(15 日),第 118 号。

8月1日和3日(14日和16日)

列宁的《答复》一文转载于《无产阶级事业报》(喀琅施塔得)第16号和第18号。

> 《列宁全集》中文第2版增订版第32卷第33—44页;《无产阶级事业报》,喀琅施塔得,1917年8月14日(1日),第16号;8月16日(3日),第18号。

8月2日(15日)

列宁的《三次危机》一文转载于《顿涅茨无产者报》(卢甘斯克)第42号(非全文)。

> 《列宁全集》中文第2版增订版第30卷第408—412页;《顿涅茨无产者报》,卢甘斯克,1917年8月15日(2日),第42号。

列宁给《新生活报》编辑部的信转载于《尼科利斯克-乌苏里斯克市工兵代表苏维埃消息报》第83号。

> 《列宁全集》中文第2版增订版第30卷第402—403页;《尼科利斯克-乌苏里斯克市工兵代表苏维埃消息报》,1917年8月2日,第83号。

普梯洛夫工厂(彼得格勒)全体青年工人大会在讨论目前形势时通过向列宁致敬的决议。

> 《工人和士兵报》,彼得格勒,1917年8月5日,第12号。

彼得格勒维堡区列斯诺伊分区共产党员对列宁被迫未能出席俄国社会民主工党(布)第六次代表大会深表同情,他们要向列宁转达这种同情的请求书在代表大会上宣读。

> 《俄国社会民主工党(布)第六次代表大会记录》,1958年,第181、193页。

俄国社会民主工党(布)沃罗涅日组织全体大会向列宁发致敬信。

> 《沃罗涅日工人报》,1917年8月19日(6日),第31号。

8 月 2 日和 3 日(15 日和 16 日)

列宁的《答复》一文转载于《无产者报》(哈尔科夫)第 107 号和第 108 号及《社会民主党人报》(莫斯科)第 123 号和第 124 号。

《列宁全集》中文第 2 版增订版第 32 卷第 33—44 页;《无产者报》,哈尔科夫,1917 年 8 月 15 日(2 日),第 107 号;8 月 16 日(3 日),第 108 号;《社会民主党人报》,莫斯科,1917 年 8 月 2 日(15 日),第 123 号;8 月 3 日(16 日),第 124 号。

8 月 3 日(16 日)

列宁在俄国社会民主工党(布)第六次代表大会第 15 次(最后一次)会议上被提名为立宪会议代表候选人。

《俄国社会民主工党(布)第六次代表大会记录》,1958 年,第 228、251 页。

列宁给《无产阶级事业报》编辑部的信转载于《乌拉尔真理报》(叶卡捷琳堡)第 19 号。

《列宁全集》中文第 2 版增订版第 30 卷第 415—416 页;《乌拉尔真理报》,叶卡捷琳堡.1917 年 8 月 3 日,第 19 号。

维堡市布尔什维克军事组织在给俄国社会民主工党(布)第六次代表大会的信中向列宁致敬。该信发表在《工人和士兵报》第 10 号上。信中强调指出,维堡军事组织坚信,列宁及其他布尔什维克很快就会重返"革命无产阶级的队伍,真理必将战胜邪恶,战胜警察的暴力"。

同一号报上还刊载了俄国社会民主工党(布)彼得格勒莫斯科区代表会议的决议,抗议迫害列宁并要求工兵代表苏维埃中央执行委员会"自行调查对我党的全部指控"。

《工人和士兵报》,彼得格勒,1917 年 8 月 3 日,第 10 号。

纳杰日金斯基布尔什维克组织(彼尔姆省)致信俄国社会民主工党(布)中央委员会,向"因反革命政府专横暴虐而暂时不能参加政治斗争的"列宁及其他布尔什维克致敬。

> 《俄国社会民主工党(布)中央书记处与地方党组织的通信集》,第1卷,1957年,第170页。

科利丘吉诺工厂(弗拉基米尔省)俄国社会民主工党(布)小组全体会议在其关于目前形势的决议中对追捕列宁表示愤怒和抗议。会议向列宁致以热烈的敬礼,并表示希望"在革命无产阶级的队伍中"重新见到他。

> 《弗拉基米尔省支持十月革命的斗争(文件集)》,弗拉基米尔,1957年,第72页。

8月3日和4日(16日和17日)

列宁的《答复》一文转载于《明星报》(明斯克)第4号和第5号。

> 《列宁全集》中文第2版增订版第32卷第33—44页;《明星报》,明斯克,1917年8月3日,第4号;8月4日,第5号。

8月4日(17日)以前

列宁的小册子《论策略书。第一封信》(附《四月提纲》)由印刷工人莫斯科分区出版社(莫斯科)再版。

该出版社还把列宁1917年5月22日(6月4日)在全俄农民第一次代表大会上关于土地问题的讲话翻印成小册子。

> 《列宁全集》中文第2版增订版第29卷第113—118、135—149页,第30卷第138—156页;弗·伊·列宁:《论策略书。第一封信》,莫斯科,印刷工人莫斯科分区出版社,〔1917年〕,16页,(俄国社会民主工党),标题前署名:尼·列宁;弗·伊·列宁:《关于土地问题的讲话》,莫斯科,俄国社会民主工党印刷工人委员会莫斯科分区出版社,〔1917年〕,16页,(俄国社会民主工党),标题前署名:尼·列宁;《社会民主党人报》,莫斯科,1917年8月4日(17日),第125号。

8月4日(17日)

列宁的《波拿巴主义的开始》一文转载于《明星报》(叶卡捷琳

诺斯拉夫)第 57 号和《无产者报》(哈尔科夫)第 109 号。

《列宁全集》中文第 2 版增订版第 32 卷第 45—49 页;《明星报》,叶卡捷琳诺斯拉夫,1917 年 8 月 4 日,第 57 号;《无产者报》,哈尔科夫,1917 年 8 月 17 日(4 日),第 109 号。

8 月 4 日和 5 日(17 日和 18 日)

列宁的《论立宪幻想》一文在《工人和士兵报》第 11 号和第 12 号上发表。

《列宁全集》中文第 2 版增订版第 32 卷第 17—32 页;《工人和士兵报》,彼得格勒,1917 年 8 月 4 日,第 11 号;8 月 5 日,第 12 号。

8 月 5 日(18 日)

列宁的《波拿巴主义的开始》一文转载于《前进报》(乌法)第 109 号。

《列宁全集》中文第 2 版增订版第 32 卷第 45—49 页;《前进报》,乌法,1917 年 8 月 5 日,第 109 号。

不早于 8 月 5 日(18 日)—不晚于 18 日(31 日)

列宁写《只见树木不见森林》一文,抨击尔·马尔托夫 8 月 4 日(17 日)在工兵代表苏维埃中央执行委员会会议上关于苏维埃及关于对临时政府的态度的发言。列宁强调指出,马尔托夫的话"非常有特色地再现了小资产阶级群众那些最流行、最有害、最危险的政治错误和最典型的偏见",强调指出,"马尔托夫却看不到资产阶级反革命的参谋总部在哪里……真是只见树木不见森林"。

《列宁全集》中文第 2 版增订版第 32 卷第 75—81 页;《无产者报》,彼得格勒,1917 年 9 月 1 日(8 月 19 日),第 6 号;《新生活报》,彼得格勒,1917 年 8 月 5 日(18 日),第 93 号。

8 月,5 日(18 日)以后

列宁的著作《论立宪幻想》以《论当前局势》为题在彼得格勒两次翻印成小册子,编入《士兵和农民丛书》。

《列宁全集》中文第 2 版增订版第 32 卷第 17—32 页；弗·伊·
列宁：《论当前局势》，〔彼得格勒〕，人民和劳动印刷所，〔1917
年〕，16 页，(俄国社会民主工党。士兵和农民丛书，第 8 册)，
标题前署名：尼·列宁；弗·伊·列宁：《论当前局势》，第 2
版，彼得格勒，人民和劳动印刷所，〔1917 年〕，16 页，(俄国社
会民主工党。士兵和农民丛书，第 8 册)，标题前署名：尼·列
宁；《工人和士兵报》，彼得格勒，1917 年 8 月 5 日，第 12 号。

8 月，不晚于 6 日（19 日）

列宁晚上离开窝棚，由尼·亚·叶梅利亚诺夫、埃·拉希亚和
亚·瓦·绍特曼护送，步行前往芬兰铁路最近的一个车站。护送
列宁的人在去车站途中迷了路，他们走到一条河边，不得不蹚水过
去。后来他们又走到一处燃烧着泥炭的地带。最后到了季布内边
境车站。列宁同拉希亚从该车站乘火车到达皇族车站①，在"阿伊
瓦兹"工厂的芬兰工人埃·格·卡尔斯克家（雅罗斯拉夫尔大街
11 号 7 室）②里住了一夜并度过第二天。列宁向卡尔斯克详细询
问厂里工人的生活情况，请他代买彼得格勒的报纸。

苏共中央马列主义研究院中央党务档案馆，第 4 号全宗，第 1
号目录，第 113 号案卷，第 46 张；《回忆弗·伊·列宁》，第 2
卷，1969 年，第 414、426—428 页；《和列宁在一起（回忆录和
文件）》，第 2 版，彼得罗扎沃茨克，1970 年，第 112—119、
132—134 页；《列宁在彼得堡》，第 3 版，1957 年，第 170 页。

晚上，列宁身穿工人服，头戴假发，随身带着冒用谢斯特罗列茨
克工人康斯坦丁·彼得罗维奇·伊万诺夫姓名的身份证明和通行证
秘密前往芬兰。他在皇族车站登上司机胡·雅拉瓦驾驶的机车③，装

---

① 皇族车站设有一块纪念牌。——俄文编者注
② 为了纪念弗·伊·列宁的这次访问，这所房屋墙上设有一块纪念牌。——俄
文编者注
③ 1957 年 6 月 13 日，苏联政府代表团访问芬兰时，芬兰政府把列宁当年进入芬
兰所乘坐的第 293 号机车赠送给苏联。现在这辆具有历史意义的机车陈放在列宁格
勒芬兰车站。——俄文编者注

化装后的列宁

1917年七月事变后列宁转入地下时使用的谢斯特罗列茨克
工厂的证件（化名康·彼·伊万诺夫）

做司炉,到达泰里约基车站(现泽列诺戈尔斯克车站)。随车护送列宁的有亚·瓦·绍特曼、埃·拉希亚和莉·帕尔维艾宁。

《和列宁在一起(回忆录和文件)》,第 2 版,彼得罗扎沃茨克,1970 年,第 120—121、133—134 页;《列宁在 1917 年(回忆录)》,1967 年,第 139—140、145—147 页。

列宁在去赫尔辛福斯的途中暂住在亚尔卡拉村(现列宁格勒州维堡区伊利切沃镇)芬兰工人彼·帕尔维艾宁家①,通过房主人的女儿莉·帕尔维艾宁与彼得格勒保持联系。

《列宁在 1917 年(回忆录)》,1967 年,第 140、146 页;B.E.穆什图科夫、Π.E.尼基京:《列宁曾在这里生活和工作》,第 5 版,1970 年,第 256 页。

8 月 6 日(19 日)

俄国社会民主工党(布)彼得格勒第一戈罗德区委员会和洗衣工会在"摩登"马戏院组织的工人和士兵群众大会通过向列宁致敬的决议。

《士兵报》,彼得格勒,1917 年 8 月 15 日,第 2 号。

俄国社会民主工党(布)基辅市代表会议在讨论党的第六次代表大会决议时通过向列宁致敬的决议。

《1917 年 8 月的俄国革命运动——粉碎科尔尼洛夫叛乱》,1959 年,第 13 页。

8 月 6 日和 10 日(19 日和 23 日)

列宁的《答复》一文转载于《高加索工人报》(梯弗利斯)第 119 号和第 122 号。

《列宁全集》中文第 2 版增订版第 32 卷第 33—44 页;《高加索

———————

① 1940 年这里建立了弗·伊·列宁纪念馆。在纪念馆的墙上设有一块纪念牌。在离小房子一公里处(那里有一条老的林间道路通向公路)另外竖有一块牌子,上面记载着列宁 1917 年 8 月秘密到亚尔卡拉村一事。——俄文编者注

工人报》,梯弗利斯,1917 年 8 月 6 日,第 119 号;8 月 10 日,
第 122 号。

8 月 6 日、9 日和 11 日(19 日、22 日和 24 日)

列宁的《答复》一文转载于《战壕警钟报》(里加)第 7、8 和
9 号。

《列宁全集》中文第 2 版增订版第 32 卷第 33—44 页;《战壕警
钟报》,里加,1917 年 8 月 6 日,第 7 号;8 月 9 日,第 8 号;8 月
11 日,第 9 号。

8 月 6 日和 11 日(19 日和 24 日)

列宁的《答复》一文转载于《巴库工人报》第 36 号和第 38 号。

《列宁全集》中文第 2 版增订版第 32 卷第 33—44 页;《巴库工
人报》,1917 年 8 月 6 日,第 36 号;8 月 11 日,第 38 号。

8 月 7 日—8 日(20 日—21 日)

列宁由两位芬兰演员卡·库谢拉和古·卡利奥护送从亚尔卡
拉村秘密转移到拉赫蒂,住在社会民主党报纸《工人日报》记者
阿·科斯基家[①]。

苏共中央马列主义研究院中央党务档案馆,第 4 号全宗,第 1
号目录,第 113 号案卷,第 46 张;《回忆弗·伊·列宁》,第 2
卷,1969 年,第 428 页;《彼得堡人回忆伊里奇》,1970 年,第
342—343 页;《红色史料》杂志,列宁格勒,1934 年,第 1 期,第
85—86 页;《人民新闻》,赫尔辛基,1960 年 6 月 14 日,第
159 号。

8 月 7 日和 16 日(20 日和 29 日)之间

列宁写《论加米涅夫在中央执行委员会上关于斯德哥尔摩代
表会议的发言》一信,谴责加米涅夫违反党中央的决定,发言赞成

---

① 列宁在拉赫蒂住过的那所小木平房的原址上现在盖起了一栋石质大楼,1962
年根据芬苏协会当地分会的倡议,在大楼墙上设了一块纪念牌,上面用芬兰文和俄文
写着:"弗拉基米尔·伊里奇·列宁 1917 年避居在原来位于此处的房屋里"。——俄
文编者注

亚尔卡拉村(现伊利切沃镇),1917年8月列宁为躲避临时政府的追捕,
曾在这里的芬兰工人彼·帕尔维艾宁家居住数日。

卡·维克在马尔姆的别墅,1917年8月列宁去赫尔辛福斯途中在此停留。

参加斯德哥尔摩社会帝国主义者的代表会议。信中指出,加米涅夫"违反党的决定,公然发言反对党,破坏党的意志"。列宁继续写道:"对全世界负有革命的国际主义义务的国际主义者政党,决不能去迎合俄国的和德国的社会帝国主义者的阴谋勾当,去迎合资产阶级帝国主义政府中的部长们——切尔诺夫、斯柯别列夫之流的阴谋勾当而败坏自己的名誉。"

《列宁全集》中文第 2 版增订版第 32 卷第 66—68 页;《无产者报》,彼得格勒,1917 年 8 月 29 日(16 日),第 3 号;《交易所新闻》,彼得格勒,1917 年 8 月 7 日(20 日),第 16375 号,晚上版。

8 月 8 日和 9 日(21 日和 22 日)

列宁的《答复》一文转载于《顿涅茨无产者报》(卢甘斯克)第 47 号和第 48 号。

《列宁全集》中文第 2 版增订版第 32 卷第 33—44 页;《顿涅茨无产者报》,卢甘斯克,1917 年 8 月 21 日(8 日),第 47 号;8 月 22 日(9 日),第 48 号。

8 月 8 日、9 日和 10 日(21 日、22 日和 23 日)

列宁的《答复》一文转载于《明星报》(叶卡捷琳诺斯拉夫)第 60、61 和 62 号。

《列宁全集》中文第 2 版增订版第 32 卷第 33—44 页;《明星报》,叶卡捷琳诺斯拉夫,1917 年 8 月 8 日,第 60 号;8 月 9 日,第 61 号;8 月 10 日,第 62 号。

8 月 8 日、9 日、11 日和 12 日(21 日、22 日、24 日和 25 日)

列宁的《答复》一文用拉脱维亚文转载于《斗争报》(里加)第 73、74、76 和 77 号。

《列宁全集》中文第 2 版增订版第 32 卷第 33—44 页;《斗争报》,里加,1917 年 8 月 8 日(21 日),第 73 号;8 月 9 日(22 日),第 74 号;8 月 11 日(24 日),第 76 号;8 月 12 日(25 日),第 77 号。

8 月 9 日（22 日）

列宁转移到马尔姆车站（赫尔辛福斯附近），住在芬兰议会议员卡·维克的别墅里。

> 《列宁全集》中文第 2 版增订版第 32 卷第 261—262 页；苏共中央马列主义研究院中央党务档案馆，第 4 号全宗，第 1 号目录，第 113 号案卷，第 46—47 张；《回忆弗·伊·列宁》，第 2 卷，1969 年，第 428、438 页。

列宁的《波拿巴主义的开始》一文转载于《克拉斯诺亚尔斯克工人报》第 118 号和《乌拉尔真理报》（叶卡捷琳堡）第 21 号。

> 《列宁全集》中文第 2 版增订版第 32 卷第 45—49 页；《克拉斯诺亚尔斯克工人报》，1917 年 8 月 9 日，第 118 号；《乌拉尔真理报》，叶卡捷琳堡，1917 年 8 月 9 日，第 21 号。

《无产阶级事业报》（喀琅施塔得）第 23 号发表对列宁的小册子《论口号》的简评。简评把小册子评价为"非常及时的创举"，强调指出："由于七月事变……现在的斗争已经不是要建立目前这种成份的苏维埃政权，而是要建立无产阶级和农村半无产阶级的政权。"

> 弗·伊·列宁：《论口号》，喀琅施塔得，俄国社会民主工党喀琅施塔得委员会出版社，1917 年，16 页，（俄国社会民主工党），标题前署名：尼·列宁；《无产阶级事业报》，喀琅施塔得，1917 年 8 月 22 日（9 日），第 23 号。

8 月 10 日（23 日）

列宁通过卡·维克和古·罗维奥把自己一篇文章（未查明是什么文章）的手稿寄到彼得格勒。

> 苏共中央马列主义研究院中央党务档案馆，第 4 号全宗，第 1 号目录，第 113 号案卷，第 47 张。

列宁于 22 时 30 分由卡·维克陪同离开马尔姆车站前往赫尔辛福斯。

苏共中央马列主义研究院中央党务档案馆,第 4 号全宗,第 1 号目录,第 113 号案卷,第 47 张。

列宁的《论口号》一文转载于《我们的旗帜报》(顿河畔罗斯托夫)第 25 号和《无产者报》(哈尔科夫)第 114 号。

《列宁全集》中文第 2 版增订版第 32 卷第 6—13 页;《我们的旗帜报》,顿河畔罗斯托夫,1917 年 8 月 10 日,第 25 号;《无产者报》,哈尔科夫,1917 年 8 月 23 日(10 日),第 114 号。

列宁的《波拿巴主义的开始》一文转载于《高加索工人报》(梯弗利斯)第 122 号。

《列宁全集》中文第 2 版增订版第 32 卷第 45—49 页;《高加索工人报》,梯弗利斯,1917 年 8 月 10 日,第 122 号。

8 月 10 日、11 日和 15 日(23 日、24 日和 28 日)

列宁的《论立宪幻想》一文转载于《无产阶级事业报》(喀琅施塔得)第 24、25 和 28 号。

《列宁全集》中文第 2 版增订版第 32 卷第 17—32 页;《无产阶级事业报》,喀琅施塔得,1917 年 8 月 23 日(10 日),第 24 号;8 月 24 日(11 日),第 25 号;8 月 28 日(15 日),第 28 号。

8 月 10 日—9 月 23 日或 24 日(8 月 23 日—10 月 6 日或 7 日)

列宁秘密居住在赫尔辛福斯。起初住在芬兰社会民主党人古·罗维奥家(哈格涅斯卡亚广场 1 号 22 室),后来又先后住在芬兰工人阿·乌塞尼乌斯家(弗雷德里金卡图街 64 号)和阿·布洛姆奎斯特家(泰连卡图街 46 号)。列宁通过罗维奥、铁路邮递员克·阿赫马拉、胡·雅拉瓦和莉·雅拉瓦夫妇、娜·康·克鲁普斯卡娅、玛·伊·乌里扬诺娃、伊·捷·斯米尔加及亚·瓦·绍特曼等人与俄国社会民主工党(布)中央委员会保持经常的联系,通过卡·维克与党中央委员会国外代表处保持联系。在赫尔辛福斯居住期间,列宁写《国家与革命》一书,给布尔什维克报刊写过一系列文章;给娜·康·克鲁普斯卡娅寄信和便条,其中一封信是用化学药水写的,信中请她到赫尔辛福斯他那里去;会见芬兰革命运动的一些领导人。

《列宁全集》中文第 2 版增订版第 31 卷第 116 页,第 32 卷第 69—241、261—262 页,第 47 卷第 609—616 页;《列宁文集》俄文版第 4 卷第 333—334 页;苏共中央马列主义研究院中央党务档案馆,第 4 号全宗,第 1 号目录,第 113 号案卷,第 47、52 张;第 12 号全宗,第 2 号目录,第 222 号案卷,第 33、34 张;《消息报》,莫斯科,1967 年 11 月 29 日,第 282 号,莫斯科,晚上版;《回忆弗·伊·列宁》,第 1 卷,1968 年,第 474 页;第 2 卷,1969 年,第 428、437、438、441、442、443 页;第 5 卷,1969 年,第 113、114—115、116—119、151 页;《交易所新闻》,彼得格勒,1917 年 9 月 25 日(10 月 8 日),第 16460 号,晚上版;《新生活报》,彼得格勒,1917 年 9 月 22 日(10 月 5 日),第 134 号;M.M.科罗年:《为苏维埃政权而斗争的芬兰国际主义者》,列宁格勒,1969 年,第 68 页。

8 月 10 日和 26 日(8 月 23 日和 9 月 8 日)之间

列宁写《论斯德哥尔摩代表会议》一文,阐述了在国际社会主义运动中形成的三种派别:革命的国际主义、社会沙文主义和中派。列宁称斯德哥尔摩代表会议是帝国主义秘密外交的工具,"是彻头彻尾的欺骗"。列宁在文章的结尾说道,布尔什维克估计到"政治的一切变化和细节,我们始终是彻底的国际主义者,我们宣扬工人的兄弟般的联合,宣扬同社会沙文主义者决裂,宣扬为无产阶级革命而工作"。

《列宁全集》中文第 2 版增订版第 32 卷第 94—103 页;《工人日报》,彼得格勒,1917 年 9 月 8 日(8 月 26 日),第 2 号。

8 月,10 日(23 日)以后

列宁同娜·康·克鲁普斯卡娅见面,她冒充谢斯特罗列茨克女工阿塔马诺娃秘密来到赫尔辛福斯。克鲁普斯卡娅后来在回忆这次会见时写道:"伊里奇很高兴。可以看得出来,他曾因本应身

1917年8月列宁在赫尔辛福斯住过的古·罗维奥家所在的楼房

1917年9月列宁在赫尔辛福斯阿·布洛姆奎斯特家居住的房间

化装成女工的娜·康·克鲁普斯卡娅

处斗争中心的重要时刻却不得不隐藏起来而感到十分苦闷。我把我知道的一切都告诉了他。伊里奇执意要送我到车站,他把我送到最后一个拐角。我们约好,我还会来。"

> 苏共中央马列主义研究院中央党务档案馆,第 4 号全宗,第 1 号目录,第 113 号案卷,第 47 张;《回忆弗·伊·列宁》,第 1 卷,1968 年,第 475 页;第 2 卷,1969 年,第 442 页。

8 月 11 日(24 日)

第 108 预备步兵团士兵大会给列宁发致敬信,保证用他们拥有的全部手段支持布尔什维克斗争到最后,直至完全胜利。

> 《乌拉尔真理报》,叶卡捷琳堡,1917 年 8 月 24 日,第 25 号。

俄国社会民主工党(布)雷瓦尔组织的军事组织和俄罗斯支部集会抗议反动报刊诽谤中伤列宁。

> 《明星报》,雷瓦尔,1917 年 8 月 15 日(28 日)①,第 5 号。

8 月 11 日或 12 日(24 日或 25 日)

列宁收到经古·罗维奥转来的芬兰工人组织请他参加他们一年一度的"劳动节"的邀请书。(邀请列宁参加这次节日的决定在七月事变前就已作出。)

> 苏共中央马列主义研究院中央党务档案馆,第 4 号全宗,第 1 号目录,第 113 号案卷,第 47 张;《回忆弗·伊·列宁》,第 2 卷,1969 年,第 440 页;《波涛报》,赫尔辛福斯,1917 年 8 月 26 日(13 日),第 10 号。

8 月 11 日和 12 日(24 日和 25 日)

列宁的《论立宪幻想》一文转载于《无产者报》(哈尔科夫)第 115 号和第 116 号。

> 《列宁全集》中文第 2 版增订版第 32 卷第 17—32 页;《无产者

---

① 报上是:8 月 15 日(24 日)。——俄文编者注

报》,哈尔科夫,1917 年 8 月 24 日(11 日),第 115 号;8 月 25
日(12 日),第 116 号。

8 月 12 日(25 日)

列宁给《新生活报》编辑部的信用德文转载于《工人政治》杂志
第 34 期。

> 《列宁全集》中文第 2 版增订版第 30 卷第 402—403 页;《工人
> 政治》杂志,不来梅,1917 年 8 月 25 日,第 34 期,第 261 页。

不早于 8 月 12 日(25 日)—不晚于 17 日(30 日)

列宁写《备忘记事》,列出他需要的材料及日用物品,其中包
括:"我的关于政治形势的提纲(向代表大会)"和"在苏维埃代表大
会上关于战争问题的演说"。

> 《列宁全集》中文第 2 版增订版第 32 卷第 433—434 页,第 47
> 卷第 609 页;《列宁文集》俄文版第 21 卷第 71—72 页;《我们
> 之路》杂志,圣彼得堡,1917 年 8 月,第 1 期;《人民事业报》,
> 彼得格勒,1917 年 8 月 12 日,第 125 号。

列宁草拟给斯德哥尔摩俄国社会民主工党(布)中央委员会国
外局的信的提纲。

> 《列宁全集》中文第 2 版增订版第 47 卷第 609—616 页;《列宁
> 文集》俄文版第 21 卷第 71—72 页。

8 月 12 日和 13 日(25 日和 26 日)

列宁的《论口号》一文转载于《顿涅茨无产者报》(卢甘斯克)第
51 号和第 52 号(非全文)。

> 《列宁全集》中文第 2 版增订版第 32 卷第 6—13 页;《顿涅茨
> 无产者报》,卢甘斯克,1917 年 8 月 25 日(12 日),第 51 号;8
> 月 26 日(13 日),第 52 号。

8 月 12 日和 24 日(8 月 25 日和 9 月 6 日)之间

列宁写《政治讹诈》一文,揭露资产阶级和小资产阶级的报刊
在攻击布尔什维克党时所使用的诽谤手法,指出列·波·加米涅

夫屈服于资产阶级的讹诈,"丢开了社会活动"的错误行为,强调指出这种态度"会使无产阶级受到损失,使无产阶级的敌人拍手称快"。列宁指出,资产阶级粗野疯狂的叫嚣和疯狂的仇恨正好证明布尔什维克是正确的。列宁为联合了 24 万有觉悟的工人国际主义者的党而自豪,他表示:"我们相信党,我们把党看做我们时代的智慧、荣誉和良心。我们把革命国际主义者的国际联盟看做工人阶级解放运动的唯一保证。"

《列宁全集》中文第 2 版增订版第 32 卷第 86—89 页;《无产者
报》,彼得格勒,1917 年 9 月 6 日(8 月 24 日),第 10 号;《消息
报》,彼得格勒,1917 年 8 月 12 日,第 142 号。

8 月 13 日(26 日)

列宁的《答复》一文转载于《乌拉尔真理报》(叶卡捷琳堡)第 22 号增刊。

《列宁全集》中文第 2 版增订版第 32 卷第 33—44 页;《乌拉尔
真理报》,叶卡捷琳堡,1917 年 8 月 13 日,第 22 号,增刊。

彼得格勒工厂委员会第二次全市代表会议抗议反革命资产阶级"卑鄙无耻地诽谤中伤"列宁的决议发表在《无产者报》第 1 号上。代表会议"要求大多数工兵代表苏维埃采取最有力的措施保护工人阶级的代表,并同资产阶级反革命专政作彻底的斗争"。

《无产者报》,彼得格勒,1917 年 8 月 26 日(13 日),第 1 号。

列夫达工厂(彼尔姆省)工人群众大会抗议诽谤中伤列宁。

《乌拉尔真理报》,叶卡捷琳堡,1917 年 8 月 21 日,第 24 号。

上乌法列伊工人代表苏维埃(彼尔姆省)全体会议通过抗议诽谤中伤列宁的决议。

《乌拉尔真理报》,叶卡捷琳堡,1917 年 8 月 21 日,第 24 号。

8 月 13 日和 15 日（26 日和 28 日）

列宁的《论口号》一文转载于《巴库工人报》第 39 号和第 40 号。

> 《列宁全集》中文第 2 版增订版第 32 卷第 6—13 页；《巴库工人报》，1917 年 8 月 13 日，第 39 号；8 月 15 日，第 40 号。

8 月 13 日、20 日和 27 日（8 月 26 日、9 月 2 日和 9 日）

列宁的《答复》一文用格鲁吉亚文转载于《斗争报》（梯弗利斯）第 11、12 和 13 号。

> 《列宁全集》中文第 2 版增订版第 32 卷第 33—44 页；《斗争报》，梯弗利斯，1917 年 8 月 13 日，第 11 号；8 月 20 日，第 12 号；8 月 27 日，第 13 号。

8 月 16 日（29 日）

列宁的《论加米涅夫在中央执行委员会上关于斯德哥尔摩代表会议的发言》一信在《无产者报》第 3 号上发表。

> 《列宁全集》中文第 2 版增订版第 32 卷第 66—68 页；《无产者报》，彼得格勒，1917 年 8 月 29 日（16 日），第 3 号。

8 月 16 日、18 日和 20 日（8 月 29 日、31 日和 9 月 2 日）

列宁的《答复》一文用亚美尼亚文转载于《工人斗争报》（梯弗利斯）第 18、19 和 20 号。

> 《列宁全集》中文第 2 版增订版第 32 卷第 33—44 页；《工人斗争报》，梯弗利斯，1917 年 8 月 16 日，第 18 号；8 月 18 日，第 19 号；8 月 20 日，第 20 号。

8 月 17 日（30 日）

俄国社会民主工党（布）彼尔姆组织全体大会通过的给列宁的致敬信在《无产者报》第 4 号上发表。

> 《无产者报》，彼得格勒，1917 年 8 月 30 日（17 日），第 4 号。

8 月 17 日、18 日、20 日和 25 日
（8 月 30 日、31 日、9 月 2 日和 7 日）

列宁写《致中央委员会国外局》（斯德哥尔摩）一信，信中指出，

《真理报》1917年用过的几个报头：《真理报》、《〈真理报〉小报》、
《无产者报》、《工人日报》、《工人之路报》、《工人和士兵报》。

"通信联系被迫中断了好几个星期,经过极大的努力,看来正在恢复起来。"列宁对同资产阶级掀起的攻击国际主义者的卑劣的诽谤运动进行斗争作出指示。列宁反对参加斯德哥尔摩国际社会党代表会议,这次会议是由各中立国的社会沙文主义者提议、拟定于1917 年夏天召开的。列宁坚决主张立即采取实际措施以建立第三国际即共产国际,要求马上召开左派代表会议:"正是现在,正是当齐美尔瓦尔德联盟这样无耻地动摇不定或者说被迫毫无作为的时候,正是现在,**当俄国还**有一个合法的(几乎合法的)、拥有 20 多万(24 万)党员的国际主义政党**的时候**……正是现在,我们应当召开左派代表会议,如果把这件事情**耽搁**了……我们简直就要成为罪人。"列宁指出,召开这样的会议的思想和物质基础已经具备。信中谈到必须搞好同设在斯德哥尔摩的国外代表处交换书刊的工作,以及定期寄来供党的报刊发表的国外左派运动述评和准备印成小册子的传单("可以把有关国际的破产、社会沙文主义者的可耻、考茨基派的可耻和左派运动的壮大的**事实**综合起来")。信中还问起《〈真理报〉俄国新闻简报》的出版、发行和送往美国等情况。

《列宁全集》中文第 2 版增订版第 47 卷第 609—616 页。

8 月 18 日(31 日)

列宁收到最初几号党中央机关报《无产者报》。该报是代替被临时政府查封的《真理报》而出版的。

《列宁全集》中文第 2 版增订版第 47 卷第 615 页。

列宁的《论口号》一文转载于《乌拉尔真理报》(叶卡捷琳堡)第23 号。

《列宁全集》中文第 2 版增订版第 32 卷第 6—13 页;《乌拉尔真理报》,叶卡捷琳堡,1917 年 8 月 18 日,第 23 号。

在"摩登"马戏院(彼得格勒)举行的有 3 000 名工人和士兵参加的大会通过给列宁的致敬信。信中说:"任何造谣中伤和诽谤攻击都离间不了广大群众与他们的革命领袖之间的关系,因为革命领袖的立场就是整个工人阶级和革命的立场。"

《士兵报》,彼得格勒,1917 年 8 月 24 日,第 9 号。

8 月 18 日—19 日(8 月 31 日—9 月 1 日)

列宁写《关于阴谋的谣言》一文,并请求以他的名义把这篇文章作为报告提交给俄国社会民主工党(布)中央委员会。列宁写这篇文章是因为《新生活报》上刊登了一则简讯,简讯说莫斯科流传一种关于反革命阴谋的谣言,并说军事当局已吸收莫斯科苏维埃代表、中央执行委员会的孟什维克和社会革命党人委员和布尔什维克代表来同这一阴谋作斗争。列宁看到在革命日益高涨的情况下莫斯科的作用具有特殊的意义,因而建议:由中央委员会进行正式调查,"查明布尔什维克和护国派是否……成立过共同的机关,是否有过联盟或协定,内容是什么,等等"。列宁在文章中还确定了布尔什维克对付反革命行动的策略:"……如果反革命军队现在开始向临时政府进攻,那么我们的工人、我们的士兵就一定要同他们作战,这不是为了保护这个在 7 月 3 日召来卡列金之流的政府,而是为了独立地保卫革命,追求自己的目的,即追求工人的胜利、穷人的胜利、和平事业的胜利……"

《列宁全集》中文第 2 版增订版第 32 卷第 69—74 页;《英雄时代史册》,莫斯科,1973 年,第 310—311、320—321 页。

8 月 18 日和 20 日(8 月 31 日和 9 月 2 日)

列宁的《论立宪幻想》一文转载于《克拉斯诺亚尔斯克工人报》第 125 号和第 127 号。

《列宁全集》中文第 2 版增订版第 32 卷第 17—32 页；《克拉斯诺亚尔斯克工人报》，1917 年 8 月 18 日，第 125 号；8 月 20 日，第 127 号。

8 月 19 日（9 月 1 日）

列宁同芬兰社会民主党人卡·维克见面，并在他的帮助下搬到工人阿·乌塞尼乌斯家（弗雷德里金卡图街 64 号）。

苏共中央马列主义研究院中央党务档案馆，第 4 号全宗，第 1 号目录，第 113 号案卷，第 52 张；《伊里奇最后的地下工作（回忆录）》，1934 年，第 81 页。

列宁的《只见树木不见森林》一文在《无产者报》第 6 号上发表。

《列宁全集》中文第 2 版增订版第 32 卷第 75—81 页；《无产者报》，彼得格勒，1917 年 9 月 1 日（8 月 19 日），第 6 号。

8 月 19 日和 9 月 18 日（9 月 1 日和 10 月 1 日）

列宁的《无产阶级革命的军事纲领》一文用德文在《青年国际》杂志第 9 期和第 10 期上发表。列宁在这篇文章中发展了马克思主义的社会主义革命理论，作出关于在帝国主义时代社会主义革命的前途及其胜利的条件的结论："资本主义的发展在各个国家是极不平衡的。而且在商品生产下也只能是这样。由此得出一个必然的结论：社会主义不能**在所有国家内**同时获得胜利。它将首先在一个或者几个国家内获得胜利……"

《列宁全集》中文第 2 版增订版第 28 卷第 86—97 页；《青年国际》杂志，苏黎世，1917 年 9 月 1 日，第 9 期；10 月 1 日，第 10 期。

8 月 19 日和 23 日（9 月 1 日和 5 日）

列宁的《答复》一文转载于《红旗报》（符拉迪沃斯托克）第 16 号和第 17 号。

《列宁全集》中文第 2 版增订版第 32 卷第 33—44 页;《红旗报》,符拉迪沃斯托克,1917 年 8 月 19 日,第 16 号;8 月 23 日,第 17 号。

不早于 8 月 19 日(9 月 1 日)—不晚于 8 月 21 日(9 月 3 日)

列宁研究发表在《全俄农民代表苏维埃消息报》上的《根据 1917 年彼得格勒第一次全俄农民代表大会的各地代表带来的 242 份委托书拟定的示范委托书》。

列宁写《政论家札记(农民和工人)》一文,对《示范委托书》进行详细的分析,说明在争取民主的和约及实行走向社会主义的步骤的斗争中必须建立无产阶级同贫苦农民的联盟,指出反对孟什维克和社会革命党人的宣传鼓动的重心应该移到说明社会革命党人背叛农民这一点上。列宁得出结论说,只有工人阶级和他的先锋队布尔什维克党才能保证实现 242 份委托书中提出的劳动农民的纲领。

《列宁全集》中文第 2 版增订版第 32 卷第 104—112 页;《全俄农民代表苏维埃消息报》,彼得格勒,1917 年 8 月 19 日,第 88 号;《辅助历史教程》,第 2 卷,1969 年,第 5—34 页。

8 月 19 日和 26 日(9 月 1 日和 8 日)之间

列宁写《纸上的决议》一文。《言语报》刊登了一篇关于 8 月 18 日(31 日)彼得格勒工兵代表苏维埃全体会议的报道,说孟什维克伊·格·策列铁里在会议上发言抗议通过废除死刑的决议,称它是"纸上的决议",列宁的文章是针对这篇报道而写的。文章强调指出,苏维埃现在是一个没有权力的机关,而临时政府则已成了反革命资产阶级的俘虏。

《列宁全集》中文第 2 版增订版第 32 卷第 90—93 页;《言语报》,彼得格勒,1917 年 8 月 19 日(9 月 1 日),第 194 号;《工人日报》,彼得格勒,1917 年 9 月 8 日(8 月 26 日),第 2 号。

8 月 20 日（9 月 2 日）

《无产者报》第 7 号发表全俄地方自治机关联合会机械厂（彼得格勒）工人大会通过的决议，抗议对布尔什维克党的迫害和对其出版物的压制，抗议在斯摩棱斯克没收小册子《列宁关于土地问题的讲话（1917 年 5 月 22 日在全俄农民代表苏维埃会议上的讲话）》。

《无产者报》，彼得格勒，1917 年 9 月 2 日（8 月 20 日），第 7 号。

8 月 20 日和 23 日（9 月 2 日和 5 日）

列宁的《论口号》一文转载于《国际报》（下诺夫哥罗德）第 22 号和第 23 号。

《列宁全集》中文第 2 版增订版第 32 卷第 6—13 页；《国际报》，下诺夫哥罗德，1917 年 9 月 2 日（8 月 20 日），第 22 号；9 月 5 日（8 月 23 日），第 23 号。

8 月 20 日和 28 日（9 月 2 日和 10 日）之间

列宁写《政论家札记》一文。文章的第一部分《祸根》是针对《新生活报》上登载的尼·苏汉诺夫的短评《关于取消争取和平的斗争》写的，苏汉诺夫在短评中为孟什维克和社会革命党人的妥协政策辩解，断言苏维埃要收回它的一切权力、改变临时政府的政策"还是十分容易的"。列宁指出，革命发展的进程所表明的正好相反：政权已经不在"革命民主派"手里，而是被反革命资产阶级夺走了。因此，没有新的革命，决定性的历史转变是不可能的。列宁指出，社会革命党人和孟什维克的威信降低和布尔什维克的威信提高是这一转变非常重要的征兆。

文章的第二部分《徭役制和社会主义》是针对《俄罗斯意志报》登载的一篇关于叶卡捷琳堡苏维埃规定富有的公民必须尽社会义

务的题为《徭役制》的通讯而写的。列宁指出,资本家对人民的疾苦安之若素,而一旦要他们尽一点社会义务,触犯了他们的利益时,他们便大叫其"徭役制"了。列宁指出采取这类措施是进步的和必要的。

《列宁全集》中文第 2 版增订版第 32 卷第 119—129 页;《新生活报》,彼得格勒,1917 年 8 月 20 日(9 月 2 日),第 106 号;《俄罗斯意志报》,彼得格勒,1917 年 8 月 20 日,第 197 号;《工人日报》,彼得格勒,1917 年 9 月 10 日(8 月 28 日),第 4 号;9 月 10 日(8 月 28 日),第 5 号,号外。

8 月 20 日和 30 日(9 月 2 日和 12 日)之间

列宁写《论诽谤者》一文。该文是针对《言语报》和《俄罗斯意志报》8 月 20 日(9 月 2 日)刊登的诽谤性谣言而写的,谣言说列宁同资产阶级民族主义的"乌克兰解放协会""有某些关系"。列宁揭露了资产阶级报刊散布的这一谎言。

《列宁全集》中文第 2 版增订版第 32 卷第 113—114 页;《俄罗斯意志报》,彼得格勒,1917 年 8 月 20 日,第 197 号;《言语报》,彼得格勒,1917 年 8 月 20 日(9 月 2 日),第 195 号;《工人日报》,彼得格勒,1917 年 9 月 12 日(8 月 30 日),第 8 号。

8 月 21 日(9 月 3 日)

司法部副部长密令各邮电区长官命令其所有下属机关检查弗·伊·乌里扬诺夫(列宁)的来往信件,并把这些信件抽出来送交彼得格勒地方法院重大案件侦查员 Π.A.亚历山德罗夫。

苏共中央马列主义研究院中央党务档案馆,第 4 号全宗,第 3 号目录,第 44 号案卷,第 2 张。

朗根济片股份公司的铜铁铸造、配件及水泵工厂(彼得格勒)全体职员大会通过向列宁致敬的决议。

《工人日报》,彼得格勒,1917 年 9 月 12 日(8 月 30 日),第 8 号。

8 月 22 日和 24 日（9 月 4 日和 6 日）

列宁的《答复》一文以《答诽谤者》为题转载于《波涛报》（赫尔辛福斯）第 15 号和第 16 号。

> 《列宁全集》中文第 2 版增订版第 32 卷第 33—44 页；《波涛报》，赫尔辛福斯，1917 年 9 月 4 日（8 月 22 日），第 15 号；9 月 6 日（8 月 24 日），第 16 号。

不早于 8 月 22 日（9 月 4 日）—不晚于 8 月 28 日（9 月 10 日）

列宁给俄国社会民主工党（布）中央写《就印发〈关于里加沦陷的传单〉所写的一封信》，要求秘密印发传单以揭露临时政府及其支持者孟什维克党和社会革命党所奉行的帝国主义政策。信中提出要秘密地印发自由的即可以明言直说的各种传单，署名"一批受迫害的布尔什维克"，或写上"一批受迫害的布尔什维克都是受政府迫害而被迫从事秘密工作的布尔什维克"。《关于里加沦陷的传单》的作者可能是列宁。

> 《列宁全集》中文第 2 版增订版第 32 卷第 82—85 页；《消息报》，彼得格勒，1917 年 8 月 22 日，第 150 号；8 月 28 日，号外；《统一报》，彼得格勒，1917 年 8 月 22 日，第 121 号；《工人日报》，彼得格勒，1917 年 9 月 10 日（8 月 28 日），第 4 号；9 月 10 日（8 月 28 日），第 5 号，号外。

8 月 23 日（9 月 5 日）

列宁的《论口号》一文转载于《高加索工人报》（梯弗利斯）第 132 号和《前进报》（乌法）第 123 号。

> 《列宁全集》中文第 2 版增订版第 32 卷第 6—13 页；《高加索工人报》，梯弗利斯，1917 年 8 月 23 日，第 132 号；《前进报》，乌法，1917 年 8 月 23 日，第 123 号。

列宁的《只见树木不见森林》一文转载于《无产阶级事业报》（喀琅施塔得）第 34 号。

> 《列宁全集》中文第 2 版增订版第 32 卷第 75—81 页；《无产阶

级事业报》，喀琅施塔得，1917 年 9 月 5 日（8 月 23 日），第
34 号。

8 月 23 日、27 日和 29 日（9 月 5 日、9 日和 11 日）

列宁的《论立宪幻想》一文转载于《明星报》（叶卡捷琳诺斯拉
夫）第 72、76 和 77 号。

《列宁全集》中文第 2 版增订版第 32 卷第 17—32 页；《明星
报》，叶卡捷琳诺斯拉夫，1917 年 8 月 23 日，第 72 号；8 月 27
日，第 76 号；8 月 29 日，第 77 号。

8 月 24 日（9 月 6 日）

列宁会见卡·维克，请他把《致中央委员会国外局》一信寄往
斯德哥尔摩。

苏共中央马列主义研究院中央党务档案馆，第 4 号全宗，第 1
号目录，第 113 号案卷，第 52 张。

列宁的《政治讹诈》一文在《无产者报》第 10 号上发表。

《列宁全集》中文第 2 版增订版第 32 卷第 86—89 页；《无产者
报》，彼得格勒，1917 年 9 月 6 日（8 月 24 日），第 10 号。

列宁的《论加米涅夫在中央执行委员会上关于斯德哥尔摩代
表会议的发言》一信转载于《明星报》（叶卡捷琳诺斯拉夫）第
73 号。

《列宁全集》中文第 2 版增订版第 32 卷第 66—68 页；《明星
报》，叶卡捷琳诺斯拉夫，1917 年 8 月 24 日，第 73 号。

列宁的《远方来信。第一封信。第一次革命的第一阶段》的节
选以《俄国革命中的阶级斗争》为题用保加利亚文转载于《工人通
报》第 100 号。

《列宁全集》中文第 2 版增订版第 29 卷第 9—21 页；《工人通
报》，索非亚，1917 年 9 月 6 日，第 100 号。

8 月，不早于 24 日（9 月 6 日）

列宁看 8 月 24 日（9 月 6 日）的《日报》第 144 号。列宁根据

署名"雷斯"的《市政简讯》一文中的材料编制 1917 年 5 月和 8 月彼得格勒市杜马选举中各主要政党得票总数统计表。统计表上的数据表明,布尔什维克在人民群众中的威信增长,而社会革命党人和孟什维克的影响则急剧下降。列宁在《布尔什维克能保持国家政权吗?》一文中使用了这些数据。

> 《列宁全集》中文第 2 版增订版第 32 卷第 328—329 页;《列宁文集》俄文版第 21 卷第 83 页;《日报》,彼得格勒,1917 年 8 月 24 日,第 144 号;《列宁就是这样的人(同时代人回忆录)》,1965 年,第 216 页。

8 月,25 日(9 月 7 日)以前

列宁的小册子《论口号》由俄国社会民主工党(布)莫斯科河南岸区委员会(莫斯科)翻印出版。

> 《列宁全集》中文第 2 版增订版第 32 卷第 6—13 页;弗·伊·列宁:《论口号》,莫斯科,俄国社会民主工党莫斯科河南岸区委员会出版社,1917 年,15 页,标题前署名:尼·列宁;《社会民主党人报》,莫斯科,1917 年 8 月 25 日(9 月 7 日),第 141 号。

8 月 25 日(9 月 7 日)

列宁在《致中央委员会国外局》一信的附言中说:"看来,明天能把信寄出。"

> 《列宁全集》中文第 2 版增订版第 47 卷第 615 页。

晚上,列宁会见卡·维克,把《致中央委员会国外局》一信交给他,请他寄往斯德哥尔摩。

> 苏共中央马列主义研究院中央党务档案馆,第 4 号全宗,第 1 号目录,第 113 号案卷,第 52 张。

列宁的《政治讹诈》一文转载于《工人日报》第 1 号。

> 《列宁全集》中文第 2 版增订版第 32 卷第 86—89 页;《工人日报》,彼得格勒,1917 年 9 月 7 日(8 月 25 日),第 1 号。

8 月, 不早于 25 日(9 月 7 日)

列宁给俄国社会民主工党(布)中央委员会国外代表处(斯德哥尔摩)寄去党中央机关报——代替被临时政府查封的《真理报》的《工人和士兵报》第 1—7 号。

《列宁全集》中文第 2 版增订版第 47 卷第 615 页。

8 月 26 日(9 月 8 日)

列宁的《纸上的决议》和《论斯德哥尔摩代表会议》两篇文章在《工人日报》第 2 号上发表。

《列宁全集》中文第 2 版增订版第 32 卷第 90 — 93、94 — 103
页;《工人日报》,彼得格勒,1917 年 9 月 8 日(8 月 26 日),第
2 号。

8 月 26 日(9 月 8 日)—9 月初

为了执行司法部副部长 8 月 21 日(9 月 3 日)的通令,彼得格勒、莫斯科、彼尔姆、叶卡捷琳诺斯拉夫、斯摩棱斯克、阿尔汉格尔斯克、基什尼奥夫、敖德萨、伊尔库茨克等邮电区长官密令其下属机关主管官员检查弗·伊·乌里扬诺夫(列宁)的来往信件,并把这些信件抽出来送交彼得格勒地方法院重大案件侦查员 П.А.亚历山德罗夫。

苏共中央马列主义研究院中央党务档案馆,第 4 号全宗,第 3
号目录,第 44 号案卷,第 2—6、8、12—14、17 张;《列宁格勒
真理报》,1936 年 6 月 14 日,第 135 号;《工人之路报》,彼得格
勒,1917 年 10 月 16 日(3 日),第 26 号。

8 月 27 日(9 月 9 日)

列宁的《论口号》一文用格鲁吉亚文转载于《斗争报》(梯弗利斯)第 13 号。

《列宁全集》中文第 2 版增订版第 32 卷第 6 — 13 页;《斗争
报》,梯弗利斯,1917 年 8 月 27 日,第 13 号。

1917年8月30日(9月12日)列宁

《给俄国社会民主工党中央委员会的信》第1页

\

在阿卡迪亚公园(彼得格勒)举行的新村 2 000 名公民大会通过决议,抗议诽谤攻击列宁。

> 《工人日报》,彼得格勒,1917 年 9 月 14 日(1 日),第 10 号。

8 月 29 日(9 月 11 日)

列宁的《政论家札记(农民和工人)》一文在《工人日报》第 6 号上发表。

> 《列宁全集》中文第 2 版增订版第 32 卷第 104—112 页;《工人日报》,彼得格勒,1917 年 9 月 11 日(8 月 29 日),第 6 号。

列宁的《论口号》一文转载于《西伯利亚真理报》(克拉斯诺亚尔斯克)第 20 号。

> 《列宁全集》中文第 2 版增订版第 32 卷第 6—13 页;《西伯利亚真理报》,克拉斯诺亚尔斯克,1917 年 8 月 29 日(9 月 11 日)①,第 20 号。

彼得格勒各青年工人联合会第一次代表会议(代表 13 000 名青年工人)通过的给革命领袖列宁及全体被捕的布尔什维克的致敬信在《工人日报》第 6 号上发表。

> 《工人日报》,彼得格勒,1917 年 9 月 11 日(8 月 29 日),第 6 号。

8 月 30 日(9 月 12 日)

列宁在获悉反革命势力发动了科尔尼洛夫叛乱以图在俄国建立军事独裁的消息后,写《给俄国社会民主工党中央委员会的信》。列宁认为科尔尼洛夫反革命叛乱是"事态完全出人意料的……简直难以置信的急剧转变",因此他要求修改和变更党的策略。他写道:"我们跟克伦斯基的**军队一样**,要同而且正在同科尔尼洛夫作战,但是我们不支持克伦斯基,而要揭露他的软弱性……现在我们

---

① 报上是:8 月 29 日(9 月 9 日)。——俄文编者注

不打算推翻克伦斯基，现在要**用别的方法**来同他斗争，这个方法就是向人民（同科尔尼洛夫斗争的人民）说明克伦斯基的**软弱**和**动摇**。我们过去**也是**这样做的，不过现在这一点已是**主要**的了，改变就在这里……**此刻**与其说应该鼓动直接反对克伦斯基，不如说应该鼓动**间接**反对他，还是反对他，不过是间接反对，所谓间接，就是要求对科尔尼洛夫进行一场积极而又积极的、真正革命的战争。"列宁建议党中央在专门的信中向全体鼓动员、宣传员以及所有党员说明这一策略上的改变。

《列宁全集》中文第 2 版增订版第 32 卷第 115—118 页。

列宁看党中央机关报——代替被临时政府查封的《真理报》的《工人日报》前 6 号。

列宁写《给俄国社会民主工党中央委员会的信》的附言，欢迎党中央机关报恢复出版，并称赞它所持的立场："……应该说，我们的意见是完全一致的。"

《列宁全集》中文第 2 版增订版第 32 卷第 117—118 页。

列宁的《论诽谤者》一文在《工人日报》第 8 号上发表。

《列宁全集》中文第 2 版增订版第 32 卷第 113—114 页；《工人日报》，彼得格勒，1917 年 9 月 12 日（8 月 30 日），第 8 号。

俄国社会民主工党（布）中央委员会决定广泛举行群众大会并在这些群众大会上作出决议：要求释放因 7 月 3—5 日（16—18 日）事件而被捕的布尔什维克并让正受到追缉的工人阶级领袖列宁回到自己的岗位上。

《俄国社会民主工党（布）中央委员会会议记录（1917 年 8 月—1918 年 2 月）》，1958 年，第 32—33 页。

在列奇金车辆制造厂剧院召开的彼得格勒莫斯科区工人、士

兵和水兵两千人大会向列宁致以热烈的敬礼,祝愿他今后顺利地
为俄国革命而工作。

《工人日报》,彼得格勒,1917 年 9 月 14 日(1 日),第 10 号。

《工人日报》第 8 号发表普梯洛夫工厂(彼得格勒)俄国社会民
主工党(布)党员给列宁的致敬信。致敬信中说:“我们全都坚信,
在您富有经验的领导下,我们会乌云翻滚无所惧,恶浪滔天视等
闲。勇敢地掌舵吧! 您人虽不在这里,但您在我们中间。”

《工人日报》,彼得格勒,1917 年 9 月 12 日(8 月 30 日),第
8 号。

8 月 30 日和 31 日(9 月 12 日和 13 日)

列宁的《革命的教训》一文在《工人日报》第 8 号和第 9 号上
发表。

《列宁全集》中文第 2 版增订版第 32 卷第 50—65 页;《工人日
报》,彼得格勒,1917 年 9 月 12 日(8 月 30 日),第 8 号;9 月
13 日(8 月 31 日),第 9 号。

8 月 31 日(9 月 13 日)

列宁的《政论家札记》一文的第二部分——《徭役制和社会主
义》在《士兵报》(彼得格勒)第 15 号上发表。

《列宁全集》中文第 2 版增订版第 32 卷第 127—129 页;《士兵
报》,彼得格勒,1917 年 8 月 31 日,第 15 号。

俄国社会民主工党(布)中央委员会扩大会议讨论并通过以列
宁的思想为基础的《关于政权》的决议。决议指出,科尔尼洛夫将
军的反革命叛乱是由参加以立宪民主党人为首的临时政府的各党
派策划和支持的。决议强调指出:“再不能容忍临时政府的非常权
力和不负责任的态度。唯一的出路是建立由革命的无产阶级和农
民的代表组成的政权”,这个政权活动的基础应该是:颁布民主共

和国的法令、立即无偿废除地主土地私有制、在全国范围内对生产和分配实行工人监督、把最重要的工业部门收归国有、立即建议各交战国的人民缔结普遍民主和约等。

　　彼得格勒工兵代表苏维埃以多数票(279 票赞成、115 票反对、50 票弃权)通过了布尔什维克《关于政权》的决议。布尔什维克党的中央机关报关于这项决议的报道用的标题是《历史性的转变》。不久莫斯科苏维埃也通过了布尔什维克的《关于政权》的决议。苏维埃的布尔什维克化过程蓬勃地开始了。

> 《俄国社会民主工党(布)中央委员会会议记录(1917 年 8 月—1918 年 2 月)》,1958 年,第 37—38 页;《苏联共产党决议汇编》,第 8 版,第 1 卷,1970 年,第 509 — 510 页;《工人日报》,彼得格勒,1917 年 9 月 1 日,第 11 号,号外。

　　法俄工厂(彼得格勒)五百工人集会通过决议,要求立即撤销对列宁及其他布尔什维克的指控。

> 《工人之路报》,彼得格勒,1917 年 9 月 18 日(5 日),第 2 号。

　　俄国社会民主工党(布)中央委员会军事组织会议(代表彼得格勒卫戍部队、维堡混成支队和喀琅施塔得水兵等 37 支部队)通过决议,要求停止对列宁的迫害。

> 《士兵报》,彼得格勒,1917 年 9 月 2 日,第 17 号。

　　陆军部副部长 Г.А.雅库波维奇上校下令立即搜查并逮捕列宁。

> 《莫斯科工人代表苏维埃消息报》,1917 年 9 月 6 日(19 日),第 156 号。

8 月 31 日和 9 月 1 日(9 月 13 日和 14 日)

　　列宁的《论口号》一文用爱沙尼亚文转载于《工人报》(塔林)第 41 号和第 42 号。

《列宁全集》中文第 2 版增订版第 32 卷第 6—13 页;《工人报》,塔林,1917 年 8 月 31 日(9 月 13 日),第 41 号;9 月 1 日(14 日),第 42 号。

列宁的《政论家札记(农民和工人)》转载于《无产阶级事业报》(喀琅施塔得)第 41 号和第 42 号。

《列宁全集》中文第 2 版增订版第 32 卷第 104—112 页;《无产阶级事业报》,喀琅施塔得,1917 年 9 月 13 日(8 月 31 日),第 41 号;9 月 14 日(1 日),第 42 号。

8 月

列宁写信给在彼得格勒的玛·伊·乌里扬诺娃,信中说:"我生活得很好,已着手写关于国家的文章,对于这个问题我很早就发生兴趣了。"列宁劝告她"一定去,立刻就去"治疗,随身带些"翻译工作或小说,免得太寂寞,在治疗过程中或多或少总要感到寂寞的"。

《列宁全集》中文第 2 版增订版第 53 卷 448 页。

列宁写《国家与革命(马克思主义关于国家的学说与无产阶级在革命中的任务)》一书的《序言》。《序言》强调指出,无产阶级社会主义革命对国家的态度问题当前"不仅具有政治实践的意义,而且具有最迫切的意义,这个问题是要向群众说明,为了使自己从资本的枷锁下解放出来,他们在最近的将来应当做些什么"。

《列宁全集》中文第 2 版增订版第 31 卷第 1—2 页;苏共中央马列主义研究院中央党务档案馆,第 2 号全宗,第 1 号目录,第 4608 号案卷,第 1 张。

8 月—9 月

列宁写信给在彼得格勒的玛·伊·乌里扬诺娃,再次劝她去治病,不要拖延,因为"不要错过时间"。因她在写关于英国工人运

动的小册子,列宁向她推荐了参考书,赞同"历次党代表大会"这个
题目,并建议"文章如果写好了,请把草稿寄给我,一起研究研究"。

《列宁全集》中文第 2 版增订版第 53 卷第 449 页。

列宁密切关注舰队中革命事态的发展,同俄国社会民主工党
(布)赫尔辛福斯委员会保持着联系,经常阅读它的机关报——《波
涛报》。

列宁会见布尔什维克赫尔辛福斯委员会代表波·阿·热姆丘
任,询问有关水兵的情绪、苏维埃和波罗的海舰队中央委员会中力
量的分布、波罗的海舰队水兵在行将到来的为革命而进行的战斗
中所具有的各种条件等情况。

《列宁全集》中文第 2 版增订版第 47 卷第 616、617 页;H.A.霍
夫林:《波罗的海舰队水兵发起猛攻》,莫斯科,1966 年,第
161—162 页;《政治自修》杂志,莫斯科,1967 年,第 10 期,第
35—36 页;《十月革命的英雄们——准备和进行彼得格勒十
月武装起义的积极参加者传记》,第 1 卷,1967 年,第 419 页。

列宁多次会见俄国社会民主工党(布)中央委员伊·捷·斯米
尔加,他是被派到芬兰的俄国党组织及驻扎在那里的卫戍部队和
波罗的海舰队中去工作的。列宁同他交换关于政治形势的意见,
对他的工作提出建议、作出指示,交待需转达给中央委员会的事
情,向他详细询问士兵和水兵的情绪、印刷厂和党报的情况。

《列宁文集》俄文版第 4 卷第 333—334 页;《俄国社会民主工
党(布)中央委员会会议记录(1917 年 8 月—1918 年 2 月)》,
1958 年,第 12—13 页;《回忆弗·伊·列宁》,第 2 卷,1969
年,第 441 页。

列宁继续写《国家与革命(马克思主义关于国家的学说与无产
阶级在革命中的任务)》一书,写完六章,开始写第七章《1905 年和
1917 年俄国革命的经验》。第七章(最后一章)和结束语没有写

成。列宁在该书第一版的《跋》中解释说:"因为1917年十月革命前夜的政治危机'妨碍'了我。对于这种'妨碍',只有高兴。"

列宁在书中第一次最完整、最系统地叙述了马克思主义关于国家学说的实质及其发展史,捍卫并发展了马克思和恩格斯关于马克思主义的这一根本问题的观点,论证了社会主义革命和无产阶级专政的规律性及必然性。列宁阐发并具体说明了马克思主义关于共产主义社会的两个阶段的学说,确定了共产党的作用和任务:"马克思主义教育工人的党,也就是教育无产阶级的先锋队,使它能够夺取政权并**引导全体人民**走向社会主义,指导并组织新制度,成为所有被剥削劳动者在不要资产阶级并反对资产阶级而建设自己社会生活的事业中的导师、领导者和领袖。"

《列宁全集》中文第2版增订版第31卷第1—116页,第35卷第231页,第53卷448页;苏共中央马列主义研究院中央党务档案馆,第2号全宗,第1号目录,第4608号案卷。

列宁通过芬兰社会民主党人古·罗维奥、卡·维克、尤·西罗拉同俄国社会民主工党(布)中央委员会国外代表处(斯德哥尔摩)保持联系。

《列宁全集》中文第2版增订版第32卷第261—262页,第47卷第616—617页;雅·斯·加涅茨基:《关于列宁(回忆录片断)》,1933年,第70页;《和列宁在一起(回忆录和文件)》,第2版,彼得罗扎沃茨克,1970年,第61页;Ю.Ф.达什科夫:《列宁在斯堪的纳维亚到过的地方。记者寻访》,莫斯科,1971年,第174页。

夏天

列宁写的《给全俄农民代表大会代表的公开信》由波涛出版社(彼得格勒)印成传单发表。

《列宁全集》中文第2版增订版第30卷第41—45页;弗·伊·列宁:《给全俄农民代表大会代表的公开信》,〔传单〕,彼

得格勒,波涛出版社,〔1917 年〕,4 页,标题前未注明作者;
弗·伊·列宁:《无产阶级在我国革命中的任务(无产阶级政
党的行动纲领草案)》,彼得堡,波涛出版社,1917 年 9 月,38
页,(俄国社会民主工党),标题前署名:尼·列宁。

9　月

9 月 1 日（14 日）

列宁的《政论家札记》一文在《工人日报》第 10 号上发表。

《列宁全集》中文第 2 版增订版第 32 卷第 119—129 页；《工人日报》，彼得格勒，1917 年 9 月 14 日（1 日），第 10 号。

五金工厂（彼得格勒）八千工人大会通过决议，要求释放狱中的革命者，反击资产阶级对列宁进行的卑鄙无耻的诽谤。

《工人之路报》，彼得格勒，1917 年 9 月 16 日（3 日），第 1 号。

彼得格勒汽车修理厂全体士兵大会通过决议，要求立即调查对列宁及其他争取自由的战士的指控，并把诽谤者送交法庭审判。

《工人之路报》，彼得格勒，1917 年 9 月 27 日（14 日），第 10 号。

马克耶夫卡-尤佐夫卡-彼得罗夫斯克区（顿巴斯）布尔什维克大会通过给俄国社会民主工党（布）中央委员会和列宁的致敬信。

《顿巴斯建立苏维埃政权的斗争（文件和资料集）》，斯大林诺，1957 年，第 106—107 页。

"捷足"工厂（彼得格勒）全体工人大会通过决定，要求停止对列宁的攻击。

列宁格勒十月革命和社会主义建设国家档案馆，第 6273 号全宗，第 1 号目录，第 1 号案卷，第 4 张。

穿甲弹制造厂（彼得格勒）工人关于要求立即释放全部政治

犯、停止迫害列宁的决议在《工人日报》第10号上发表。

《工人日报》,彼得格勒,1917年9月14日(1日),第10号。

《工人日报》第10号发表彼得格勒电器厂部分车间工人通过的决议,决议要求使列宁能够回到革命工人的队伍中并领导工人阶级反对反革命资产阶级及地主的斗争。

《工人日报》,彼得格勒,1917年9月14日(1日),第10号。

谢苗诺夫木材加工厂(莫斯科)全体工人和职员大会通过决议,要求使列宁能够回到革命士兵和革命工人的队伍中来。

《工人之路报》,彼得格勒,1917年9月16日(3日),第1号。

9月1日和3日(14日和16日)

列宁写《论妥协》一文,指出必须利用科尔尼洛夫叛乱被粉碎后出现的革命和平发展这一可能性,为此布尔什维克可以与社会革命党和孟什维克等小资产阶级政党缔结协议,其条件是:要求全部政权归苏维埃,建立对苏维埃负责的政府。列宁写道:"现在,只是在现在,也许**只有在几天**或一两个星期的**时间内**,这样的政府可以完全和平地成立并得到巩固。"妥协的内容就是:布尔什维克不要求参加政府,不立刻要求政权转归无产阶级和贫苦农民,回到7月前"全部政权归苏维埃!"的要求。社会革命党人和孟什维克则要在地方上的全部政权转归苏维埃的基础上,成立完全对苏维埃负责的政府。在这样的情况下,只要有鼓动的充分自由和改选苏维埃的充分自由,"自然就能保证革命和平地向前推进,**和平地解决苏维埃内部的党派斗争**"。

9月2日(15日)和3日(16日)的彼得格勒报纸报道说,中央执行委员会和农民代表苏维埃执行委员会联席会议否决了布尔什维克的《关于政权》的决议,并且对克伦斯基政府表示信任。列宁看了这些报纸后得出结论:向社会革命党人和孟什维克建议妥协已经晚了。列宁给《论妥协》一文写了附语,强调指出:"真的,从种种迹象看来,和平发展的道路偶然成为可能的那几天**已经**过去了。只好把这篇短文送到编辑部去,并请求加上一个《过时的想法》的标题……有时候知道一下过时的想法也许不是没有意思的吧。"

《列宁全集》中文第 2 版增订版第 32 卷第 130—136 页。

9 月 2 日(15 日)以前

伊万诺沃-沃兹涅先斯克军用化工厂及机械制品工厂技工、工人和士兵全体大会通过的关于抗议迫害列宁的决议在《我们的明星报》(伊万诺沃-沃兹涅先斯克)第 3 号上发表。

《我们的明星报》,伊万诺沃-沃兹涅先斯克,1917 年 9 月 2 日(15 日),第 3 号。

9 月 2 日和 3 日(15 日和 16 日)

列宁的《论斯德哥尔摩代表会议》一文转载于《北方工人报》(科斯特罗马)第 57 号和第 58 号。

《列宁全集》中文第 2 版增订版第 32 卷第 94—103 页;《北方工人报》,科斯特罗马,1917 年 9 月 2 日,第 57 号;9 月 3 日,第 58 号。

列宁的《革命的教训》一文转载于《无产阶级事业报》(喀琅施塔得)第 43 号和第 44 号(非全文)。

《列宁全集》中文第 2 版增订版第 32 卷第 50—65 页;《无产阶级事业报》,喀琅施塔得,1917 年 9 月 15 日(2 日),第 43 号;9 月 16 日(3 日),第 44 号。

9 月 2 日和 9 日(15 日和 22 日)

列宁的《答复》一文用德文转载于《俄国革命的使者》杂志第 1 期和第 2 期。

《列宁全集》中文第 2 版增订版第 32 卷第 33—44 页;《俄国革

命的使者》杂志,斯德哥尔摩,1917年9月15日,第1期,第
12—15页;9月22日,第2期,第11—15页。

不晚于9月3日(16日)

列宁积极参加定于9月3日(16日)日举行的俄国社会民主
工党(布)中央委员会全体会议的准备工作,给中央委员会写信,起
草决议草案。

在《党纲问题》一信中,列宁建议中央委员会立即组织党纲的
修改工作,以便在一个月后召开代表大会来通过党纲。他指出:
"我们党应当提出纲领,只有**这样**,才不是在口头上而是在行动上
推动第三国际的创立。"列宁就这一问题拟定决议草案。

在《齐美尔瓦尔德问题》一信中,列宁要求布尔什维克立即退
出齐美尔瓦尔德联盟,通过关于召开左派代表会议以成立新的国
际即第三国际的决议。

在《关于在群众组织中违反民主的现象》一信中,列宁建议要
求工人和士兵在苏维埃里和在工会代表大会上有平等的选举权,
谴责"任何**一点**违反平等原则的做法都是**伪造**……民主"。列宁建
议中央全会根据这一精神通过一项决议,把它单独印成传单,散发
给工人群众。

在《关于目前政治形势的决议草案》中,列宁对最近两个月内
国内政治力量的对比作了评述,说明七月事变和科尔尼洛夫反革
命叛乱的意义,确定无产阶级在争取和平、土地和消除经济破坏这
一斗争中的任务。他指出:"整个事变进程、一切经济政治条件以
及军队里的一切事件,愈来愈快地在为工人阶级夺取政权的成功
作好准备,而工人阶级一旦成功,就会给予和平、面包和自由,就会
加速其他各国无产阶级革命的胜利。"

《列宁全集》中文第 2 版增订版第 32 卷第 137—138、139—140、141、142—147 页;《俄国社会民主工党(布)中央委员会会议记录(1917 年 8 月—1918 年 2 月)》,1958 年,第 30、39 页。

9 月 3 日(16 日)

列宁 8 月 30 日(9 月 12 日)写的《给俄国社会民主工党中央委员会的信》在党中央会议上宣读。

《列宁全集》中文第 2 版增订版第 32 卷第 115—118 页;《俄国社会民主工党(布)中央委员会会议记录(1917 年 8 月—1918年 2 月)》,1958 年,第 41—42 页。

列宁的小册子《无产阶级在我国革命中的任务(无产阶级政党的行动纲领草案)》中的一章用亚美尼亚文转载于《工人斗争报》(梯弗利斯)第 22 号。

《列宁全集》中文第 2 版增订版第 29 卷第 159—160 页;《工人斗争报》,梯弗利斯,1917 年 9 月 3 日,第 22 号。

列宁的《政治讹诈》一文转载于《无产者报》(哈尔科夫)第 125 号。

《列宁全集》中文第 2 版增订版第 32 卷第 86—89 页;《无产者报》,哈尔科夫,1917 年 9 月 3 日(16 日),第 125 号。

由《女工》杂志编辑部在"摩登"马戏院(彼得格勒)组织的三千人大会通过决议,要求使列宁能够继续从事政治活动。

《士兵报》,彼得格勒,1917 年 9 月 6 日,第 20 号;9 月 12 日,第 24 号。

9 月 3 日和 7 日(16 日和 20 日)之间

列宁的《论口号》一文在阿斯特拉罕由工人事业出版社印成小册子出版。

《列宁全集》中文第 2 版增订版第 32 卷第 6—13 页;《阿斯特拉罕工人报》,1917 年 9 月 3 日,第 6 号;9 月 7 日,第 7 号。

9 月 4 日（17 日）

黑海舰队"愤怒"号雷击舰舰委会及全体舰员大会通过决议，要求全部政权转归苏维埃并给列宁创造合法活动的条件。

> 《1917 年 9 月的俄国革命运动——全国危机》，1961 年，第 398—399 页。

9 月 5 日（18 日）

塞瓦斯托波尔海军岸勤部队群众大会通过决议，要求政权转归苏维埃，停止对列宁的迫害，并使他能够回到正在进行斗争的无产阶级队伍中从事公开的工作。

> 《1917 年 9 月的俄国革命运动——全国危机》，1961 年，第 401—402 页。

9 月 5 日和 10 日（18 日和 23 日）

列宁的《论口号》一文以《关于口号》为题转载于《无产阶级真理报》（图拉）第 15 号和第 16 号。

> 《列宁全集》中文第 2 版增订版第 32 卷第 6—13 页；《无产阶级真理报》，图拉，1917 年 9 月 5 日（18 日），第 15 号；9 月 10 日（23 日），第 16 号。

9 月 6 日（19 日）

列宁写《革命的任务》一文，对科尔尼洛夫叛乱被粉碎后的国内政治形势作出评价，阐明党的任务。列宁指出，宣传布尔什维克的纲领有助于政权转归苏维埃。如果苏维埃把政权掌握在自己手中，以实施布尔什维克宣布的纲领，那么，苏维埃就不仅会得到俄国十分之九的居民的支持，而且"会激起军队和大多数人民的极大的革命热情，没有这种热情就不能战胜饥荒和战争"。

> 《列宁全集》中文第 2 版增订版第 32 卷第 148—157、166—180 页；《工人报》，彼得格勒，1917 年 9 月 5 日，第 152 号；《苏共历史问题》杂志，莫斯科，1960 年，第 3 期，第 50—53 页；

《弗·伊·列宁在十月革命时期和在苏维埃政权初期》,1970
年,第 28—38 页。

列宁为小册子《革命的教训》写《后记》,指出科尔尼洛夫叛乱
造成了"革命的新转变",它表明立宪民主党人勾结反革命将军是
想解散苏维埃,恢复君主制。

《列宁全集》中文第 2 版增订版第 32 卷第 64—65 页。

列宁的《论妥协》一文在《工人之路报》第 3 号上发表。

《列宁全集》中文第 2 版增订版第 32 卷第 130—136 页;《工人
之路报》,彼得格勒,1917 年 9 月 19 日(6 日),第 3 号。

列宁在俄国社会民主工党(布)中央委员会会议上被选定为彼
得格勒苏维埃或苏维埃中央执行委员会参加民主会议的代表候选
人。在这次会议上通过了关于必须向中央执行委员会提出民主会
议代表不受侵犯问题的决议。民主会议是由孟什维克和社会革命
党人的苏维埃中央执行委员会为"解决政权问题"召开的。而民主
会议的真实目的是把群众的注意力从日益高涨的革命中引开。布
尔什维克参加民主会议,目的是把它作为揭露孟什维克和社会革
命党人的讲台。

《俄国社会民主工党(布)中央委员会会议记录(1917 年 8
月—1918 年 2 月)》,1958 年,第 46—47 页。

9 月 7 日(20 日)

列宁写《革命的一个根本问题》一文,强调指出国家政权问题
是任何革命最主要的问题。列宁解释说,必须取消旧的国家政权
机关,代之以真正民主的苏维埃机关,因为它是"新的、高得多、民
主得多的国家机构**类型**"。

《列宁全集》中文第 2 版增订版第 32 卷第 158—165 页;《人民事
业报》,彼得格勒,1917 年 9 月 6 日,第 147 号;《弗·伊·列宁在
十月革命时期和在苏维埃政权初期》,1970 年,第 28—38 页。

预备化学喷火器营士兵大会一致通过的关于要求"列宁同志有宣传鼓动自由"的决议在《士兵报》(彼得格勒)第21号上发表。

> 《士兵报》,彼得格勒,1917年9月7日,第21号。

9月7日和8日(20日和21日)

列宁的《革命的教训》一文转载于《无产者报》(哈尔科夫)第127号和第128号。

> 《列宁全集》中文第2版增订版第32卷第50—65页;《无产者报》,哈尔科夫,1917年9月7日(20日),第127号;9月21日(8日)①,第128号。

9月8日和9日(21日和22日)

列宁写《俄国革命和国内战争(有人用国内战争来吓唬人)》一文,揭露资产阶级宣传国内战争的危险性,指望以此来恐吓工人和农民。列宁根据同科尔尼洛夫反革命叛乱作斗争的经验指出:"如果说有一种绝对不容争辩、完全被事实证实了的革命教训,那就只有一个:唯有布尔什维克同社会革命党人、孟什维克结成联盟,唯有立即使全部政权转归苏维埃,才能使俄国的国内战争不可能发生。…… 布尔什维克会尽**一切可能**,使革命发展的这条**和平**道路得到保证。"列宁警告说,如果反革命要发动国内战争,那么这场战争一定是以革命人民的胜利而告终,它将"给农民土地,给人民和平,开辟一条走向世界社会主义无产阶级革命必胜的道路"。

> 《列宁全集》中文第2版增订版第32卷第166—180页;《交易所新闻》,彼得格勒,1917年9月7日(20日),第16430号,晚上版;9月8日(21日),第16431号,上午版;《消息报》,彼得格勒,1917年9月8日,第165号;9月9日,第166号;《苏共历史问题》杂志,莫斯科,1960年,第3期,第50—53页;《弗·伊·列

---

① 报上是:9月22日(8日)。——俄文编者注

宁在十月革命时期和在苏维埃政权初期》,1970 年,第 28—
38 页。

9 月 8 日、10 日和 10 月 13 日（9 月 21 日、23 日和 10 月 26 日）

列宁的《政论家札记》一文转载于《无产阶级事业报》(喀琅施
塔得)第 48、49 和 76 号。

《列宁全集》中文第 2 版增订版第 32 卷第 119—129 页;《无产
阶级事业报》,喀琅施塔得,1917 年 9 月 21 日(8 日),第 48
号;9 月 23 日(10 日),第 49 号;10 月 26 日(13 日),第 76 号。

9 月 9 日（22 日）

彼得格勒工兵代表苏维埃会议通过决议,要求使列宁能够回
到无产阶级队伍中从事公开的活动,决议称赞他拒绝把自己交给
黑帮反间谍机关。

《工人之路报》,彼得格勒,1917 年 9 月 25 日(12 日),第 8 号。

制管厂(彼得格勒)第四车间男女工人给列宁的致敬信和俄国
社会民主工党(布尔什维克)中西伯利亚区域局机关报《西伯利亚
真理报》编辑部给列宁的致敬信在《工人之路报》第 6 号上发表。

《工人之路报》,彼得格勒,1917 年 9 月 22 日(9 日),第 6 号。

在"摩登"马戏院举行的彼得格勒市民八千人大会通过决议,
要求停止对列宁的迫害。

《工人之路报》,彼得格勒,1917 年 9 月 27 日(14 日),第
10 号。

俄国社会民主工党(布)托木斯克省代表会议致电党中央委员
会,表示希望无产阶级的领袖列宁"很快回归胜利的无产阶级队
伍"。

《托木斯克省建立苏维埃政权的斗争(文件资料集)》,托木斯
克,1957 年,第 119—120 页。

9月10日（23日）

列宁的《政论家札记》一文的第一部分《祸根》转载于《社会民主党人报》（萨拉托夫）第65号（非全文）。

《列宁全集》中文第2版增订版第32卷第119—127页；《社会民主党人报》，萨拉托夫，1917年9月10日，第65号。

9月10日—14日（23日—27日）

列宁写《大难临头，出路何在？》一书，论证布尔什维克党的经济纲领，说明只有无产阶级革命才能使国家摆脱经济崩溃。列宁提出下列办法作为同日益逼近的灾难作斗争的革命措施：银行、保险公司及资本主义垄断企业国有化，土地国有化，取消商业秘密，强迫资本家分散的企业联合成辛迪加，把居民联合到消费合作社中使战争的重负平均分担，对生产和消费实行工人监督、全民监督。如果用革命民主的手段来实施上述措施，就能加速国家前进的步伐。列宁强调指出："在用革命手段争得了共和制和民主制的20世纪的俄国，不走向社会主义，不采取走向社会主义的步骤……就不能前进。…… 革命在几个月以内就使得俄国在政治制度方面赶上了先进国家。但是这还不够。战争是铁面无情的，它严酷地尖锐地提出问题：要么是灭亡，要么是在经济方面也赶上并且超过先进国家。"书中进一步阐发了关于社会主义有可能首先在一个资本主义国家单独获得胜利的原理。

《列宁全集》中文第2版增订版第32卷第181—225页。

9月11日（24日）

彼得格勒工兵代表苏维埃选举列宁为民主会议布尔什维克党团代表。

《消息报》，彼得格勒，1917年9月12日，第168号。

俄国社会民主工党(布)莫斯科区域局提名列宁为立宪会议代表候选人。

苏共中央马列主义研究院中央党务档案馆,第 60 号全宗,第 1 号目录,第 21 号案卷,第 23 张背面、第 24 张。

9 月 12 日(25 日)

莫斯科普列斯尼亚区工人和士兵一千五百人大会一致通过向列宁致敬的决议。

《社会民主党人报》,莫斯科,1917 年 9 月 23 日(10 月 6 日),第 165 号。

9 月 12 日和 16 日(25 日和 29 日)

列宁的《论妥协》一文转载于《明星报》(叶卡捷琳诺斯拉夫)第 87 号和第 88 号。

《列宁全集》中文第 2 版增订版第 32 卷第 130—136 页;《明星报》,叶卡捷琳诺斯拉夫,1917 年 9 月 12 日,第 87 号;9 月 16 日,第 88 号。

9 月 12 日—14 日(25 日—27 日)

列宁给俄国社会民主工党(布)中央委员会、彼得堡委员会和莫斯科委员会写《布尔什维克应当夺取政权》一信。列宁根据对国内外形势的分析得出结论:"布尔什维克在两个首都的工兵代表苏维埃中取得多数之后,可以而且**应当**夺取国家政权。"他们能够夺取政权,因为两个首都人民中革命分子这个活跃的多数足以带动群众,打垮敌人。多数人民一定会支持的,因为布尔什维克政府将立即提议缔结民主和约,把土地交给农民,建立民主机构,恢复自由。列宁强调,布尔什维克正是现在应当夺取政权,因为反革命正在准备把彼得格勒出卖给德国人。国际帝国主义者对蓬勃兴起的革命运动惶恐不安,他们克制住彼此之间现存的矛盾,力图单独媾和,以便联合力量来镇压俄国的革命。人民对于社会革命党人和孟什维克的摇摆不定已经感到厌烦。只有布尔什维克的决定性的发动能吸引住人民群众。列宁指出,任务是使全党懂得切实准备起义的必要性。"问题在于……把彼得格勒和莫斯科(以及莫斯科区域)举行**武装起义**、夺取政权和推翻政府的问题提上日程。必须周密地考虑一下,**怎样**才能在这一方面进行鼓动而又不在报刊上这么说。……如果我们现在不夺取政权,历史是不会饶恕我们的。"

《列宁全集》中文第 2 版增订版第 32 卷第 232—234 页;《俄国社会民主工党(布)中央委员会会议记录(1917 年 8 月—1918 年 2 月)》,1958 年,第 55—57 页;《回忆弗·伊·列宁》,第 1 卷,1968 年,第 480—481 页。

9 月,不早于 12 日(25 日)—不晚于 14 日(27 日)

列宁阅读各报刊登的关于财政部长把实行糖业垄断法案提交临时政府审批的报道。他在《大难临头,出路何在?》一书中引用这一事实,批评临时政府在调节国家经济生活方面连一项革命民主措施也没有采取。列宁写道:"克伦斯基政府正在实行糖业垄断……是反动官僚的方式,不召开职员和工人的代表大会,不明文公布,也不制裁资本家!!"

《列宁全集》中文第 2 版增订版第 32 卷第 196、225 页;《言语报》,彼得格勒,1917 年 9 月 12 日(25 日),第 214 号。

9 月 12 日和 16 日(25 日和 29 日)之间

莫罗佐夫纺织厂(特维尔)工人大会发电报向革命领袖列宁致敬。

《特维尔思想报》,1917 年 9 月 12 日,第 113 号;9 月 16 日,第 117 号。

9 月 13 日(26 日)

列宁通过娜·康·克鲁普斯卡娅与生活和知识出版社代表

弗·德·邦契-布鲁耶维奇签订出版他的《社会民主党在 1905—1907 年俄国第一次革命中的土地纲领》、《帝国主义是资本主义的最高阶段》、《国家与革命》等七部著作的合同。

苏共中央马列主义研究院中央党务档案馆，第 4 号全宗，第 1 号目录，第 79 号案卷。

列宁的《政论家札记（农民和工人）》一文转载于《高加索工人报》（梯弗利斯）第 148 号。

《列宁全集》中文第 2 版增订版第 32 卷第 104—112 页；《高加索工人报》，梯弗利斯，1917 年 9 月 13 日，第 148 号。

列宁的《政论家札记》一文转载于《国际报》（下诺夫哥罗德）第 30 号和《巴库工人报》第 52 号（非全文）。《巴库工人报》在刊登文章的第一部分《祸根》时附有下面一段按语：“本号报纸刊载的《祸根》一文出自尼·列宁之手，他是俄国无产阶级当之无愧的领袖，称得上是伟大的领袖。

在当今时代，当国际的领袖们一个个都背叛无产阶级事业的时候，列宁的形象就尤为突出高大。他……是为实现被奴役人类的理想、为实现革命民主派的先锋队——无产阶级的理想而斗争的最彻底、最正直、最勇敢和最富有自我牺牲精神的战士。

工人同志们，认真地阅读列宁的文章吧！这是当代马克思主义书籍所提供的最优秀的文章。不要泛泛地读，而要仔细研究文章中讲了些什么……”

《列宁全集》中文第 2 版增订版第 32 卷第 119—129 页；《国际报》，下诺夫哥罗德，1917 年 9 月 26 日（13 日），第 30 号；《巴库工人报》，1917 年 9 月 13 日，第 52 号。

列宁的《论妥协》一文转载于《前进报》（乌法）第 139 号和《伏尔加河沿岸真理报》（萨马拉）第 112 号。

《列宁全集》中文第 2 版增订版第 32 卷第 130—136 页；《前进报》，乌法，1917 年 9 月 13 日，第 139 号；《伏尔加河沿岸真理报》，萨马拉，1917 年 9 月 13 日，第 112 号。

9 月 13 日—14 日（26 日—27 日）

列宁给俄国社会民主工党（布）中央委员会写《马克思主义和起义》一信。列宁在信中论述并发展马克思主义关于起义的基本思想，阐述保证起义成功的各种条件。列宁指出："起义要获得胜利，就不应当依靠密谋，也不是靠一个党，而是靠先进的阶级。此其一。起义应当依靠**人民的革命高潮**。此其二。起义应当依靠革命发展进程中的**转折点**，即人民先进队伍中的积极性表现得最高，敌人队伍中以及**软弱的、三心二意的、不坚定的革命朋友队伍中的动摇**表现得最厉害的时机。此其三。在这三个条件下提出起义问题，正是**马克思主义和布朗基主义**不同的地方。"列宁指出在俄国所有这三个条件都已具备，"现在**阶级**的大多数，……革命先锋队、人民先锋队的大多数已经跟我们走了。现在人民的**大多数**已经跟我们走了……　现在我们的党所处的地位也对我们有利，当**整个帝国主义**以及整个孟什维克同社会革命党人的联盟都发生空前动摇的时候，我们的党却清楚地知道自己应走的道路。"因此，在目前这个时期不像对待艺术那样对待起义，就是不忠于马克思主义，不忠于革命。列宁在信中明确党在革命日益成熟的条件下对待民主会议的策略，拟定举行起义的计划："……组织起义队伍的**司令部**，配置力量，把可靠的部队调到最重要的据点去，包围亚历山大剧院，占领彼得罗巴甫洛夫卡，逮捕总参谋部和政府成员……"

《列宁全集》中文第 2 版增订版第 32 卷第 235—241 页；《俄国社会民主工党（布）中央委员会会议记录（1917 年 8 月—1918 年 2 月）》，1958 年，第 55—62 页；《回忆弗·伊·列宁》，第 1 卷，1968 年，第 476 页。

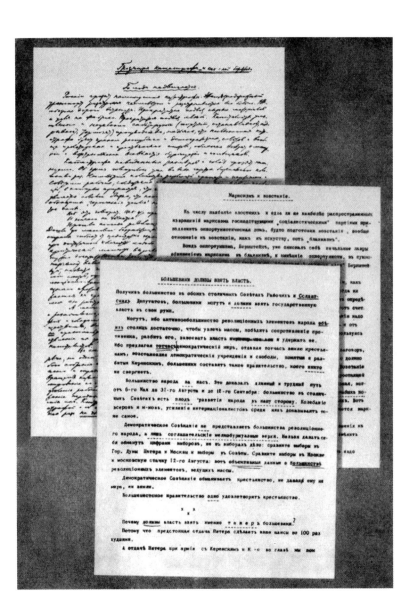

1917年9月10—14日(23—27日)列宁在赫尔辛福斯写的信

9 月 13 日、15 日和 16 日（26 日、28 日和 29 日）

列宁的《革命的教训》一文用爱沙尼亚文转载于《工人报》（塔林）第 52、54 和 55 号。

《列宁全集》中文第 2 版增订版第 32 卷第 50—65 页；《工人报》，塔林，1917 年 9 月 13 日（26 日），第 52 号；9 月 15 日（28 日），第 54 号；9 月 16 日（29 日），第 55 号。

9 月，13 日（26 日）以后

列宁写便条给《国家与革命》一书的出版者："如果作者实在来不及写完第七章，或者这章分量过大，那么就应该把前六章单独出版，作为**第 1 分册**。因此应立即动手排版。"

《列宁全集》中文第 2 版增订版第 31 卷第 247 页；苏共中央马列主义研究院中央党务档案馆，第 2 号全宗，第 1 号目录，第 4608 号案卷，第 46 张背面；第 4 号全宗，第 1 号目录，第 79 号案卷。

9 月 14 日（27 日）

列宁的《革命的一个根本问题》一文在《工人之路报》第 10 号上发表。

《列宁全集》中文第 2 版增订版第 32 卷第 158—165 页；《工人之路报》，彼得格勒，1917 年 9 月 27 日（14 日），第 10 号。

列宁的《论口号》一文用亚美尼亚文转载于《涅楚克报》（舒沙）第 5 号。

《列宁全集》中文第 2 版增订版第 32 卷第 6—13 页；《涅楚克报》，舒沙，1917 年 9 月 14 日，第 5 号。

在"摩登"马戏院召开的彼得格勒工人和士兵万人大会通过决议，抗议临时政府决定逮捕被彼得格勒无产阶级群众推选为民主会议代表的列宁。

《工人之路报》，彼得格勒，1917 年 10 月 2 日（9 月 19 日），第 14 号。

别尔哥罗德工兵代表苏维埃表示拥护列宁。

《别尔哥罗德工兵代表苏维埃消息报》,1917 年 9 月 22 日,第
18 号。

《工人之路报》第 10 号发表普梯洛夫工厂(彼得格勒)大炮车
间、炮架及炮弹车间、工具车间、炮架冲压车间及新式炮弹车间的
工人通过的决议,要求让列宁回到工人阶级的队伍中并领导工人
阶级同反革命作斗争。

《工人之路报》,彼得格勒,1917 年 9 月 27 日(14 日),第
10 号。

彼得格勒市警察局长密电全市警官,告知已接到关于立即逮
捕弗·伊·乌里扬诺夫(列宁)、采取各种措施找到他并将其作为
被告送交审讯的书面命令,而且要求马上执行这一命令。

苏共中央马列主义研究院中央党务档案馆,第 4 号全宗,第 3
号目录,第 45 号案卷,第 1 张;《红色史料》杂志,莫斯科—彼
得格勒,1923 年,第 9 期,第 18 页。

9 月 15 日(28 日)

列宁的《怎样保证立宪会议的成功(关于出版自由)》一文在
《工人之路报》第 11 号上发表,文章分析了报刊在教育人民和准备
立宪会议方面的作用问题。

《列宁全集》中文第 2 版增订版第 32 卷第 226—231 页;《工人
之路报》,彼得格勒,1917 年 9 月 28 日(15 日),第 11 号。

俄国社会民主工党(布)中央委员会会议讨论列宁给俄国社
会民主工党(布)中央委员会、彼得堡委员会和莫斯科委员会的
两封信《布尔什维克应当夺取政权》和《马克思主义和起义》。
列·波·加米涅夫反对列宁在信中所提出的建议和结论。中央
委员会作出决定:近期召开专门会议讨论列宁提出的策略问题。

《列宁全集》中文第 2 版增订版第 32 卷第 232 — 234、235 —

241 页;《俄国社会民主工党(布)中央委员会会议记录(1917年 8 月—1918 年 2 月)》,1958 年,第 55—62 页。

彼得格勒各区苏维埃区联会议通过决议,抗议临时政府发布关于一旦列宁出席民主会议就予以逮捕的挑衅性命令,要求立即撤销这项命令。

《1917 年的彼得格勒各区苏维埃(记录、决议和决定汇编)》,第 3 卷,1966 年,第 313 页;《1917 年彼得格勒的布尔什维克(彼得格勒革命大事记)》,第 2 版,1957 年,第 531 页。

波克罗夫纺织公司棉纺织厂(莫斯科省德米特罗夫县)全体工人大会通过决议,抗议临时政府企图逮捕列宁。

莫斯科州国家档案馆,第 3972 号全宗,第 1 号目录,第 5 号案卷,第 43 张背面—第 44 张;Л.И.达维多娃、Т.Н.多尔戈鲁科娃:《1917 年十月革命期间的莫斯科和莫斯科省(文件综述)》,1957 年,第 136 页。

塞瓦斯托波尔要塞炮兵仓库电工连全体大会一致通过决议,要求让列宁"光荣地回到""革命民主派的行列中"。

《明星报》,叶卡捷琳诺斯拉夫,1917 年 9 月 22 日,第 93 号。

佩什马–克柳切夫斯克铜矿(彼尔姆省)工人代表苏维埃大会通过决定,要求停止迫害列宁。

《乌拉尔工人报》,叶卡捷琳堡,1917 年 9 月 24 日,第 9 号。

亚·费·克伦斯基发给彼得格勒高等法院检察官的关于开具对列宁的拘捕证的电报在彼得格勒各资产阶级报纸上登载。

《日报》,彼得格勒,1917 年 9 月 15 日,第 164 号;《言语报》,彼得格勒,1917 年 9 月 15 日(28 日),第 217 号;《俄罗斯意志报》,彼得格勒,1917 年 9 月 15 日,第 219 号。

9 月 15 日和 19 日(9 月 28 日和 10 月 2 日)之间

俄国社会民主工党(布)中央委员雅·米·斯维尔德洛夫向普

梯洛夫工厂党组织代表介绍列宁给俄国社会民主工党(布)中央委员会、彼得堡委员会和莫斯科委员会的两封信《布尔什维克应当夺取政权》和《马克思主义和起义》的内容。

> 《列宁全集》中文第 2 版增订版第 32 卷第 232—234、235—241 页;М.И.米特尔曼等:《普梯洛夫工厂史》,第 3 版,1961年,第 660—661 页;《苏共列宁格勒组织简史》,第 1 册,1962年,第 564—565 页。

9 月 16 日(29 日)

列宁的《俄国革命和国内战争(有人用国内战争来吓唬人)》一文在《工人之路报》第 12 号上发表。

> 《列宁全集》中文第 2 版增订版第 32 卷第 166—180 页;《工人之路报》,彼得格勒,1917 年 9 月 29 日(16 日),第 12 号。

列宁的《革命的一个根本问题》一文转载于《波涛报》(赫尔辛福斯)第 30 号。

> 《列宁全集》中文第 2 版增订版第 32 卷第 158—165 页;《波涛报》,赫尔辛福斯,1917 年 9 月 29 日(16 日),第 30 号。

《士兵报》(彼得格勒)第 27 号发表彼得格勒军区工兵监察员所属技工队全体大会通过的决议,决议要求立即停止对列宁的迫害。

> 《士兵报》,彼得格勒,1917 年 9 月 16 日,第 27 号。

第 205 步兵团大会通过决议,抗议临时政府下令逮捕列宁。

> 《1917 年 9 月的俄国革命运动——全国危机》,1961 年,第69 页。

9 月 16 日(29 日)以后

列宁的《俄国革命和国内战争(有人用国内战争来吓唬人)》一文在莫斯科和明斯克印成小册子出版。

> 《列宁全集》中文第 2 版增订版第 32 卷第 166—180 页;弗·

伊·列宁:《俄国革命和国内战争》,莫斯科,1917 年,16 页,标题前署名:尼·列宁;弗·伊·列宁:《俄国革命和国内战争》,明斯克,明星出版社,1917 年,16 页,(俄国社会民主工党),标题前署名:尼·列宁;《工人之路报》,彼得格勒,1917 年 9 月 29 日(16 日),第 12 号。

9 月 17 日(30 日)

列宁的《政论家札记》一文用格鲁吉亚文转载于《斗争报》(梯弗利斯)第 16 号(非全文)。

《列宁全集》中文第 2 版增订版第 32 卷第 127—129 页;《斗争报》,梯弗利斯,1917 年 9 月 17 日,第 16 号。

列宁的《论诽谤者》一文转载于《符拉迪沃斯托克工兵代表苏维埃消息报》第 121 号。

《列宁全集》中文第 2 版增订版第 32 卷第 113—114 页;《符拉迪沃斯托克工兵代表苏维埃消息报》,1917 年 9 月 30 日(17 日),第 121 号。

9 月 17 日和 23 日(9 月 30 日和 10 月 6 日)之间

列宁写《论进行伪造的英雄和布尔什维克的错误》一文,专门论述民主会议的政治结果。列宁把民主会议斥为只是以转移劳动群众对日益高涨的革命的注意力为目的的"可耻的清谈馆"。列宁认为,布尔什维克在革命高涨时期参加民主会议是错误的,指出布尔什维克当时应当退出该会议,到工厂和兵营中去,在那里,在最接近群众的地方,"召开千百次的会议,讨论、座谈这次滑稽剧式的会议的教训"。

《列宁全集》中文第 2 版增订版第 32 卷第 242—250 页;《消息报》,彼得格勒,1917 年 9 月 17 日,第 173 号;9 月 23 日,第 179 号。

9 月 18 日(10 月 1 日)

彼得格勒第一戈罗德区工人和红军代表苏维埃执行委员会对

临时政府作出的关于一旦列宁出席民主会议就予以逮捕的决定表示抗议。

《1917年的彼得格勒各区苏维埃（记录、决议和决定汇编）》，第1卷，1964年，第243页。

敖德萨佩列瑟皮区布尔什维克大会对资产阶级和妥协派的报刊诽谤攻击列宁表示抗议，大会的抗议书在《无产者呼声报》（敖德萨）第14号上发表。

《无产者呼声报》，敖德萨，1917年9月18日，第14号；З.В.佩尔申娜、М.Ю.拉科夫斯基：《敖德萨革命大事记》，敖德萨，1958年，第98页。

9月19日（10月2日）

列宁的小册子《论策略书。第一封信》的节选用保加利亚文以《一场论战》为题刊登在《工人通报》第121号上。

《列宁全集》中文第2版增订版第29卷第135—149页；《工人通报》，索非亚，1917年10月2日，第121号。

列宁的《怎样保证立宪会议的成功（关于出版自由）》一文转载于《明星报》（雷瓦尔）第15号。

《列宁全集》中文第2版增订版第32卷第226—231页；《明星报》，雷瓦尔，1917年9月19日（10月2日），第15号。

彼得格勒维堡区工兵代表苏维埃执行委员会在《工人之路报》第14号上发表抗议书，抗议临时政府关于列宁如果出席民主会议就予以逮捕的决定，要求保证他不受侵犯。"诺贝尔"机械制造厂（彼得格勒）和"狄纳莫"电机制造厂（莫斯科）工人的同样的抗议书也刊登在同一号报上。

《工人之路报》，彼得格勒，1917年10月2日（9月19日），第14号；《1917年的彼得格勒各区苏维埃（记录、决议和决定汇编）》，第1卷，1964年，第151页。

9 月 20 日（10 月 3 日）

列宁的《论妥协》一文转载于《巴库工人报》第 55 号。

> 《列宁全集》中文第 2 版增订版第 32 卷第 130—136 页；《巴库工人报》，1917 年 9 月 20 日，第 55 号。

列宁的《革命的一个根本问题》一文转载于《乌拉尔工人报》（叶卡捷琳堡）第 7 号和《拉赫瓦列赫特报》（纳尔瓦，爱沙尼亚文报纸）第 10 号。

> 《列宁全集》中文第 2 版增订版第 32 卷第 158—165 页；《乌拉尔工人报》，叶卡捷琳堡，1917 年 9 月 20 日，第 7 号；《拉赫瓦列赫特报》，纳尔瓦，1917 年 9 月 20 日，第 10 号。

列宁的《怎样保证立宪会议的成功（关于出版自由）》一文转载于《无产者报》（哈尔科夫）第 134 号。

> 《列宁全集》中文第 2 版增订版第 32 卷第 226—231 页；《无产者报》，哈尔科夫，1917 年 10 月 3 日（9 月 20 日）[1]，第 134 号。

不早于 9 月 20 日（10 月 3 日）—不晚于 9 月 28 日（10 月 11 日）

列宁阅读尼·亚·谢马什柯关于齐美尔瓦尔德国际社会党第三次代表会议的报告，在报告上作标记：标出揭露德国社会民主党领袖胡·哈阿兹对斯德哥尔摩代表会议的立场和帕·波·阿克雪里罗得在代表会议上的所作所为（阿克雪里罗得对列宁和布尔什维克的诽谤造谣甚至激起了中派分子格·累德堡的义愤，累德堡迫使阿克雪里罗得道歉）这一段文字。列宁在《我党在国际中的任务（评齐美尔瓦尔德第三次代表会议）》一文中利用了报告中的材料。

> 《列宁全集》中文第 2 版增订版第 32 卷第 264—266 页；苏共中央马列主义研究院中央党务档案馆，第 2 号全宗，第 1 号目录，第 4605 号案卷，第 1—3 张；《俄国社会民主工党（布）中央委员会会议记录（1917 年 8 月—1918 年 2 月）》，1958 年，第 64 页。

---

① 报上是：10 月 4 日（9 月 20 日）。——俄文编者注

9月,20日(10月3日)以后

彼得格勒瓦西里耶夫岛区党组织的积极分子会议听取列宁给俄国社会民主工党(布)中央委员会、彼得堡委员会和莫斯科委员会的《布尔什维克应当夺取政权》一信。

> 《在革命战斗的烈焰中(1917年两次革命中的彼得格勒各区。回忆录集)》,1967年,第243页。

9月21日(10月4日)

晚上,列宁在古·罗维奥家(哈格涅斯卡亚广场1号22室)会见卡·维克。维克在其日记中写道:"8时我在罗维奥家,列宁也在那里,他想快一点到维堡去……"

> 苏共中央马列主义研究院中央党务档案馆,第4号全宗,第1号目录,第113号案卷,第60张。

列宁收到俄国社会民主工党(布)中央委员会国外代表处(斯德哥尔摩)的信,信中告知,驳斥临时政府对布尔什维克所作的诽谤性指控的材料已准备就绪。

> 苏共中央马列主义研究院中央党务档案馆,第4号全宗,第1号目录,第113号案卷,第60张。

列宁的《政论家札记》一文转载于《我们的旗帜报》(顿河畔罗斯托夫)第49号(非全文)。

> 《列宁全集》中文第2版增订版第32卷第127—129页;《我们的旗帜报》,顿河畔罗斯托夫,1917年9月21日,第49号。

列宁的《革命的一个根本问题》一文转载于《无产者呼声报》(敖德萨)第15号。

> 《列宁全集》中文第2版增订版第32卷第158—165页;《无产者呼声报》,敖德萨,1917年9月21日,第15号。

索比诺纺织公司纺织厂(莫斯科—下诺夫哥罗德铁路温多尔站)五千工人大会致电民主会议,要求立即撤销临时政府关于逮捕列宁的命令。

　　　　　　　《人民呼声报》,弗拉基米尔,1917 年 9 月 24 日,第 108 号。

　　第 438 步兵团士兵给列宁的致敬信在《工人之路报》第 16 号上发表。

　　　　　　　《工人之路报》,彼得格勒,1917 年 10 月 4 日(9 月 21 日),第 16 号。

9 月 22 日(10 月 5 日)

　　列宁的《怎样保证立宪会议的成功(关于出版自由)》一文转载于《明星报》(叶卡捷琳诺斯拉夫)第 93 号、《北方工人报》(科斯特罗马)第 72 号、《乌拉尔工人报》(叶卡捷琳堡)第 8 号和《巴库工人报》第 56 号(非全文)。

　　　　　　　《列宁全集》中文第 2 版增订版第 32 卷第 226—231 页;《明星报》,叶卡捷琳诺斯拉夫,1917 年 9 月 22 日,第 93 号;《北方工人报》,科斯特罗马,1917 年 9 月 22 日,第 72 号;《乌拉尔工人报》,叶卡捷琳堡,1917 年 9 月 22 日,第 8 号;《巴库工人报》,1917 年 9 月 22 日,第 56 号。

9 月 22 日和 24 日(10 月 5 日和 7 日)

　　列宁的《革命的一个根本问题》一文转载于《伏尔加河沿岸真理报》(萨马拉)第 119 号和第 121 号。

　　　　　　　《列宁全集》中文第 2 版增订版第 32 卷第 158—165 页;《伏尔加河沿岸真理报》,萨马拉,1917 年 9 月 22 日,第 119 号;9 月 24 日,第 121 号。

9 月 22 日—24 日(10 月 5 日—7 日)

　　列宁写《政论家札记(我们党的错误)》一文,对党在不同的革命运动时期利用议会斗争的形式作出评价,说明议会策略是依据革命进程中阶级间客观的相互关系而定的,指出布尔什维克对待民主会议的策略是错误的。列宁指出:"本来应当抵制民主会议,我们没有这样做,我们都犯了错误…… 只要我们真诚地愿意支持群众的革命斗争,认真地考虑策略的客观根据,我们就一定会改正错误。"列宁坚决主张抵制由民主会议的成员派生出来的预备议会,因为它会造成在俄国实行议会制的表象。他写道:"应当抵制预备议会。应当到工兵农代表苏维埃中去,到工会中去,总之应当到群众中去。应当号召**他们**进行斗争。……我们党的错误是很明显的。犯错误对一个先进阶级的战斗的党并不可怕,可怕的是坚持错误,虚伪地不好意思承认错误和纠正错误。"

《列宁全集》中文第 2 版增订版第 32 卷第 251—257 页。

9 月,不晚于 23 日(10 月 6 日)

列宁同装扮成谢斯特罗列茨克女工秘密地到赫尔辛福斯来找他的娜·康·克鲁普斯卡娅见面。克鲁普斯卡娅向列宁讲述彼得格勒发生的事件、她在车厢里听到的士兵们的谈话。娜捷施达·康斯坦丁诺夫娜回忆:"士兵们公开谈论起义。他们所谈的都是有关政治的问题。整个车厢好像在举行一场群情激昂的大会。……当我把这些士兵的言论告诉伊里奇的时候,伊里奇立刻深思起来,以后他无论说什么话,脸上的深思神情始终没有消失。显然,他谈的是一个问题,想的却是另一个问题,即起义问题,在想如何做好起义的准备工作。"

苏共中央马列主义研究院中央党务档案馆,第 12 号全宗,第
2 号目录,第 135 号案卷,第 14 张;《回忆弗·伊·列宁》,第 1
卷,1968 年,第 474—476 页;第 2 卷,1969 年,第 442 页;第 5
卷,1969 年,第 114—115 页。

列宁在芬兰社会民主党中央委员会委员库·曼纳家会见曼纳,谈芬兰工人运动问题。陪同列宁参加这次谈话的古·罗维奥回忆:"谈话时而用德语,时而用俄语……"

《回忆弗·伊·列宁》,第 2 卷,1969 年,第 441 页;《历史问题》杂志,莫斯科,1967 年,第 10 期,第 167 页。

列宁在离开赫尔辛福斯前夕会见芬兰社会民主党领导人之一奥·库西宁,同他用德语交谈。列宁建议左派社会民主党人在议会里提出芬兰同俄国临时政府断绝关系的主张。他称赞芬兰社会民主党人不顾亚·费·克伦斯基的命令,不承认解散议会的合法性。列宁说,布尔什维克党主张承认芬兰的独立,当俄国的政权由无产阶级掌握后,这一点是不难达成协议的。

《回忆弗·伊·列宁》,第 2 卷,1969 年,第 441 页;《奥·威·库西宁选集(1918—1964 年)》,莫斯科,1966 年,第 4、14 页;《芬兰革命(文集)》,莫斯科,1920 年,第 26 页;《弗·伊·列宁传》,第 5 版,1972 年,第 383 页。

9 月 23 日(10 月 6 日)

俄国社会民主工党(布)中央委员会确定布尔什维克参加立宪会议的代表候选人名单。在中央委员会确定的 25 名正式候选人名单上列宁排在第一位。

《俄国社会民主工党(布)中央委员会会议记录(1917 年 8 月—1918 年 2 月)》,1958 年,第 66—67 页;《工人之路报》,彼得格勒,1917 年 10 月 11 日(9 月 28 日),第 22 号。

列宁的《怎样保证立宪会议的成功(关于出版自由)》一文转载于《高加索工人报》(梯弗利斯)第 156 号。

《列宁全集》中文第 2 版增订版第 32 卷第 226—231 页;《高加索工人报》,梯弗利斯,1917 年 9 月 23 日,第 156 号。

9 月 23 日和 24 日(10 月 6 日和 7 日)

列宁的《俄国革命和国内战争(有人用国内战争来吓唬人)》一文转载于《北方工人报》(科斯特罗马)第 73 号和第 74 号。

《列宁全集》中文第 2 版增订版第 32 卷第 166—180 页；《北方工人报》，科斯特罗马，1917 年 9 月 23 日，第 73 号；9 月 24 日，第 74 号。

9 月 23 日或 24 日（10 月 6 或 7 日）

列宁为了同党中央委员会联系得更密切，从赫尔辛福斯迁至维堡居住。第一天他在芬兰工人报纸《劳动报》主编埃·胡顿宁家（维尔克延卡图街 17 号（现屠格涅夫街 8 号））度过，当晚又转移到芬兰新闻记者尤·拉图卡位于维堡工人区的住宅（塔利卡拉，亚历山杰林卡图（现鲁别日纳亚）15 号）①。

苏共中央马列主义研究院中央党务档案馆，第 4 号全宗，第 1 号目录，第 113 号案卷，第 60 张；《回忆弗·伊·列宁》，第 2 卷，1969 年，第 442—443 页；第 5 卷，1969 年，第 116—119 页；《新生活报》，彼得格勒，1917 年 9 月 22 日（10 月 5 日），第 134 号；《日报》，彼得格勒，1917 年 9 月 22 日，第 170 号；《交易所新闻》，彼得格勒，1917 年 9 月 25 日（10 月 8 日），第 16460 号，晚上版；《弗·伊·列宁传》，第 5 版，1972 年，第 383 号；Ю.Т.格里博夫等：《列宁外传》，1969 年，第 120—123 页；С.А.萨维茨卡娅、П.П.楚里科夫：《在维堡的住所（纪念馆参观手册）》，第 3 版，1970 年，第 5—12 页。

9 月 23 日或 24 日（10 月 6 或 7 日）—
10 月 3 日和 10 日（16 日和 23 日）之间

列宁居住在维堡，同俄国社会民主工党（布）中央委员会和彼得格勒布尔什维克组织保持着紧密的联系，领导武装起义的准备工作。他密切关注俄国国内事态的发展，每天翻看彼得格勒寄来的报纸，请尤·拉图卡讲从彼得格勒通讯社收到的全部新闻。列宁还关心当地的事情，委托拉图卡了解维堡卫戍部队对布尔什维克的态度（因为拉图卡作为维堡工人组织的中央代表经常去维堡

① 1958 年在这所房屋内开设了弗·伊·列宁纪念馆。房屋墙壁上设有一块纪念牌，以纪念列宁为躲避反革命临时政府的迫害在这里避居。——俄文编者注

1917年秋列宁在维堡住过的房子

工兵代表苏维埃）。列宁收到维堡军事组织的机关报《斗争旗帜报》。

《列宁全集》中文第 2 版增订版第 32 卷第 251—257、258—263、264—266、267—278、279—281、282—331、332—334、335—339 页；《回忆弗·伊·列宁》，第 5 卷，1969 年，第 116—120 页。

9 月 24 日（10 月 7 日）

列宁的《论进行伪造的英雄和布尔什维克的错误》一文以《论进行伪造的英雄》为题在《工人之路报》第 19 号上发表（非全文）。

《列宁全集》中文第 2 版增订版第 32 卷第 242—250、278 页；《工人之路报》，彼得格勒，1917 年 10 月 7 日（9 月 24 日），第 19 号。

列宁的《俄国革命和国内战争（有人用国内战争来吓唬人）》一文转载于《斯巴达克》杂志（莫斯科）第 8 期。

《列宁全集》中文第 2 版增订版第 32 卷第 166—180 页；《斯巴达克》杂志，莫斯科，1917 年 9 月 24 日，第 8 期，第 15—25 页。

9 月 24 日和 27 日（10 月 7 日和 10 日）

列宁的《革命的一个根本问题》一文转载于《巴库工人报》第 57 号和第 58 号。

《列宁全集》中文第 2 版增订版第 32 卷第 158—165 页；《巴库工人报》，1917 年 9 月 24 日，第 57 号；9 月 27 日，第 58 号。

不早于 9 月 24 日（10 月 7 日）—不晚于 10 月 1 日（14 日）

列宁阅读刊登在《工人之路报》上的短评《农民与联合》，短评引用了社会革命党人的《劳动旗帜报》发表的关于 9 月 18 日（10 月 1 日）在彼得格勒召开的地方农民代表苏维埃会议的结果的材料，会上大多数农民代表苏维埃反对同资产阶级联合。列宁在《布尔什维克能保持国家政权吗？》一文中分析了这些材料，并得出结论,在当前的一个根本问题——土地问题上,无产阶级没有脱离其他阶级,它得到了大多数人民的拥护。

> 《列宁全集》中文第 2 版增订版第 32 卷第 282、291—292 页;《工人之路报》,彼得格勒,1917 年 10 月 7 日(9 月 24 日),第 19 号。

9 月 24 日和 10 月 6 日(10 月 7 日和 19 日)之间

列宁的《政论家札记》一文第一部分《祸根》由工人事业出版社(阿斯特拉罕)印成小册子出版。

> 《列宁全集》中文第 2 版增订版第 32 卷第 119—127 页;《阿斯特拉罕工人报》,1917 年 9 月 24 日,第 14 号;10 月 6 日,第 18 号。

列宁的《论妥协》一文由工人事业出版社(阿斯特拉罕)印成小册子出版。

> 《列宁全集》中文第 2 版增订版第 32 卷第 130—136 页;《阿斯特拉罕工人报》,1917 年 9 月 24 日,第 14 号;10 月 6 日,第 18 号。

9 月 25 日(10 月 8 日)

预备装甲车营修理厂(彼得格勒)士兵大会通过决议,要求保障列宁从事活动的自由。

> 《士兵报》,彼得格勒,1917 年 9 月 29 日,第 38 号。

俄国社会民主工党(布)基辅市代表会议致电列宁,对他在民主会议和预备议会问题上所持的"真正革命的立场"表示敬意。

> 《社会民主党人呼声报》,基辅,1917 年 9 月 29 日,第 96 号;《伟大十月社会主义革命准备和进行时期的乌克兰布尔什维克组织(文件和资料集)》,基辅,1957 年,第 739—740 页。

9 月 26 日(10 月 9 日)

列宁的《论妥协》一文转载于《红旗报》(符拉迪沃斯托克)第 28 号。

《列宁全集》中文第 2 版增订版第 32 卷第 130—136 页；《红旗报》，符拉迪沃斯托克，1917 年 9 月 26 日，第 28 号。

列宁的《怎样保证立宪会议的成功（关于出版自由）》一文转载于《克拉斯诺亚尔斯克工人报》第 155 号。

《列宁全集》中文第 2 版增订版第 32 卷第 226—231 页；《克拉斯诺亚尔斯克工人报》，1917 年 9 月 26 日，第 155 号。

9 月 26 日和 27 日（10 月 9 日和 10 日）

列宁的《革命的任务》一文在《工人之路报》第 20 号和第 21 号上发表。

《列宁全集》中文第 2 版增订版第 32 卷第 148—157 页；《工人之路报》，彼得格勒，1917 年 10 月 9 日（9 月 26 日），第 20 号；10 月 10 日（9 月 27 日），第 21 号。

9 月 26 日—27 日（10 月 9 日—10 日）

俄国社会民主工党（布）赫尔松省代表会议推选列宁为立宪会议代表候选人。

《无产者呼声报》，敖德萨，1917 年 9 月 30 日，第 18 号。

9 月 26 日和 28 日（10 月 9 日和 11 日）

列宁的《革命的一个根本问题》一文转载于《高加索工人报》（梯弗利斯）第 158 号和第 159 号。

《列宁全集》中文第 2 版增订版第 32 卷第 158—165 页；《高加索工人报》，梯弗利斯，1917 年 9 月 26 日，第 158 号；9 月 28 日，第 159 号。

9 月 27 日（10 月 10 日）

列宁写寄往赫尔辛福斯的《给芬兰陆军、海军和工人区域委员会主席伊·捷·斯米尔加的信》。鉴于武装起义的问题已经提上日程，列宁在信中提出准备武装起义的实际任务。列宁指出必须在党员中进行鼓动，让大家认真对待武装起义，他提议把这封信打印出来,分寄给彼得格勒人和莫斯科人。列宁注意到驻扎在芬兰的部队和波罗的海舰队在起义中的特殊作用,提出"应当建立一个由**最可靠的**军人组成的**秘密**委员会,同他们进行**周密的**讨论,收集(并**亲自核对**)关于彼得格勒郊区和市区军队的编制和布防、关于芬兰部队向彼得格勒的调动、关于舰队的动向等等的精确情报",无论如何不能允许从芬兰调出革命部队,要派鼓动员到部队去,要把作短期休假的士兵组成鼓动队,让他们有计划地走访各省,在农村进行宣传鼓动工作。列宁强调布尔什维克同左派社会革命党人结成联盟的必要性。他要求安排从瑞典运送宣传品的工作,其办法是:在国境线上建立由士兵组成的自己的组织,或者通过可靠的人。他还要求替他安排好向维堡传送信件的工作。列宁建议斯米尔加到他那里去一趟,好当面谈一下这些问题。列宁请求带一张证明给他(用区域委员会信笺,由主席签字,盖上公章):"上面用康斯坦丁·彼得罗维奇·伊万诺夫的名字,说明区域委员会主席保证这位同志可靠,请**维堡**士兵代表苏维埃及其他**所有苏维埃充分**信任这位同志并给以协助和支持。"

《列宁全集》中文第 2 版增订版第 32 卷第 258—263 页;《新生活报》,彼得格勒,1917 年 9 月 27 日(10 月 10 日),第 138 号。

列宁致信在赫尔辛福斯的古·罗维奥,请他把附上的信转交芬兰陆军、海军和工人区域委员会主席伊·捷·斯米尔加,并把报纸和列宁名下的邮件交来人带回。列宁问道:"我给您的东西是否已寄到北方转交给在瑞典的朋友们?"

《列宁全集》中文第 2 版增订版第 32 卷第 258—263 页,第 47 卷第 616 页;《新生活报》,彼得格勒,1917 年 9 月 27 日(10 月 10 日),第 138 号。

列宁的《论进行伪造的英雄和布尔什维克的错误》一文转载于

《纳尔瓦工兵代表苏维埃消息报》第 31 号（非全文）。

> 《列宁全集》中文第 2 版增订版第 32 卷第 242—250 页；《纳尔瓦工兵代表苏维埃消息报》，1917 年 9 月 27 日（10 月 10 日），第 31 号。

俄国社会民主工党（布）叶纳基耶沃组织全体大会通过给列宁的致敬信。

> 《明星报》，叶卡捷琳诺斯拉夫，1917 年 10 月 3 日，第 101 号。

9 月 27 日和 28 日（10 月 10 日和 11 日）

列宁的《革命的一个根本问题》一文用爱沙尼亚文转载于《工人报》（塔林）第 64 号和第 65 号。

> 《列宁全集》中文第 2 版增订版第 32 卷第 158—165 页；《工人报》，塔林，1917 年 9 月 27 日（10 月 10 日），第 64 号；9 月 28 日（10 月 11 日），第 65 号。

9 月 27 日—28 日（10 月 10 日—11 日）

俄国社会民主工党（布）莫斯科区域局会议讨论列宁给俄国社会民主工党（布）中央委员会、彼得堡委员会和莫斯科委员会的两封信《布尔什维克应当夺取政权》和《马克思主义和起义》。会议通过关于目前形势的决议，宣布立即进行革命的发动和准备武装起义是党的最重要的任务。

> 《列宁全集》中文第 2 版增订版第 32 卷第 232—234、235—241 页；《十月革命在莫斯科的准备和胜利（文件和资料）》，1957 年，第 325—326 页；《苏共莫斯科组织简史（1883—1965年）》，莫斯科，1966 年，第 268 页。

9 月，27 日（10 月 10 日）以后

列宁致信在赫尔辛福斯的古·罗维奥，询问是否收到他的上一封信以及内附的给伊·捷·斯米尔加的信，后者是否已转交，是否给瑞典寄去了信和报纸。列宁请求给他寄一套俄国社会民主工

党(布)赫尔辛福斯委员会机关报《波涛报》和一套左派社会革命党人的报纸《社会革命党人报》。

《列宁全集》中文第 2 版增订版第 47 卷第 616—617 页。

波罗的海舰队中央委员会领导人读列宁写的《给芬兰陆军、海军和工人区域委员会主席伊·捷·斯米尔加的信》。列宁的指示在波罗的海舰队第二次代表大会的决议中得到反映。

《列宁全集》中文第 2 版增订版第 32 卷第 258—263 页;苏共
列宁格勒州委党史研究院党务档案馆,第 4000 号全宗,第 5
号目录,第 1776 号案卷,第 15 页;《1917 年彼得格勒的布尔
什维克(彼得格勒革命大事记)》,第 2 版,1957 年,第 559 页。

不晚于 9 月 28 日(10 月 11 日)

列宁为生活和知识出版社再版《社会民主党在 1905—1907 年俄国第一次革命中的土地纲领》一书作准备:撰写《结束语》的最后几页(1908 年的版本由于遭到沙皇政府查封和销毁,只保存下来一本,末尾还缺了几页)。

《列宁全集》中文第 2 版增订版第 16 卷第 185—397 页;弗·
伊·列宁:《社会民主党在 1905—1907 年俄国第一次革命中
的土地纲领》,彼得格勒,生活和知识出版社,1917 年,Ⅷ,271
页,(社会科学丛书,第 39 册),标题前署名:弗·伊林(尼·列
宁)。

9 月 28 日(10 月 11 日)

列宁写《社会民主党在 1905—1907 年俄国第一次革命中的土地纲领》一书的《跋》。

《列宁全集》中文第 2 版增订版第 16 卷第 396—397 页。

列宁的《论进行伪造的英雄和布尔什维克的错误》一文转载于《社会民主党人报》(莫斯科)第 169 号和《无产阶级事业报》(喀琅施塔得)第 63 号(非全文)。

《列宁全集》中文第 2 版增订版第 32 卷第 242—250 页;《社会民主党人报》,莫斯科,1917 年 9 月 28 日(10 月 11 日),第 169号;《无产阶级事业报》,喀琅施塔得,1917 年 10 月 11 日(9 月 28 日),第 63 号。

雷西瓦钢铁厂(彼尔姆省)布尔什维克组织全厂代表会议给革命的社会民主党领袖列宁同志发致敬信,希望他"为无产阶级革命"继续卓有成效地工作。

《弗·伊·列宁和彼尔姆边疆区(文件、资料和回忆录集)》,彼尔姆,1970 年,第 174 页。

叶卡捷琳堡火车站全体职工大会支持列宁拒绝在临时政府的法庭出庭受审。

《乌拉尔工人报》,叶卡捷琳堡,1917 年 10 月 1 日,第 12 号。

9 月 28 日(10 月 11 日)以后

列宁写《我党在国际中的任务(评齐美尔瓦尔德第三次代表会议)》一文(文章的一部分未找到)。

《列宁全集》中文第 2 版增订版第 32 卷第 264—266 页。

9 月,29 日(10 月 12 日)以前

列宁的《俄国革命和国内战争(有人用国内战争来吓唬人)》一文由《波涛报》出版社(赫尔辛福斯)印成小册子出版。

《列宁全集》中文第 2 版增订版第 32 卷第 166—180 页;弗·伊·列宁:《俄国革命和国内战争》,赫尔辛福斯,《波涛报》出版社,1917 年,16 页,(俄国社会民主工党),标题前署名:尼·列宁;《波涛报》,赫尔辛福斯,1917 年 10 月 12 日(9 月 29日),第 40 号。

9 月 29 日(10 月 12 日)

列宁写《危机成熟了》一文,指出西方的革命运动日益增长,俄国全国性危机的主要标志是:农民起义的发展,民族解放运动的高涨,军队的布尔什维克化,铁路员工同临时政府的尖锐冲突。列宁

坚持立即准备和举行起义，而不要等待苏维埃代表大会。他指出："危机成熟了。俄国革命的整个前途已处在决定关头。布尔什维克党的全部荣誉正在受到考验。争取社会主义的国际工人革命的整个前途都在此一举。"

文章的第六节（原来不打算发表）列宁是写给中央委员会、彼得堡委员会和莫斯科委员会的委员以及各苏维埃的布尔什维克成员的。他在这一节中要求制止那种认为起义不适时机的意见，令人信服地证明必须立即准备和举行起义。列宁提醒说，现在几个星期，甚至几天可以决定一切，并具体地指示首先从哪里和怎样发动起义。列宁认为能够在两个首都——彼得格勒和莫斯科同时发动，而且还认为"为了乘其不备，击破敌人，甚至可以"从莫斯科"首先发难"。列宁对《工人之路报》编辑部把他的文章中涉及布尔什维克党的策略的重要政治原理的几段话删掉一事表示坚决抗议。

《列宁全集》中文第 2 版增订版第 32 卷第 267—278 页。

俄国社会民主工党（布）中央委员会推荐列宁为下列选区立宪会议代表候选人：首都彼得格勒选区、彼得格勒省选区、乌法选区、波罗的海舰队选区和北方战线选区。

苏共中央马列主义研究院中央党务档案馆，第 17 号全宗，第 1a 号目录，第 73 号案卷，第 9、27、193、194、195 张；第 74 号案卷，第 22 张背面、第 23 张背面；《俄国社会民主工党（布）中央委员会会议记录（1917 年 8 月—1918 年 2 月）》，1958 年，第 73 页；《工人之路报》，彼得格勒，1917 年 10 月 13 日（9 月 30 日），第 24 号；10 月 16 日（3 日），第 26 号。

不早于 9 月 29 日（10 月 12 日）—不晚于 10 月 3 日（16 日）

列宁同俄国社会民主工党（布）中央委员会联络员亚·瓦·绍特曼见面。绍特曼回忆："我刚一走进他的房间，他问我的头一个问题是：中央委员会禁止他去彼得格勒是否属实？我向他证实，的确作了这样的决定,为了他的人身安全,目前他还得留在芬兰。他要我拿出这项决定的书面证明。"

苏共中央马列主义研究院中央党务档案馆,第 17 号全宗,第 1a 号目录,第 136 号案卷(第 2 册),第 49 张;第 140 号案卷,第 250 张;《社会民主党人报》,莫斯科,1917 年 9 月 29 日(10 月 12 日),第 170 号;《前进报》,乌法,1917 年 9 月 19 日,第 143 号;9 月 20 日,第 144 号;《走过的道路。乌拉尔地区建立无产阶级专政的斗争史》,第 1 辑,乌法,1927 年,第 47—48 页;《伊里奇最后的地下工作(回忆录)》,1934 年,第 69—70 页。

9 月 29 日和 10 月 4 日(10 月 12 日和 17 日)之间

列宁写《在彼得堡组织代表会议 10 月 8 日会议上的报告以及决议草案和给党代表大会代表的委托书的提纲》。列宁在提纲中解释说,布尔什维克参加预备议会是错误的,是离开了"无产阶级革命道路"的表现。他强调指出,1905 年和 1917 年两次革命的全部经验证明,苏维埃夺取政权的任务就是胜利的起义的任务,因此就必须使群众作好起义的准备。列宁的提纲是 1917 年 10 月 7—11 日(20—24 日)举行的俄国社会民主工党(布)彼得格勒第三次全市代表会议各项决议的基础。

《列宁全集》中文第 2 版增订版第 32 卷第 335—339 页;《工人之路报》,彼得格勒,1917 年 10 月 14 日(1 日),第 25 号;《1917 年 7 月和 10 月彼得格勒布尔什维克第二次和第三次全市代表会议(记录和资料)》,1927 年,第 106—132 页;《1917 年第一个合法的布尔什维克彼得堡委员会(资料和记录)》,1927 年,第 292—303 页。

9 月 29 日(10 月 12 日)以后

列宁在他的小册子《俄国革命和国内战争》(在赫尔辛福斯出版)的封面上写道:"看来是 1917 年 9 月(参看第 3 页)",在正文中加着重标记并作修改。

苏共中央马列主义研究院中央党务档案馆,第2号全宗,第1号目录,第13471号案卷,第168、169张、第172张背面、第175张;《波涛报》,赫尔辛福斯,1917年10月12日(9月29日),第40号;《克里姆林宫的弗·伊·列宁藏书》,1961年,第100页。

9月30日(10月13日)

列宁的《革命的任务》一文转载于《北方工人报》(科斯特罗马)第79号(非全文)。

《列宁全集》中文第2版增订版第32卷第148—157页;《北方工人报》,科斯特罗马,1917年9月30日,第79号。

列宁的《论进行伪造的英雄和布尔什维克的错误》一文转载于《无产者呼声报》(敖德萨)第18号(非全文)。

《列宁全集》中文第2版增订版第32卷第242—250页;《无产者呼声报》,敖德萨,1917年9月30日,第18号。

《士兵报》(彼得格勒)第39号发表布里吉托夫卡航空站人员全体会议通过要求立即停止对列宁的迫害的决议。

《士兵报》,彼得格勒,1917年9月30日,第39号。

俄国社会民主工党(布)芬兰组织第一次区域代表会议通过决议,拥护列宁关于修改党纲的建议。

《1917年9月的俄国革命运动——全国危机》,1961年,第108—111页;《俄国社会民主工党(布)中央书记处与地方党组织的通信集》,第1卷,1957年,第293页。

由于《工人之路报》第12号登载了列宁的文章《俄国革命和国内战争(有人用国内战争来吓唬人)》,彼得格勒军区司令部下令彼得格勒高等法院检察官查办该报的编辑。

《彼得格勒十月武装起义(文件和资料集)》,1948年,第186页;《工人之路报》,彼得格勒,1917年9月29日(16日),第12号。

不早于9月30日(10月13日)

列宁写《告工人、农民、士兵书》,号召推翻克伦斯基政府,把政权交给苏维埃。号召书说："同志们！谁信任克伦斯基政府，谁就是出卖自己的弟兄——农民和士兵的叛徒！

不，人民**连一天也**不肯再容忍拖延了！**连一天也**不能容忍用武力镇压农民，**连一天也**不能容忍在可以并且应当立刻**提出公正和约**的时候，让成千上万的人在战争中丧命。

打倒同科尔尼洛夫的地主将军们策划镇压农民、屠杀农民和拖延战争的**克伦斯基政府**！

全部政权归工兵代表苏维埃！"

《列宁全集》中文第 2 版增订版第 32 卷第 279—281 页；《人民事业报》，彼得格勒，1917 年 9 月 30 日，第 168 号。

9 月底

玛·伊·乌里扬诺娃和弗·德·邦契-布鲁耶维奇准备以弗·弗·伊万诺夫斯基这一笔名出版列宁的《国家与革命（马克思主义关于国家的学说与无产阶级在革命中的任务）》一书。

《列宁全集》中文第 2 版增订版第 31 卷第 1—116 页；苏共中央马列主义研究院中央党务档案馆，第 2 号全宗，第 1 号目录，第 4608 号案卷，第 48 张—第 73 张背面。

9 月底—10 月 1 日（14 日）

列宁阅读 9 月 23 日和 27 日《新生活报》上的文章《政权问题上的走投无路》、《布尔什维克和政权问题》及 9 月 21 日《人民事业报》的社论等。孟什维克和社会革命党人在这些文章中断言，布尔什维克或者永远不敢单独夺取国家政权，或者即使敢于夺取并且夺到了政权，也不能保持这个政权，连一个极短暂的时期也保持不住。

列宁写《布尔什维克能保持国家政权吗？》一文，驳斥社会革命党人和孟什维克的种种理由。列宁重申他在全俄苏维埃第一次代表大会上的声明:布尔什维克准备夺取国家政权,并且拥有一切必要手段来保持政权。列宁指出:"无论在同资产阶级联合的问题上,或者在立刻把地主的土地交给农民委员会的问题上,布尔什维克目前都已经得到了工兵农代表苏维埃里的**多数**的拥护,得到了**多数人民**的拥护,得到了多数小资产阶级的拥护。"列宁在批驳孟什维克关于无产阶级不能在技术上掌握国家机构这一理由时着重指出:"无产阶级**不能**简单地掌握现成的国家机器,并运用它来达到自己的目的,无产阶级应当**打碎**这个机器,而用新的机器来代替它……"列宁表示,俄国社会主义革命胜利的主客观条件都已成熟。"……当大银行、辛迪加、铁路等物质机构依靠着资本主义而发展起来的时候,当先进国家极其丰富的经验积累了奇妙的技术,而资本主义却**妨碍**这些技术的运用的时候,当觉悟的工人团结成一个有25万党员的党,以便在全体被剥削劳动者支持下有计划地掌握这种机构并使它运转起来的时候,——当这些条件已经**具备**的时候,**如果布尔什维克不让别人吓倒**而能夺得政权,那么,地球上就没有一种力量能阻挡他们把政权一直保持到全世界社会主义革命的胜利。"

《列宁全集》中文第2版增订版第32卷第282—331页;《新生活报》,彼得格勒,1917年9月23日(10月6日),第135号;9月27日(10月10日),第138号;《人民事业报》,彼得格勒,1917年9月21日,第160号;9月29日,第167号。

9月底—10月初

列宁给在彼得格勒的埃·拉希亚写便条,请拉希亚到维堡的尤·拉图卡家来找他,为返回彼得格勒作安排(便条未保存下来)。便条是由娜·康·克鲁普斯卡娅交给拉希亚的。

苏共中央马列主义研究院中央党务档案馆,第4号全宗,第2

Россійская Соціалъ-Демократическая Рабочая Партія.

Пролетаріи всѣхъ странъ, соединяйтесь!

Н. Ленинъ.

Задачи пролетаріата въ нашей революціи.

(ПРОЕКТЪ ПЛАТФОРМЫ ПРОЛЕТАРСКОЙ ПАРТІИ.

Петербургъ.
1917.—Сентябрь.

Типографія „Трудъ", Т-во „Рабочая Печать". Кавалергардская, 40.

列宁《无产阶级在我国革命中的任务》小册子封面

号目录,第 3590 号案卷,第 3—5 张;《回忆弗·伊·列宁》,第
2 卷,1969 年,第 432 页。

9 月下半月

彼得格勒维堡区和纳尔瓦—彼得戈夫区党的积极分子大会听
取列宁给俄国社会民主工党(布)中央委员会、彼得堡委员会和莫
斯科委员会的两封信《布尔什维克应当夺取政权》和《马克思主义
和起义》。

《列宁全集》中文第 2 版增订版第 32 卷第 232—234、235—
241 页;《回忆弗·伊·列宁》,第 2 卷,1969 年,第 454—455
页;《列宁——十月革命的领袖(彼得格勒工人回忆录)》,1957
年,第 332—333 页;《在革命战斗的烈焰中(1917 年两次革命
中的彼得格勒各区。回忆录集)》,1967 年,第 89、174 页;
《1917 年的纳尔瓦关卡(回忆录和文件)》,1960 年,第 187—
188 页;М.И.米特尔曼等:《普梯洛夫工厂史》,第 3 版,1961
年,第 661 页。

9 月

列宁的著作《无产阶级在我国革命中的任务(无产阶级政党的
行动纲领草案)》由波涛出版社(彼得格勒)印成小册子出版。

《列宁全集》中文第 2 版增订版第 29 卷第 150—185 页;弗·
伊·列宁:《无产阶级在我国革命中的任务(无产阶级政党的
行动纲领草案)》,彼得堡,波涛出版社,1917 年 9 月,第 3—35
页,(俄国社会民主工党),标题前署名:尼·列宁。

列宁写的《给〈无产阶级事业报〉编辑部的信》用法文转载于
《明日》杂志第 17 期。

《列宁全集》中文第 2 版增订版第 30 卷第 415—416 页;《明
日》杂志,日内瓦,1917 年 9 月,第 17 期,第 319—320 页。

10　月

10月1日（14日）

列宁写《给中央委员会、莫斯科委员会、彼得堡委员会以及彼得格勒、莫斯科苏维埃布尔什维克委员的信》，号召立即举行起义，尖锐批判等待苏维埃代表大会的策略。他指出："拖延就是犯罪。等待苏维埃代表大会，就是要幼稚的形式主义的把戏，耍可耻的形式主义的把戏，就是背叛革命。"列宁提醒党，拖延会使世界革命运动和俄国革命受到威胁。

《列宁全集》中文第 2 版增订版第 32 卷第 332—334 页；《1917
年第一个合法的布尔什维克彼得堡委员会（资料和记录汇
编）》,1927 年,第 293—294 页。

列宁写《布尔什维克能保持国家政权吗?》一文的《后记》，分析关于选择举行武装起义的适当时机和保证起义胜利的条件等问题。

《列宁全集》中文第 2 版增订版第 32 卷第 282、325—331 页。

列宁的著作《大难临头，出路何在?》（最后两章）在《工人之路报》第 25 号上发表。

《列宁全集》中文第 2 版增订版第 32 卷第 181—225 页；《工人
之路报》,彼得格勒,1917 年 10 月 14 日（1 日）,第 25 号。

列宁的《政论家札记（农民和工人）》一文转载于《克拉斯诺亚尔斯克工人报》第 159 号。

《列宁全集》中文第 2 版增订版第 32 卷第 104—112 页；《克拉
斯诺亚尔斯克工人报》,1917 年 10 月 1 日,第 159 号。

列宁的《论妥协》一文转载于《尼古拉耶夫斯克农民、工人和士兵代表苏维埃消息报》第 38 号(非全文)。

> 《列宁全集》中文第 2 版增订版第 32 卷第 130—136 页;《尼古拉耶夫斯克农民、工人和士兵代表苏维埃消息报》,尼古拉耶夫斯克,1917 年 10 月 1 日(14 日),第 38 号。

彼得格勒郊区布尔什维克第一次代表会议确定彼得格勒省的立宪会议代表候选人,候选人名单上第一个名字是列宁。

> 《工人之路报》,彼得格勒,1917 年 10 月 17 日(4 日),第 27 号。

党的托木斯克委员会在给俄国社会民主工党(布)中央委员会的信中向列宁致敬。

> 《十月武装起义前夕的俄国革命运动(1917 年 10 月 1—24 日)》,1962 年,第 20—21 页。

10 月 1 日和 8 日(14 日和 21 日)

列宁的《革命的一个根本问题》一文用格鲁吉亚文转载于《斗争报》(梯弗利斯)第 18 号和第 19 号。

> 《列宁全集》中文第 2 版增订版第 32 卷第 158—165 页;《斗争报》,梯弗利斯,1917 年 10 月 1 日,第 18 号;10 月 8 日,第 19 号。

10 月 2 日(15 日)

俄国社会民主工党(布)莫斯科委员会会议一致推选列宁为立宪会议代表候选人。

> 《十月武装起义前夕的俄国革命运动(1917 年 10 月 1—24 日)》,1962 年,第 24、26—27 页。

10 月 2 日—7 日(15 日—20 日)

俄国社会民主工党(布)高加索边疆区代表大会通过给列宁的致敬信。致敬信对临时政府无耻诽谤和攻击列宁表示愤怒,并坚信,俄国的工人阶级和革命农民在不久的将来定能摆脱米留可夫和克伦斯基之流的桎梏,定能创造条件使列宁脱离地下活动状态并"公开担负起我们党的领袖、伟大的俄国革命的领袖的重任"。

《巴库工人报》,1917 年 10 月 20 日,第 68 号;《十月武装起义前夕的俄国革命运动(1917 年 10 月 1—24 日)》,1962 年,第29、31 页。

10 月 3 日(16 日)

列宁的著作《大难临头,出路何在?》转载于《无产阶级事业报》(喀琅施塔得)第 67 号(非全文)。

《列宁全集》中文第 2 版增订版第 32 卷第 181—225 页;《无产阶级事业报》,喀琅施塔得,1917 年 10 月 16 日(3 日),第67 号。

俄国社会民主工党(布)中央委员会作出决定:"建议伊里奇返回彼得格勒,以便能保持经常的和密切的联系。"

《俄国社会民主工党(布)中央委员会会议记录(1917 年 8月—1918 年 2 月)》,1958 年,第 74 页。

俄国社会民主工党(布)莫斯科全市代表会议批准党的莫斯科委员会提出的立宪会议代表候选人名单。候选人名单上第一个名字是列宁。

《无产阶级革命》杂志,莫斯科—彼得格勒,1922 年,第 10 期,第 481、484—485 页。

第 6 预备工兵营(彼得格勒)士兵大会通过决议,要求给列宁从事活动的自由。

《士兵报》,彼得格勒,1917 年 10 月 5 日,第 43 号。

克什特姆各采矿场(乌拉尔)全体士兵大会一致通过给俄国社会民主工党(布)中央委员会和列宁的致敬信。

《乌拉尔工人报》,叶卡捷琳堡,1917 年 10 月 8 日,第 15 号。

维亚特卡省布尔什维克代表会议向列宁发致敬信。

> 《苏维埃政权在维亚特卡省的建立和巩固（文件集）》，基洛夫，
> 1957 年，第 186、190—191 页。

10 月 3 日和 10 日（16 日和 23 日）之间

列宁同从彼得格勒到他那里去的埃·拉希亚谈话。据拉希亚讲，列宁说："革命在最近几周内就要发生，我们如果不作好准备，就会遭到比七月事变严重得多的失败，这是因为资产阶级会竭尽全力来扼杀革命，其凶暴残忍在世界历史上将是空前的。"

列宁研究拉希亚提出的去彼得格勒的方案。列宁同意这个方案并准备动身。

> 苏共中央马列主义研究院中央党务档案馆，第 4 号全宗，第 2
> 号目录，第 3590 号案卷，第 7 张；《历史问题》杂志，莫斯科，
> 1967 年，第 10 期，第 170—171 页。

列宁从维堡秘密返回彼得格勒。[①] 晚上，弗拉基米尔·伊里奇由埃·拉希亚陪同乘近郊列车到达赖沃拉车站（现罗希诺车站）。列宁从这里坐司机胡·雅拉瓦驾驶的 293 号机车驶抵皇族车站，随

---

① 关于列宁到达的日期，史料和文献中说法不一。在同时代人的回忆录中，娜·康·克鲁普斯卡娅、胡·雅拉瓦、尤·拉图卡说列宁是 10 月 7 日（20）到达的，埃·拉希亚、玛·瓦·福法诺娃、亚·瓦·绍特曼则说是 9 月底（俄历）。

20 世纪 20 年代初在历史文献中提到的日期有：9 月底和 10 月 20 日（11 月 2 日）。后来，当俄国社会民主工党（布）中央委员会 10 月 10 日（23 日）的记录公布后（1927 年），出现了 10 月 9 日（22 日）这个日期。从 30 年代起在文献中确定为 10 月 7 日（20 日）。50 年代末至 60 年代初也有说是 9 月 22 日（10 月 5 日）和 9 月 29 日（10 月 12 日）的。苏共中央马克思列宁主义研究院于 1960 年 11 月就这一问题召开了专门的会议，参加会议的有莫斯科、列宁格勒的历史学家和老布尔什维克。1962 年 11 月在列宁格勒举行的纪念十月武装起义四十五周年的全苏科学代表会议上又讨论了列宁到达日期的问题。各种不同的观点至今仍然存在着。

关于这一问题的文件性史料是俄国社会民主工党（布）中央委员会 10 月 3 日（16 日）和 10 日（23 日）的记录。因此，年谱的编者认为，列宁可能是在 10 月 3 日和 10 日（16 日和 23 日）之间的某一天到达彼得格勒的。——俄文编者注

后去玛·瓦·福法诺娃家(维堡区谢尔多博尔街 1/92 号 41 室(现 1
号 20 室))①。列宁在迁往斯莫尔尼宫(10 月 24 日(11 月 6 日)晚
上)之前一直住在这所住宅里。为了严格保密,列宁的住处只有
娜·康·克鲁普斯卡娅、玛·伊·乌里扬诺娃、拉希亚这有限的几
个人去。女主人每天给列宁送去彼得格勒的报纸和杂志。

　　列宁回到彼得格勒后,就亲自领导武装起义的准备工作。
亚·瓦·绍特曼回忆:"从这时起,中央在决定稍微重要一点的问
题时,事先都要同弗拉基米尔·伊里奇商量。"

《列宁全集》中文第 2 版增订版第 32 卷第 341、344、373、
381—382 页;《列宁全集》俄文第 2 版第 21 卷第 578 页;苏共
中央马列主义研究院中央党务档案馆,第 4 号全宗,第 1 号目
录,第 76 号案卷;第 80 号案卷,第 1 张;第 2 号目录,第 3590
号案卷,第 7—14 张;第 12 号全宗,第 2 号目录,第 57 号案
卷,第 1、9 张,第 9 张背面;《俄国社会民主工党(布)中央委员
会会议记录(1917 年 8 月—1918 年 2 月)》,1958 年,第 74、83
页;《无产阶级革命》杂志,莫斯科—列宁格勒,1927 年,第 10
期,第 261—264 页;《回忆弗·伊·列宁》,第 1 卷,1968 年,
第 476—478 页;第 2 卷,1969 年,第 429、431、445—447 页;
第 5 卷,1969 年,第 120 页;《列宁在 1917 年(回忆录)》,1967
年,第 140 页;《历史文献》杂志,莫斯科,1956 年,第 4 期,第
171—172 页;《和列宁在一起(回忆录和文件)》,第 2 版,彼得
罗扎沃茨克,1970 年,第 43、134—135 页;《关于伊里奇》,
1924 年,第 41—42 页;《苏共历史问题》杂志,莫斯科,1963
年,第 12 期,第 70—75 页;《弗·伊·列宁生平年表》,列宁格
勒,1924 年,第 33 页;《列宁生平事业年表(1870—1924 年)》,
莫斯科,1931 年,第 163 页;《列宁和彼得格勒十月武装起义(全
苏学术会议资料汇编)》,1964 年,第 119—139 页;Д.В.扎列茨
卡娅等:《谢尔多博尔街 1 号(纪念馆参观手册)》,第 4 版,1970
年,第 5、41 页。

　　① 　1938 年在这栋房屋里开设了弗·伊·列宁纪念馆。房屋墙壁上设有一块纪
念牌,上面写着:"十月社会主义革命前夕,1917 年 10 月 7 日(20 日)至 10 月 24 日(11
月 6 日),弗拉基米尔·伊里奇·列宁为躲避反革命资产阶级临时政府的迫害曾居住
在这栋房屋里。他在这里领导了武装起义的准备工作。"——俄文编者注

列宁装做司炉通过俄芬边境时搭乘的 293 号机车

彼得格勒玛·瓦·福法诺娃家所在的楼房,1917年秋列宁曾在此匿居。

列宁在玛·瓦·福法诺娃家住过的房间

10 月 3 日和 24 日（10 月 16 日和 11 月 6 日）之间

根据列宁的吩咐，埃·拉希亚走访工厂和兵营，参加工人和士兵的集会和会议，了解他们的情绪，把会议通过的决议抄件送给列宁。每天晚上列宁都向拉希亚详细询问他所见到和听到的一切。

《回忆弗·伊·列宁》，第 2 卷，1969 年，第 433 页。

10 月 4 日（17 日）

列宁的著作《大难临头，出路何在？》（最后两章）转载于《波涛报》（赫尔辛福斯）第 44 号。

《列宁全集》中文第 2 版增订版第 32 卷第 220—225 页；《波涛报》，赫尔辛福斯，1917 年 10 月 17 日（4 日），第 44 号。

列宁的《论进行伪造的英雄和布尔什维克的错误》一文转载于《高加索工人报》（梯弗利斯）第 164 号和《克拉斯诺亚尔斯克工人报》第 161 号（非全文）。

《列宁全集》中文第 2 版增订版第 32 卷第 242—250 页；《高加索工人报》，梯弗利斯，1917 年 10 月 4 日，第 164 号；《克拉斯诺亚尔斯克工人报》，1917 年 10 月 4 日，第 161 号。

俄国社会民主工党（布）第 3 预备步兵团党员大会通过的给列宁的致敬信在《士兵报》（彼得格勒）第 42 号上发表。

《士兵报》，彼得格勒，1917 年 10 月 4 日，第 42 号。

10 月 4 日和 5 日（17 日和 18 日）

列宁的《俄国革命和国内战争（有人用国内战争来吓唬人）》一文用爱沙尼亚文转载于《工人报》（塔林）第 70 号和第 71 号。

《列宁全集》中文第 2 版增订版第 32 卷第 166—180 页；《工人报》，塔林，1917 年 10 月 4 日（17 日），第 70 号；10 月 5 日（18 日），第 71 号。

10月,5日(18日)以前

列宁的著作《大难临头,出路何在?》由波涛出版社(彼得格勒)印成小册子出版。

> 《列宁全集》中文第 2 版增订版第 32 卷第 181—225 页;弗·伊·列宁:《大难临头,出路何在?》,彼得格勒,波涛出版社,1917 年,32 页,(俄国社会民主工党。士兵和农民丛书,第 13 册),标题前署名:尼·列宁;《工人之路报》,彼得格勒,1917年 10 月 18 日(5 日),第 28 号。

列宁写的《给全俄农民代表大会代表的公开信》由俄国社会民主工党(布)中央委员会军事组织出版社(彼得格勒)出版小册子。

> 《列宁全集》中文第 2 版增订版第 30 卷第 41—45 页;《士兵报》,彼得格勒,1917 年 10 月 5 日,第 43 号。

列宁 5 月 22 日(6 月 4 日)在全俄农民第一次代表大会上关于土地问题的讲话由俄国社会民主工党(布)中央委员会军事组织出版社(彼得格勒)以《论土地》为题出版小册子。

> 《列宁全集》中文第 2 版增订版第 30 卷第 138—156 页;《士兵报》,彼得格勒,1917 年 10 月 5 日,第 43 号。

列宁的《答复》一文由俄国社会民主工党(布)中央委员会军事组织出版社(彼得格勒)以《答诽谤者》为题出版小册子。

> 《列宁全集》中文第 2 版增订版第 32 卷第 33—44 页;《士兵报》,彼得格勒,1917 年 10 月 5 日,第 43 号。

10月5日(18日)

俄国社会民主工党(布)中央委员会根据列宁的提议,通过关于布尔什维克"在宣读声明后当天"就退出预备议会的决定。

> 《俄国社会民主工党(布)中央委员会会议记录(1917 年 8月—1918 年 2 月)》,1958 年,第 75—76 页。

俄国社会民主工党(布)中央委员会为即将召开的党代表大会成立以列宁为首的党纲草案起草委员会。

《俄国社会民主工党（布）中央委员会会议记录（1917 年 8 月—1918 年 2 月）》，1958 年，第 75—76 页。

俄国社会民主工党（布）彼得堡委员会秘密会议讨论列宁 10 月 1 日（14 日）写的《给中央委员会、莫斯科委员会、彼得堡委员会以及彼得格勒、莫斯科苏维埃布尔什维克委员的信》和《在彼得堡组织代表会议 10 月 8 日会议上的报告以及决议草案和给党代表大会代表的委托书的提纲》。多数人拥护列宁提出的武装起义方针。

《列宁全集》中文第 2 版增订版第 32 卷第 332—334、335—339 页；《1917 年第一个合法的布尔什维克彼得堡委员会（资料和记录汇编）》，1927 年，第 292—303 页；《苏共列宁格勒组织简史》，第 1 册，1962 年，第 568—569 页。

乌法省布尔什维克代表会议批准立宪会议代表候选人名单。候选人名单上第一个名字是列宁。

《前进报》，乌法，1917 年 10 月 6 日，第 158 号；10 月 7 日，第 159 号。

10 月 5 日和 6 日（18 日和 19 日）

列宁的《革命的任务》一文转载于《高加索工人报》（梯弗利斯）第 165 号和第 166 号。

《列宁全集》中文第 2 版增订版第 32 卷第 148—157 页；《高加索工人报》，梯弗利斯，1917 年 10 月 5 日，第 165 号；10 月 6 日，第 166 号。

10 月 5 日（18 日）以后

列宁的著作《大难临头，出路何在？》用格鲁吉亚文印成小册子出版（梯弗利斯）。

《列宁全集》中文第 2 版增订版第 32 卷第 181—225 页；《工人之路报》，彼得格勒，1917 年 10 月 18 日（5 日），第 28 号；《弗·伊·列宁著作编年索引》，下册，1962 年，第 84 页。

10月6日（19日）

列宁的《论进行伪造的英雄和布尔什维克的错误》一文转载于《巴库工人报》第62号（非全文）。

> 《列宁全集》中文第2版增订版第32卷第242—250页；《巴库工人报》，1917年10月6日，第62号。

诺夫哥罗德省布尔什维克第一次代表会议向列宁发致敬信。

> 《苏维埃政权在诺夫哥罗德省的建立（文件和资料集）》，诺夫哥罗德，1957年，第57页。

在明斯克召开的俄国社会民主工党（布）西北区域第二次非常代表会议通过给列宁的致敬信。致敬信对资产阶级无耻诽谤中伤列宁表示抗议，并坚信，保证革命领袖有真正自由的时刻已为期不远了。

> 《工人之路报》，彼得格勒，1917年11月3日（10月21日），第42号；《海燕报》，明斯克，1917年10月8日，第1号。

10月6日—8日（19日—21日）

鉴于俄国社会民主工党（布）紧急代表大会即将召开，列宁写《论修改党纲》一文，分析一些需要修改的主要问题，批评俄国社会民主工党（布）莫斯科组织个别成员在党纲问题上的观点。

> 《列宁全集》中文第2版增订版第32卷第344—372页；《工人之路报》，彼得格勒，1917年10月21日（8日），第31号。

10月6日、8日和11日（19日、21日和24日）

列宁的《革命的任务》一文转载于《阿斯特拉罕工人报》第18、19和20号（非全文）。

> 《列宁全集》中文第2版增订版第32卷第148—157页；《阿斯特拉罕工人报》，1917年10月6日，第18号；10月8日，第19号；10月11日，第20号。

载有列宁《危机成熟了》一文的布尔什维克报纸

10 月,7 日(20 日)以前

《女工》杂志编辑部(彼得格勒)就召开立宪会议问题组织的群众大会的参加者通过给列宁的致敬信。

> 《工人之路报》,彼得格勒,1917 年 10 月 20 日(7 日),第 30 号。

10 月 7 日(20 日)

列宁写《给彼得格勒市代表会议的信(供在秘密会议上宣读)》,号召调动一切力量,"作好起义准备,以便正确选定起义的**时机**",最终推翻克伦斯基政府。列宁在信后附有一份关于目前形势的决议草案,对立即举行武装起义的必要性加以论述。决议草案提到坚决请求中央"采取一切措施,领导……不可避免的起义",还提到要派一个代表团到赫尔辛福斯、维堡、喀琅施塔得、雷瓦尔,到彼得格勒以南的部队,到莫斯科去,去解释目前形势的特点并争取对这一决议的支持。

> 《列宁全集》中文第 2 版增订版第 32 卷第 340—343 页;《回忆弗·伊·列宁》,第 1 卷,1968 年,第 476 页;《苏共列宁格勒组织简史》,第 1 册,1962 年,第 572—573 页。

俄国社会民主工党(布)彼得格勒第三次全市代表会议开幕,这次代表会议在准备十月武装起义方面起了重要的作用。代表会议选举列宁为名誉主席。

> 《1917 年 7 月和 10 月彼得格勒布尔什维克第二次和第三次全市代表会议(记录和资料)》,1927 年,第 106 页;《苏共列宁格勒组织简史》,第 1 册,1962 年,第 572 页。

列宁的《危机成熟了》一文在《工人之路报》第 30 号上发表(非全文)。

> 《列宁全集》中文第 2 版增订版第 32 卷第 267—278 页;《工人之路报》,彼得格勒,1917 年 10 月 20 日(7 日),第 30 号。

列宁的《革命的任务》一文转载于《乌拉尔工人报》(叶卡捷琳堡)第 14 号。

> 《列宁全集》中文第 2 版增订版第 32 卷第 148—157 页;《乌拉尔工人报》,叶卡捷琳堡,1917 年 10 月 7 日,第 14 号。

列宁的《论进行伪造的英雄和布尔什维克的错误》一文用德文转载于《俄国革命的使者》杂志第 6 期(非全文)。

> 《列宁全集》中文第 2 版增订版第 32 卷第 242—250 页;《俄国革命的使者》杂志,斯德哥尔摩,1917 年 10 月 20 日,第 6 期,第 7—10 页。

为了执行列宁在 10 月 1 日(14 日)《给中央委员会、莫斯科委员会、彼得堡委员会以及彼得格勒、莫斯科苏维埃布尔什维克委员的信》中所作的指示,俄国社会民主工党(布)莫斯科委员会会议通过决议,提出"立即开展夺取政权斗争"的任务并拟定具体的实施措施。

> 《列宁全集》中文第 2 版增订版第 32 卷第 332—334 页;《十月武装起义前夕的俄国革命运动(1917 年 10 月 1—24 日)》,1962 年,第 51—52 页;《十月革命在莫斯科的准备和胜利(文件和资料)》,1957 年,第 343 页。

10 月 7 日和 10 日(20 日和 23 日)

列宁的《革命的任务》一文转载于《克拉斯诺亚尔斯克工人报》第 164 号和第 166 号。

> 《列宁全集》中文第 2 版增订版第 32 卷第 148—157 页;《克拉斯诺亚尔斯克工人报》,1917 年 10 月 7 日,第 164 号;10 月 10 日,第 166 号。

10 月,8 日(21 日)以前

列宁 5 月 22 日(6 月 4 日)在全俄农民第一次代表大会上关于土地问题的讲话由明星出版社(明斯克)以《土地问题》为题出版小册子。

《列宁全集》中文第 2 版增订版第 30 卷第 138—156 页；弗·伊·列宁：《土地问题》，明斯克，明星出版社，1917 年，28 页，（俄国社会民主工党。第 14 号），标题前署名：尼·列宁；《海燕报》，明斯克，1917 年 10 月 8 日，第 1 号。

10 月 8 日（21 日）

列宁写《局外人的意见》一文，指出政权转归苏维埃目前在实践上就意味着武装起义。列宁指出："现在拒绝武装起义，就等于背弃布尔什维主义的主要口号（全部政权归苏维埃），就等于完全背弃革命无产阶级的国际主义。"

列宁在概括马克思和恩格斯关于**"起义也正如战争一样，是一种艺术"**这一论述时，揭示了武装起义的一般规律："（1）任何时候都**不要玩弄**起义，在开始起义时就要切实懂得，必须**干到底**。

（2）必须在决定性的地点，在决定性的关头，集中**强大的优势力量**，否则，更有训练、更有组织的敌人就会把起义者消灭。

（3）起义一旦开始，就必须以最大的**决心**行动起来并坚决采取**进攻**。'防御是武装起义的死路。'

（4）必须出其不意地袭击敌人，不放过敌军还分散的时机。

（5）**每天**（如果以一个城市来说，可以说每小时）都必须取得胜利，即令是不大的胜利，无论如何要保持'**精神上的优势**'。"列宁在这篇文章中还详细制定了与俄国具体情况相适应的行动计划："一定要既从外面，又从内部，既从工人区，又从芬兰、雷瓦尔、喀琅施塔得等各方面，同时地、尽可能出其不意地、迅速地对彼得格勒进攻……

要把我们的**三支**主要力量——海军、工人和陆军部队配合起来，一定要占领并不惜**任何代价**守住：（1）电话局，（2）电报局，（3）火车站，（4）特别是桥梁。"

《列宁全集》中文第 2 版增订版第 32 卷第 373—375 页。

列宁写《给参加北方区域苏维埃区域代表大会的布尔什维克同志的信》。他在分析俄国国内和国际的形势后坚持要求迅速、坚决地行动起来，立即夺取政权。列宁指出："问题在于起义，这是彼得格勒、莫斯科、赫尔辛福斯、喀琅施塔得、维堡和雷瓦尔**能够**而且应当解决的问题。**彼得格勒市郊**和彼得格勒市区，——这就是能够而且应当尽可能认真地、有准备地、迅速地、坚决地决定起义和举行起义的地方。"列宁要求必须像对待艺术那样对待起义，并强调指出，拖延起义是最大的犯罪。信的结束语是："拖延等于自取灭亡。"

《列宁全集》中文第 2 版增订版第 32 卷第 376—382 页。

列宁的《危机成熟了》一文转载于《士兵报》（彼得格勒）第 46 号和《无产阶级事业报》（喀琅施塔得）第 72 号（非全文）。

《列宁全集》中文第 2 版增订版第 32 卷第 267—278 页；《士兵报》，彼得格勒，1917 年 10 月 8 日，第 46 号；《无产阶级事业报》，喀琅施塔得，1917 年 10 月 21 日（8 日），第 72 号。

第 36 独立野战重炮营（该营在前线已驻扎三年）第 2 连士兵通过给列宁的致敬信。

《无产阶级真理报》，图拉，1917 年 10 月 21 日（11 月 3 日），第 36 号。

列宁被选进俄国社会民主工党（布）卡卢加省第二次代表会议名誉主席团。

《苏维埃政权在卡卢加省的建立（文件和资料）》，卡卢加，1957 年，第 148 页。

拉脱维亚社会民主党马利延斯卡亚组织代表会议在讨论党纲问题时支持列宁在其《党纲的理论、政治及其他一些部分的修改草案》中阐述的修改意见。

《列宁全集》中文第 2 版增订版第 29 卷第 474—478 页；《1917 年十月革命中的拉脱维亚共产党（文件和资料）》，里加，1963 年，第 430、433—434 页。

库尔斯克省布尔什维克第一次代表会议通过决议，要求停止对列宁的迫害，拒绝同地主-资产阶级作任何妥协，并要求立即把政权转交给苏维埃。

《库尔斯克省建立和巩固苏维埃政权的斗争（文件和资料集）》，库尔斯克，1957 年，第 96—97 页。

10 月 9 日（22 日）

彼得格勒第三次全市党代表会议推选列宁为彼得格勒的立宪会议代表候选人。

《工人之路报》，彼得格勒，1917 年 10 月 24 日（11 日），第 33 号；《1917 年 7 月和 10 月彼得格勒布尔什维克第二次和第三次全市代表会议（记录和资料）》，1927 年，第 115、117 页。

10 月，10 日（23 日）以前

列宁起草的《党纲的理论、政治及其他一些部分的修改草案》得到俄国社会民主工党（布）罗斯托夫组织的党员的赞同。

《列宁全集》中文第 2 版增订版第 29 卷第 474—478 页；《俄国社会民主工党（布）中央书记处与地方党组织的通信集》，第 1 卷，1957 年，第 339 页。

10 月 10 日（23 日）

晚上，列宁处于地下状态三个月以后第一次参加俄国社会民主工党（布）中央委员会的会议（卡尔波夫卡河沿岸街 32/1 号 31 室）①。列

---

① 1938 年在这栋房屋内开设了弗·伊·列宁纪念馆。房屋墙壁上设有一块纪念牌，上面写着："1917 年 10 月 23 日（10 日）在这栋房屋里举行了具有历史意义的俄国社会民主工党（布尔什维克）中央委员会会议，弗拉基米尔·伊里奇·列宁领导了这次会议。

在这次会议上通过了关于准备武装起义的决定，并成立了以列宁为首的中央委员会政治局，以便对起义进行政治领导。"——俄文编者注

宁是由埃·拉希亚陪同前往参加会议的。

列宁就主要问题——目前形势问题作报告。他在分析了国内外形势后得出结论：苏维埃夺取政权"在政治上条件已经完全成熟了"。目前党的当务之急应该是作好武装起义的军事技术方面的准备。列宁提出起义的日期问题，建议利用任何一种理由来立即发起行动。

列宁提出关于武装起义的决议案："中央委员会认为，俄国革命的国际形势（德国海军中的起义，这是世界社会主义革命在全欧洲发展的最高表现；其次，帝国主义者为扼杀俄国革命而媾和的危险），军事形势（俄国资产阶级和克伦斯基之流无疑已经决定把彼得格勒让给德国人），无产阶级政党在苏维埃中获得多数，再加上农民起义和人民转而信任我们党（莫斯科的选举）以及第二次科尔尼洛夫叛乱显然已在准备（军队撤出彼得格勒、哥萨克调往彼得格勒、哥萨克包围明斯克，等等），——这一切把武装起义提到日程上来了。

因此中央委员会认为，武装起义是不可避免的，并且业已完全成熟。中央委员会建议各级党组织以此为指针，并从这一观点出发讨论和解决一切实际问题（北方区域苏维埃代表大会、军队撤出彼得格勒、莫斯科人和明斯克人发起行动，等等）。"决议案以中央委员十票赞成获得通过并成为党的指示（发言并投票反对决议案的是列·波·加米涅夫和格·叶·季诺维也夫）。

在这次会议上成立了以列宁为首的由七人组成的中央政治局，对起义进行政治领导。

列宁在参加了俄国社会民主工党（布）中央委员会会议后去拉希亚家（佩夫切斯基巷 3 号 344 室）过夜，清晨返回玛·瓦·福法

俄国社会民主工党(布)中央委员会1917年10月10日(23日)
会议通过的列宁起草的决议的手稿

1917年10月10日(23日)列宁主持召开俄国社会民主工党(布)
中央委员会会议的会址(彼得格勒卡尔波夫卡河沿岸街)

诺娃家。

《列宁全集》中文第 2 版增订版第 32 卷第 383—385 页;《俄国社会民主工党(布)中央委员会会议记录(1917 年 8 月—1918 年 2 月)》,1958 年,第 83—92 页;《伟大十月革命时期的彼得格勒——革命事件参加者回忆录》,1967 年,第 266—269 页;《彼得堡人回忆伊里奇》,1970 年,第 351—354 页;《列宁在彼得堡》,第 3 版,1957 年,第 173—175 页。

列宁的《危机成熟了》一文转载于《波涛报》(赫尔辛福斯)第 49 号(非全文)。

《列宁全集》中文第 2 版增订版第 32 卷第 267—278 页;《波涛报》,赫尔辛福斯,1917 年 10 月 23 日(10 日),第 49 号。

俄国社会民主工党(布)彼得格勒第三次全市代表会议代表知晓列宁为代表会议写的《在彼得堡组织代表会议 10 月 8 日会议上的报告以及决议草案和给党代表大会代表的委托书的提纲》和《给彼得格勒市代表会议的信(供在秘密会议上宣读)》的内容。这两个文件是代表会议通过的关于目前形势的决议的基础。

《列宁全集》中文第 2 版增订版第 32 卷第 335—339、340—343 页;《1917 年 7 月和 10 月彼得格勒布尔什维克第二次和第三次全市代表会议(记录和资料)》,1927 年,第 118—119、121—123 页;《苏共列宁格勒组织简史》,第 1 册,1962 年,第 573—574 页;《1917 年彼得格勒的布尔什维克(彼得格勒革命大事记)》,第 2 版,1957 年,第 601 页。

10 月 10 日(23 日)和 17 日(30 日)

列宁的《论进行伪造的英雄和布尔什维克的错误》一文用阿塞拜疆文转载于《古墨特报》(巴库)第 15 号和第 16 号(非全文)。

《列宁全集》中文第 2 版增订版第 32 卷第 242—250 页;《古墨特报》,巴库,1917 年 10 月 10 日,第 15 号;10 月 17 日,第 16 号。

10 月 10 日和 16 日(23 日和 29 日)之间

列宁在米·伊·加里宁家(维堡公路 106 号 1 室(现弗·恩格

斯大街 92 号))①会见中央委员们,讨论准备武装起义问题。

> 《伟大十月社会主义革命(回忆录集)》,1957 年,第 168 页;Н.
> С.杜杰利:《米哈伊尔·伊万诺维奇·加里宁》,莫斯科,1927
> 年,第 55 页;《列宁在彼得堡》,第 3 版,1957 年,第 175 页;П.
> Е.尼基京:《列宁到过的地方(附有说明文的示意地图)》,第 2
> 版,1970 年,第 66 页。

10 月,11 日(24 日)以前

列宁的《革命的教训》和《革命的一个根本问题》两篇文章由波
涛出版社(彼得格勒)出版小册子。

> 《列宁全集》中文第 2 版增订版第 32 卷第 50—65、158—165
> 页;弗·伊·列宁:《革命的教训》,彼得堡,波涛出版社,1917
> 年,29 页,(俄国社会民主工党),标题前署名:尼·列宁;《工
> 人之路报》,彼得格勒,1917 年 10 月 24 日(11 日),第 33 号。

10 月 11 日(24 日)

北方区域苏维埃区域代表大会布尔什维克党团讨论列宁写的
《给参加北方区域苏维埃区域代表大会的布尔什维克同志的信》。

> 《列宁全集》中文第 2 版增订版第 32 卷第 376—382 页;《苏共
> 列宁格勒组织简史》,第 1 册,1962 年,第 575 页。

列宁的《危机成熟了》一文转载于《社会民主党人报》(莫斯科)
第 180 号、《海燕报》(明斯克)第 3 号和《北方工人报》(科斯特罗
马)第 88 号(非全文)。

> 《列宁全集》中文第 2 版增订版第 32 卷第 267—278 页;《社会
> 民主党人报》,莫斯科,1917 年 10 月 11 日(24 日),第 180 号;
> 《海燕报》,明斯克,1917 年 10 月 11 日,第 3 号;《北方工人
> 报》,科斯特罗马,1917 年 10 月 11 日,第 88 号。

第 180 预备步兵团(彼得格勒)第 1 战斗混编连集会通过决

---

① 此处楼房墙壁上设有一块纪念牌,上面写着:"1917 年 10 月弗·伊·列宁在
这栋楼房内米·伊·加里宁家召开党的会议,讨论武装起义的准备工作。"——俄文编
者注

议,抗议诽谤中伤列宁。

《士兵报》,彼得格勒,1917 年 10 月 18 日,第 54 号。

10 月 11 日、25 日、27 日和 29 日
(10 月 24 日、11 月 7 日、9 日和 11 日)

列宁的著作《大难临头,出路何在?》转载于《巴库工人报》第 64、70、71 和 72 号(非全文)。

《列宁全集》中文第 2 版增订版第 32 卷第 181—225 页;《巴库工人报》,1917 年 10 月 11 日,第 64 号;10 月 25 日,第 70 号;10 月 27 日,第 71 号;10 月 29 日,第 72 号。

10 月 11 日(24 日)以后

列宁的《革命的教训》一文由明星出版社(明斯克)出版小册子。

《列宁全集》中文第 2 版增订版第 32 卷第 50—65 页;弗·伊·列宁:《革命的教训》,彼得堡,波涛出版社,1917 年,第 3—19 页,(俄国社会民主工党),标题前署名:尼·列宁;弗·伊·列宁:《革命的教训》,明斯克,明星出版社,1917 年,16 页,(俄国社会民主工党),标题前署名:尼·列宁;《工人之路报》,彼得格勒,1917 年 10 月 24 日(11 日),第 33 号。

列宁的《革命的一个根本问题》一文由无产者呼声出版社(敖德萨)出版小册子。

《列宁全集》中文第 2 版增订版第 32 卷第 158—165 页;弗·伊·列宁:《革命的一个根本问题》,敖德萨,无产者呼声出版社,1917 年,13 页,(俄国社会民主工党),标题前署名:尼·列宁;弗·伊·列宁:《革命的教训》,彼得堡,波涛出版社,1917 年,第 20—28 页,(俄国社会民主工党),标题前署名:尼·列宁;《工人之路报》,彼得格勒,1917 年 10 月 24 日(11 日),第 33 号。

10 月 12 日(25 日)

列宁的《危机成熟了》一文转载于《伏尔加河沿岸真理报》(萨马拉)第 135 号(非全文)。

《列宁全集》中文第 2 版增订版第 32 卷第 267—278 页;《伏尔加河沿岸真理报》,萨马拉,1917 年 10 月 12 日,第 135 号。

第 12 集团军布尔什维克军队组织代表会议通过的给列宁的致敬信在《战壕警钟报》(文登)第 1 号上发表。

《战壕警钟报》,文登,1917 年 10 月 25 日(12 日),第 1 号。

10 月 12 日和 15 日(25 日和 28 日)之间

列宁在秘密住所(地址未查明)多次会见俄国社会民主工党(布)莫斯科委员会的代表奥·阿·皮亚特尼茨基。皮亚特尼茨基回忆:"列宁同志非常详细地向我询问了莫斯科组织的情况,询问了在工人代表苏维埃、士兵代表苏维埃、工会、区杜马里的力量对比情况……当我提到,由于我们的积极干练的力量还相对薄弱,我们的党能否保持国家政权这一问题时,列宁建议我读一读《布尔什维克能保持国家政权吗?》这本小册子的手写本。当天我从玛丽亚·伊里尼奇娜那里弄到了小册子的手写本……"

列宁书面同意提名他为莫斯科的立宪会议代表候选人。

《列宁在 1917 年(回忆录)》,1967 年,第 164—166 页;《苏共莫斯科组织简史(1883—1965 年)》,莫斯科,1966 年,第 270 页。

10 月 13 日(26 日)

列宁的《危机成熟了》一文转载于《人民呼声报》(弗拉基米尔)第 123 号(非全文)。

《列宁全集》中文第 2 版增订版第 32 卷第 267—278 页;《人民呼声报》,弗拉基米尔,1917 年 10 月 13 日,第 123 号。

列宁的著作《大难临头,出路何在?》(最后两章)转载于《高加索工人报》(梯弗利斯)第 172 号。

《列宁全集》中文第 2 版增订版第 32 卷第 220—225 页;《高加索工人报》,梯弗利斯,1917 年 10 月 13 日,第 172 号。

俄国社会民主工党(布)戈尔洛夫卡-谢尔比诺夫卡委员会(叶卡捷琳诺斯拉夫省)向党中央报告:"列宁同志的威望简直高极了。"

> 《俄国社会民主工党(布)中央书记处与地方党组织的通信集》,第 1 卷,1957 年,第 357 页。

预备电工营分队重建的布尔什维克支部给列宁的致敬信在《士兵报》(彼得格勒)第 50 号上发表。

> 《士兵报》,彼得格勒,1917 年 10 月 13 日,第 50 号。

在俄国社会民主工党(布)莫斯科委员会、波兰王国和立陶宛社会民主党莫斯科小组、拉脱维亚边疆区社会民主党莫斯科组织、立陶宛社会民主党莫斯科组织提出的莫斯科立宪会议候选人名单上,列宁名列第一。名单在《社会民主党人报》(莫斯科)第 182 号上发表。

> 《社会民主党人报》,莫斯科,1917 年 10 月 13 日(26 日),第 182 号。

10 月 14 日(27 日)

列宁在芬兰铁路火车司机胡·雅拉瓦家(洛曼斯基巷(现斯米尔诺夫街)4—2 号 29 室)①会见布尔什维克党及俄国社会民主工党(布)中央委员会军事组织的领导工作人员。参加会议的有弗·亚·安东诺夫-奥弗申柯、费·埃·捷尔任斯基、米·谢·克德罗夫、弗·伊·涅夫斯基、尼·伊·波德沃伊斯基等人。会上讨论了准备武装起义的问题,其中包括成立起义司令部——彼得格勒苏维埃军事革命委员会的问题。列宁很重视军事革命委员会的人员构成,强调指出,军事革命委员会应该是一个全权机关,但又是非

---

① 此处楼房墙壁上设有一块纪念牌。——俄文编者注

党的、联系最广大工兵阶层的起义机关。

> 苏共中央马列主义研究院中央党务档案馆,第 4 号全宗,第 1
> 号目录,第 76 号案卷,第 150 张;第 146 号全宗,第 1 号目录,
> 第 8 号案卷,第 82—87 张;苏共列宁格勒州委党史研究院党
> 务档案馆,第 4000 号全宗,第 5 号目录,第 2151 号案卷;第
> 3463 号案卷,第 6 张;《红色史料》杂志,莫斯科—彼得格勒,
> 1923 年,第 8 期,第 13—16 页;《消息报》,莫斯科,1918 年 11
> 月 6 日,第 243 号;《无产阶级革命》杂志,莫斯科—彼得格勒,
> 1922 年,第 10 期,124—125 页;《伟大十月社会主义革命
> (回忆录集)》,1957 年,第 173—174、285—286 页;《和列宁在
> 一起(回忆录和文件)》,第 2 版,彼得罗扎沃茨克,1970 年,第
> 135 页;《苏维埃社会史史料学》,第 2 辑,1968 年,第 9—55
> 页;Д.В.扎列茨卡娅等:《谢尔多博尔街 1 号(纪念馆参观手
> 册)》,第 4 版,1970 年,第 22 页。

列宁的《政论家札记(农民和工人)》一文转载于《红旗报》(符
拉迪沃斯托克)第 36 号。

> 《列宁全集》中文第 2 版增订版第 32 卷第 104—112 页;《红旗
> 报》,符拉迪沃斯托克,1917 年 10 月 14 日,第 36 号。

俄国社会民主工党(布)莫斯科区域局听取关于党中央 10 月
10 日(23 日)会议的报告后完全赞同会议通过的列宁的决议案,并
拟定实施措施。

> 《十月革命在莫斯科的准备和胜利(文件和资料)》,1957 年,
> 第 357—359 页。

10 月 14 日和 15 日(27 日和 28 日)

列宁的《危机成熟了》一文转载于《无产阶级真理报》(图拉)第
30 号和第 31 号(非全文)。

> 《列宁全集》中文第 2 版增订版第 32 卷第 267—278 页;《无产
> 阶级真理报》,图拉,1917 年 10 月 14 日(27 日),第 30 号;10
> 月 15 日(28 日),第 31 号。

10 月 15 日(28 日)以前

列宁写的《给全俄农民代表大会代表的公开信》在波尔塔瓦省

农民代表大会上宣读，产生巨大的影响。

《列宁全集》中文第 2 版增订版第 30 卷第 41—45 页；《伟大十
月社会主义革命准备和进行时期的乌克兰布尔什维克组织
（文件和资料集）》，基辅，1957 年，第 774—775 页。

10 月 15 日（28 日）

列宁在同意做波罗的海舰队的立宪会议代表候选人的声明上
签字。

《列宁全集》中文第 2 版增订版第 32 卷第 435 页；《苏共历史
问题》杂志，莫斯科，1968 年，第 11 期，第 48—49 页。

列宁的《危机成熟了》一文转载于《高加索工人报》（梯弗利斯）
第 174 号和《乌拉尔工人报》（叶卡捷琳堡）第 18 号（非全文）。

《列宁全集》中文第 2 版增订版第 32 卷第 267—278 页；《高加
索工人报》，梯弗利斯，1917 年 10 月 15 日，第 174 号；《乌拉尔
工人报》，叶卡捷琳堡，1917 年 10 月 15 日，第 18 号。

俄国社会民主工党（布）北方战线军队组织第一次代表会议给
列宁发致敬信。代表会议一致决定把列宁的名字排在立宪会议候
选人名单的第一位，以表示有觉悟的工人、士兵和农民"完全相信
列宁同志（而且首先是列宁同志）能够捍卫城乡贫苦大众及其革命
的利益"。

《十月武装起义前夕的俄国革命运动（1917 年 10 月 1—24
日）》，1962 年，第 85—86 页；《1917 年十月革命中的拉脱维亚
共产党（文件和资料）》，里加，1963 年，第 463 页。

喀山工兵农代表苏维埃组织的喀山卫戍部队士兵大会参加者
给俄国革命者的领袖列宁同志发致敬电。

《为无产阶级革命胜利而斗争的鞑靼（文件和资料集）》，喀山，
1957 年，第 403—404 页。

关于俄国社会民主工党（布）彼尔姆省代表会议赞成"根据列
宁同志的草案精神修改党纲的实践部分"的报道刊登在《乌拉尔工

人报》(叶卡捷琳堡)第 18 号上。

> 《乌拉尔工人报》,叶卡捷琳堡,1917 年 10 月 15 日,第 18 号。

　　由列宁起草并经俄国社会民主工党(布)中央委员会 1917 年 10 月 10 日(23 日)通过的关于起义的决议在党的彼得堡委员会秘密会议上宣读。会上批准了执行委员会拟定的关于准备起义的实际措施的提纲。

> 《1917 年第一个合法的布尔什维克彼得堡委员会(资料和记录汇编)》,1927 年,第 307 — 318 页;《苏共列宁格勒组织简史》,第 1 册,1962 年,第 577 — 578 页。

　　在俄国社会民主工党(布)中央委员会、军事组织、彼得堡委员会、旅俄波兰王国和立陶宛社会民主党小组执行委员会及拉脱维亚社会民主党中央委员会提出的首都彼得格勒选区的立宪会议代表候选人名单上,列宁名列第一。候选人名单在《士兵报》(彼得格勒)第 52 号上发表。

> 《士兵报》,彼得格勒,1917 年 10 月 15 日,第 52 号。

10 月,15 日(28 日)以后

　　列宁在同意做北方面军作战部队的立宪会议代表候选人的声明上签字。

> 《列宁全集》中文第 2 版增订版第 32 卷第 435—436 页;《工人之路报》,彼得格勒,1917 年 10 月 11 日(9 月 28 日),第 22 号;《十月武装起义前夕的俄国革命运动(1917 年 10 月 1—24 日)》,1962 年,第 85—86 页。

10 月上半月

　　列宁写的《给中央委员会、莫斯科委员会、彼得堡委员会以及彼得格勒、莫斯科苏维埃布尔什维克委员的信》在彼得格勒维堡区党的领导人会议上进行讨论。会议拟定了准备起义的具体措施。

　　这封信在彼得格勒纳尔瓦—彼得戈夫区的党员中间广泛传

阅。"我们大家都把它看做行动指南。"纳尔瓦关卡党的工作者 A.
M.伊特基娜回忆说。

《列宁全集》中文第 2 版增订版第 32 卷第 332—334 页；《从地
下小组到无产阶级专政》，第 5 辑，1931 年，第 158—162 页；
《1917 年的纳尔瓦关卡(回忆录和文件)》，1960 年，第 181 页。

10 月 16 日(29 日)

晚上，在列宁的领导下举行了有彼得堡委员会、军事组织、布
尔什维克彼得格勒郊区委员会、彼得格勒苏维埃布尔什维克党团、
工会、工厂委员会及某些其他组织的代表参加的俄国社会民主工
党(布)中央委员会扩大会议，讨论武装起义的问题(会议是在博洛
特纳亚街 13/17 号①列斯诺伊-皇族区杜马举行的，米·伊·加里
宁是区杜马执行机关主席)。

会议的议程有：(1)关于上一次中央委员会会议的报告，(2)各
组织代表的简要报告，(3)目前形势。列宁就第一个问题作报告。
他宣读俄国社会民主工党(布)中央委员会 10 月 10 日(23 日)关
于把举行武装起义提到日程上来的决议，并说明作出这一决议的
理由。列宁说："根据对俄国和欧洲阶级斗争的政治分析，必须制
定最坚决、最积极的政策，这个政策只能是武装起义。"在辩论时绝
大多数人都拥护 10 月 10 日(23 日)通过的中央决议。反对该决
议的有格·叶·季诺维也夫和列·波·加米涅夫，他们推说布尔
什维克的力量还不足，因此建议采取"防御观望策略"，等待立宪会

---

① 现在这里开设了维堡区革命历史纪念馆。房屋墙壁上设有一块纪念牌，上面
写着："1917 年 10 月 29 日(16 日)在弗·伊·列宁的领导下在这所房屋里举行了有彼
得格勒党委员会、布尔什维克军事组织、彼得格勒苏维埃、工厂委员会工会、铁路职工
等代表参加的布尔什维克党中央委员会扩大会议。

会议通过了弗·伊·列宁关于近期发动武装起义的决议，并成立了领导起义的军
事革命总部。"——俄文编者注

议召开。

在辩论时列宁三次发言,坚持党所采取的方针,批驳季诺维也夫和加米涅夫反对武装起义的理由。他提出如下决议案:"会议十分欢迎并完全支持中央的决议,号召一切组织、全体工人和士兵从各方面加紧准备武装起义,支持中央委员会为此而成立的总部;会议完全相信中央和苏维埃会及时指出进攻的有利时机和适当方法。"决议案以压倒性多数被通过(19票赞成、2票反对、4票弃权)。

列宁出席俄国社会民主工党(布)中央委员会的秘密会议,会议通过了关于成立领导武装起义的军事革命总部的决定,总部由下列中央委员组成:安·谢·布勃诺夫、费·埃·捷尔任斯基、雅·米·斯维尔德洛夫、约·维·斯大林、莫·索·乌里茨基。军事革命总部是彼得格勒工兵代表苏维埃军事革命委员会的领导核心。

> 《列宁全集》中文第2版增订版第32卷第386—389页;苏共中央马列主义研究院中央党务档案馆,第2号全宗,第1号目录,第4630号案卷;《俄国社会民主工党(布)中央委员会会议记录(1917年8月—1918年2月)》,1958年,第93—105页;《回忆弗·伊·列宁》,第2卷,1969年,第432—433页;《列宁——十月革命的领袖(彼得格勒工人回忆录)》,1957年,第169—173页;《伟大十月革命时期的彼得格勒——革命事件参加者回忆录》,1967年,第272—282、283—284页;《拉脱维亚革命者回忆列宁》,里加,1969年,第107—108页;《列宁在彼得堡》,第3版,1957年,第176—178页。

遵照列宁的指示,弗·亚·安东诺夫-奥弗申柯以俄国社会民主工党(布)中央委员会全权代表的身份参加在瓦尔卡举行的拉脱维亚社会民主党非常代表会议的工作,传达中央委员会关于武装起义的决议。代表会议赞同俄国社会民主工党(布)彼得格勒第三次全市代表会议通过的关于目前形势的决议。安东诺夫-奥弗申柯回忆:"我在参加代表会议之前,曾参加了列宁召开的会议,会上作出决定,必须深入了解部队的状况和在军事技术上利用他们的可能性。

我在代表会议上判明,拉脱维亚部队是整个北方战线战斗力最强的部队,它对整个北方战线有特殊的影响,西伯利亚各军也在其影响之下,因此,北方战线那些不可靠的部队无论如何也不敢去反对革命的彼得格勒。"

《1917 年十月革命中的拉脱维亚共产党(文件和资料)》,里加,1963 年,第 460、466—467 页;《红军战士》杂志,莫斯科,1920 年,第 28—30 期合刊,第 26 页;《拉脱维亚共产党简史》,第 1 册,里加,1962 年,第 391—392 页。

10 月 17 日(30 日)

列宁写《给同志们的信》,批评格·叶·季诺维也夫和列·波·加米涅夫反对俄国社会民主工党(布)中央委员会关于武装起义的决议的行为。列宁痛斥他们两人的理由,指出大多数人民都跟布尔什维克走,苏维埃是革命的先锋队,它能够夺取政权。"全部政权归苏维埃!"这个口号在目前条件下就意味着武装起义。拒绝武装起义不仅等于俄国革命的灭亡,同时也是对国际工人运动的背叛。列宁指出,季诺维也夫和加米涅夫的理由与马克思主义毫无共同之处。布尔什维克在准备起义时考虑到政治时机的一切特点,像对待艺术那样对待起义。

晚上列宁看刊登在《新生活报》上的弗·巴扎罗夫的《对起义的马克思主义态度》一文,文章说市内流传着季诺维也夫和加米涅夫反对武装起义的信。列宁写《给同志们的信》的《后记》,号召党员进行拥护起义的鼓动并要求尽快把这封信刊印出来。

《列宁全集》中文第 2 版增订版第 32 卷第 390—410 页;《新生

活报》,彼得格勒,1917 年 10 月 17 日(30 日),第 155 号。

列宁的《政论家札记(农民和工人)》一文转载于《国际报》(下诺夫哥罗德)第 39 号。

《列宁全集》中文第 2 版增订版第 32 卷第 104—112 页;《国际报》,下诺夫哥罗德,1917 年 10 月 30 日(17 日),第 39 号。

列宁的著作《大难临头,出路何在?》的《调节消费》一章转载于《海燕报》(明斯克)第 8 号。

《列宁全集》中文第 2 版增订版第 32 卷第 205—208 页;《海燕报》,明斯克,1917 年 10 月 17 日,第 8 号。

列宁的《危机成熟了》一文转载于《前进报》(乌法)第 167 号和《克拉斯诺亚尔斯克工人报》第 172 号(非全文)。

《列宁全集》中文第 2 版增订版第 32 卷第 267—278 页;《前进报》,乌法,1917 年 10 月 17 日,第 167 号;《克拉斯诺亚尔斯克工人报》,1917 年 10 月 17 日,第 172 号。

作为对列宁的要求的答复,俄国社会民主工党(布)中央委员会国外代表处从斯德哥尔摩通知《工人之路报》编辑部,法文和意大利文书籍、《明日》杂志一本、务必转交列宁的书、8 月号的《斯巴达克》杂志上的文章及一号维也纳《工人报》上的文章已寄往彼得格勒。

Ю.И.沃罗布佐娃:《俄国社会民主工党(布)中央委员会国外代表处(斯德哥尔摩)的活动(1917 年 4 — 11 月)》,莫斯科,1968 年,第 146 页。

10 月 18 日(31 日)

鉴于格·叶·季诺维也夫和列·波·加米涅夫在 10 月 18 日(31 日)的半孟什维克报纸《新生活报》上发表短评反对武装起义,从而泄露了俄国社会民主工党(布)中央委员会的秘密决定,列宁写《给布尔什维克党党员的信》。列宁痛斥季诺维也夫和加米涅夫

1917年10月16日(29日)列宁主持召开俄国社会民主工党(布)
中央委员会扩大会议的会址(列斯诺伊－皇族区杜马大楼)

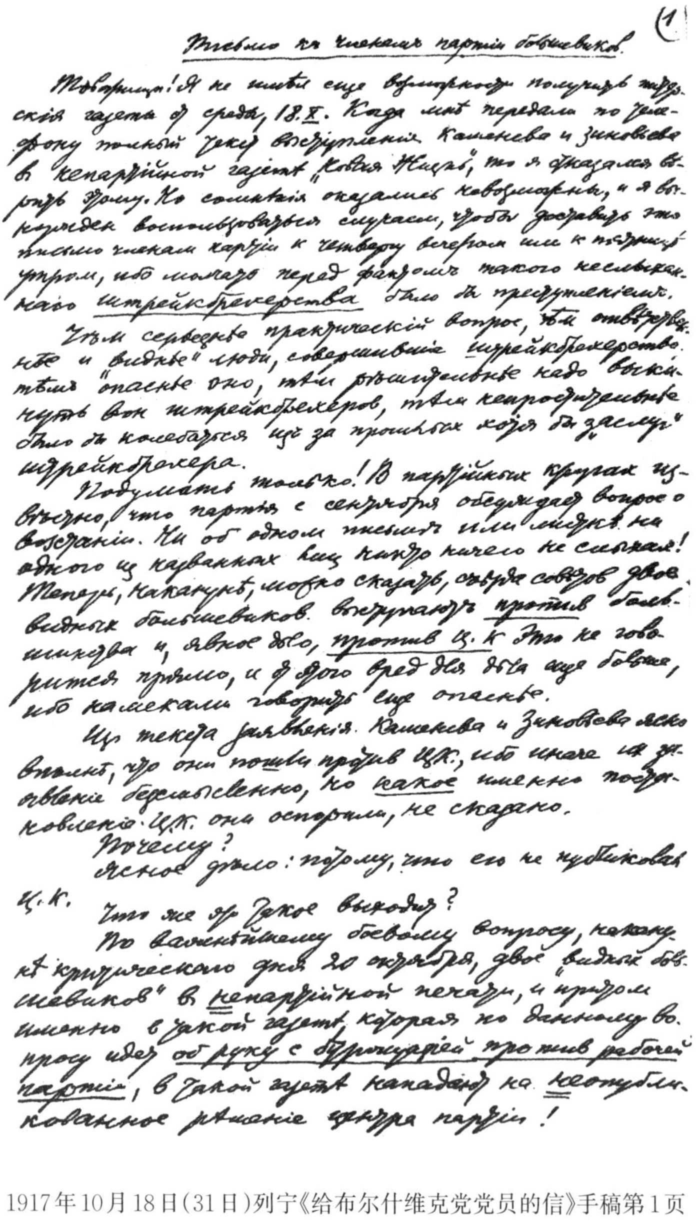

是工贼,指责他们的行为是叛变,列宁写道:"过去我同这两个从前的同志关系很密切,如果我因此犹豫不决,不去谴责他们,那我认为这是自己的耻辱。我直率地说,我不再把他们两个当做同志了,我将据理力争,要求中央和代表大会把他们两人开除出党。"列宁表示确信,尽管发生严重的叛变,"但是任务总归会得到解决的,工人们会团结起来,农民起义和前线士兵忍无可忍的情绪一定会发生作用! 我们把队伍团结得更紧密,无产阶级就必定胜利!"

《列宁全集》中文第 2 版增订版第 32 卷第 411—414 页;《新生活报》,彼得格勒,1917 年 10 月 18 日(31 日),第 156 号。

列宁的《危机成熟了》一文转载于《巴库工人报》第 67 号(非全文)。

《列宁全集》中文第 2 版增订版第 32 卷第 267—278 页;《巴库工人报》,1917 年 10 月 18 日,第 67 号。

П.А.波柳苏克从梯弗利斯写信给列宁,回忆他 1907 年在第二届国家杜马社会民主党党团工作期间在芬兰多次与列宁见面的情况。他在信中汇报了梯弗利斯党委员会的工作情况并请求回答有关农村工作的问题。

苏共中央马列主义研究院中央党务档案馆,第 2 号全宗,第 5 号目录,第 763 号案卷。

第 2 独立海防重炮连士兵写给列宁的热情洋溢的致敬信在《士兵报》(彼得格勒)第 54 号上发表。

《士兵报》,彼得格勒,1917 年 10 月 18 日,第 54 号。

不早于 10 月 18 日(31 日)—不晚于 10 月 20 日(11 月 2 日)

列宁阅读刊登在《人民事业报》上的社会革命党的土地法案,该法案是由临时政府农业部长谢·列·马斯洛夫提出的。列宁在《社会革命党对农民的又一次欺骗》一文中对这一法案作了分析批判。

《列宁全集》中文第 2 版增订版第 32 卷第 420—425 页;《人民事业报》,彼得格勒,1917 年 10 月 18 日,第 183 号。

10 月 18 日—22 日、24 日和 25 日
(10 月 31 日—11 月 4 日、6 日和 7 日)

列宁的著作《大难临头,出路何在?》转载于《高加索工人报》(梯弗利斯)第 176—182 号。

《列宁全集》中文第 2 版增订版第 32 卷第 181—225 页;《高加索工人报》,梯弗利斯,1917 年 10 月 18 日,第 176 号;10 月 19 日,第 177 号;10 月 20 日,第 178 号;10 月 21 日,第 179 号;10 月 22 日,第 180 号;10 月 24 日,第 181 号;10 月 25 日,第 182 号。

10 月,不晚于 19 日(11 月 1 日)

列宁阅读格·叶·季诺维也夫企图为其反对武装起义的行为申辩而写给《工人之路报》编辑部的信。列宁把这封信斥为季诺维也夫的"遁词",说这"简直是欺骗行为"。

《列宁全集》中文第 2 版增订版第 32 卷第 415—416 页;《俄国社会民主工党(布)中央委员会会议记录(1917 年 8 月—1918 年 2 月)》,1958 年,第 114 页。

10 月 19 日(11 月 1 日)

列宁写《给俄国社会民主工党(布)中央委员会的信》,坚决主张把格·叶·季诺维也夫和列·波·加米涅夫这两个背叛革命的工贼开除出党。列宁写道:"加米涅夫和季诺维也夫向罗将柯和克伦斯基**泄露**了自己党的中央关于武装起义,关于武装起义的准备和选定的起义日期应对敌人保守秘密的决定。这是事实。无论怎样支吾搪塞也推翻不了这一事实。"

《列宁全集》中文第 2 版增订版第 32 卷第 415—419 页。

列宁的著作《大难临头,出路何在?》(最后两章)转载于《奥布市奥布-奥兰筑垒阵地陆军、海军和工人代表苏维埃消息报》第165 号。

《列宁全集》中文第 2 版增订版第 32 卷第 220—225 页;《奥布市奥布-奥兰筑垒阵地陆军、海军和工人代表苏维埃消息报》,1917 年 10 月 19 日,第 165 号。

马尔捷米亚诺沃村(图拉省)农民通过的给列宁的致敬信在《无产阶级真理报》(图拉)第 34 号上发表。

《无产阶级真理报》,图拉,1917 年 10 月 19 日(11 月 1 日),第34 号。

阿卢克斯内工兵代表苏维埃(拉脱维亚)同第 16 骑兵师步兵团各委员会的代表通过关于目前形势的决议,决议要求立即释放政治犯并停止攻击"革命民主派的思想领袖列宁同志"。

《1917 年十月革命中的拉脱维亚共产党(文件和资料)》,里加,1963 年,第 470—471 页。

临时政府彼得格勒市警察局长密电全市警官,对其 9 月 14 日(27 日)的电报加以补充,命令立即检查近期所有到彼得格勒来的人,以查明弗·伊·乌里扬诺夫(列宁)的下落,如果逮住他就押送至法院重大案件侦查员 П.А.亚历山德罗夫处。

列宁格勒十月革命和社会主义建设国家档案馆,第 131 号全宗,第 1 号目录,第 13 号案卷,第 45 张。

10 月 19 日、20 日和 21 日(11 月 1 日、2 日和 3 日)

列宁写的《给同志们的信》在《工人之路报》第 40、41 和 42 号上发表。

《列宁全集》中文第 2 版增订版第 32 卷第 390—410 页;《工人之路报》,彼得格勒,1917 年 11 月 1 日(10 月 19 日),第 40号;11 月 2 日(10 月 20 日),第 41 号;11 月 3 日(10 月 21日),第 42 号。

10 月 19 日和 25 日（11 月 1 日和 7 日）之间

匿居中的列宁十分关心来彼得格勒参加全俄苏维埃第二次代表大会代表的人员构成。他要求每天给他送两次根据代表大会资格审查委员会的资料编制的有关代表所属党派的简报，他精确统计布尔什维克及其拥护者报到的有多少人，敌对阵营又有多少人，根据这些数据判断代表大会上可能出现的力量对比。

《十月》杂志，莫斯科，1957 年，第 5 期，第 144 页。

10 月，不晚于 20 日（11 月 2 日）

列宁直接参加选派军事革命委员会委员到最重要的岗位上去的工作。

《彼得格勒军事革命委员会委员报告集》，1957 年，第 252 页；《伟大十月社会主义革命（回忆录集）》，1957 年，第 175—177 页；《列宁和彼得格勒十月武装起义（全苏学术会议资料汇编）》，1964 年，第 160 页。

10 月 20 日（11 月 2 日）

列宁写《社会革命党对农民的又一次欺骗》一文，尖锐批判临时政府农业部长谢·列·马斯洛夫提出的社会革命党人的土地法案。

《列宁全集》中文第 2 版增订版第 32 卷第 420—425 页。

列宁起草关于社会革命党对农民的欺骗和布尔什维克为农民所提要求的传单拟加附录的设想。

《列宁全集》中文第 2 版增订版第 32 卷第 437 页；《人民事业报》，彼得格勒，1917 年 10 月 20 日，第 185 号。

列宁写的《给同志们的信》以《论当前局势》为题转载于《无产阶级事业报》（喀琅施塔得）第 82 号（非全文）。

《列宁全集》中文第 2 版增订版第 32 卷第 390—410 页；《无产阶级事业报》，喀琅施塔得，1917 年 11 月 2 日（10 月 20 日），第 82 号。

党中央委员会会议讨论列宁 10 月 19 日（11 月 1 日）写的《给俄国社会民主工党（布）中央委员会的信》（信中谈的是格·叶·季诺维也夫和列·波·加米涅夫在半孟什维克报纸《新生活报》上发表文章反对党关于武装起义的秘密决定的工贼行为）。中央委员会谴责了季诺维也夫和加米涅夫两人的反党行为，接受了加米涅夫的辞呈（即他退出中央委员会）；禁止加米涅夫和季诺维也夫发表任何反对中央委员会的决定和它规定的工作方针的声明。

《列宁全集》中文第 2 版增订版第 32 卷第 415—419、429 页；《俄国社会民主工党（布）中央委员会会议记录（1917 年 8 月—1918 年 2 月）》，1958 年，第 106—114 页。

彼得格勒报纸刊载报道说，司法部部长 П.Н.马良托维奇指示彼得格勒高等法院检察官立即下令逮捕列宁。为了执行这项命令，高等法院检察官请求彼得格勒军区部队总司令命令其下属军官协助民政当局进行搜捕，如果军事当局逮住列宁，就押送至法院重大案件侦查员 П.А.亚历山德罗夫处。法院检察官把同样的命令分送给临时政府原市行政区管理局警官和民事及刑事警察局局长。

《消息报》，彼得格勒，1917 年 10 月 20 日，第 202 号；《新生活报》，彼得格勒，1917 年 10 月 20 日（11 月 2 日），第 158 号；《言语报》，彼得格勒，1917 年 10 月 20 日（11 月 2 日），第 247 号；《人民事业报》，彼得格勒，1917 年 10 月 20 日，第 185 号；《交易所新闻》，彼得格勒，1917 年 10 月 20 日（11 月 2 日），第 16503 号，晚上版。

第 180 预备步兵团（彼得格勒）布尔什维克大会通过给列宁的致敬信。

《士兵报》，彼得格勒，1917 年 10 月.25 日，第 60 号。

10月，不早于20日（11月2日）—不晚于24日（11月6日）

列宁写《"地主同立宪民主党人串通一气了"》一文，批评社会革命党对待农民的政策。

《列宁全集》中文第2版增订版第32卷第420—425、426—428页；《农村贫民报》，彼得格勒，1917年10月24日（11月6日），第11号。

10月20日和25日（11月2日和7日）之间

根据列宁的提议，弗·伊·涅夫斯基前往赫尔辛福斯"同当地军队"建立联系。

《在十月革命的日子里（回忆录集）》，1957年，第30页。

10月20日（11月2日）夜至21日（11月3日）凌晨

列宁在工人 Д.А.巴甫洛夫家（谢尔多博尔街35号4室）[①]会见俄国社会民主工党（布）中央委员会军事组织领导人弗·亚·安东诺夫-奥弗申柯、弗·伊·涅夫斯基和尼·伊·波德沃伊斯基，听取他们关于彼得格勒武装起义准备工作进程的报告。波德沃伊斯基报告说，军事组织决定派代表到北方战线、西南战线的军队中去，到明斯克、布良斯克及其他一些城市中去，了解那里能给予多大支持，因此他建议延期举行起义。列宁坚决反对推迟发动，因为这会给敌人以喘息的机会。列宁坚决主张加速起义的准备工作。他很重视赤卫队指挥员的军事训练，向军事组织领导人详细询问这个或那个指挥员的军事素养。列宁解释说，一个指挥员只善于搞宣传、作报告是不够的，还必须刻苦掌握作战艺术。

[①] 此处楼房墙壁上设有一块纪念牌，上面写着："1917年10月，弗·伊·列宁在此楼内工人巴甫洛夫家里会见了俄国社会民主工党（布）中央委员会军事组织的工作人员尼·伊·波德沃伊斯基、弗·亚·安东诺夫（奥弗申柯）和弗·伊·涅夫斯基，并一起讨论了武装起义的准备问题。"——俄文编者注

《伟大十月社会主义革命(回忆录集)》,1957 年,第 276 — 286 页;《在十月革命的日子里(回忆录集)》,1957 年,第 77 — 78 页;《红色史料》杂志,彼得格勒,1922 年,第 4 期,第 144 — 145 页;《历史文献》杂志,莫斯科,1956 年,第 4 期,第 168 页;《彼得堡人回忆伊里奇》,1970 年,第 361 — 362,363 — 364 页;《人民事业报》,彼得格勒,1917 年 10 月 20 日,第 185 号;《言语报》,彼得格勒,1917 年 10 月 20 日(11 月 2 日),第 247 号;《交易所新闻》,彼得格勒,1917 年 10 月 20 日(11 月 2 日),第 16503 号,晚上版;《苏维埃社会史史料学》,第 2 辑,1968 年,第 56 — 77 页;伊·伊·明茨:《伟大的十月革命史》,第 2 卷,1968 年,第 1007 — 1010 页。

10 月 21 日(11 月 3 日)

列宁的《危机成熟了》一文转载于《辛比尔斯克真理报》第 1 号和《俄国革命的使者》杂志第 8 期(非全文)。

《列宁全集》中文第 2 版增订版第 32 卷第 267 — 278 页;《辛比尔斯克真理报》,1917 年 10 月 21 日,第 1 号;《俄国革命的使者》杂志,斯德哥尔摩,1917 年 11 月 3 日,第 8 期,第 1 — 3 页。

俄国社会民主工党(布)中央委员会会议确定列宁在即将举行的全俄工兵代表苏维埃第二次代表大会上作关于土地、战争和政权问题的报告。

《俄国社会民主工党(布)中央委员会会议记录(1917 年 8 月 — 1918 年 2 月)》,1958 年,第 117 — 118 页。

俄国社会民主工党(布)中央委员会会议研究关于把发表在《工人之路报》上的列宁的《给同志们的信》一文印成小册子出版的问题。

《列宁全集》中文第 2 版增订版第 32 卷第 390 — 410 页;《俄国社会民主工党(布)中央委员会会议记录(1917 年 8 月 — 1918 年 2 月)》,1958 年,第 117 — 118 页;《工人之路报》,彼得格勒,1917 年 11 月 1 日(10 月 19 日),第 40 号;11 月 2 日(10 月 20 日),第 41 号;11 月 3 日(10 月 21 日),第 42 号。

10 月 22 日(11 月 4 日)

列宁的《危机成熟了》一文用格鲁吉亚文转载于《斗争报》(梯

弗利斯)第 21 号(非全文)。

《列宁全集》中文第 2 版增订版第 32 卷第 267—278 页;《斗争
报》,梯弗利斯,1917 年 10 月 22 日,第 21 号。

俄国社会民主工党(布)哈尔科夫佩京区全体党员大会向列
宁——"无产阶级孜孜不倦的战士"致敬。

《伟大十月社会主义革命准备和进行时期的乌克兰布尔什维
克组织(文件和资料集)》,基辅,1957 年,第 485—486 页。

10 月 22 日或 23 日(11 月 4 日或 5 日)

列宁就党中央委员会关于格·叶·季诺维也夫和列·波·加
米涅夫的决定给雅·米·斯维尔德洛夫写信,要求不要拖延起义:
"**全力进攻**,几天之内我们一定会取得完全胜利!"

《列宁全集》中文第 2 版增订版第 32 卷第 429 页;《言语报》,
彼得格勒,1917 年 10 月 22 日(11 月 4 日),第 249 号。

10 月 22 日、24 日和 25 日(11 月 4 日、6 日和 7 日)

列宁写的《给同志们的信》转载于《海燕报》(明斯克)第 13、14
和 15 号。

《列宁全集》中文第 2 版增订版第 32 卷第 390—410 页;《海燕
报》,明斯克,1917 年 10 月 22 日,第 13 号;10 月 24 日,第 14
号;10 月 25 日,第 15 号。

10 月 22 日和 25 日(11 月 4 日和 7 日)

列宁写的《给同志们的信》转载于《北方工人报》(科斯特罗马)
第 98 号和第 100 号。

《列宁全集》中文第 2 版增订版第 32 卷第 390—410 页;《北方
工人报》,科斯特罗马,1917 年 10 月 22 日,第 98 号;10 月 25
日,第 100 号。

10 月,24 日(11 月 6 日)以前

莫利托夫卡工厂(下诺夫哥罗德省)工人举行的工会全体会议

作出决议,要求临时政府"把工人阶级的领袖弗·伊·列宁恭敬地接回革命的彼得格勒,并释放全部关在狱中的布尔什维克"。

П.И.舒尔平:《在十月革命的旗帜下——下诺夫哥罗德市和下诺夫哥罗德省建立苏维埃政权的斗争》,高尔基,1957 年,第 83 页。

10 月 24 日（11 月 6 日）

俄国社会民主工党（布）中央委员会实施列宁的武装起义计划,领导已经发动起来的武装起义。早晨举行党中央紧急会议,会议要求所有中央委员留在斯莫尔尼宫。会议听取军事革命委员会关于最近情况的报告,把领导各处起义要地任务分配给各中央委员。

《俄国社会民主工党（布）中央委员会会议记录（1917 年 8 月—1918 年 2 月）》,1958 年,第 119—121 页。

列宁仍留在藏身的住宅。他不止一次地派女主人玛·瓦·福法诺娃送便条给党的维堡区委员会,要求中央允许他到斯莫尔尼宫去。

晚上,列宁写《给中央委员的信》,号召立即果断地行动起来。他建议一定要在当晚推翻临时政府,夺取政权,指出"拖延发动等于自取灭亡"。列宁坚决地谴责某些人主张把解决政权的问题推迟到苏维埃代表大会召开之后的立场(列·达·托洛茨基在 10 月 24 日（11 月 6 日）彼得格勒苏维埃会议上提出过这样的建议)。列宁写道:"等待 10 月 25 日捉摸不定的表决,就是自取灭亡或拘泥于形式;人民有权利,也有义务不用表决,而用强力来解决这样的问题;在革命的紧要关头,人民有权利,也有义务指导自己的代表,甚至自己最优秀的代表,而不是等待他们。"列宁指出:"历史不会饶恕那些延误时日的革命者,他们本来在今天可以获得胜利(而且一定能在今天胜利），却要拖到明天去，冒着丧失许多、丧失一切的危险。"

《列宁全集》中文第 2 版增订版第 32 卷第 430—431 页；《回忆弗·伊·列宁》，第 1 卷，1968 年，第 478、484 页；第 2 卷，1969 年，第 447—448 页。

党中央委托书记处工作人员 T.A.斯洛瓦京斯卡娅寻找娜·康·克鲁普斯卡娅，通过克鲁普斯卡娅转告列宁，让他到斯莫尔尼宫去。斯洛瓦京斯卡娅晚上很晚才找到克鲁普斯卡娅，传达了要列宁到斯莫尔尼宫去一事。

《斯大林全集》中文版第 4 卷第 137—139 页；《普罗米修斯。历史传记文选》，第 4 卷，1967 年，第 214 页。

联络员埃·拉希亚来到列宁处，告诉他城里发生的事件。晚上列宁动身去斯莫尔尼宫，行前给玛·瓦·福法诺娃留下一张字条，上面写着："我走了，到您不愿意我去的地方去了。再见！**伊里奇**"。

为了不被发现，列宁化了装：他身穿旧大衣，头戴鸭舌帽，一边面颊用头巾裹着。列宁由拉希亚护送前往萨姆普桑大街（现卡尔·马克思大街），从那里乘电车到波特金街，走过利季约大桥，拐到什帕列尔街（现沃伊诺夫街），沿途两次被士官生拦住，但终于到达斯莫尔尼宫（列昂季耶夫斯基街（现斯莫尔尼街）1 号）[①]。

《列宁全集》中文第 2 版增订版第 47 卷第 618 页；苏共列宁格勒州委党史研究院党务档案馆，第 4000 号全宗，第 5 号目录，第 3442 号案卷，第 122—126 张；《回忆弗·伊·列宁》，第 1 卷，1968 年，第 478、484 页；第 2 卷，1969 年，第 433—435、447—448 页；《历史文献》杂志，莫斯科，1956 年，第 4 期，第 168 页。

---

① 此处楼房墙壁上设有一块纪念牌，上面写着："1917 年伟大十月社会主义革命时期，工人、士兵和水兵的武装起义司令部就设在斯莫尔尼宫里。弗拉基米尔·伊里奇·列宁在斯莫尔尼宫直接领导了武装起义。"——俄文编者注

晚上 10 时,一队全副武装的士官生奉命查封《工人之路报》,在该报编辑部所在地(芬兰大街 6 号)搜寻列宁。

《彼得格勒十月武装起义》,1957 年,第 336—337 页;《伟大十月革命时期的彼得格勒——革命事件参加者回忆录》,1967 年,第 313—314 页;《列宁和彼得格勒十月武装起义(全苏学术会议资料汇编)》,1964 年,第 99—103 页。

列宁的《社会革命党对农民的又一次欺骗》一文在《工人之路报》第 44 号上发表。

《列宁全集》中文第 2 版增订版第 32 卷第 420—425 页;《工人之路报》,彼得格勒,1917 年 11 月 6 日(10 月 24 日),第 44 号。

列宁的《"地主同立宪民主党人串通一气了"》一文在《农村贫民报》(彼得格勒)第 11 号上发表。

《列宁全集》中文第 2 版增订版第 32 卷第 426—428 页;《农村贫民报》,彼得格勒,1917 年 10 月 24 日(11 月 6 日),第 11 号。

"俄罗斯"号巡洋舰全体舰员大会通过决议,抗议司法部长 П. Н. 马良托维奇下令逮捕列宁。这项决议得到"季阿娜"号和"格罗莫博伊"号两艘巡洋舰全体舰员的支持。水兵们宣称,他们将全力以赴保卫自己的领袖并实现下列口号:"全部政权归苏维埃!"、"无产阶级专政万岁!"

《伟大十月社会主义革命准备和进行过程中的波罗的海水兵》,1957 年,第 266—267 页。

10 月 24 日、26 日、27 日和 28 日(11 月 6 日、8 日、9 日和 10 日)

列宁写的《给同志们的信》转载于《明星报》(叶卡捷琳诺斯拉夫)第 119、121—123 号。

《列宁全集》中文第 2 版增订版第 32 卷第 390—410 页;《明星报》,叶卡捷琳诺斯拉夫,1917 年 10 月 24 日,第 119 号;10 月 26 日,第 121 号;10 月 27 日,第 122 号;10 月 28 日,第 123 号。

10月24日（11月6日）夜至10月25日（11月7日）凌晨

列宁在斯莫尔尼宫直接领导武装起义，他给彼得格勒各区苏维埃负责组织和举行起义的代表作指示，催促展开攻势行动，要求首先攻占市内的关键目标。他同工厂、部队和军舰持续保持联系，搞清武装起义的一切细节。

事件亲历者是这样回忆的："各地的报告都送到他这个中心，他总是及时地给予最宝贵、最准确的指示，及时地指出某地的危险。"（康·亚·梅霍诺申）"他不时派通信员给我们送来写有三言两语的字条：'中央电话局和电报局拿下没有？''桥梁和车站有没有攻占？'等等。"（尼·伊·波德沃伊斯基）

列宁收到关于已攻占的主要战略据点的详细消息，这些地方是：彼得格勒通讯社、电报总局、波罗的海车站、跨涅瓦河的各座桥梁、国家银行。

凌晨，除冬宫和军区司令部外，几乎整个城市都被赤卫队和革命军队占领。

> 《回忆弗·伊·列宁》，第2卷，1969年，第452页；《列宁——十月革命的领袖（彼得格勒工人回忆录）》，1957年，第191页；М.И.米特尔曼等：《普梯洛夫工厂史》，第3版，1961年，第680—681页。

列宁采取措施争取及时出版布尔什维克党中央机关报《工人之路报》。在革命士兵和赤卫队员的可靠保护下，编辑人员和印刷所工人着手准备当天应出版的第45号报纸。黎明时分，报纸全部印完。

> 苏共列宁格勒州委党史研究院党务档案馆，第4000号全宗，第5号目录，第3466号案卷；《工人之路报》，彼得格勒，1917年11月7日（10月25日），第45号。

列宁主持召开俄国社会民主工党(布)中央委员会会议(斯莫尔尼宫 1 楼 31 室)。会议听取关于武装起义进展情况的汇报,讨论俄国新政府——苏维埃政府的组成和名称问题。会议提议政府定名为"工农政府",政府成员称"人民委员"。会议初步确定了人民委员的人选,讨论了制定土地法令问题。

苏共中央马列主义研究院中央党务档案馆,第 70 号全宗,第 4 号目录,第 199 号案卷,第 60—61 张;第 378 号案卷,第 169,170 张;《回忆弗·伊·列宁》,第 2 卷,1969 年,第 436 页;弗·巴·米柳亭:《关于列宁》,列宁格勒,1924 年,第 4—6 页;《列宁就是这样的人(同时代人回忆录)》,1965 年,第 244—245 页;《无产阶级革命》杂志,莫斯科—列宁格勒,1927 年,第 10 期,第 170—172 页;《消息报》,莫斯科,1918 年 11 月 10 日,第 245 号;《农业生活》杂志,莫斯科,1922 年,第 7 期,第 29 页;《史料学(理论问题和教学法问题)》,1969 年,第 370—374 页;《苏联的十月革命和国内战争(文集)》,1966 年,第 238—243 页。

10 月,25 日(11 月 7 日)以前

列宁的《布尔什维克能保持国家政权吗?》一文在《启蒙》杂志第 1—2 期合刊上发表并由波涛出版社(彼得格勒)出版小册子。

《列宁全集》中文第 2 版增订版第 32 卷第 282—331 页;弗·伊·列宁:《布尔什维克能保持国家政权吗?》,彼得堡,波涛出版社,1917 年,40 页,(俄国社会民主工党),标题前署名:尼·列宁;《工人之路报》,彼得格勒,1917 年 11 月 7 日(10 月 25 日),第 45 号;《启蒙》杂志,彼得格勒,1917 年,第 1—2 期合刊,第 3—40 页。

10 月 25 日(11 月 7 日)

列宁起草《告俄国公民书》,写出初稿,向中央委员会委员、军事革命委员会委员征求意见,随后进行修改。

上午 10 时《告俄国公民书》付印。当天发表在《工人和士兵报》第 8 号,署名彼得格勒工兵代表苏维埃军事革命委员会,并印成传单散发。

《告俄国公民书》全文如下："临时政府已被推翻。国家政权业已转到彼得格勒工兵代表苏维埃的机关,即领导彼得格勒无产阶级和卫戍部队的军事革命委员会手中。

立即提出民主的和约,废除地主土地所有制,实行工人监督生产,成立苏维埃政府,人民为之奋斗的这一切事业都有了保证。

工人、士兵、农民的革命万岁!"

《列宁全集》中文第2版增订版第33卷第1页;《工人和士兵报》,彼得格勒,1917年10月25日(11月7日),第8号,晚报;《列宁在十月(回忆录)》,1957年,第305—306页;《伟大十月社会主义革命(回忆录集)》,1957年,第262—264页;《史料学问题》,第6辑,莫斯科,1958年,第3—10页;第9辑,莫斯科,1962年,第3—18页。

列宁早上作有关苏维埃政府的名称、纲领和机构的备忘记事。

《列宁文集》俄文版第21卷第91—92页;苏共中央马列主义研究院中央党务档案馆,第2号全宗,第1号目录,第4638号案卷,第1张;《史料学(理论问题和教学法问题)》,1969年,第374—375页。

列宁出席下午2时35分在斯莫尔尼宫大礼堂召开的彼得格勒工兵代表苏维埃紧急会议。列宁在会议上作报告,阐述苏维埃政权的首要的任务:缔结和约,公布秘密条约,废除地主土地所有制,对生产实行工人监督。他在报告结束时说道:"在俄国,我们现在应该着手建设无产阶级的社会主义国家。

全世界社会主义革命万岁!"

会议参加者以绝大多数票通过了列宁起草的决议案:"彼得格勒工兵代表苏维埃祝贺彼得格勒无产阶级和卫戍部队革命胜利。苏维埃特别强调群众在这次罕见的不流血的和异常顺利的起义中所表现的团结性、组织性、纪律性和同心同德的精神。

苏维埃坚定不移地相信,革命将建立起保证城市无产阶级得

彼得格勒斯莫尔尼宫（1917年）

斯莫尔尼宫大门前的赤卫队员

1917年10月25日（11月7日）列宁《告俄国公民书》手稿

到全体贫苦农民群众支持的工农政府，即苏维埃政府，这个政府一定会坚定地走向社会主义，这是能使国家摆脱战争的奇灾大祸的唯一办法。

新的工农政府定会立即向各交战国人民提议缔结公正的民主和约。

这个政府定会立即废除地主土地所有制，把土地交给农民。定会对产品的生产和分配实行工人监督，对各家银行实行全民监督，同时把这些银行变为单一的国营企业。

彼得格勒工兵代表苏维埃号召全体工人和全体农民竭尽全力奋不顾身地支持工农革命。苏维埃确信，同贫苦农民结成联盟的城市工人定能表现出不可动摇的同志式的纪律性，建立起社会主义胜利所必需的最严格的革命秩序。

苏维埃相信，西欧各国的无产阶级定会帮助我们把社会主义事业进行到取得完全的巩固的胜利。"

《列宁全集》中文第 2 版增订版第 33 卷第 2—4 页；《工人之路报》，彼得格勒，1917 年 11 月 8 日（10 月 26 日），第 46 号。

10 月 25 日（11 月 7 日）作为伟大十月社会主义革命胜利纪念日载入史册。伟大十月社会主义革命开辟了人类历史的新时代——进行革命改造、从资本主义向社会主义和共产主义过渡的时代。

列宁的笔名和党内化名索引

人 名 索 引

M

地 名 索 引

X

Y

组织机构索引

B

报纸杂志编辑部（Редакции газет и журналов）

——《彼得格勒工兵代表苏维埃消息报》编辑部（газеты «Известия Петроградского Совета рабочих и солдатских депутатов»）——第 226 页。

——《民权报》（苏黎世）编辑部（газеты «Volksrecht» (Цюрих)）——第 39 页。

——《明星报》（叶卡捷琳诺斯拉夫）编辑部（газеты «Звезда» (Екатеринослав)）——第 332 页。

——《女工》杂志（彼得格勒）编辑部（журнала «Работница» (Петроград)）——第 300、435、479 页。

——《前进报》（米兰）编辑部（газеты «Avanti!» (Милан)）——第 38 页。

——《前进》杂志（彼得格勒）编辑部（журнала «Вперед!» (Петроград)）——第 209 页。

——《青年国际》杂志（苏黎世）编辑部（«Jugend-Internationale» (Цюрих)）——第 53 页。

——《日报》（彼得格勒）编辑部（газеты «День» (Петроград)）——第 361 页。

——《社会民主党人报》（俄国社会民主工党中央机关报）编辑部（1908 年 2 月—1917 年 1 月）（газеты «Социал-демократ» (Центрального Органа РСДРП) (февраль 1908 г.—январь 1917 г.)）——第 34、216 页。

——《社会民主党人报》（斯德哥尔摩）编辑部（газеты «Social-Demokraten» (Стокгольм)）——第 13 页。

——《士兵真理报》（彼得格勒）编辑部（газеты «Солдатская правда» (Петроград)）——第 137、139 页。

——《无产阶级事业报》（喀琅施塔得）编辑部（газеты «Пролетарское дело» (Кронштадт)）——第 381、382、383、385、387、389、390、393、399 页。

——《无产者报》（哈尔科夫）编辑部（газеты «Пролетарий» (Харьков)）——第 88、116 页。

——《西伯利亚真理报》（克拉斯诺亚尔斯克）编辑部（газеты «Сибирская правда» (Красноярск)）——第 439 页。

——《新生括报》（彼得格勒）编辑部（газеты «Новая жизнь» (Петроград)）——第 361、371、373、374、376、377、379、380、381、382、384、386、388、389、392、393、398、410 页。

——《真理报》编辑部（газеты «Правда»）——见俄国社会民主工党（布）中央

《列宁年谱》第四卷编译人员

本卷编译人员：付　哲　李晓萌　韩　英
本卷审定人员：李京洲　张海滨　戴隆斌

本卷俄文版由苏共中央马克思列宁主义研究院科研人员 Г.Н.戈利科夫(负责人)、Н.П.马迈、С.П.基留欣、Т.В.潘琴科(编辑)、Е.Н.斯捷利费罗夫斯卡娅、А.Г.霍缅科、Б.М.雅科夫列夫编写。

В.В.杰戈季、А.П.茹科娃、Д.С.基斯利克、В.П.库库什金娜、В.С.谢尔盖耶娃、Н.Д.沙赫诺夫斯卡娅、Р.З.尤尼茨卡娅参加检查事实材料。

Л.Д.尼古拉耶娃统一资料来源;А.И.戈尔巴乔娃编制人名、地名和组织机构索引。

А.П.茹科娃进行科学技术加工和校对。

由 Г.Н.戈利科夫、В.Я.泽温、Г.Д.奥比奇金、А.А.索洛维约夫主编。

项目统筹：崔继新
责任编辑：孔 欢 邓浩迪
封面设计：石笑梦
版式设计：汪 阳
责任校对：张红霞

图书在版编目(CIP)数据

列宁年谱.第四卷/苏共中央马克思列宁主义研究院编；中共中央党史和文献研究院
 编译.—北京：人民出版社,2021.12
ISBN 978-7-01-024338-2

Ⅰ.①列… Ⅱ.①苏…②中… Ⅲ.①列宁(Lenin,Vladimir Ilich 1870—1924)-年谱
 Ⅳ.①A733

中国版本图书馆 CIP 数据核字(2021)第 256896 号

书　　　名	**列宁年谱** LIENING NIANPU 第四卷
编　译　者	中共中央党史和文献研究院
出版发行	人民出版社 (北京市东城区隆福寺街 99 号　邮编 100706)
邮购电话	(010)65250042　65289539
经　　　销	新华书店
印　　　刷	北京新华印刷有限公司
版　　　次	2021 年 12 月第 1 版　2021 年 12 月北京第 1 次印刷
开　　　本	880 毫米×1230 毫米 1/32
印　　　张	17.75
插　　　页	36
字　　　数	398 千字
印　　　数	0,001—3,000 册
书　　　号	ISBN 978-7-01-024338-2
定　　　价	58.00 元

ISBN 978-7-01-024338-2